Die Kontrolle der tatrichterlichen Auslegung von individuellen Willenserklärungen durch die Rechtsmittelinstanz

Europäische Hochschulschriften
Publications Universitaires Européennes
European University Studies

Reihe II
Rechtswissenschaft

Série II Series II
Droit
Law

Bd./Vol. 4674

PETER LANG
Frankfurt am Main · Berlin · Bern · Bruxelles · New York · Oxford · Wien

Rüdiger Haspl

Die Kontrolle der tatrichterlichen Auslegung von individuellen Willenserklärungen durch die Rechtsmittelinstanz

Eine Untersuchung der Rechtsprechung des Bundesgerichtshofs in Zivilsachen des Jahres 2001 zur Revisibilität der Auslegung gemäß §§ 133, 157 BGB und der Auswirkung der ZPO-Reform 2002 auf die Auslegungsbefugnis der Rechtsmittelgerichte

PETER LANG
Internationaler Verlag der Wissenschaften

Bibliografische Information der Deutschen Nationalbibliothek
Die Deutsche Nationalbibliothek verzeichnet diese Publikation in der Deutschen Nationalbibliografie; detaillierte bibliografische Daten sind im Internet über <http://www.d-nb.de> abrufbar.

Zugl.: Erlangen-Nürnberg, Univ., Diss., 2007

D 29 (n 2)
ISSN 0531-7312
ISBN 978-3-631-57538-3

www.peterlang.de

Danksagung

Die vorliegende Arbeit wurde im Sommersemester 2007 von der Juristischen Fakultät der Friedrich-Alexander-Universität Erlangen als Dissertation angenommen.

Mein Dank gilt zunächst Herrn Prof. Dr. Reinhard Greger für die Anregung des Themas, die Betreuung der Arbeit sowie für die Erstattung des Erstgutachtens. Ferner danke ich Herrn Prof. Dr. Max Vollkommer für die Übernahme der Zweitbegutachtung.

Ich danke weiter meinen Referendariatsgefährten und Freunden Sandra Kuczynski und Dr. Wolfgang Bomba sowie meiner Schwester Cordula Haspl, welche Zeit und Mühe für hilfreiche Korrekturlesearbeiten geopfert haben. Besonderen Dank schulde ich zudem meiner Freundin Vanessa von Schlippenbach, welche die Arbeit sowohl durch Korrekturleseeinsatz als auch durch anregende und weiterführende Gespräche sowie durch persönliche Unterstützung während der Bearbeitung des Themas gefördert hat.

Schließlich möchte ich auch meinen Eltern von Herzen Dank aussprechen für ihre jederzeitige und uneingeschränkte Unterstützung, die sie mir während des Studiums, des Referendariats und der Erstellung der Dissertation haben zukommen lassen.

Nürnberg, den 30.09.2007 Rüdiger Haspl

Inhaltsübersicht

Inhaltsverzeichnis

Einleitung

I. Problemstellung

Die Auslegung von Willenserklärungen stellt einen wesentlichen Kernbereich des materiellen Rechts dar. Sie ist nicht nur zur Ermittlung von Vertragsinhalten unerlässlich, sondern auch erforderlich, um Inhalt und Folgen einseitiger Erklärungen zu verstehen. Aufgrund der mannigfachen Bedeutung privatrechtlicher Vereinbarungen in sämtlichen Rechtsbereichen des Bürgerlichen Rechts kommt kaum ein zivilrechtlicher Rechtsstreit ohne die – wenn auch häufig nur angedeutete oder gar bloß stillschweigende – Auseinandersetzung mit Auslegungsfragen aus. Zugleich stellt sich die Auslegung als eine der schwierigsten Aufgaben der Zivilgerichte dar[1]. Dies wird bereits deutlich, wenn der Tatrichter einer Willenserklärung unter methodengerechter Beachtung und Würdigung sämtlicher sowohl tatsächlicher Umstände als auch normativer Auslegungsgrundsätze den richtigen Erklärungsgehalt beimessen muss.

Besondere Schwierigkeiten weist die Auslegungsfrage vor dem Revisionsgericht auf, da dieses Gericht nicht ohne weiteres eine eigene Auslegung der streitgegenständlichen Willenserklärungen vornehmen darf. Es hat zunächst lediglich zu überprüfen, ob der Vorinstanz bei ihrer Auslegung Rechtsfehler unterlaufen sind, weil die Aufhebung der tatrichterlichen Entscheidung gem. §§ 545 Abs. 1, 546 ZPO[2] voraussetzt, dass sie rechtsfehlerhaft ist. Ist allerdings auf dieser ersten Prüfungsstufe ein Rechtsfehler festgestellt worden, muss das Revisionsgericht im Anschluss uneingeschränkt prüfen, ob sich die Entscheidung nicht aus anderen Gründen als richtig erweist und deshalb aufrechterhalten werden muss (§ 561 ZPO) oder ob es nicht selbst zu einer abschließenden Entscheidung gelangen kann (§ 563 Abs. 3 ZPO). Die Feststellung und tatsächliche Würdigung der Auslegungsumstände selbst hingegen muss das Revisionsgericht dabei stets unangetastet lassen, solange diese sich nicht gleichfalls als rechtsfehlerhaft erweist. Die revisionsrechtliche Auslegungskontrolle sieht sich daher in jedem Einzelfall mit großen Abgrenzungsschwierigkeiten konfrontiert.

---

[1] May, NJW 1959, 708 f., 708.

[2] Soweit Normen der ZPO ohne den Zusatz a. F. genannt werden, bezieht sich die Nennung auf ihre seit dem 01.01.2002 geltende Fassung.

Zu deren Lösung hat die Rechtsprechung des BGH zahlreiche Grundsätze formuliert[3]. Der BGH hat dabei verschiedene denkbare Auslegungsrechtsfehler benannt, auf die sich seine Kontrolle beschränke. Auf dieser Basis hat der BGH die nur eingeschränkte Revisibilität der Auslegung von individuellen Willenserklärungen begründet. Allerdings sind diese Grundsätze sehr allgemeingültig formuliert. Es liegt in der Natur der Sache, dass deshalb ihre Anwendung und Einhaltung im jeweiligen einzelnen Praxisfall unterschiedlich beurteilt werden kann. Bei Betrachtung einzelner Entscheidungen des BGH zur Auslegung von Willenserklärungen ergeben sich deshalb nicht selten Zweifel, ob die Entscheidung zwingend so hat ergehen müssen, oder ob nicht ein anderes Ergebnis in gleichem Maße von den seitens des BGH aufgestellten Auslegungsgrundsätzen gedeckt gewesen wäre. Die Prüfung, inwieweit der BGH sich an die von ihm selbst aufgestellten Grundsätze hält, ergibt kein einheitliches Bild. Neben vielen Urteilen, in denen der BGH eine Aufhebung der tatrichterlichen Auslegung ablehnt, weil er vor dem Hintergrund seines eingeschränkten Prüfungsumfangs einen revisiblen Fehler nicht feststellen könne, finden sich auch zahlreiche aufhebende Entscheidungen, die Zweifel an der Einhaltung der revisionsrechtlichen Beschränkung wecken.

Dementsprechend wird auch in der Literatur immer wieder kritisiert, dass der BGH eine Überprüfung der Auslegung von Willenserklärungen in vollem Umfange auch jenseits einer bloßen Rechtsfehlerkontrolle vornehme und dabei auch in den ihm verwehrten Bereich der Tatsachenfeststellung eindringe[4]. Es stellt sich deshalb die Frage, wie eine Revisionskontrolle der Auslegung von Willenserklärungen beschaffen sein müsste, um die kritisierten Inkonsequenzen zu vermeiden. Ihre Beantwortung erfordert zunächst einen Überblick über den Umgang des BGH mit der Kontrolle und Feststellung von Auslegungsfehlern. Die Berücksichtigung der Literatur, der neuen ZPO-Gesetzgebung und der aktuellen Rechtsprechung lässt schließlich einen Schluss auf den gebotenen Umgang mit der Auslegung von Willenserklärungen nach aktuellem Recht in der Revisionsinstanz wie auch in der Rechtmittelinstanz überhaupt zu.

---

[3] Vgl. dazu Seiten 19 ff.
[4] Vgl. an dieser Stelle nur Greger, FS Link, S. 891.

II. Gang der Untersuchung

Die Untersuchung will zunächst einen Überblick verschaffen, wie der BGH tatsächlich mit der Kontrolle und Feststellung von Auslegungsfehlern umgeht. Den Ausgangspunkt hierfür liefern die Grundsätze zur Auslegung von Willenserklärungen und ihrer Revisibilität, die der BGH selbst aufgestellt hat. Die Untersuchung hat deshalb sämtliche verfügbaren Revisionsurteile des BGH aus dem Jahre 2001[5] herangezogen und aus ihnen diejenigen Entscheidungen entnommen, in denen eine Aufhebung wegen Auslegungsfehlern erfolgt ist. Diese werden sodann vor dem Hintergrund der Auslegungsrevisionsgrundsätze analysiert. Es bot sich dabei die Bildung von Fallgruppen an, die sich an den Prinzipien orientieren, die der BGH seiner Revisionsprüfung zu Grunde legt. Innerhalb dieser Fallgruppen wurden weitere Unterteilungen vorgenommen, wenn die Urteile Regelmäßigkeiten oder hervorhebungswürdige Charakteristika erkennen ließen. Die Urteile wurden dabei im Einzelnen betrachtet und darauf hin überprüft, ob die Ausführungen des BGH sich mit der eingeschränkten Revisibilität und den ihr zu Grunde liegenden Prinzipien vereinbaren lassen.

Die vorliegende Untersuchung berücksichtigt ferner, in welcher Weise die Verfahren nach einer aufhebenden Revisionsentscheidung des BGH fortgeführt und beendet worden sind. Dadurch sollen Rückschlüsse auf die unterschiedlichen Auffassungen von Tat- und Revisionsgericht über die Auslegung der einzelnen Willenserklärungen ermöglicht werden. Dabei ist allerdings zu berücksichtigen, dass der Ablauf des weiteren Verfahrens und der Inhalt der darauf folgenden Berufungsentscheidung allein keinen unmittelbaren Rückschluss zulassen, ob das Berufungsgericht von der Auslegung des BGH überzeugt war, da viele vom Berufungsgericht nicht zu verantwortende Faktoren den Weg zur weiteren Berufungsentscheidung beein-

---

[5] Die Wahl des Jahres 2001 ist dabei insoweit zufällig, als lediglich ein zusammenhängender Zeitraum im Ganzen untersucht werden sollte, der ein im Untersuchungszeitpunkt möglichst aktuelles Bild widerspiegeln sollte. Dies steht den aus der Untersuchung gewonnenen Ergebnissen jedoch nicht entgegen, da nicht anzunehmen ist, dass sich die Rechtsprechung des BGH der vorangegangenen Jahre von der des Jahres 2001 unterschied. Ein späteres Untersuchungsjahr wurde nicht gewählt, weil nach dem Jahr 2001 aufgrund des durch die ZPO-Reform geänderten Rechtsmittelrechts nicht absehbar war, inwieweit die Revisionsrechtsprechung einen Systemwechsel vollführen musste. Ein zu später Untersuchungszeitraum durfte nicht gewählt werden, da die beabsichtigte Miteinbeziehung der der Revisionsentscheidung nachfolgenden Berufungsentscheidungen das Verstreichen eines weiteren Zeitraums erforderte, bis die Berufungsverfahren beendet waren.

flussen. Die Tatsache allein, dass das Berufungsgericht zu einem anderen Urteil als vor der Aufhebung gelangt ist, muss deshalb ebenso wenig bedeuten, dass es die Auslegung des BGH für überzeugend hielt, wie das abermalige Erreichen desselben Ergebnisses nicht voraussetzt, dass das Berufungsgericht seine als fehlerhaft gerügte Auslegung wiederholt hat. Der Umgang mit den Vorgaben des BGH in der aufhebenden Entscheidung lässt sich jedoch durchaus anhand des weiteren Verfahrensablaufs ermessen. Zudem konnte nur auf diesem Wege der Erfolg einer Zurückverweisung zum Zwecke neuer Tatsachenfeststellung überprüft werden. Vor diesem Hintergrund liefert die Untersuchung zuerst einen Beitrag zur Analyse der bisherigen Revisionsrechtsprechung und zeigt, inwiefern bei der Auslegungskontrolle in der Praxis Inkonsequenzen auftreten. Die Untersuchung beschäftigt sich dabei ferner mit den Auswirkungen und Manipulationsmöglichkeiten, die mit einer Revisionspraxis einhergehen, welche die ihr selbst gesetzten und gebotenen Revisibilitätsgrenzen überschreitet.

Die Rechtsprechungspraxis wird jedoch nicht nur vor dem Hintergrund ihrer eigenen Auslegungs- und Revisionsgrundsätze betrachtet. Vielmehr werden auch Ausführungen und Kritik der Literatur berücksichtigt. Dies dient zum einen der Kontrolle, ob die anhand der untersuchten Urteile entwickelten Kritikpunkte auch von anderer Stelle gesehen und formuliert worden sind. Zum anderen finden sich in der Literatur weiterführende Gedanken zum Charakter und zum Umfang der Auslegungskontrolle. Aus dieser umfassenden Analyse wird schließlich ein eigener Ansatz abgeleitet, welchen Umfang eine Revisionskontrolle der Auslegung von Willenserklärungen haben sollte.

Schließlich hat nicht zuletzt die Reform des Zivilprozess- und vor allem Rechtsmittelrechts aus dem Jahre 2002 neue Fragen zur Überprüfbarkeit der Auslegung von Willenserklärungen nunmehr für das Rechtsmittelverfahren überhaupt, nämlich sowohl für die Revisions- als auch für die Berufungsinstanz, aufgeworfen. Es soll deshalb auch die Entwicklung des Rechtsmittelrechts nach der Reform und die hierzu veröffentlichte Literatur und Rechtsprechung untersucht werden, um abschließend darstellen zu können, wie die tatrichterliche Auslegung von Willenserklärungen in Berufung und Revision zu behandeln ist.

III. Aufbau der Arbeit

Im 1. Kapitel der Untersuchung wird im 1. Abschnitt die Untersuchungsgrundlage, nämlich die untersuchten Urteile des BGH und der nachgehenden Verfahrensverläufe, dargelegt. In einem 2. Abschnitt erfolgt die Darstellung der dabei erhaltenen empirischen Erkenntnisse.

Das 2. Kapitel befasst sich mit der revisionsrechtlichen Kontrolle von Willenserklärungen bis zur ZPO-Reform 2002. Dabei werden im 1. Abschnitt die theoretischen Grundsätze dargestellt, die der BGH zur Frage der Auslegung und ihrer revisionsrechtlichen Überprüfung entwickelt hat. Im 2. Abschnitt des Kapitels wird sodann die tatsächliche Rechtsprechungspraxis mit den aufgestellten Grundsätzen verglichen. Dabei wird im Einzelnen untersucht, ob und wann der BGH möglicherweise die Bindung des Revisionsgerichts an die Tatsachenfeststellungen nicht beachtet und eine nicht nur eingeschränkte Überprüfung der Auslegung vornimmt.

Im 3. Abschnitt werden die Auswirkungen der untersuchten Rechtsprechungspraxis auf die weiteren zu beachtenden Grundsätze des materiellen und formellen Rechts beleuchtet. Dabei wird untersucht, ob [I.] die Bedeutung der Tatsachenbindung des Revisionsgerichts beeinträchtigt wird, [II.] das Begründungserfordernis für richterliche Urteile überspannt wird, [III. bis VII.] welche Umgehungsmöglichkeiten eine uneingeschränkte Auslegungskontrolle böte und schließlich, [VIII. und IX.] in welcher Weise eine Einflussnahme auf die Berufungsinstanzen bei Zurückverweisung besteht.

Der 4. Abschnitt erläutert die Sichtweise der Literatur zur Rechtsprechungspraxis bis zur ZPO-Reform 2002. Dabei wird dargelegt, wie die Literatur sich eine Revisionskontrolle der Auslegung von Willenserklärungen vorstellt und wie sie vor diesem Hintergrund die Rechtsprechungspraxis des BGH beurteilt.

Im 5. Abschnitt erfolgt sodann eine eigene Stellungnahme. Dort wird dargelegt, wie die Rechtsprechungspraxis und ihre Auswirkungen zu beurteilen sind. Auf der Grundlage der in den vorherigen Kapiteln abgeleiteten Ergebnisse werden Ansätze entwickelt, wie eine Auslegungskontrolle in der Revisionsinstanz erfolgen sollte, die den zu beachtenden, teilweise widerstreitenden Interessen des formellen und materiellen Rechts Rechnung trägt.

Das 3. Kapitel der Untersuchung beschäftigt sich mit dem Rechtsmittelrecht in seiner Ausgestaltung durch die ZPO-Reform 2002. Dort werden im 1. Abschnitt die Änderungen der ZPO vorgestellt, soweit sie den Gegenstand der Untersuchung betreffen. Der 2. Abschnitt befasst sich mit der insoweit seit der Reform ergangenen Rechtsprechung. Eine Gegenüberstellung der dazu in der Literatur vertretenen Auffassungen findet im 3. Abschnitt statt. Der 4. Abschnitt schließlich enthält eine eigene Stellungnahme zu den Auswirkungen der Reform von Berufungs- und Revisionsrecht auf die Kontrolle der Auslegung von Willenserklärungen in den entsprechenden Rechtsmittelinstanzen.

Unter Beachtung der im 5. Abschnitt des 2. Kapitels und der im 4. Abschnitt des 3. Kapitels gefundenen Ergebnisse wird abschließend ein Endergebnis zur Auslegungskontrolle von Willenserklärungen in Berufungs- und Revisionsinstanz entwickelt und thesenartig im 4. Kapitel der Untersuchung vorgestellt.

Kapitel 1: Rechtstatsächliche Erkenntnisse

In diesem Kapitel werden die erlangten rechtstatsächlichen Erkenntnisse dargelegt, die der Untersuchung zu Grunde liegen. Dabei werden im 1. Abschnitt der Umfang und die Ermittlung des Untersuchungsmaterials erläutert. In einem 2. Abschnitt folgt dann eine geraffte Schilderung der einzelnen ermittelten Erkenntnisse. Dabei bleiben nach Möglichkeit wertende Darlegungen außen vor, wenn auch nicht übersehen wird, dass die Einteilung der Fallgruppen und die Ermittlung der Erkenntnisse selbst bereits unausweichlich Ausfluss von persönlichen Wertungen ist.

1. Abschnitt: Beschreibung des Untersuchungsmaterials

I. Die untersuchten Urteile und ihre Ermittlung

Im Jahre 2001 erließ der BGH in Zivilsachen 686 Revisionsurteile[6]. Hieraus wurden mittels einer computergestützten Stichwortrecherche[7] sowie aufgrund einer Einzeldurchsicht die Entscheidungen herausgesucht, in denen eine Aufhebung des Berufungsurteils wegen fehlerhafter Auslegung von sog. individuellen/atypischen, privatrechtlichen Willenserklärungen erfolgte. Dies erfolgte auf Grundlage einer Datenbank[8], die regelmäßig mit allen vom BGH in Zivilsachen erlassenen Entscheidungen gespeist wird und zum Zeitpunkt der Untersuchung[9] 831 Entscheidungen aus dem Jahr 2001 im Volltext enthielt. Der Datenbank wurden auf diesem Wege all jene Urteile im Volltext entnommen, in denen der BGH das Urteil des Berufungsgerichts aufhebt und bei denen nicht auszuschließen ist, dass hierfür u. a. Fehler bei der Auslegung von Willenserklärungen ursächlich waren. Dies ergibt sich bei den jeweiligen Urteilen daraus, dass entweder der BGH

[6] Statistik des BGH über die Erledigung in Zivilsachen, Pdf-Datei, Homepage des BGH: www.bundesgerichtshof.de/; heruntergeladen am 26.08.2004.

[7] Dabei wurden als Suchbegriffe die Stichworte „Willenserklärung" und „Denkgesetze" verwendet, um damit all jene Urteile zu erfassen, in denen der BGH den gängigen Obersatz verwendete, dass eine Auslegung von Willenserklärungen durch das Revisionsgericht nur auf bestimmte Fehler, insbesondere auf Verstöße gegen die Denkgesetze hin überprüft werde.

[8] Die Datenbank befindet sich am Lehrstuhl für Bürgerliches Recht, Zivilprozessrecht und Freiwillige Gerichtsbarkeit, Prof. Dr. Reinhard Greger, Universität Erlangen-Nürnberg.

[9] Die Recherche mittels der Datenbank wurde Mitte des Jahres 2003 abgeschlossen.

eine solche Rechtsverletzung selbst feststellt oder aber trotz fehlender ausdrücklicher Darlegungen des BGH der Eindruck besteht, dem Revisionsurteil werde ein gegenüber der Auslegung des Berufungsgerichts abweichendes Verständnis der maßgeblichen Willenserklärungen zu Grunde gelegt.

II. Nicht der Untersuchung unterfallende Urteile

Die Untersuchung beschränkt sich auf solche Urteile des BGH, in denen er sich selbst dem eingeschränkten Revisionsprüfungsmaßstab unterwirft. Dies ist nicht der Fall, soweit es sich um die Überprüfung der Auslegung von Allgemeinen Geschäftsbedingungen überregionaler Bedeutung (sog. typische Willenserklärungen), von Prozesserklärungen, von behördlichen Erklärungen oder von Satzungen juristischer Personen, eingetragener Vereine oder von Publikums-Kommanditgesellschaften handelt. In all jenen Fällen hält sich der BGH berechtigt, die Entscheidung des Berufungsgerichts umfassend und uneingeschränkt zu überprüfen und eine eigene vollumfängliche Auslegung der Erklärungen auf Grundlage der vorhandenen Tatsachenfeststellungen vorzunehmen[10]. Die der Untersuchung zu Grunde

[10] Für Allgemeine Geschäftsbindungen mit bezirksübergreifender Bedeutung vgl. BGH vom 23.06.1988 – VII ZR 117/87, 2536 ff., 2536 m. w. N.; für typische, Allgemeinen Geschäftsbedingungen ähnliche, formularmäßige Willenserklärungen vgl. BGH vom 29.03.1974 – V ZR 22/73, BGHZ 62, 251 ff., 252 ff.; BGH vom 02.07.1976 – V ZR 185/74, BGHZ 67, 101 ff., 103; auch BGH vom 06.11.1991 – VIII ZR 241/90, NJW 1992, 1032 ff., 1033 mit der Beschränkung auf Formularverträge auf Grundlage des inländischen Rechts; für typische Verträge des täglichen Lebens vgl. BGH vom 21.04.1982 – VIII ZR 26/81, BGHZ 83, 334 ff., 337; zur umfassenden Kontrolle von Gesellschaftsverträgen einer Publikums-KG, wenn auch anhand von § 242 BGB anstatt §§ 133, 157 BGB vgl. BGH vom 14.04.1975 – II ZR 147/73, BGHZ 64, 238 ff., 241 f.; für Gesellschaftsverträge einer GmbH vgl. BGH vom 09.06.1954 – II ZR 70/53, BGHZ 25 ff., 36; für Gesellschaftsverträge von Publikumsgesellschaften vgl. BGH vom 16.11.1981 – II ZR 213/80, DB 1982, 218 f., 218; für die Satzung einer Stiftung vgl. BGH vom 14.10.1993 – III ZR 157/91, NJW 1994, 184 ff., 185; für die Satzung eines eingetragenen Vereins vgl. BGH vom 11.11.1985 – II ZB 5/85, WM 1986, 289 ff., 290; für Grundbucheintragungen vgl. BGH vom 16.06.1972 – V ZR 93/70, BGHZ 59, 205 ff., 208 f.; zur Auslegung eines gerichtlichen Urteils vgl. BGH vom 16.09.1993 – IX ZR 255/92, NJW 1994, 49 ff., 50; BGH vom 29.06.1994 – VIII ZR 28/94, NJW-RR 1994, 1251 f., 1252; für staatliche Hoheitsakte vgl. BGH vom 16.09.1993 – IX ZR 255/92, NJW 1994, 49 ff., 50; BGH vom 12.12.2001 – IV ZR 47/01 (Urteil 76); für gerichtliche Entscheidungen allgemein vgl. BGH vom 21.01.1988 – III ZR 252/86, NJW 1988, 1914 ff., 1915; für einen Pfändungs- und Überweisungsbeschluss vgl. BGH vom 13.04.1983 – VIII ZB 38/82, NJW 1983, 2773 ff., 2774; BGH vom 12.12.2001 – IV ZR 47/01 (Urteil 76); für einen Verwaltungsakt vgl. BGH vom 09.12.1982 – III ZR 106, 81, NJW

liegende Frage einer Übereinstimmung der Praxis mit der Vorgabe eines eingeschränkten Überprüfungsumfangs bei Willenserklärungen stellt sich hier – zumindest im selben Maße wie bei sog. atypischen Willenserklärungen – nicht.

III. Die Ermittlung des Verfahrens nach Zurückverweisung

Die Ermittlung des weiteren Verfahrensverlaufs nach Zurückverweisung an das Berufungsgericht erfolgte, indem die Vorsitzenden der Berufungssenate angeschrieben und gebeten wurden, mittels eines beigefügten Fragebogens[11] Auskünfte über den weiteren Verlauf des Verfahrens zu machen und gegebenenfalls das neu ergangene Berufungsurteil zu übersenden. Soweit eine solche Nachfrage möglich war[12], wurden 44 beantwortete Fragebögen zurückgesandt. In 20 Fällen war der Rücksendung das erbetene Urteil beigefügt. In den sonstigen Fällen, wovon in 7 Fällen ein neues Berufungsurteil ergangen war, konnte eine Beurteilung des weiteren Verfahrens allein auf Grundlage des ausgefüllten Fragebogens erfolgen.

2. Abschnitt: Empirische Erkenntnisse

I. Die untersuchten Urteile

Unter den im Jahre 2001 erlassenen 686 Revisionsurteilen des BGH finden sich 84 Urteile (12,2 %), in denen eine Aufhebung des Berufungsurteils wegen fehlerhafter Auslegung von Willenserklärungen erfolgt. In 51 Fällen (60,7 %[13]) stützt sich dabei die Aufhebung ausschließlich auf Auslegungsfehler. In den übrigen 33 Fällen (39,3 %) stellt der BGH neben Auslegungsfehlern weitere Rechtsfehler fest.

1983, 1793 ff., 1794; für Prozesserklärungen vgl. BGH vom 09.05.1990 – VIII ZR 237/89, NJW 1990, 2683 f., 2684.

[11] Der verwendete Fragebogen ist im Anhang auf Seite 335 abgedruckt.

[12] Zu 8 von 60 zurückverwiesenen Verfahren konnte mittels der Datenbank „juris“ das Aktenzeichen des berufungsgerichtlichen Verfahrens nicht ermittelt und damit eine Anfrage nicht durchgeführt werden.

[13] Soweit im Folgenden Prozentangaben ohne erläuternden Zusatz verwendet werden, beziehen sie sich stets auf die der Untersuchung zugrunde liegende Anzahl von 84 aufhebenden Urteilen.

Daneben finden sich zahlreiche Urteile, in denen sich der BGH gleichfalls mit der Auslegung von Willenserklärungen befasst, jedoch die Auslegung des Berufungsgerichts als rechtsfehlerfrei erachtet. Diese Urteile sind allerdings von der Untersuchung nicht erfasst worden.

II. Verfahrensbeendende Entscheidung oder Zurückverweisung

Bei 24 Urteilen[14] (28,6 %) erließ der BGH selbst eine abschließende Entscheidung. Dagegen erfolgte in 60 Fällen (71,4 %) eine Zurückverweisung des Rechtsstreits zu erneuter Verhandlung und Entscheidung durch das Berufungsgericht.

III. Die Vorgehensweise des BGH bei der Prüfung der Auslegung

1. Auslegung ohne erkennbare Beachtung der Revisionsgrenzen

Bei 45 Urteilen[15] (53,6 %) wich der BGH erkennbar von der vom Berufungsgericht vorgenommenen Auslegung privatrechtlicher Willenserklärungen ab, ohne auf die Grenzen der revisionsrechtlichen Überprüfungskompetenz hinzuweisen und sich mit diesen bei seiner Prüfung zu beschäftigen. Dieser Fallgruppe unterfallen zum einen solche Urteile, in denen der BGH Ausführungen dazu, dass die Entscheidung auf der Auslegung von Willenserklärungen beruht, gänzlich unterlässt, so dass sich nur aus dem Gesamtkontext der Entscheidung ergibt, dass Auslegungsfragen entscheidungserheblich sind (20 Urteile[16]). Zum anderen finden sich hier Urteile, in denen die Formulierungen des BGH deutlich auf eine fehlerhafte Auslegung des Berufungsgerichts hinweisen, ohne dass jedoch auf den be-

[14] Urteile 1, 7, 11, 15, 17, 19, 21, 29, 34, 35, 45, 47, 48, 49, 50, 53, 57, 58, 61, 69, 70, 71, 72 und 79.
[15] Urteile 1, 2, 3, 4, 7, 10, 12, 13, 14, 19, 21, 22, 23, 24, 25, 26, 29, 30, 34, 35, 36, 37, 39, 40, 41, 48, 49, 53, 54, 56, 57, 58, 60, 61, 62, 65, 67, 70, 73, 77, 78, 79, 81, 82 und 84.
[16] Urteile 2, 10, 13, 30, 36, 40, 41, 48, 49, 53, 54, 56, 60, 61, 62, 65, 67, 73, 79 und 81.

schränkten Prüfungsumfang Bezug genommen oder dieser erkennbar der Rechtsprüfung zu Grunde gelegt wird (25 Urteile[17]).

2. *Nennung der Revisionsgrenzen*

Demgegenüber weist der BGH in 43 Urteilen[18] (51,2 %)[19] ausdrücklich darauf hin, dass die revisionsrechtliche Überprüfung der Auslegung von Willenserklärungen nur eingeschränkt zulässig sei.

3. *Eigene Auslegung bei Nennung der Revisionsgrenzen*

In 19 Fällen[20] (22,6 %) führt der BGH, nachdem er auf die beschränkte Revisionsbefugnis hingewiesen hat, eine eigene, von der Auslegung des Berufungsgerichts abweichende Auslegung der Willenserklärungen durch. Dies geschieht in einigen Fällen unter ausdrücklicher Darlegung der eigenen Auslegungsbefugnis im Anschluss an die Feststellung des Auslegungsfehlers. In anderen Fällen findet eine Rechtfertigung der eigenen Auslegung nicht statt. Bisweilen wird die eigene Auslegung überhaupt nicht zum Ausdruck gebracht.

4. *Feststellung eines Rechtsfehlers und Zurückverweisung samt obiter dicta*

In 14 Fällen[21] (16,6 %) beschränkt sich der BGH auf die Feststellung eines Auslegungsfehlers, ohne selbst die Auslegung durchzuführen, und verweist deshalb den Rechtsstreit an das Berufungsgericht zurück. Dabei führt er aus, wie eine Auslegung richtigerweise zu erfolgen hätte. Ferner finden sich hier auch Ausführungen dazu, welche Konsequenzen sich für eine Auslegung oder das Entscheidungsergebnis ergeben würden, wenn

---

[17] Urteile 1, 3, 4, 7, 12, 14, 19, 21, 22, 23, 24, 25, 26, 29, 34, 35, 37, 39, 57, 58, 70, 77, 78, 82 und 84.

[18] Urteile 5, 6, 8, 9, 11, 12, 13, 15, 16, 17, 18, 20, 27, 28, 31, 32, 33, 38, 40, 42, 43, 44, 45, 46, 47, 50, 51, 52, 54, 55, 59, 63, 64, 66, 68, 69, 71, 72, 74, 75, 76, 80 und 83.

[19] Wenn im Folgenden Additionen der Prozentzahlen zu einem Wert von mehr als 100 führen, resultiert dies daraus, dass einige der Entscheidungen mehrere Auslegungsfragen beinhalten, die durch den BGH unterschiedlich behandelt worden sind.

[20] Urteile 6, 11, 15, 17, 38, 42, 43, 45, 47, 50, 64, 66, 68, 69, 71, 72, 75, 76 und 83.

[21] Urteile 5, 12, 28, 31, 32, 33, 38, 40, 44, 46, 51, 54, 74 und 80.

bestimmte Umstände im weiteren Verfahrensverlauf vorgetragen oder festgestellt werden sollten (sog. obiter dicta[22]).

5. Feststellung eines Rechtsfehlers und Zurückverweisung ohne obiter dicta

In 10 Fällen[23] (11,9 %) verweist der BGH den Rechtsstreit an das Berufungsgericht zurück, ohne jenseits der Feststellung eines Auslegungsfehlers eine eigene Auslegung durchzuführen oder auf den künftigen Verfahrensablauf einzugehen.

IV. Die Übereinstimmung der beiden Vorinstanzen

Bei 45 Urteilen[24] (53,6 %) gelangten die beiden Vorinstanzen, also das Landgericht und das Oberlandesgericht bzw. Kammergericht, zu im Wesentlichen übereinstimmenden Sachentscheidungen.

V. Die Bejahung der Selbstauslegungskompetenz

In 62 Fällen (73,8 %) führte der BGH an Stelle der als rechtsfehlerhaft erachteten Auslegung des Berufungsgerichts eine eigene abschließende Auslegung der streitgegenständlichen Willenserklärungen durch. Es finden sich dabei Urteile, in denen der BGH seine Selbstauslegungskompetenz ausdrücklich darlegt (25 Fälle; 29,8 %)[25] oder bei denen sich dies aus der Tatsache, dass eine abschließende Beantwortung der Auslegungsfrage stattgefunden hat, stillschweigend ergibt (37 Fälle; 44,0 %)[26]. Im Gegensatz zu den unter III.3. genannten Fällen, in denen der BGH sich ausdrücklich

---

[22] Im Gegensatz zu den die Entscheidung tragenden notwendigen Rechtsausführungen, der sog. „ratio decidendi", werden als „obiter dicta" die Rechtsausführungen bezeichnet, die entbehrlich sind, weil die Entscheidung auf sie nicht gestützt ist, vgl. nur Schlüter, S. 77.

[23] Urteile 8, 9, 16, 18, 20, 27, 52, 55, 59 und 63.

[24] Urteile 4, 6, 10, 12, 13, 14, 15, 16, 19, 20, 21, 23, 25, 26, 27, 29, 30, 34, 35, 36, 37, 40, 41, 43, 45, 46, 47, 48, 49, 52, 55, 56, 59, 60, 61, 62, 65, 67, 72, 73, 75, 77, 78, 79 und 81.

[25] Urteile 1, 2, 6, 7, 11, 15, 17, 21, 33, 39, 42, 45, 47, 50, 53, 57, 58, 66, 70, 71, 72, 76, 77, 79 und 81.

[26] Urteile 3, 4, 8, 9, 10, 12, 13, 14, 19, 22, 23, 24, 25, 26, 29, 30, 34, 35, 36, 37, 38, 40, 41, 43, 48, 49, 54, 56, 60, 61, 62, 64, 65, 67, 68, 69 und 75.

mit der ihm gesetzten Auslegungsbeschränkung befasste, sind dabei sämtliche Urteile erfasst worden, in denen der BGH eine eigene Auslegung durchführte. Dabei gelangte der BGH in 11 Fällen[27] (17,7 % von 62 Urteilen) zu Auslegungsergebnissen, die in den Tatsacheninstanzen noch nicht erörtert worden waren.

VI. Die Erwartung neuer Feststellungen

1. Die fehlende Erwartung mit der Folge eigener Auslegung

Unter den 84 Urteilen lassen sich in 26 Fällen[28] (31,0 %) Ausführungen finden, nach denen der BGH zu eigener Auslegung berechtigt sei, weil weitere Feststellungen, die für die Auslegung von Bedeutung sein können, nicht zu erwarten seien. Eine nähere Begründung, worauf sich diese Erwartung im Einzelnen stützt, ist in keinem Fall gegeben worden.

2. Die Erwartung bei Zurückverweisung

Unter den zurückverwiesenen Verfahren lässt sich ein Fall[29] finden, in dem die Erwartung des BGH über nach Zurückverweisung nachzuholende Feststellungen nicht erfüllbar war, obgleich das Berufungsgericht die Tatsachen feststellen wollte. In 2 Fällen[30] erfolgte eine Tatsachenfeststellung deshalb nicht, weil die Tatsachen bereits bekannt waren. Soweit es in den anderen Fällen zu einer Feststellung von Tatsachen nicht mehr gekommen ist, beruht dies, soweit ersichtlich, allein auf einem neuen Verfahrensablauf, beispielsweise deshalb, weil der Rechtsstreit durch Vergleich beendet worden oder weil andere Tatsachen als die auslegungsrelevanten Umstände entscheidungserheblich geworden sind.

VII. Der Zweck der Zurückverweisung

Die Zurückverweisung an das Berufungsgericht erfolgte in 59 von 60 Fällen (98,3 % von 60 Urteilen) zum Zwecke neuer Tatsachenfeststellun-

---

[27] Urteile 2, 13, 19, 21, 30, 41, 53, 60, 62, 67 und 79.
[28] Urteile 1, 2, 6, 7, 11, 15, 17, 19, 21, 39, 42, 45, 47, 50, 53, 57, 58, 66, 69, 70, 71, 72, 73, 76, 77 und 83.
[29] Urteil 51.
[30] Urteile 54 und 31.

gen, weil der BGH der Auffassung war, den Rechtsstreit selbst noch nicht abschließend entscheiden zu können. Dies war entweder deshalb der Fall, weil nach Auslegung der Willenserklärungen durch den BGH Anschlussfragen mangels ausreichender Tatsachenfeststellungen nicht beantwortet werden konnten oder aber, weil bereits die Auslegung durch den BGH selbst mangels Feststellung sämtlicher relevanter Auslegungsumstände noch nicht möglich war. In einem Fall[31] erfolgte indes die Zurückverweisung allein zum Zwecke einer neuen Auslegung durch das Berufungsgericht, ohne dass der BGH zunächst die Feststellung von Tatsachen für erforderlich erachtet hätte.

VIII. Das Verfahren nach Zurückverweisung

1. Die neuen Tatsachenfeststellungen hinsichtlich der Willenserklärungen

In 13 der 39 untersuchten Berufungsverfahren (33,3 % von 39 Urteilen) waren nach wie vor Umstände über auszulegende Willenserklärungen streitig. Diese streitigen Umstände wurden in 6 Fällen[32] durch eine neue Beweisaufnahme festgestellt. In den anderen 7 Fällen[33] war eine Beweisaufnahme nicht mehr notwendig, weil entweder kein Urteil mehr erging (2 Fälle), die Tatsachen bereits bekannt waren (3 Fälle), oder weil andere Tatsachen die Entscheidungsreife herbeigeführt hatten (2 Fälle). In einem dieser Fälle konnte eine Beweisaufnahme mittels einer anderen Rechtsargumentation vermieden werden[34].

In einem Fall[35] führte das Berufungsgericht eine Beweisaufnahme hinsichtlich der Umstände der auszulegenden Willenserklärung durch, die zum

---

[31] BGH vom 18.01.2001 – I ZR 175/98 (Urteil 52). Zwar ist hier ersichtlich, dass der BGH der Meinung war, es sei schon jetzt absehbar, dass unabhängig von einem künftigen Auslegungsergebnis jedenfalls die Entscheidungsreife deshalb nicht gegeben sein werde, weil in jedem Fall Tatsachenfeststellungen fehlten, die zur Beantwortung von Folgefragen notwendig wären (zum Begriff der Folgefrage vgl. Fußnote 37). Zur Entscheidung über die Auslegungsfrage waren aber auch aus seiner Sicht keine weiteren Feststellungen mehr notwendig, so dass die Zurückverweisung zunächst nur zum Zwecke neuer Auslegung erfolgte.

[32] Urteile 10, 18, 33, 36, 43 und 74.

[33] Urteile 25, 27, 31, 44, 54, 75 und 84.

[34] Urteil 54.

[35] Urteil 4, OLG Celle vom 22.5.2001 - 16 U 76/98.

gleichen Auslegungsergebnis führte wie das, zu welchem bereits der BGH – und zwar mit für das Berufungsgericht bindender Wirkung – gelangt war.

2. *Die neuen Tatsachenfeststellungen hinsichtlich der Folgefragen*

a) mit Beweisaufnahme

In 14 der untersuchten 39 zurückverwiesenen Verfahren[36] erfolgte eine Beweisaufnahme hinsichtlich der streitigen Folgefragen[37], während die Auslegungsfragen unstreitig waren. Hier entsprach der Weg des Berufungsgerichts in 13 Fällen dem vom BGH bereits vorgezeichneten Verfahrensweg. Allein ein Fall[38] gibt Anlass zu genauerer Betrachtung, ob das Berufungsgericht im Wege neuer Beweiswürdigung und rechtlicher Argumentation versuchte, das von ihm ursprünglich durch Auslegung erlangte Ergebnis wiederzuerreichen.

b) ohne Beweisaufnahme

Von den 26 neuen Berufungsurteilen konnten 5 Urteile ergehen, ohne dass eine Beweisaufnahme hinsichtlich der noch maßgeblichen Folgefragen stattgefunden hätte[39].

3. *Das neue Ergebnis des Berufungsgerichts*

Von den 26 neuen Berufungsurteilen basieren 22 Urteile[40] auf einem anderen Auslegungsergebnis als das aufgehobene Urteil. Dies führte in 18

---

[36] Urteile 3, 6, 16, 22, 27, 30, 38, 42, 44, 60, 62, 76, 78 und 81.

[37] Der Begriff „Folgefrage“ soll im Rahmen dieser Untersuchung solche Rechtsfragen bezeichnen, die nicht im Wege der Auslegung gem. §§ 133, 157 BGB zu beantworten sind, sondern die sich erst nach erfolgter Auslegung stellen. Für ihre Beantwortung sind regelmäßig andere Tatsachen feststellungsbedürftig als die Tatsachen, die Grundlage der Auslegung sind.

[38] Urteil 30.

[39] Urteile 2 (Grund nicht bekannt), 25 (nur Rechtsfragen relevant), 51 (entgegen der Erwartung des BGH keine neuen Feststellungen möglich), 67 (verspäteter Vortrag) und 77 (Parteivortrag).

[40] Urteile 4, 6, 10, 16, 18, 22, 25, 30, 31, 33, 38, 41, 42, 44, 54, 63, 67, 74, 75, 76, 77 und 81.

Fällen[41] auch zu einem neuen Entscheidungstenor. In den übrigen 4 Fällen brauchte das Berufungsgericht eine bisherige Auslegung nicht zu korrigieren, weil es für die Entscheidung nicht mehr auf die Auslegungsfrage ankam (ein Fall[42]), zuvor eine Auslegung überhaupt nicht stattgefunden hatte (ein Fall[43]) oder eine nachgeholte Beweisaufnahme wieder zum selben Auslegungsergebnis führte (ein Fall[44]). In einem Fall[45] folgte das Berufungsgericht zwar im Grundsatz der bindenden Auslegung des BGH, gelangte aber dann durch Auslegung eines nur zeitlich beschränkten Wiederverkaufsrechts zum faktisch selben Auslegungsergebnis wie in seinem ursprünglichen Urteil.

In 4 Fällen blieb trotz des neuen Auslegungsergebnisses der Entscheidungstenor unverändert, weil entweder eine Folgefrage zum selben Ergebnis geführt hat (3 Fälle)[46] oder es aus anderen Gründen auf die Auslegung nicht mehr ankam (ein Fall)[47].

IX. Die Verfahrensbeendigung nach Zurückverweisung

Von den 44 untersuchten, zurückverwiesenen Rechtsstreiten waren zum Untersuchungszeitpunkt 5 Verfahren[48] noch nicht beendet. Von den beendeten 39 Verfahren sind 26 Verfahren[49] (66,7 % von 39 Verfahren) durch ein neues Berufungsurteil abgeschlossen worden. In 12 Fällen[50] (30,8 % von 39 Verfahren) beendeten die Parteien den Rechtsstreit durch einen Vergleich, in einem Fall[51] (2,6 % von 39 Verfahren) wurde die Klage zurückgenommen.

---

[41] Urteile 2, 4, 6, 10, 18, 22, 25, 31, 33, 42, 44, 51, 54, 67, 74, 76, 77 und 81.
[42] Urteil 51.
[43] Urteil 67.
[44] Urteil 36.
[45] Urteil 43.
[46] Urteile 30, 16 und 3.
[47] Urteil 27.
[48] Urteile 26, 37, 59, 60 und 62.
[49] Urteile 2, 3, 4, 6, 10, 16, 18, 22, 25, 27, 30, 31, 33, 36, 42, 43, 44, 51, 54, 67, 74, 76, 77, 78, 81 und 82.
[50] Urteile 14, 24, 32, 38, 41, 52, 63, 65, 68, 75, 83 und 84.
[51] Urteil 56.

X. Die Rechtskraft der neuen Urteile

Gegen die 26 neuen Berufungsurteile wurde in 10 Fällen[52] (38,5 %) abermals ein Rechtsmittel eingelegt. Über dieses Rechtsmittel war zum Untersuchungszeitpunkt in 8 Fällen[53] bereits entschieden; keines der 8 Rechtsmittel hatte Erfolg.

[52] Urteile 16, 18, 25, 27, 30, 43, 74, 77, 78 und 81.
[53] Urteile 16, 18, 25, 27, 30, 77, 78 und 81.

Kapitel 2: Die revisionsrechtliche Kontrolle der Auslegung von Willenserklärungen nach bisherigem Recht

Das folgende Kapitel befasst sich mit der Kontrolle der tatrichterlichen Auslegung von Willenserklärungen in der Revisionsinstanz, wie sie auf Grundlage der Rechtsprechung und des Prozessrechts vor der Reform der ZPO zum Jahre 2002 stattgefunden hat. Im 1. Abschnitt werden die theoretischen Grundlagen und Grundsätze vorgestellt, die der BGH in langjähriger Rechtsprechung entwickelt hat. An ihnen soll im 2. Abschnitt des Kapitels seine Rechtsprechung des Jahres 2001 gemessen werden. Dabei wird untersucht, an welchen Stellen der revisionsgerichtlichen Prüfung die Beachtung der aufgestellten Grundsätze typische und besondere Schwierigkeiten bereitet. Es wird ferner kritisch beleuchtet, inwiefern die theoretischen Grundsätze der Rechtsprechung tatsächlich als Richtschnur für eine ausreichend vorhersehbare revisionsrechtliche Richtigkeitskontrolle dienen können. Dabei zeigt sich, dass die aufgestellten Prämissen in der Praxis nicht durchgehend eingehalten werden. Der 3. Abschnitt des Kapitels befasst sich mit den sich daraus ergebenden Folgen für die Rechtsanwendung und zeigt Rechtsnormen und -prinzipien auf, mit denen die inkonsequente Auslegungskontrolle in Konflikt geraten kann. Der 4. Abschnitt lenkt den Blick sodann auf die Ausführungen der Literatur und ihre Kritik an der Rechtsprechungspraxis. Im Anschluss kann dann im 5. Abschnitt eine eigene Stellungnahme in Form eines Zwischenergebnisses erfolgen. Dort soll das Ziel erreicht werden, eine differenzierte Sicht- und Vorgehensweise bei der Auslegungskontrolle zu formulieren, die nach Möglichkeit die zuvor aufgezeigten Konfliktbereiche vermeidet.

1. Abschnitt: Die durch die Rechtsprechung des BGH aufgestellten Grundsätze

Der BGH hat zahlreiche Grundsätze aufgestellt, aus denen sich ergibt, inwieweit und in welcher Weise er die Auslegung von Willenserklärungen gem. §§ 133, 157 BGB durch den Tatrichter überprüfen kann. Dabei ist von der Prämisse auszugehen, dass die Revisionsinstanz keine Tatsachen-, sondern eine Rechtsinstanz ist. Neue Tatsachen dürfen deshalb im Revisionsverfahren grundsätzlich weder berücksichtigt noch festgestellt werden.

Dies dient insbesondere der Entlastung des Revisionsgerichts von dem mit der Feststellung von Tatsachen, insbesondere einer Beweiserhebung verbundenen zusätzlichen Arbeitsaufwand[54].

I. Die Überprüfung der festgestellten Tatsachen gem. § 286 ZPO

Die Feststellung sämtlicher der richterlichen Entscheidung zu Grunde liegender Tatsachen erfolgt grundsätzlich gem. § 286 Abs. 1 Satz 1 ZPO nach freier Überzeugung des Tatgerichts. Dies gilt insbesondere für die tatsächlichen Umstände, die einer Auslegung von Willenserklärungen zu Grunde liegen. Ihre Feststellung ist keine Auslegung im Sinne der §§ 133, 157 BGB, sondern vielmehr Grundlage der Auslegung[55]. Die Feststellung der für die Auslegung wesentlichen Tatsachen erfolgt deshalb nach Maßgabe der für die Behauptungs- und Beweislast maßgeblichen Grundsätze[56]. Gem. § 559 Abs. 2 ZPO[57] binden die Tatsachenfeststellungen auch das Revisionsgericht. Dies gilt freilich nicht, wenn sie rechtsfehlerhaft zustande gekommen sind. Dementsprechend findet eine revisionsrechtliche Überprüfung der tatrichterlichen Feststellungen durch den BGH nur auf Rechtsfehler hin statt. Dies setzt allerdings voraus, dass eine entsprechende Verfahrensrüge erhoben worden ist[58].

Der BGH überprüft demnach die Beweiswürdigung des Tatrichters nur darauf hin, ob sie in sich widersprüchlich ist[59], den Denkgesetzen oder allgemeinen Erfahrungssätzen zuwiderläuft[60] oder Teile des Beweisergebnisses ungewürdigt lässt[61]. Nachprüfbar ist ferner die Nichtanwendung gesetzlicher Beweisregeln, Vermutungen und anerkannter Grundsätze[62] sowie die

---

[54] BGH vom 09.07.1998 – IX ZR 272/96, NJW 1998, 2972 ff., 2973.
[55] Vgl. BGH vom 19.03.1992 – IX ZR 120/91, NJW-RR 1992, 772 ff., 773.
[56] BGH vom 23.02.1956 – II ZR 207/54, BGHZ 20, 109 ff., 111; BGH vom 30.03.1990 – V ZR 113/89, BGHZ 111, 110 ff., 112.
[57] Die Norm ist in ihrem Wortlaut identisch mit § 561 Abs. 2 ZPO a. F.
[58] BGH vom 13.12.1995 – XII ZR 194/93, NJW 1996, 838 ff.; BGH vom 16.10.1991 – VIII ZR 140/90, NJW 1992, 170 f., 170; BGH vom 08.12.1989 – V ZR 53/88, NJW-RR 1990, 455 f.
[59] Vgl. BGH vom 25.03.1992 – IV ZR 54/9, NJW-RR 1992, 920 f.
[60] Vgl. BGH vom 17.12.1953 – IV ZR 159/52, BGHZ 12, 23 ff., 25; BGH vom 15.01.1993 – V ZR 202/91, NJW-RR 1993, 653 (jeweils Erfahrungssätze).
[61] Vgl. umfassend BGH vom 14.01.1993 – IX ZR 238/91, NJW 1993, 935 ff., 937.
[62] Vgl. nochmals BGH, a. a. O.

Einhaltung des von § 286 ZPO geforderten Beweismaßes[63]. Dies gilt auch für die Würdigung von Indizien, die als sog. Hilfstatsachen den Schluss auf die eigentlich festzustellende sog. Haupttatsache ermöglichen[64]. Einzuhalten ist außerdem der § 398 Abs. 1 ZPO einschränkende Grundsatz, dass das Berufungsgericht die protokollierte Aussage eines Zeugen nicht anders verstehen oder ihr kein anderes Gewicht beimessen darf als die Vorinstanz, ohne den Zeugen erneut vernommen zu haben[65].

Um diese Prüfung zu ermöglichen, müssen die tragenden Gründe der Beweiswürdigung im Urteil soweit angeführt werden, dass erkennbar wird, ob eine sachentsprechende Beurteilung stattgefunden hat[66]. Ist dies nicht der Fall, liegt ein revisibler Rechtsfehler vor.

II. Für das Revisionsgericht bindend festgestellte Tatsachen

Gem. § 559 Abs. 1 ZPO kann das Revisionsgericht nur das Parteivorbringen beurteilen, das sich aus dem Berufungsurteil oder dem Sitzungsprotokoll des Berufungsverfahrens ergibt. An die Feststellungen von Tatsachen, die das Berufungsgericht getroffen hat, ist das Revisionsgericht gem. § 559 Abs. 2 ZPO gebunden; dies gilt nur dann nicht, wenn die Feststellungen fehlerhaft erfolgt sind[67]. [1.] Wie und an welcher Stelle des Urteils sich jedoch im konkreten Fall Feststellungen ausmachen lassen, bedarf genauerer Konkretisierung. [2.] Ferner müssen darin enthaltene Feststellungen nach ihrem Charakter als bindende oder nicht bindende unterschieden werden. [3.] Schließlich ist es erforderlich, sich den Charakter der Feststellung als solcher vor Augen zu führen, um eine Abgrenzung von tatrichterlichen Feststellungen im Sinne von § 559 Abs. 1 ZPO zu solchen gem. § 559 Abs. 2 ZPO vornehmen zu können.

---

63 BGH vom 13.11.1998 – V ZR 216/97, NJW 1999, 486 ff., 488; BGH vom 05.10.2001 – V ZR 275/00 (Urteil 32); BGH vom 14.01.1993 – IX ZR 238/91, NJW 1993, 935 ff., 937.

64 Vgl. BGH vom 14.01.1993 – IX ZR 238/91, NJW 1993, 935 ff., 938.

65 BGH vom 13.12.2001 – III ZR 284/00 (Urteil 28); BGH vom 18.06.2001 – II ZR 248/99 (Urteil 36); vgl. auch BGH vom 10.09.2001 – II ZR 381/99 (Urteil 8).

66 BGH vom 13.02.1992 – III ZR 28/90, NJW 1992, 2080 ff., 2082; BGH vom 14.11.1998 – VI ZR 32/97, NJW 1999, 423 ff., 424.

67 Dazu vgl. soeben oben Seite 20.

1. Der Inhalt des Urteils im Sinne des § 559 Abs. 1 ZPO

Um zu erkennen, welche Feststellungen der Berufungsentscheidung zu Grunde gelegen haben, steht dem Revisionsgericht neben dem Protokoll der Berufungsverhandlung das abgefasste Urteil des Berufungsgerichts zur Verfügung. Das Urteil kann sowohl im förmlichen Tatbestand[68] als auch in den Entscheidungsgründen tatrichterliche Feststellungen enthalten[69]. Zudem legt der BGH seiner Prüfung auch all die in Bezug genommenen Schriftsätze zu Grunde[70]. Denn § 137 Abs. 3 Satz 1 ZPO lässt im Rahmen der mündlichen Verhandlung auch eine Bezugnahme der Parteien auf Schriftstücke zu. Ferner kann das Gericht seinerseits bei der Abfassung des Tatbestands gem. § 313 Abs. 2 Satz 2 ZPO wegen Einzelheiten des Sach- und Streitstands auf die Schriftsätze der Parteien verweisen. Eine nur auszugsweise Wiedergabe eines Urkundentextes steht der Annahme nicht entgegen, das Gericht habe in § 313 Abs. 2 ZPO entsprechender knapper Darstellung konkludent auf den vollständigen Text der Vertragsurkunde Bezug genommen[71]. Vielmehr nimmt der BGH mittlerweile eine umfassende Bezugnahme selbst dann an, wenn eine solche im Urteil überhaupt nicht zur Sprache gekommen ist[72].

Der BGH geht dabei von dem Grundsatz aus, dass auch ohne ausdrückliche Bezugnahme allein durch die Stellung der Anträge sowie das Verhandeln der Parteien der gesamte, bis zum Termin angefallene Akteninhalt zum Gegenstand der mündlichen Verhandlung gemacht worden ist, sofern

---

[68] Das alte Recht benannte als Prüfungsgrundlage für tatsächliches Parteivorbringen in § 561 Abs. 1 Satz 1 ZPO a. F. neben dem Sitzungsprotokoll sogar ausdrücklich nur den Tatbestand des Berufungsurteils. Der Begriff des Tatbestandes ist nunmehr, da das Berufungsurteil gem. § 540 Abs. 1 Satz 1 Nr. 1 ZPO nicht mehr zwingend einen Tatbestand enthält, durch den Begriff des Berufungsurteils in § 559 Abs. 1 Satz 2 ZPO ersetzt worden. Nach neuer Rechtslage tritt im Berufungsurteil an die Stelle des früheren Tatbestands die Bezugnahme auf die tatsächlichen Feststellungen im Urteil erster Instanz mit Darstellung etwaiger zweitinstanzlicher Änderungen.

[69] BGH vom 17.05.2000 – VIII ZR 216/99, NJW 2000, 3007 f., 3007; BGH vom 19.11.1998 – IX ZR 116/97, NJW 1999, 641 ff., 642; BGH vom 29.04.1993 – IX ZR 215/92, NJW 1993, 1851 ff., 1852; BGH vom 03.11.1992 – XI ZR 56/92, NJW 1993, 534 ff., 535; BGH vom 10.10.1991 – VII ZR 289/90, NJW 1992, 1107 ff., 1108.

[70] Vgl. BGH vom 09.02.1990 – V ZR 149/88, NJW 1990, 2755 ff.; BGH vom 03.11.1982 – IVa ZR 39/81, NJW 1983, 885 ff.

[71] BGH vom 01.03.1996 – V ZR 327/94, NJW 1996, 1748.

[72] BGH vom 16.06.1992 – XI ZR 166/91, NJW 1992, 2148 f., 2149; BGH vom 07.12.1995 – III ZR 141/93, NJW-RR 1996, 379 f., 379.

sich nicht aus Tatbestand oder Protokoll Gegenteiliges ergibt[73]. Dies gilt auch für das Berufungsverfahren[74]. Ergeben sich allerdings Widersprüche zwischen dem Tatbestand und vorbereitenden Schriftsätzen der Parteien, so sind die Ausführungen im Tatbestand maßgeblich. Denn die Schriftsätze sind durch den Tatbestand, der für das Vorbringen am Schluss der mündlichen Verhandlung Beweis erbringt, überholt[75].

Aus der Protokollierungsfunktion des Tatbestands und der ihm gem. § 314 ZPO zukommenden Beweiskraft folgerte der BGH ferner, dass die Parteien nichts behauptet haben, was nicht im Tatbestand oder Sitzungsprotokoll erwähnt ist[76]. Hinsichtlich des Parteivorbringens kommt dem Tatbestand somit negative Beweiskraft zu[77]. Nach neuerer Rechtsprechung des BGH soll dies allerdings nicht für Vorbringen gelten, das in vorbereitenden Schriftsätzen enthalten ist[78]. Dies ergibt sich daraus, dass der Tatbestand nur das wesentliche Parteivorbringen protokollieren soll. Unabhängig davon bleibt auch der nicht wesentliche Parteivortrag vorgebracht. Ein Grund dafür, ihn als nicht vorgebracht zu behandeln, nur weil das Gericht ihn – womöglich gar zu Unrecht – als für den Rechtsstreit nicht wesentlich erachtet hat, ist nicht ersichtlich. Zudem entzöge die gegenteilige Auffassung den vom erstinstanzlichen Gericht für unwesentlich erachteten Tatsachenvortrag und seine Feststellung der Kontrolle durch das Berufungsgericht. Dies stünde in Widerspruch zu § 513 Abs. 1 Alt. 2 ZPO, wonach das Beru-

---

[73] BGH vom 16.06.1992 – XI ZR 166/91, NJW 1992, 2148 f., 2149; BGH vom 09.06.1994 – IX ZR 125/93, NJW 1994, 3295 ff., 3296; BGH vom 27.05.1986 – VI ZR 275/85, NJW 1986, 2501 f., 2501.

[74] Vgl. BGH vom 16.06.1992 – XI ZR 166/91, NJW 1992, 2148 f., 2149.

[75] BGH vom 02.02.1999 – VI ZR 25/98, NJW 1999, 1339 ff., 1339.

[76] BGH vom 16.05.1990 – IV ZR 64/89, NJW-RR 1990, 1269 f., 1269; BGH vom 03.11.1982 – IVa ZR 39/81, NJW 1983, 885 f.

[77] A. A. Gaier, NJW 2004, 110 ff., 111 f. mit Verweis auf eine zunehmende Literaturansicht. Da der Tatbestand nur knapp den wesentlichen Inhalt des Parteivorbringens darstellen soll und über die Wesentlichkeit allein das tatbestandsformulierende Gericht entscheidet, sei nicht ersichtlich, dass der Tatbestand Anspruch auf abschließende Vollständigkeit erheben könne. Vor diesem Hintergrund könne vom Rechtsmittelgericht zur Vervollständigung des Tatbestands ohne Weiteres auf den gesamten Akteninhalt zurückgegriffen werden. Dahin tendierend wohl auch Rixecker, NJW 2004, 705 ff., 708. – Im Ergebnis allerdings führt dies zu keinem Abweichen von der Ansicht der bisherigen Rechtsprechung, weil diese, wie dargelegt, aus anderen Gründen eine Berücksichtigung des Akteninhalts für zulässig hält, vgl. auch BGH vom 12.03.2004 – V ZR 257/03, NJW 2004, 1876 ff., 1879; ferner Stackmann, NJW 2004, 1838 ff., 1839 f.

[78] BGH vom 12.03.2004 – V ZR 257/03, NJW 2004, 1876 ff., 1879; BGH vom 19.03.2004 – V ZR 104/03, NJW 2004, 2152 ff., 2155.

fungsgericht auch die Tatsachenfeststellungen der Vorinstanz nachprüfen kann[79].

2. Die bindenden Feststellungen

Vor dem Hintergrund der Erkenntnis, dass sich bindende Feststellungen in Tatbestand und Entscheidungsgründen finden können, stellt sich die Frage, wann bindende Feststellungen vorliegen. Als bindende Feststellungen im förmlichen Tatbestand des Urteils erachtet der BGH zum einen die Feststellung tatsächlicher Umstände im Sinne des § 138 Abs. 1 ZPO, zum anderen jedoch auch einfache Rechtsbegriffe, die jedem Teilnehmer des Rechtsverkehrs geläufig sind[80].

Der BGH erkennt tatrichterlichen Feststellungen allerdings dann bindende Wirkung ab, wenn ihre Feststellung – jenseits von § 320 ZPO – fehlerhaft ist, insbesondere wenn diese in sich oder zu Ausführungen in den Entscheidungsgründen widersprüchlich sind[81]. Als nicht bindend betrachtet der BGH ferner unwesentliche Feststellungen des Berufungsgerichts. Bei solchen unwesentlichen Feststellungen handelt es sich um zusätzliche, die Entscheidung des Berufungsgerichts nicht tragende Erwägungen, bei denen nicht eindeutig erkennbar ist, ob sie auch im Falle zutreffender Beurteilung der Rechtslage Entscheidungsgrundlage geworden wären[82].

3. Die Abgrenzung von tatbestandlichen zu sonstigen Feststellungen

Ausführungen dazu, ob es einen charakteristischen Unterschied zwischen tatrichterlichen Feststellungen im Sinne der §§ 559 Abs. 1, 314 ZPO (sog. tatbestandliche Feststellungen[83]) und solchen im Sinne des § 559 Abs. 2 ZPO gibt, finden sich in der Rechtsprechung des BGH nicht. Erst in

---

[79] BGH, a. a. O.

[80] BGH vom 14.03.1997 – V ZR 9/96, BGHZ 135, 92 ff.: „Rechtsnachfolgerin"; vgl. auch BGH vom 19.03.2004 – V ZR 104/03, NJW 2004, 2152 ff., 2153.

[81] BGH vom 19.11.1998 – IX ZR 116/97, NJW 1999, 641 ff., 642; BGH vom 15.04.1997 – XI ZR 105/96, NJW 1997, 1917 ff., 1917; BGH vom 09.07.1993 – V ZR 262/91, NJW 1993, 2530 f., 2531; BGH vom 10.10.1991 – VII ZR 289/90, NJW 1992, 1107 f., 1108.

[82] BGH vom 22.02.1984 – IVb ZR 61/82, NJW 2353 ff., 2354; vgl. auch BGH vom 07.11.2001 – VIII ZR 213/00 (Urteil 43).

[83] Zum Begriff vgl. BGH vom 26.03.1997 – IV ZR 275/96, NJW 1997, 1931

jüngerer Zeit äußerte sich der BGH überhaupt zum Feststellungsvorgang des Richters und zur Frage, wann etwas im Sinne des Prozessrechts festgestellt ist[84].

Wie dargelegt, unterscheidet der BGH bei der Behandlung tatsächlicher Feststellungen nicht danach, ob die Feststellung im förmlichen Tatbestand oder in den Entscheidungsgründen erfolgt ist[85]. Vielmehr geht der BGH davon aus, dass tatsächliche Feststellungen sowohl im förmlichen Tatbestand als auch in den Entscheidungsgründen erfolgen können und dass beiden Bindungswirkung gem. § 559 Abs. 2 ZPO zukommen kann; ebenso hält er tatbestandliche Feststellungen nicht nur im Tatbestand, sondern auch in den Entscheidungsgründen für möglich[86]. Ob die Tatsachenfeststellungen ohne oder im Wege einer Beweisaufnahme zustande gekommen sind, spielt für ihren Charakter keine Rolle. In beiden Fällen nämlich handelt es sich um Tatsachen, die durch Parteivortrag in den Prozess eingeführt worden sind und deren Beachtlichkeit für die Entscheidung dem Richter gem. § 559 Abs. 2 ZPO als gegeben erschien. Ob dies letztlich aus rein prozessualen Gründen der Fall war, weil die Tatsachen unstreitig oder als gem. § 138 Abs. 3 ZPO zugestanden zu behandeln waren, oder deshalb, weil sie streitig und somit ihr Vorliegen erst im Wege einer Beweisaufnahme gem. § 286 ZPO ermittelt worden ist, kann dahinstehen[87]. In beiden Fällen liegen – unabhängig vom Ort ihrer Behandlung im Urteil – Feststellungen vor, die das Revisionsgericht binden, solange ihr Zustandekommen nicht verfahrenswidrig ist.

Gleichwohl stellt sich die Frage, welche eigenständige Bedeutung der Norm des § 314 ZPO im Bereich tatsächlichen Parteivorbringens verbleibt, wenn doch die Bindungswirkung und Revisibilität sämtlicher Feststellungen des Tatrichters bereits von § 559 Abs. 2 ZPO umfassend geregelt wird. Die Lösung ergibt sich durch Abgrenzung der Wortlaute von § 559 Abs. 1 ZPO und § 559 Abs. 2 ZPO. Danach regelt § 559 Abs. 1 ZPO lediglich den Umfang des zu berücksichtigenden Parteivorbringens. Nur insoweit reicht

---

[84] Vgl. BGH vom 19.03.2004 – V ZR 104/03, NJW 2004, 2152 ff., 2153.

[85] Vgl. BGH vom 10.10.1991 – VII ZR 289/00, NJW 1992, 1107 f., 1108; ferner bereits Fußnote 69.

[86] Vgl. nur BGH vom 19.11.1998 – IX ZR 116/97, NJW 1999, 641 ff., 642; BGH vom 19.05.1998 – XI ZR 216/97, NJW 1998, 2673 ff., 2673 f.; BGH vom 09.03.2005 – VIII ZR 381/03, NJW-RR 2005, 962.

[87] Vgl. BGH vom 19.03.2004 – V ZR 104/03, NJW 2004, 2152 ff., 2153; ferner bereits Gottwald, Revisionsinstanz, S. 100 f.

die Protokollierungswirkung des § 314 ZPO. Hingegen findet § 559 Abs. 2 ZPO auf die gem. § 559 Abs. 1 ZPO berücksichtigungsfähigen Tatsachenbehauptungen Anwendung, sofern der Tatrichter eine Entscheidung über deren Wahrheit oder Unwahrheit getroffen hat.

Zwar erfordert auch die Frage, welchen Vortrag die Parteien geleistet haben, eine Erkenntnis- und damit Feststellungsleistung des Richters. Allerdings hat diese nicht die Wahrheit einer Tatsachenbehauptung, sondern nur die Behauptung selbst zum Gegenstand. Nur diese Behauptung ist Gegenstand der Protokollierungsnorm des § 314 ZPO und von deren Bindungswirkung erfasst.

Damit lässt sich festhalten: Die Erkenntnis des Tatrichters, dass ein bestimmter Parteivortrag als prozessuale Handlung stattgefunden hat und ob dieser bestritten worden oder unbestritten geblieben ist, ist Feststellung im Sinne der §§ 559 Abs. 1, 313 Abs. 2 ZPO. Es handelt sich bei ihr um die formale Erkenntnis tatsächlicher Umstände in Form des Parteivortrags ohne Überprüfung ihrer Wahrheit. Nur insoweit liegen sog. tatbestandliche Feststellungen im Sinne von §§ 559 Abs. 1, 314 ZPO vor[88].

Im Gegensatz dazu sind Feststellungen, die den Sachinhalt des Parteivortrages betreffen, also jegliche Entscheidung darüber, welche zur Anwendung des Rechts erforderlichen Tatsachenumstände im Parteivortrag enthalten sind und ob diese der Entscheidung – gleich ob aus tatsächlichen oder aus rechtlichen Gründen – zu Grunde gelegt werden dürfen, Tatsachenfeststellungen gem. §§ 559 Abs. 2, 286 ZPO, die in die Entscheidungsgründe gehören[89].

Die Unterscheidung ist insofern von Bedeutung, als die gem. § 314 ZPO protokollierten Feststellungen nur mittels eines Tatbestandsberichtigungs-

---

[88] Vgl. dementsprechend auch die klarere Bezeichnung einer solchen tatbestandlichen Feststellung als „Tatbestandsangabe" bei BGH vom 29.04.1993 – IX ZR 215/92, NJW 1993, 1851 ff., 1852.

[89] Vgl. auch andeutungsweise Stein/Jonas-Leipold, § 313 Rn. 28 a. E.; ferner Gaier, NJW 2004, 110 ff., 110; deutlicher Burgermeister, ZZP 116 (2003), 165 ff., 169 f.; zum Feststellungsbegriff vgl. auch Schneider, ZPO-Praxis, S. 337 f. Rn. 852; missverständlich, weil nicht deutlich zwischen Feststellung von Behauptungen und Feststellung von Tatsachen differenzierend deshalb die Diktion bei BGH vom 17.05.2000 – VIII ZR 216/99, NJW 2000, 3007 f., 3007, vom Geltungsbereich des § 314 ZPO seien auch diejenigen tatsächlichen Feststellungen erfasst, die in den Entscheidungsgründen enthalten seien.

antrags gem. § 320 ZPO korrigierbar sind, während Feststellungen des Tatrichters gem. §§ 559 Abs. 2, 286 ZPO auf entsprechende Rüge im Rechtsmittelverfahren überprüft und aufgehoben werden können[90].

III. Die Überprüfung der Auslegung gem. §§ 133, 157 BGB

1. Die Beschränkung der Prüfung auf Rechtsfehler

Materiellrechtliche Fehler bei der Auslegung von Willenserklärungen und Verträgen hat der BGH ohne Bindung an die geltend gemachten Revisionsgründe von Amts wegen aufgrund der allgemeinen Sachrüge zu berücksichtigen[91]. Dies ergibt sich im Gegenschluss aus § 559 Abs. 2 ZPO. Der BGH erachtet insbesondere die Subsumtion des Parteivortrags unter einen nach §§ 133, 157 BGB herangezogenen Auslegungspunkt, beispielsweise die Interessen der Parteien, als Anwendung des sachlichen Rechts[92]. Dies bedeutet, dass ein Fehler bei der Subsumtion unter Auslegungspunkte gem. §§ 133, 157 BGB einen materiellen Rechtsfehler darstellt. Damit unterliegt er grundsätzlich der Prüfungskompetenz des BGH.

Der BGH weist jedoch in ständiger Rechtsprechung darauf hin, dass die Auslegung einer Willenserklärung sowie einer individualvertraglichen Vereinbarung grundsätzlich Sache des Tatrichters sei[93], diesem obliege[94]

---

90 Vgl. Burgermeister, ZZP 116 (2003), 165 ff., 170. – Zutreffend weisen zwar Müller/Heydn, NJW 2005, 1750 ff., 1752 darauf hin, dass das Rechtsmittelgericht seiner Entscheidung ohnehin regelmäßig aufgrund der stillschweigenden Bezugnahme des Tatbestands auf die gewechselten Schriftsätze den gesamten Akteninhalt der Vorinstanz zugrunde legen kann, so dass es einer ausdrücklichen Protokollierung und damit Feststellung des schriftsätzlich vorhandenen Parteivortrags im Tatbestand nicht bedürfe. Dennoch kann nach derzeitiger Prozessrechtslage nicht ausgeschlossen werden, dass der Tatbestand im Einzelfall Feststellungen enthält, die von den Schriftsätzen abweichen und dann aufgrund der Protokollierungsfunktion Bindungswirkung haben. Vor einer von Müller/Heydn, a. a. O., 1753 f. geforderten Abschaffung der Bindungswirkung nebst den §§ 314 und 320 ZPO erübrigt sich deshalb die Unterscheidung zwischen tatbestandlichen und sonstigen Feststellungen nicht.

91 Vgl. BGH vom 12.12.1997 – V ZR 250/96, NJW 1998, 1219 f., 1219; BGH vom 10.07.1998 – V ZR 360/96, NJW 1998, 3268 ff., 3270; BGH vom 13.12.1995 – XII ZR 194/93, NJW 1996, 838 ff.; BGH vom 08.12.1989 – V ZR 53/88, NJW-RR 1990, 455 f.

92 Vgl. BGH vom 10.07.1998 – V ZR 360/96, NJW 1998, 3268 ff., 3270.

93 BGH vom 03.04.2000 – II ZR 194/98; BGH vom 10.10.2002 – I ZR 193/00.

94 BGH vom 07.06.2001 – I ZR 49/99 (Urteil 75); BGH vom 23.04.2002 – XI ZR 136/01; BGH vom 13.12.2000 – I ZR 213/98.

und vorbehalten sei[95]. Allerdings gehe es bei der Vertragsauslegung nicht um die Aufklärung eines – nicht festgestellten – tatsächlichen Parteiwillens, sondern um eine an objektiven Maßstäben orientierte Bewertung des Inhalts der getroffenen Vereinbarung und der daraus abgeleiteten Rechtsfolge. Diese Bewertung sei jedoch nicht nur Anwendung einer Rechtsnorm im Sinne des § 546 ZPO[96], sondern enthalte zugleich auch Elemente der Tatsachenfeststellung, soweit es um die Würdigung und Gewichtung der maßgeblichen Anknüpfungstatsachen gehe. Dies führe dazu, dass die tatrichterliche Auslegung nach ständiger Rechtsprechung nur eingeschränkt, jedoch insoweit revisibel sei[97].

Die Überprüfungskompetenz des BGH erstreckt sich demzufolge allein darauf, ob dem Tatrichter bei seiner Auslegung Rechtsfehler unterlaufen sind[98]. Solche Rechtsfehler liegen in der Missachtung der gesetzlichen Auslegungsregeln der §§ 133, 157 BGB und der zu ihnen entwickelten, allgemein anerkannten Auslegungsgrundsätze[99]. Der BGH überprüft deshalb nach ständiger Rechtsprechung die tatrichterliche Auslegung individueller Willenserklärungen nur darauf, ob der Auslegungsstoff vollständig berücksichtigt worden ist, ob gesetzliche oder allgemein anerkannte Auslegungsregeln, die Denkgesetze oder allgemeine Erfahrungssätze verletzt sind oder ob die Auslegung auf mit der Revision gerügten Verfahrensfehlern beruht[100]. Gelangt hingegen der Tatrichter unter Beachtung der Auslegungsgrundsätze zu einem von womöglich mehreren denkbaren Auslegungsergebnissen, liegt kein revisibler Rechtsfehler vor. Die gegen eine solche Auslegung gerichtete Revisionsrüge stellte sich dann als unzulässiger Versuch dar, die eigene Würdigung des Revisionsklägers an die Stelle derjenigen des Tatrichters zu setzen[101].

---

[95] BGH vom 18.07.2001 – XII ZR 196/98 (Urteil 46).

[96] § 550 ZPO a. F.

[97] Vgl. BGH vom 12.12.1997 – V ZR 250/96, NJW 1999, 1219 f.

[98] BGH vom 01.02.2000 – X ZR 213/98; BGH vom 23.09.1999 – X ZR 170/97.

[99] BGH vom 29.03.2000 – VIII ZR 81/99.

[100] BGH vom 13.12.2001 – IX ZR 306/00 (Urteil 18); BGH vom 20.12.2000 – XII ZR 75/98; BGH vom 15.04.1999 – VII ZR 415/97; BGH vom 21.09.2001 – V ZR 14/01 (Urteil 83).

[101] Vgl. BGH vom 11.10.2001 – III ZR 288/00 (Urteil 27); BGH vom 08.12.1999 – VIII ZR 340/98; BGH vom 22.10.1999 – V ZR 398/98; BGH vom 12.11.1998 – III ZR 275/97; BGH vom 11.04.2000 – X ZR 185/97.

2. *Vom BGH erkannte Rechtsfehler bei der Auslegung gem. §§ 133, 157 BGB*

Anhand zahlreicher Einzelfälle hat der BGH diesen Grundsatz der auf Rechtsfehler beschränkten Auslegungskontrolle angewandt und unterschiedliche Komponenten solcher Rechtsverletzungen deutlich gemacht. Die dadurch entstandenen Grundsätze und Fallgruppen werden im Folgenden dargestellt.

Der BGH überprüft die tatrichterliche Auslegung darauf hin, ob der unterbreitete Sachverhalt erschöpfend gewürdigt[102], der Prozessstoff ausgeschöpft[103] oder ob unter Verstoß gegen Verfahrensvorschriften wesentliches Auslegungsmaterial außer Acht gelassen worden ist[104].

Zu den revisiblen gesetzlichen Auslegungsregeln der §§ 133, 157 BGB gehöre es zunächst, dass bei der Auslegung einer Erklärung von der bestehenden Gesetzeslage und dem Wortlaut der abgegebenen Erklärungen auszugehen sei und diese grundsätzlich Bedeutung für das mit ihnen verfolgte Ziel haben sollen[105]. Es sei deshalb in erster Linie der Wortlaut der Erklärung und der diesem zu entnehmende objektiv erklärte Parteiwille zu berücksichtigen[106]. Denn der Wortlaut von Erklärungen sei die Haupterkenntnisquelle für den Willen der Vertragsparteien[107]. Eine Auslegung überschreite deshalb in rechtsfehlerhafter Weise die Grenzen des tatrichterlichen Spielraums, wenn sie nicht vom Wortlaut der maßgebenden Bestimmungen gedeckt sei[108]. Insbesondere gelte der Grundsatz, dass über ein Rechtsgeschäft aufgenommene Urkunden die Vermutung der Richtigkeit und Vollständigkeit für sich haben[109]. Deshalb seien außerhalb der Urkunde liegende Umstände bei der Auslegung formbedürftiger Erklärungen nur dann zu berücksichtigen, wenn der aus ihnen ermittelte rechtsgeschäftliche Wille in der Urkunde einen wenn auch unvollkommenen Ausdruck gefunden habe[110].

---

102 BGH vom 25.01.2000 – X ZR 97/98.
103 BGH vom 26.07.2001 – X ZR 211/99 (Urteil 44).
104 BGH vom 04.05.1999 – X ZR 131/96.
105 BGH vom 20.06.2000 – X ZR 119/98; BGH vom 26.11.1999 – V ZR 325/98.
106 BGH vom 18.07.2001 – XII ZR 196/98 (Urteil 46).
107 BGH vom 19.03.1992 – IX ZR 120/91, NJW-RR 1992, 772 ff., 773.
108 BGH vom 09.07.2001 – II ZR 205/99 (Urteil 45).
109 BGH vom 18.01.2001 – I ZR 175/98 (Urteil 52).
110 BGH vom 19.03.1992 – IX ZR 120/91, NJW-RR 1992, 772 ff., 773.

Aus den §§ 133, 157 BGB folge allerdings ebenso das Verbot einer sich ausschließlich am Wortlaut orientierenden Interpretation[111]. Die §§ 133, 157 BGB enthielten nämlich den Grundsatz, dass das Verständnis des Empfängers einer Willenserklärung für deren Auslegung maßgeblich sei[112]. Trügen deshalb die Parteien übereinstimmend vor oder sei unstreitig, welchen Inhalt ein zwischen ihnen abgeschlossener Vertrag haben sollte, sei es dem Tatrichter verwehrt, diesen in einem anderen Sinne zu deuten[113]. Ferner bestehe ein allgemein anerkannter Auslegungsgrundsatz im Gebot einer nach beiden Seiten hin interessengerechten Auslegung[114], wobei stets auf den Zeitpunkt des Vertragsschlusses abzustellen sei[115]. Revisionsrechtlich zu überprüfen sei deshalb, ob durch das Berufungsgericht nahe liegende Gesichtspunkte außer Acht gelassen worden sind[116]. Die Auslegungsvorschriften der §§ 133, 157 BGB verlangten, dass der Tatrichter alle für die Auslegung erheblichen Umstände umfassend würdige[117] und vollständig berücksichtige[118]. Erfolge eine solche nach beiden Seiten hin interessengerechte und am Zweck der Vereinbarungen orientierte Auslegung nicht in hinreichendem Maße, stelle dies einen Rechtsfehler dar[119].

Der Tatrichter sei deshalb gehalten, seine der Auslegung zu Grunde gelegten Erwägungen in den Entscheidungsgründen nachvollziehbar darzulegen. Zumindest die wichtigsten für und gegen eine bestimmte Auslegung sprechenden Umstände seien in ihrer Bedeutung für das Auslegungsergebnis zu erörtern und gegeneinander abzuwägen. Sei die Begründung in diesem Sinne lückenhaft, so leide die Entscheidung an einem rechtlichen Mangel[120].

---

[111] BGH vom 19.12.2001 – XII ZR 281/99 (Urteil 31).
[112] BGH vom 15.03.2001 – IX ZR 273/98 (Urteil 33).
[113] Zu diesem Grundsatz (sog. „falsa demonstratio non nocet“) vgl. BGH vom 26.04.1978 – VIII ZR 236/76, BGHZ 71, 243 ff., 247; BGH vom 11.10.2001 – III ZR 288/00 (Urteil 27).
[114] BGH vom 07.06.2001 – I ZR 49/99 (Urteil 75); BGH vom 09.07.2001 – II ZR 228/99 (Urteil 39).
[115] BGH vom 27.06.2001 – VIII ZR 235/00 (Urteil 38).
[116] BGH vom 14.11.2001 – IV ZR 181/00 (Urteil 50).
[117] BGH vom 05.06.2002 – XII ZR 220/99.
[118] BGH vom 05.10.2001 – V ZR 295/00 (Urteil 23).
[119] BGH vom 25.04.2001 – IV ZR 305/00 (Urteil 19).
[120] BGH vom 29.03.2000 – VIII ZR 81/99; BGH vom 12.12.2001 – IV ZR 47/01 (Urteil 76).

Es verletze ferner anerkannte Auslegungsgrundsätze, wenn das Berufungsgericht einem eindeutigen Vertragswortlaut einen unzutreffenden Erklärungswert beimesse[121]. Die Feststellung, ob eine Erklärung eindeutig sei oder nicht, lasse sich jedoch erst durch eine alle Umstände berücksichtigende Auslegung treffen[122]. Deshalb sei eine Auslegung, die ohne ausreichende Darlegung der ihr zu Grunde liegenden Umstände auf die Eindeutigkeit des Wortlauts verweise, nach Ansicht des BGH rechtsfehlerhaft. Auch eine widersprüchliche Auslegung des Berufungsgerichts stelle einen Rechtsfehler dar, der das Revisionsgericht nicht binde[123].

Ein weiterer, vom BGH auf seine Einhaltung überprüfbarer Auslegungsgrundsatz bestehe darin, dass vertragliche Willenserklärungen nach dem Willen der Parteien in aller Regel einen rechtserheblichen Inhalt haben sollen und daher im Zweifel nicht so ausgelegt werden dürfen, dass sie sich als sinnlos oder wirkungslos erweisen[124]. Bei mehreren an sich möglichen Auslegungen sei derjenigen der Vorzug zu geben, bei welcher der Vertragsnorm eine tatsächliche Bedeutung zukomme, wenn sich diese Regelung ansonsten als (teilweise) sinnlos erweisen würde[125].

Diese Grundsätze gälten auch für die ergänzende Vertragsauslegung. Auch diese gehöre zum Bereich der Tatsachenfeststellung und sei vom Revisionsgericht beschränkt nachprüfbar[126].

In gleicher Weise überprüft der BGH die Auslegung eines Testaments. Eine Auslegung sei dabei wegen Verletzung von Auslegungsregeln zu beanstanden, wenn sie in Betracht kommende andere Auslegungsmöglichkeiten nicht in Erwägung gezogen oder dem Testament einen Inhalt gegeben habe, der sich seinem Wortlaut nicht entnehmen lasse und der auch nicht auf andere Anhaltspunkte für den im Testament zum Ausdruck kommenden Erblasserwillen gestützt werden könne[127].

Eingeschränkter revisionsrechtlicher Nachprüfung unterliege auch die Frage, ob eine Kündigung aus wichtigem Grund vorliege. Die Prüfung ha-

---

[121] BGH vom 03.12.2001 – II ZR 372/99 (Urteil 11).
[122] BGH vom 19.12.2001 – XII ZR 281/99 (Urteil 31).
[123] BGH vom 17.09.1980 – IVb ZR 550/80, FamRZ 1980, 1104 ff., 1104 f.
[124] BGH vom 23.04.2002 – XI ZR 136/01.
[125] BGH vom 21.09.2001 – V ZR 14/01 (Urteil 83).
[126] BGH vom 30.03.1990 – V ZR 113/89, BGHZ 111, 110 ff., 112; BGH vom 12.12.1997 – V ZR 250/96, NJW 1998, 1219 f.
[127] BGH vom 02.03.1999 – XI ZR 124/98.

be sich dabei darauf zu beschränken, ob das Berufungsgericht den Rechtsbegriff des wichtigen Grundes verkannt hat, ob ihm von der Revision gerügte Verfahrensverstöße unterlaufen sind, ob es etwa wesentliche Tatumstände übersehen oder nicht vollständig gewürdigt hat oder Erfahrungssätze verletzt hat[128]. Zwar erfordert die Bewertung der Wichtigkeit eines Grundes keine Auslegung der Kündigungserklärung. Die Frage geht allerdings regelmäßig insofern mit einer Auslegung gem. §§ 133, 157 BGB einher, als die Wichtigkeit eines solchen Grundes nicht ohne Auslegung des Vertrages und ohne Berücksichtigung der Vorstellung der Parteien darüber beurteilt werden kann, ob der Zweck des Vertrages mit dem Grund noch vereinbar ist und deshalb trotz des Grundes die Fortführung des Vertrages zumutbar ist.

Der BGH prüft zudem, ob das Wesen eines kaufmännischen Bestätigungsschreibens verkannt worden ist[129]. Die hier denkbare, zu entscheidende Frage, ob ein Schreiben überhaupt als Bestätigung angesehen werden kann und welchen Umfang die Bestätigung hat, stellt sich als Auslegungsfrage gem. §§ 133, 157 BGB dar.

Die Überprüfung, ob bei der vertraglichen Auslegung gem. §§ 133, 157 BGB ein für die Subsumtion des Parteivortrags maßgeblicher Umstand aus rechtlich verkürzter Sicht nicht gewürdigt worden sei, setze allerdings voraus, dass das für unerheblich erachtete Vorbringen aus dem Tatbestand des Berufungsurteils oder dem Sitzungsprotokoll ersichtlich sei, denn nur dann unterliege es nach § 561 Abs. 1 Satz 1 ZPO [a. F.] der Beurteilung des Revisionsgerichts[130].

---

[128] BGH vom 17.01.2001 – VIII ZR 186/99 (Urteil 47).
[129] BGH vom 14.12.2000 – I ZR 213/98.
[130] BGH vom 10.07.1998 – V ZR 360/96, NJW 1998, 3268 ff., 3270; vgl. bereits Seite 22.

IV. Die Zuordnung zur Tat- und Rechtsfrage durch den BGH

1. Die Charakterisierung einzelner Fragen im Rahmen der Auslegung

Bei seinen Ausführungen zum Prüfungsumfang des Revisionsgerichts hat der BGH in Einzelfällen klargestellt, welche Fragen er als Tatfragen und welche als Rechtsfragen einordnet. Während Tatfragen allein der oben dargestellten Nachprüfung des tatrichterlichen Feststellungsverfahrens unterliegen, erfolgt eine Überprüfung von Rechtsfragen uneingeschränkt.

Tatfrage sei zunächst ohne Weiteres die Erklärungshandlung als solche, insbesondere ihr Wortlaut[131]. Tatfrage sei auch der wirkliche Wille der Beteiligten[132]. Tatfrage sei ferner die Feststellung der objektiven Interessenlage und des mutmaßlichen Parteiwillens[133]. Tatfrage sei schließlich auch, ob eine bestimmte Verkehrssitte bestehe[134] und ob etwas ortsüblich sei[135].

Demgegenüber handle es sich bei der Beweislast um eine Rechtsfrage, die erst nach abgeschlossener Beweiswürdigung eingreifen könne[136]. Rechtsfrage sei ferner, ob eine Vereinbarung mehrdeutig und damit auslegungsfähig und -bedürftig ist[137]. Rechtsfrage sei weiter, ob das Berufungsgericht § 157 BGB beachtet und die Frage einer ergänzenden Vertragsauslegung geprüft habe[138]. Auch die Existenz und den Inhalt eines allgemeinen Erfahrungssatzes sieht der BGH als überprüfbar an, weil der Erfahrungssatz die Natur von Normen habe, die als Beurteilungsmaßstab für Tatsachen dienen[139]. Ob er den Erfahrungssätzen damit die Tatsachennatur ab-

---

[131] BGH vom 23.02.1956 – II ZR 207/54, BGHZ 20, 109 ff., 111 f.

[132] Vgl. BGH vom 11.09.2000 – II ZR 34/99, NJW 2001, 144 f., 145.

[133] BGH vom 19.10.1960 – VIII ZR 27/60, NJW 1961, 25 f., 26; zweifelnd, wohl differenzierend, jedoch letztlich unentschieden aber BGH vom 28.10.1965 – VII ZR 171/63, NJW 1966, 296 ff., 297.

[134] BGH vom 30.03.1990 – V ZR 113/89, BGHZ 111, 110 ff., 112 = NJW 1990, 1723 ff.

[135] Vgl. BGH vom 19.05.1967 – V ZR 139/66, NJW 1967, 1907 f., 1907.

[136] Vgl. BGH vom 11.02.1955 – V ZR 134/54, LM Nr. 8 zu § 559 ZPO.

[137] BGH vom 11.03.1996 – II ZR 26/95, NJW-RR 1996, 932; vgl. ferner BGH vom 10.02.1960, V ZR 39/58, BGHZ 32, 60 ff., 63 und BGH vom 08.12.1982 – IVa ZR 94/81, BGHZ 86, 41 ff., 47 jeweils für Testamentsauslegung gem. §§ 133, 2084 BGB.

[138] BGH vom 12.12.1997 – V ZR 250/96, NJW 1998, 1219 f., 1219.

[139] BGH vom 15.01.1993 – V ZR 202/91, NJW-RR 653.

sprechen will oder die Tatsache des Erfahrungssatzes nur wie eine Rechtsnorm behandeln möchte, bleibt dabei allerdings offen.

2. *Die Unmöglichkeit der Charakterisierung der Auslegung im Ganzen*

Indes hat der BGH die Auslegung von Willenserklärungen gem. §§ 133, 157 BGB im Ganzen bislang weder der Tat- noch der Rechtsfrage zugeordnet. Die regelmäßig verwendete Formulierung, die Auslegung sei eine grundsätzlich dem Tatrichter vorbehaltene Aufgabe, lässt bei genauer Betrachtung den Schluss, die Auslegung sei nach Ansicht des BGH Tatfrage, nicht zu. Da nämlich dem Tatrichter auch die Beantwortung der Rechtsfragen obliegt, widerspräche die Formulierung des BGH auch nicht einer Charakterisierung der Auslegung als Rechtsfrage. Freilich bliebe es bei Einordnung der Auslegung als reine Rechtsfrage unverständlich, weshalb der BGH die revisionsrechtliche Kontrolle der Auslegung als Einschränkung des tatrichterlichen Aufgabenvorbehalts begreift, die einer besonderen Rechtfertigung bedarf. Denn die umfassende Kontrolle der Rechtsfragen durch das Revisionsgericht ist allgemein anerkannt und bleibt regelmäßig unerörtert. Gleichwohl scheint eine Zuordnung der Auslegung zum Bereich der Tatfrage anhand der Ausführungen des BGH nicht zwingend. Zum einen deshalb, weil die Revisibilität sich dann nach den zu § 286 ZPO aufgestellten Grundsätzen richten würde. Diese können jedoch auf die Auslegung nach §§ 133, 157 BGB nicht ohne weiteres übertragen werden. Zum anderen ließe sich die Rechtsprechung des BGH ebenso gut dahingehend begreifen, dass der BGH für die Fälle der Auslegung eine Einschränkung der Revisibilität einer Rechtsfrage begründen will. Für ein solches Verständnis spräche die vom BGH zum Teil verwendete Formulierung, dass die richtige Anwendung der §§ 133, 157 BGB sowie anderer Auslegungsregeln revisible Rechtsfrage sei[140].

---

[140] BGH vom 13.12.1995 – XII ZR 194/93, NJW 1996, 838 ff. Folgerungen, ob diese Zuordnung den gesamten unter §§ 133, 157 BGB fallenden Entscheidungsvorgang betreffen soll und deshalb die eingeschränkte Revisionsprüfung als Ausnahme zur Rechtsprüfungskompetenz des Revisionsgerichts begreift, lässt die Entscheidung jedoch nicht zu, weil sie die Auslegung von Prozesserklärungen betraf, die zitierte Passage allein der Abgrenzung von Sach- und Verfahrensrüge im Rahmen von Auslegungsfehlern diente und schließlich die Frage des eingeschränkten Überprüfungsmaßstabs ausdrücklich offen gelassen wurde.

Der BGH vermeidet indes bewusst eine ausdrückliche Einordnung der Auslegung als Tat- oder Rechtsfrage. Entspräche eine der beiden Zuordnungsmöglichkeiten seiner Auffassung, wäre es ihm ein Leichtes, für Klarheit zu sorgen. Seinen Ausführungen ist aber gerade zu entnehmen, dass er den einzelnen Komponenten der Auslegung unterschiedliche Charaktere von Tat- oder Rechtsfragen zuweist. Die Auslegung im Ganzen betrachtet er indes als ein nicht bis zum letzten Punkt trennbares System[141]. So gehöre die Vertragsauslegung zwar in den Bereich der tatrichterlichen Feststellung, sei jedoch nicht dem Tatrichter gänzlich vorbehalten[142]. Die Einschränkung der Revisibilität erscheint daher als Kompromiss, der der Unmöglichkeit einer restlosen Zuordnung aller Auslegungskomponenten Rechnung tragen soll.

V. Die eigene Auslegungskompetenz des BGH

Leidet die tatrichterliche Auslegung an revisionsrechtlich beachtlichen Rechtsfehlern, bindet sie das Revisionsgericht nicht[143]. Die Frage, ob das Revisionsgericht sodann eine Auslegung der Willenserklärungen selbst durchführen und seiner Entscheidung zu Grunde legen darf, bejaht der BGH unter bestimmten Voraussetzungen.

Demnach dürfe der BGH eine vom Berufungsgericht gänzlich unterlassene Auslegung selbst vornehmen, wenn die dazu erforderlichen Feststellungen bereits tatrichterlich getroffen worden sind und weitere Aufklärung nicht mehr in Betracht kommt[144]. Zu einer eigenen Auslegung sieht sich der BGH allerdings auch dann berechtigt, wenn die Auslegung durch das Berufungsgericht nicht gänzlich unterlassen, sondern nur rechtsfehlerhaft

---

[141] Vgl. BGH vom 12.12.1997 – V ZR 250/96, NJW 1999, 1219 f.; auch BGH vom 06.11.2003 – III ZR 376/02, WM 2004, 1100 ff.: „Ermittlung des von den Vertragsschließenden wirklich Gewollten keine reine Rechtsfrage“.

[142] Zum Ganzen BGH vom 12.12.1997 – V ZR 250/96, NJW 1998, 1219 f.; ferner bereits ähnlich BGH vom 19.10.1960 – VIII ZR 27/60, NJW 1961, 25 f., 25; vgl. bereits Seite 27.

[143] BGH vom 07.02.2002 – I ZR 304/99; BGH vom 07.06.2001 – I ZR 49/99 (Urteil 75); BGH vom 23.04.2002 – XI ZR 136/01; BGH vom 26.04.2001 – IX ZR 317/98 (Urteil 17).

[144] Vgl. BGH vom 16.12.1998 – VIII ZR 197/97, NJW 1999, 1022 ff., 1023.

durchgeführt worden ist[145]. Dies gelte auch, wenn mehrere Auslegungsmöglichkeiten in Betracht kommen[146]. Zwar sei die tatrichterliche Auslegung nur beschränkt revisibel. Dies habe aber nicht zur Folge, dass das Revisionsgericht in seiner Auslegung ebenfalls beschränkt wäre und die Sache an den Tatrichter zurückverweisen müsste. Vielmehr räume ihm die bei Entscheidungsreife durch § 565 Abs. 3 ZPO [a. F.] auferlegte Pflicht zur Sachentscheidung zugleich die hierzu erforderliche tatrichterliche Kompetenz ein[147].

Keinen Unterschied mache es, ob es sich um einfache oder ergänzende Auslegung handele[148].

Hingegen sei dem Revisionsgericht eine eigene Auslegung dann verwehrt, wenn eine in Betracht kommende Auslegungsvariante von den Parteien des Rechtsstreits und den Vorinstanzen bisher noch nicht in den Blick genommen worden ist[149].

2. Abschnitt: Der Vergleich der Entscheidungspraxis mit den vom BGH aufgestellten Grundsätzen

In diesem Abschnitt der Untersuchung werden die 84 untersuchten aufhebenden Entscheidungen des BGH mit den theoretischen Grundsätzen verglichen, die der BGH zur revisionsrechtlichen Auslegungskontrolle aufgestellt hat. Zunächst [I.] wird dabei das Augenmerk auf die Einhaltung des Gebots der nur beschränkten Kontrolle der Tatsachenfeststellungen gerichtet und dargelegt, in welchen Fallgruppen die Gefahr besteht, dass sich das Revisionsgericht bei seiner Auslegungskontrolle über bindende Tatsachenfeststellungen des Tatrichters hinwegsetzt. Sodann [II.] wird aufgezeigt, dass regelmäßig das Gebot der eingeschränkten Auslegungskontrolle nicht eingehalten werden kann. Geprüft wird ferner [III.], ob dem Revisionsgericht nicht selbst bei Beschränkung seiner Auslegungskontrolle auf die an-

---

[145] Vgl. BGH vom 21.10.1992 – VIII ZR 99/91, NJW-RR 1993, 562 f.; BGH vom 14.11.2001 – IV ZR 181/00 (Urteil 50); BGH vom 03.12.2001 – II ZR 372/99 (Urteil 11).

[146] BGH vom 10.05.2001 – XII ZR 60/99 (Urteil 71).

[147] BGH vom 12.12.1997 – V ZR 250/96, NJW 1998, 1219 f.

[148] BGH a. a. O.

[149] BGH vom 13.12.2001 – III ZR 284/00 (Urteil 28); BGH vom 10.10.2001 – XII ZR 93/99 (Urteil 67); BGH vom 14.10.1988 – V ZR 73/87, NJW 1989, 898 f., 898 unter Bezugnahme auf § 278 Abs. 3 ZPO [a. F.].

erkannten Rechtsfehler dennoch weitgehend die Möglichkeit verbleibt, die tatrichterliche Auslegung als rechtsfehlerhaft zu erachten und aufzuheben. Schließlich wird [IV.] die Vorgehensweise des BGH bei seiner Entscheidung darüber untersucht, ob und wann er den Rechtsstreit an das Berufungsgericht zurückverweist oder selbst eine abschließende Auslegungsentscheidung trifft. Zuletzt wird sodann [V.] der Verfahrensablauf nach Zurückverweisung an das Berufungsgericht unter dem Gesichtspunkt betrachtet, inwiefern die aufhebende Entscheidung des BGH seitens des Berufungsgerichts Zustimmung und Beachtung erfährt.

I. Die Überprüfung der Tatsachenfeststellungen

Die Frage, ob der BGH bei der Kontrolle der tatrichterlichen Auslegung von Willenserklärungen die tatrichterlich festgestellten Tatsachen unberührt lässt, ist nicht durchgehend zu bejahen. Zweifel daran ergeben sich [1.] bei den Urteilen, in denen die Wortwahl des BGH nicht klar zwischen der tatsächlichen und der normativen Feststellung des Erklärungswortlauts unterscheidet. Besonderer Betrachtung bedürfen ferner [2.] die Aufhebungen, die sich bei der Kontrolle der tatrichterlichen Auslegung auf solche Tatsachen stützen, von denen sich das Revisionsgericht kaum ein identisches Bild wie der Tatrichter machen kann, weil sie ihm nicht in gleicher Form wie dem Tatrichter zur Wahrnehmung vorliegen. Hier besteht in größerem Maße die Gefahr einer neuen Tatsachenwürdigung durch das Revisionsgericht. Hingegen [3.] ist diese Gefahr dort minimal, wo dem Tat- wie dem Revisionsrichter als Quellen für die auszulegende Willenserklärung ausschließlich schriftliche Unterlagen vorliegen, die den Erklärungswortlaut unmittelbar enthalten.

In relativ wenigen Fällen droht [4.] die Verkennung des Umfangs tatrichterlicher Feststellungen, weil mit der tatrichterlichen Vertragsauslegung zugleich die negative Feststellung von Tatsachenumständen einhergeht. Nicht wesentlich größer ist [5.] die Gefahr, dass das Revisionsgericht eine erforderliche Feststellung von Tatsachen übersieht, weil es selbst eine Auslegung vornimmt, die der Tatrichter unterlassen hatte. Ein nicht zu vernachlässigender Teil der Auslegungsentscheidungen des BGH nimmt jedoch [6.] eine Neubewertung und damit zugleich Neufeststellung von Auslegungsumständen vor, wenn er die Abwägung der einzelnen Umstände durch das Tatgericht nachprüft.

1. Die mangelnde begriffliche Abgrenzung von tatsächlicher und normativer Feststellung

Bei einem Vergleich der Urteile des BGH mit der theoretischen Vorgabe, dass das Revisionsgericht auch im Rahmen der rechtsgeschäftlichen Auslegungskontrolle an die tatsächlichen Feststellungen des Berufungsgerichts gebunden ist, lässt sich ein nicht geringer Teil von Urteilen ausmachen, in denen allein die verwendete Diktion des BGH Zweifel an der tatsächlichen Beachtung des Gebots der Trennung von Tatsachenfeststellung und Auslegung aufkommen lässt[150]. Bei 16 Urteilen[151] (19,0 %) handelt es sich um Entscheidungen, in denen der BGH Auslegungsfehler feststellt und dabei den Eindruck erweckt, als wolle er mit dem Auslegungsfehler zugleich (auch oder nur) prozessuale Fehler gem. § 286 ZPO erkannt haben.

Der BGH scheint dabei als Fehler gem. § 286 ZPO nicht nur eine fehlerhafte Ermittlung von Tatsachenumständen zu verstehen, sondern auch das Finden einer Entscheidung, die sich nicht durch Subsumtion des korrekt festgestellten Sachverhalts unter die materiellen Rechtsnormen erzielen lässt. Regelmäßig nämlich führt der BGH aus, dass ein Auslegungsergebnis gem. §§ 133, 157 BGB dann fehlerhaft sei, wenn es nicht sämtliche von den Parteien vorgetragenen oder andere als die vorgetragenen Umstände zur Auslegung heranziehe, weil es dadurch gegen den prozessualen Beibringungsgrundsatz verstoße[152].

Aufgrund dieser Unschärfe in einzelnen Revisionsurteilen lässt sich nicht immer ersehen, ob und in welchen Ausführungen des Berufungsgerichts der BGH bereits eine fehlerhafte Feststellung der tatsächlichen, für die Auslegung heranzuziehenden Umstände erkannt haben will, oder ob er stattdessen zum Ausdruck bringen möchte, dass das Auslegungsergebnis infolge fehlerhafter Ermittlung gem. §§ 133, 157 BGB zustande gekommen ist.

Die Abgrenzungsschwierigkeiten zeigen sich dabei zum einen dadurch, dass [a)] der BGH Fehler in der Auslegung nicht durch die Normen der

---

[150] Vgl. auch die entsprechende Kritik bei Manigk, Revisibilität, S. 139, FN. 52, bereits zur Rechtsprechung des Reichsgerichts; ferner Schneider, MDR 1981, 885 f., 885, der auf manchmal unsichere, unbestimmt gehaltene Diktionen der Gerichte hinweist.
[151] Urteile 3, 8, 9, 11, 12, 15, 20, 44, 46, 47, 53, 59, 63, 68, 70 und 73.
[152] Vgl. nur BGH vom 10.09.2001 – II ZR 381/99 (Urteil 8).

§§ 133, 157 BGB belegt, sondern allein als Verstoß gegen § 286 ZPO bezeichnet oder darstellt. Zum anderen [b)] finden sich Passagen, in denen die Formulierungen nicht einmal auf eine vermeintlich bewusst dogmatische Zuordnung des Fehlers schließen lassen, weil der BGH den Auslegungsfehler mittels der undifferenzierenden Zitierung der Normenkette der §§ 133, 157 BGB, § 286 ZPO beschreibt. Nicht zuletzt [c)] finden sich auch Passagen, in denen der Auslegungsfehler ohne Nennung von Normen lediglich umschrieben wird, wobei eine Zweifel beseitigende, weil eindeutige Verwendung der Begrifflichkeiten nicht stattfindet. Auffällig ist dabei vor allem, dass der Begriff „Feststellung“ nicht ausschließlich für die Ermittlung der Tatsachen gem. § 286 ZPO verwendet wird, so dass mit Feststellung sowohl die tatbestandliche als auch die auslegungstechnische, d. h. normative Ergebnisfindung gemeint sein kann.

a) Die Darstellung von Auslegungsfehlern als Verstoß gegen § 286 ZPO

In den folgenden Urteilen erweckt der BGH den Anschein, als sehe er Auslegungsfehler des Berufungsgerichts als Verstoß gegen die tatrichterliche Feststellung gem. § 286 ZPO an.

(1) BGH vom 27.06.2001 – VIII ZR 329/99 (Urteil 15)

Das Berufungsgericht hatte hier einen Vertrag über den Erwerb von Gesellschaftsanteilen ausgelegt, der eine Verpflichtung der Erwerber zur Freistellung des Veräußerers von einer Bürgschaft enthielt. Tatsächlich wurden die Anteile auf andere Personen übertragen, als dies der schriftliche Vertragstext ursprünglich vorsah. Die Auslegung des Berufungsgerichts hierzu hatte ergeben, dass die im schriftlichen Vertrag enthaltene Freistellungsverpflichtung in konkludenter Weise auch mit den tatsächlichen Erwerbern vereinbart worden sei.

Der BGH stellte bei der Benennung des dabei unterlaufenen Rechtsfehlers mehrfach auf § 286 Abs. 1 ZPO ab, obgleich er zu erkennen gab, dass seine Aufhebung ein Auslegungsergebnis des Berufungsgerichts betraf, das insbesondere durch eine nicht interessengerechte Auslegung zustande gekommen sei. Da sich die nicht berücksichtigten Interessen aus dem Parteivortrag ergaben, konstatierte der BGH, dass die Auslegung keine tragfähige Grundlage in den tatsächlichen Feststellungen und im Parteivortrag finde, was einen Verfahrensfehler darstelle. An diese auf dem Verfahrensfehler beruhende tatrichterliche Auslegung sei das Revisionsgericht nicht gebunden.

(2) BGH vom 09.10.2001 – X ZR 132/99 (Urteil 59)

In diesem Fall hatte das Berufungsgericht insbesondere aus der Vereinbarung und Durchführung eines Nachbesserungsrechts sowie aufgrund des mutmaßlichen Parteiwillens auf die stillschweigende Vereinbarung werkvertraglicher Gewährleistung geschlossen.

Hiergegen erachtete der BGH eine Rüge aus § 286 ZPO als durchgreifend. Die Annahme des Berufungsgerichts sei nicht tragfähig, weil es bei seiner Beurteilung die gesetzliche Wertung in § 651 Abs. 1 BGB nicht herangezogen habe. Dass dem Berufungsgericht bei dieser Auslegungsfrage ein prozessualer Fehler gem. § 286 ZPO unterlaufen sein soll, der sich nicht in einer – unerörtert gelassenen – fehlerhaften Auslegung gem. §§ 133, 157 BGB erschöpft hat, ist dem Urteil nicht zu entnehmen. Folglich ist der gerügte Fehler gem. § 286 ZPO von einer Verletzung der §§ 133, 157 BGB nicht zu unterscheiden.

(3) BGH vom 23.05.2001 – VIII ZR 51/00 (Urteil 73)

Bei der Beurteilung der Frage einer Vertragsanfechtung hatte das Berufungsgericht eine zu einer Anfechtung berechtigende Täuschung abgelehnt, weil es vertragliche Informationspflichten nicht in einer entsprechenden Weite bejaht hatte.

Der BGH setzte sich im Rahmen der Aufhebung der Entscheidung nicht mit der Auslegung gem. §§ 133, 157 BGB auseinander. Obgleich die Verletzung von vertraglichen Nebenpflichten untrennbar mit der vorherigen – wenn auch oft stillschweigend stattfindenden – Auslegung des Umfangs des Vertrages verbunden ist, gründete der BGH hier den Rechtsfehler des Berufungsgerichts pauschal auf die Verletzung des § 286 ZPO, weil der festgestellte Sach- und Streitstand nicht ausgeschöpft worden sei.

b) Die undifferenzierende Zitierung der Normenkette der §§ 133, 157 BGB, § 286 ZPO

Bereits der in ständiger Rechtsprechung des BGH verwendete abstrakte Obersatz, wonach das Revisionsgericht nur nachprüfe, ob der Auslegungsstoff vollständig berücksichtigt worden ist, ob gesetzliche oder allgemein anerkannte Auslegungsregeln, die Denkgesetze oder allgemeine Erfahrungssätze verletzt sind oder ob die Auslegung auf mit der Revision gerügten Verfahrensfehlern beruht[153], lässt eine Grenzziehung zwischen verfahrensrechtlicher Tatsachenfeststellung gem. § 286 ZPO und ihrer rechtlichen Würdigung gem. §§ 133, 157 BGB kaum zu. Seine Herleitung wird regelmäßig anhand der Zitierung der Normenkette der §§ 133, 157 BGB, § 286 ZPO belegt.

Die Mitheranziehung der prozessualen Norm des § 286 ZPO zur Beschreibung des materiellrechtlichen Auslegungsvorgangs mag dem Umstand entspringen, dass der BGH regelmäßig die Außerachtlassung wesentlichen Auslegungsstoffs als Teil des Auslegungsfehlers benennt. Gerade dem Begriff des Auslegungsstoffs haftet eine prozessuale Komponente an. Diese bringt zum Ausdruck, dass sich die Auslegung des Richters an den Tatsachen orientieren muss, die er im Rahmen des vom Beibringungsgrundsatz geprägten Zivilprozesses festgestellt hat. Grundlage der Auslegung kann deshalb allein der Prozessstoff[154] sein. Dies ist indes eine Selbstverständlichkeit mit lediglich allgemeinem Aussagewert, weil sich jede Rechtsanwendung des (Zivil-)Richters auf den (parteilich vorgetragenen) Prozessstoff beschränken muss. Eine besondere Bedeutung für die Auslegung von Willenserklärungen ergibt sich daraus nicht. Insbesondere verliert die Auslegung durch die Beschränkung des Rechtsanwenders auf den Auslegungsstoff nicht ihren materiellrechtlichen Charakter. Dennoch führt die Kettenzitierung zu Unklarheit und Missverständnissen.

BGH vom 03.12.2001 – II ZR 372/99 (Urteil 11)

So sprang der BGH bei der Aufhebung einer Auslegung der Versorgungsregelung in einem Dienstvertrag durch das Berufungsgericht vereinzelt zwischen Formulierungen hin und her, die einerseits auf materiell- und

---

153 Vgl. nochmals die Nachweise in Fußnote 100.

154 Der Begriff des Prozessstoffes wird im Obersatz stellvertretend verwendet z. B. von BGH vom 10.05.2001 – VII ZR 356/00 (Urteil 12); vgl. auch BGH vom 26.07.2001 – X ZR 211/99 (Urteil 44).

andererseits auf formellrechtliche Fehler hindeuteten. Er charakterisierte dabei zunächst die Ermittlung eines vom Wortlaut abweichenden Ergebnisses als Vertragsauslegung. Diese vorgenommene Einordnung unterstützte der BGH noch, indem er die materiellen Norm des § 133 BGB in Klammern zitierte. Dennoch ergeben sich Zweifel, ob er die Ermittlung des Ergebnisses als materiellrechtlichen Vorgang betrachtet, wenn er sogleich im zweiten Halbsatz erkennen lässt, dass der Gegenstand seiner Auslegungsüberprüfung die „Feststellung" des übereinstimmenden Parteiwillens sei. Die Zweifel werden in der Folge noch verstärkt, wenn der BGH den übereinstimmenden Willen als „nicht einwandfrei festgestellt" und dies ausdrücklich und hervorgehoben als „verfahrensfehlerhaft" bezeichnet. Dennoch kann nicht mit Sicherheit davon ausgegangen werden, dass der BGH damit eine fehlerhafte Tatsachenfeststellung gem. § 286 ZPO zum Ausdruck bringen wollte. Im selben Satz bezeichnet er nämlich den Verfahrensfehler als in der Missachtung des Gebots der beiderseits interessengerechten Auslegung begründet, welches sich allein aus den materiellrechtlichen Normen der §§ 133, 157 BGB ergibt.

Zwar ist dem Urteil ferner zu entnehmen, dass einer der zur Auslegung durch das Berufungsgericht herangezogenen Umstände aus prozessualen Gründen nicht hätte festgestellt werden dürfen. Für die dogmatische Einordnung des Auslegungsfehlers kann es darauf jedoch nicht ankommen, weil die Auslegung durch Verwendung eines verfahrensfehlerhaft festgestellten Umstands ihren materiellrechtlichen Charakter nicht verliert.

c) *Die ausschließliche Verwendung unscharfer Begrifflichkeiten zur Beschreibung des Auslegungsfehlers*

Mangels Verwendung eindeutiger Begrifflichkeiten lässt sich in den folgenden Urteilen eine dogmatische Einordnung der erkannten Auslegungsfehler durch den BGH nicht erkennen.

(1) *BGH vom 30.03.2001 – V ZR 461/99 (Urteil 3)*

In diesem Fall hatte das Berufungsgericht dem Kläger einen Schadensersatzanspruch dem Grunde nach zuerkannt, weil die Beklagte den Mieterttrag aus einer Wohnung im Sinne der §§ 459 Abs. 2, 463 Satz 1 BGB a. F. zugesichert habe.

Der BGH sah in der Bejahung der Zusicherung einen Rechtsfehler. Obwohl er dabei das Ergebnis des Berufungsgerichts ausdrücklich als aus der Auslegung einer Vertragsklausel hergeleitet ansah, unterließ er eine Erwähnung der Auslegungsnormen der §§ 133, 157 BGB. Weil er zugleich aber ausführte, das Berufungsgericht habe für die Annahme einer Zusicherung keine ausreichenden Feststellungen getroffen, kann dem Urteil nicht entnommen werden, ob der BGH einen materiellrechtlichen Auslegungsfehler gem. §§ 133, 157 BGB als maßgeblich erkannt haben will. Ebenso denkbar wäre, dass der BGH den Fehler vorwiegend in dem Feststellungsverfahren des Berufungsgerichts angelegt sieht. Dass nämlich das Berufungsgericht die Feststellung und Würdigung weiterer Auslegungsumstände nicht gänzlich unterlassen hat, ist dem Urteil an anderer Stelle zu entnehmen.

Ist nach alldem nicht davon auszugehen, dass der BGH die formale Feststellung von auslegungsrelevanten Umständen gem. § 286 ZPO moniert, so kann nicht ausgeschlossen werden, dass er die Feststellungen des Tatrichters selbst hinsichtlich ihres tatsächlichen Umfanges neu würdigt. Nur dann nämlich, wenn eine tatrichterliche Feststellung gänzlich unterblieben wäre, stünde eine neue Würdigung tatrichterlich festgestellter Tatsachen nicht zu befürchten, weil solche noch gar nicht vorlägen. Der Beispielsfall unterfällt dem aber nicht, weil der BGH hier anhand einer Gesamtschau von festgestellten und gewürdigten Umständen erkennen möchte, welcher einzelne Umstand nicht oder nicht ausreichend tatrichterlich festgestellt worden ist. Eine Neubewertung der festgestellten tatsächlichen Umstände kann dabei nicht vermieden werden.

(2) BGH vom 10.09.2001 – II ZR 381/99 (Urteil 8); II ZR 380/99 (Urteil 9)

In diesen beiden Fällen hatte das Berufungsgericht seine Entscheidung auf die Annahme gestützt, zwischen dem Beklagten und weiteren Treuhändern habe eine Gesellschaft bürgerlichen Rechts bestanden.

Der BGH erachtete eine solche „Feststellung“ als rechtsfehlerhaft. Obgleich auch er erkennen ließ, dass die Bejahung der streitigen Frage mit der Frage nach dem Abschluss eines Gesellschaftsvertrages untrennbar verbunden war, befasste er sich mit der Verletzung der §§ 133, 157 BGB nicht. Stattdessen führte er aus, das Berufungsgericht sei an der „Feststellung“ der Vereinbarung eines gemeinsamen Zwecks und damit eines Gesellschaftsvertrages gehindert gewesen, weil sich ein solcher dem Prozessstoff nicht entnehmen lasse. Da die Parteien eine solche Zweckvereinbarung selbst nicht ausdrücklich vorgetragen hatten, sondern „die Rede stets nur von Treuhandaufträgen“ gewesen sei, verstoße die „Feststellung“ eines Gesellschaftsvertrages durch das Berufungsgericht gegen den Beibringungsgrundsatz. Darauf, dass die Frage, ob und mit welchem Inhalt ein Vertrag, mithin auch ein Gesellschaftsvertrag, zustande gekommen ist, eine Frage der Auslegung gem. §§ 133, 157 BGB ist, ging der BGH nicht ein. Ebenso wenig schien der BGH für relevant gehalten zu haben, dass es die Vertragsauslegung erlaubt, anhand der von den Parteien vorgetragenen tatsächlichen Umstände ein Auslegungsergebnis zu ermitteln, das von den Parteien nicht ausdrücklich vorgetragen worden ist. Denn bei dem durch §§ 133, 157 BGB ermittelten Ergebnis handelt es sich nicht um einen tatsächlichen Umstand, sondern um das Ergebnis einer Rechtsanwendung. Diese ist allein Sache des Gerichts. Das Berufungsgericht war deshalb auch nicht durch den Parteivortrag, der nur von „Treuhandverträgen“ sprach, gehindert, die vertraglichen Absprachen der „Treuhänder“ selbst rechtlich zu würdigen. Denn die rechtliche Einordnung des vorgetragenen Sachverhalts durch die Parteien ist für das Gericht nicht bindend; insbesondere dann, wenn deren Vortrag bereits in verkürzter Weise durch die Verwendung von Rechtsbegriffen geschieht, ändert dies an seinem Charakter als Tatsachenvortrag nichts. Das Gericht ist dann gerade verpflichtet, das mit dem Rechtsbegriff tatsächlich Gemeinte zu ergründen, um es sodann selbst rechtlich zu würdigen.

Da auch der Zweck eines gemeinschaftlichen Zusammenschlusses Teil des Gesellschaftsvertragsinhalts ist, bleibt das Urteil des BGH eine Erklärung schuldig, warum eine Ermittlung auch des Zwecks über §§ 133, 157 BGB scheitern soll, obwohl denkbar ist, dass das Berufungsgericht diesen aus den vorgetragenen Umständen gefolgert hat.

(3) BGH vom 10.05.2001 – VII ZR 356/00 (Urteil 12)

Im zu Grunde liegenden Fall hatte die Beklagte der Klägerin ein Schreiben zugesandt, in dem sie erklärte, die Klägerin so verstanden zu haben, dass diese mit einer vollständigen Schuldbefreiung einverstanden sei, wenn sie nur einen quotalen Teilbetrag der streitigen Forderung erhalte. Sollte sie nichts anderes mehr hören, gehe sie von deren Einverständnis aus. Die Zahlungen erfolgten, die Klägerin reagierte nicht. Das Berufungsgericht nahm eine entsprechende Schuldbefreiungsvereinbarung an.

Die Revision führte zur Aufhebung. Nach Auffassung des BGH habe das Berufungsgericht bei seiner Auslegung Prozessstoff übergangen. Der Verzichtswille der Klägerin werde durch die verschiedenen Schreiben und die ihnen zu Grunde liegenden Umstände nicht belegt. Insbesondere habe die Beklagte selbst keine Gründe dargelegt, warum die Klägerin auf die Teilforderung hätte verzichten wollen.

Die Entscheidung des BGH lässt dabei nicht erkennen, ob das Bestehen eines stillschweigenden Verzichtswillens als Feststellung eines Verzichtswillens anhand von Indizien gem. § 286 ZPO oder als normative Feststellung durch Auslegung gem. §§ 133, 157 BGB betrachtet worden ist. Da der BGH an mehreren Stellen ausführt, die Umstände ließen sich dem Parteivortrag nicht ausreichend entnehmen, ist sowohl denkbar, dass er allein die Folgerungen auf einen Verzichtswillen aus dem Parteivortrag als fehlerhaft erachtet, als auch, dass bereits Umstände nicht festgestellt seien, die auf einen Verzichtswillen schließen lassen[155].

(4) BGH vom 26.09.2001 – VIII ZR 303/00 (Urteil 20)

Auch in dieser Entscheidung hatte das Berufungsgericht einen stillschweigenden Verzichtsvertrag angenommen. Der BGH erachtete die „Feststellung" eines Verzichtswillens und der Annahme eines Erlassvertrages als rechtsfehlerhaft. Dabei lassen seine Formulierungen nicht erkennen, ob er dabei Feststellungen im tatsächlichen oder im normativen Sinne gemeint hat.

[155] Auch Lange, WuB IV A. § 151 BGB 2.01, S. 935 f., 937, weist darauf hin, dass der BGH sich zu dem streitgegenständlichen dogmatischen Auslegungsproblem nicht äußert, sondern vielmehr einen rechtstatsächlichen Ansatz zu dessen Lösung wählt. Diesem liege dabei der Erfahrungssatz zugrunde, dass der Gläubiger regelmäßig nicht ohne nachvollziehbaren Grund auf seine Rechte verzichte. – Die Einordnung eines Erfahrungssatzes in der Rechtsprechung des BGH (vgl. Fußnote 139) zeigt, dass der BGH sich dabei jedoch – entgegen dem Eindruck, den seine Formulierungen erwecken – nicht im Bereich tatrichterlicher Feststellungen wähnt.

(5) BGH vom 26.07.2001 – X ZR 211/99 (Urteil 44)

Das Berufungsgericht hatte trotz der vereinbarten Laufzeit eines Baumaufzuchtvertrages von zwei Jahren die Nebenpflicht des beklagten Baumschulenbetreibers angenommen, bis zur endgültigen Klärung der Abnahme der Bäume deren Rodung zu unterlassen, weil die gerodeten Bäume der Gefahr des Verderbens unterlägen.

Das Revisionsgericht erachtete hingegen die Rodung sofort nach Ablauf der Vertragsdauer als zulässig, weil keine Verpflichtung bestanden habe, den Grund und Boden der Baumschule weiterhin für die Pflanzen zur Verfügung zu stellen. Das Berufungsgericht habe „nicht festgestellt", „daß eine – mit Mühe und Aufwand verbundene – Aufzucht über zwei Jahre hinaus vertraglich geschuldet gewesen wäre". Dass es sich bei dieser Frage dennoch um eine, nach Auffassung des BGH fehlerhaft beantwortete, Auslegungsfrage gem. §§ 133, 157 BGB hinsichtlich des Umfangs von Nebenpflichten handelte, die er aus den Umständen – entgegen der Auffassung des Berufungsgerichts – nicht folgern wollte, wird durch die Formulierung nicht hinreichend deutlich.

(6) BGH vom 17.01.2001 – VIII ZR 186/99 (Urteil 47)

Der Entscheidung lag die Auslegung einer Vertragsklausel zu Grunde, die ein Wettbewerbsverbot enthielt. Das Berufungsgericht hatte die Klausel in einem weiteren Sinne als der BGH verstanden. Dies ergab sich nach Auffassung des Berufungsgerichts aus dem Sinn und Zweck der Klausel, welchen es aus dem Wortlaut ableitete.

Der BGH begründete seine Aufhebung mit der Behauptung, es seien keine Tatsachenumstände festgestellt gewesen, aus denen sich der entsprechende Sinn und Zweck ergeben hätte.

Allerdings sei auch nach Auffassung des BGH bei der Auslegung zunächst vom Wortlaut auszugehen, so dass außerhalb des Wortlauts liegende Umstände erst dann maßgeblich werden könnten, wenn die Auslegung am Wortlaut ohne Ergebnis bleibe. Das Berufungsgericht ist jedoch diesen rechtstechnischen Vorgaben gerecht geworden. Die Entscheidung des BGH wirft deshalb Zweifel auf, ob das vom BGH behauptete Fehlen von Feststellungen des Berufungsgerichts oder entsprechenden Parteivortrags, auf das er den Auslegungsfehler stützte, einen prozessualen Feststellungsfehler darstellt. Es könnte aber auch stattdessen durch die Formulierung lediglich eine nach Ansicht des BGH nicht haltbare Auslegung gem. §§ 133, 157 BGB gemeint gewesen sein.

(7) BGH vom 18.07.2001 – XII ZR 196/98 (Urteil 46)

In diesem Fall hatte das Berufungsgericht von der Vernehmung eines angebotenen Zeugen abgesehen, dessen behauptete Aussage nach Auffassung des BGH die Auslegung des Berufungsgerichts hinfällig gemacht hätte.

Dies stellt sich in jedem Fall als Verfahrensfehler dar. Da jedoch die Nichteinholung des Beweises nur dann relevant sein kann, wenn das Auslegungsergebnis durch den angebotenen Beweis berührt wird, was das Berufungsgericht offensichtlich verneinte, muss der BGH auch die Auslegung des Berufungsgerichts für fehlerhaft gehalten haben. Dieses Zusammenspiel der Anwendungsbereiche von prozessualen Normen und Auslegungsnormen mag eine Erklärung für die häufig anzutreffende gleichzeitige Zitierung der §§ 286 ZPO, 133, 157 BGB liefern. Trotzdem wird der Verfahrensfehler nicht zu einem Auslegungsfehler gem. §§ 133, 157 BGB, so dass die Aufhebung im vorliegenden Fall allein wegen des Verfahrensfehlers geschah[156]. Dies scheint zwar dem Urteil im Ganzen auch zu entnehmen zu sein. Eine deutliche Einordnung hat der BGH jedoch nicht vorgenommen, sondern weder die Norm des § 286 ZPO noch sonstige verletzte Normen konkret benannt.

(8) BGH vom 28.11.2001 – XII ZR 173/99 (Urteil 53)

Das Berufungsgericht hatte angenommen, dass die Geschäftsgrundlage einer ehebedingten Zuwendung weggefallen sei. Diesem Ergebnis muss zwangsläufig eine Vertragsauslegung vorausgegangen sein, die den Inhalt der Geschäftsgrundlage bestimmt hat.

Der BGH ging in seiner Aufhebungsentscheidung jedoch allein darauf ein, dass das Berufungsgericht die notwendigen besonderen Umstände für die Annahme eines Wegfalls der Geschäftsgrundlage nicht „festgestellt" habe. Ob er deshalb eine Überprüfung der Vertragsauslegung als Anwendung materiellen Rechts durchgeführt hat oder aber unter womöglich still-

[156] Vgl. zu ähnlicher Abgrenzung Gottwald, Revisionsinstanz, S. 144, ganz unten.

schweigender Billigung der Auslegung des Berufungsgerichts der Auffassung war, die vereinbarte Geschäftsgrundlage hätte vom Berufungsgericht nicht als weggefallen angesehen werden dürfen, weil es entsprechende tatsächliche Umstände nicht gem. § 286 ZPO festgestellt habe, bleibt offen.

(9) BGH vom 18.10.2001 – I ZR 91/99 (Urteil 68)

Streiterheblich war die Frage, ob das vertraglich vereinbarte, nicht fristgebundene Rücktrittsrecht eines Lizenzvertrages vereinbarungsgemäß jedenfalls zeitnah ausgeübt werden sollte. Das Berufungsgericht bejahte diese Frage infolge einer Vertragsauslegung, die sich auf den Sinn und Zweck des Vertrages und die aus den ausdrücklichen Vertragsvereinbarungen ersichtlich werdenden Interessen der Parteien stützte.

Der BGH erachtete die Auslegung als rechtsfehlerhaft, weil sie insbesondere im tatsächlichen Vorbringen der Parteien keine Stütze finde. Er begründete dies damit, dass sich die beklagte Rücktrittsgegnerin, die sich auf den zeitlichen Verfall des Rücktrittsrechts berufen hatte, gerade nicht damit verteidigt habe, das Rücktrittsrecht sei mangels zeitnaher Ausübung erloschen. Vielmehr habe sie selbst vorgebracht, das Rücktrittsrecht sei nicht entstanden oder jedenfalls, falls entstanden, aus Zeitgründen verwirkt.

Diese Ausführungen des BGH überzeugen indes nicht, sondern lassen eine ungenügende Differenzierung zwischen tatsächlichem Parteivortrag und von den Parteien angeführter Rechtsauffassung vermuten. Denn bei den Ausführungen, ob ein Rücktrittsrecht deshalb nicht bestehe, weil es erloschen, erst gar nicht entstanden oder jedenfalls, wenn entstanden, verwirkt sei, handelt es sich um reine Rechtsausführungen der Parteien. Das Entstehen, Erlöschen oder die verwirkungsbedingte Unausübbarkeit eines Rücktrittsrechts kann keinen Tatsachenvortrag darstellen, weil sich die Erkenntnisse darüber erst aus der Anwendung von materiellen Rechtsvorschriften auf den Tatsachenvortrag gewinnen lassen. Dieser ließe sich allenfalls hinter den Rechtsausführungen der Parteien vermuten. Im vorliegenden Fall sind jedoch die Ausführungen der Beklagten ersichtlich als reine Rechtserwägungen erfolgt, die keinen Schluss auf einen bestimmten, mit der tatrichterlichen Annahme des Entstehens des Rücktrittsrechts unvereinbaren Tatsachenvortrag zulassen. Dies lässt sich insbesondere daraus ersehen, dass die Beklagte sich zu sämtlichen Rechtsvarianten geäußert und dabei hilfsweise gerade auch die Variante in Erwägung gezogen hat, dass das – jedenfalls verwirkte – Rücktrittsrecht entstanden sein könnte. Dass das Parteivorbringen mit der Auslegung des Tatrichters nicht in Einklang gebracht werden könne, so dass insoweit ein Rechtsfehler vorliege, kann deshalb nicht angenommen werden.

(10) BGH vom 07.12.2001 – V ZR 65/01 (Urteil 70)

Das Berufungsgericht hatte in seinem Urteil entschieden, die Parteien hätten beim Abschluss eines Grundstückskaufvertrags trotz einer vorherigen Besichtigung das Grundstück im Umfang seiner rechtlichen Grenzmarkierungen verkaufen wollen, wenn auch die sichtbaren natürlichen Grundstücksgrenzen dahinter zurückgeblieben seien. Einen „besonderen rechtsgeschäftlichen Willen“, wonach die Parteien, obwohl sie wussten, dass nicht die tatsächlichen, sondern rechtlichen Grenzen maßgeblich seien, dennoch nur innerhalb der tatsächlichen Grenzen übereignen wollten, hatte die Beweisaufnahme des Berufungsgerichts nicht ergeben.

Der BGH meinte, darin ein „zu enges Verständnis des gemäß § 133 BGB maßgeblichen wirklichen Willens“ zu erkennen, das dem Berufungsgericht „den Blick auf den entscheidungserheblichen Tatsachenstoff verstellt“ habe. Seinen weiteren Ausführungen lässt sich entnehmen, dass er der Auffassung war, das Berufungsgericht habe seine „Feststellungen“ auf einen „besonderen rechtsgeschäftlichen Willen“ gerichtet und dabei verkannt, dass stattdessen die Ermittlung des gemeinsam Gewollten gem. § 133 BGB nicht nur aus den Vorstellungen der Parteien, sondern unter Heranziehung aller Umstände zu erfolgen habe, die zur Aufdeckung des Parteiwillens dienlich sein könnten. Solche Umstände, insbesondere die Berücksichtigung der erkennbaren Interessen der Verkäuferin, hätten hier zu einer anderen Auslegung führen müssen.

Dass es sich bei der mit „Feststellungen“ umschriebenen Willensermittlung unter Beachtung der Ergebnisse einer Vernehmung der Zeugen über die Vorstellungen der Parteien nicht mehr um eine Feststellung gem. § 286 ZPO, sondern bereits um Auslegung durch das Berufungsgericht gem. §§ 133, 157 BGB unter Einbeziehung der weiteren Umstände gehandelt haben dürfte, scheint nahe liegend. Ob der BGH deshalb die tatsächliche oder die normative Feststellung des Vertragswillens als rechtsfehlerhaft erachtet, oder gar ein vermeintlich fehlerhaftes Verständnis des Berufungsgerichts von der Methodik der Auslegung von Willenserklärungen erkannt haben will, bleibt nach alledem offen[157].

(11) BGH vom 05.04.2001 – VII ZR 119/99 (Urteil 63)

In diesem Fall hatte das Berufungsgericht ein Schreiben des Beklagten als Kündigung ausgelegt. Der BGH hob diese Entscheidung auf, weil das Gericht „keine hinreichenden Feststellungen dazu getroffen" habe, „ob die Erklärung des Beklagten aus der Sicht der Kläger als Kündigung zu verstehen war".

Da jedoch die Frage des objektiven Empfängerhorizonts stets normativ ist, und sich deshalb nicht unmittelbar durch eine Beweisaufnahme ermitteln lässt, wäre es nicht nachvollziehbar, wenn der BGH mit dem Begriff der „Feststellung" hier eine solche gem. § 286 ZPO gemeint haben sollte. Dass es stattdessen um ein anderes Auslegungsergebnis gem. §§ 133, 157 BGB ging, wird ferner aus dem Kontext der Passage deutlich, in der der BGH erkennen lässt, dass das tatsächliche Verständnis der Kläger von dem Schreiben bereits bekannt oder aus dem weiteren Schriftverkehr der Parteien ermittelbar war[158], so dass insoweit keine weiteren Feststellungen mehr in Betracht kamen. Es kann nach alldem nur vermutet werden, dass der BGH deshalb lediglich die Nicht- oder nicht ausreichende Einbeziehung des Reaktionsverhaltens der Kläger in die Auslegung des Berufungsgerichts gem. §§ 133, 157 BGB als rechtsfehlerhaft erachtete.

2. *Die Berücksichtigung nicht unmittelbar fixierter Tatsachen durch das Revisionsgericht*

Trotz der grundsätzlichen Mündlichkeit des Zivilprozesses (§ 128 Abs. 1 ZPO) liegt in der prozessualen Praxis ein Großteil des Parteivorbringens und damit des Prozessstoffes in schriftlich fixierter Form vor, weil von der Möglichkeit der Bezugnahme auf die vorbereitenden Schriftsätze und die diesen beigefügten Anlagen gem. §§ 137 Abs. 3 Satz 1, 129 Abs. 1, 131 Abs. 1 ZPO regelmäßig und in umfassender Weise Gebrauch gemacht wird. Dies ersetzt zwar nicht die Notwendigkeit, dass der Tatrichter die darin enthaltenen Tatsachen noch erkennen und feststellen muss, so dass

[157] Vgl. zur Vorgehensweise des BGH auch die scharfe Kritik bei Wilhelm, WuB IV A. § 133 BGB 1.02, S. 599 f.; auch Fußnote 254.
[158] Vgl. Ziffer IV.2.b) der Entscheidungsgründe.

sich auch in diesem Fall das tatrichterliche Bild der Tatsachen nicht zwangsläufig mit dem Bild des Revisionsgerichts deckt. Jedoch erhält das Revisionsgericht von diesen Tatsachen jedenfalls einen sachnäheren und dem Bild des Tatrichters näher kommenden Eindruck, als dies bei solchen Tatsachen der Fall ist, die ausschließlich oder vorwiegend mündlich in den Prozess eingeführt worden sind und sich deshalb nicht unmittelbar aus den schriftlichen Fixierungen der Parteien (Schriftsätzen und Anlagen) ergeben.

a) Die Heranziehung vom Berufungsgericht erwähnter Tatsachen

Von Tatsachen, die nur deshalb erkennbar sind, weil der Tatrichter ihr Vorliegen mit eigenen Worten schriftlich niedergelegt hat, und die sich nicht unmittelbar aus den Schriftsätzen ergeben, kann das Revisionsgericht keinen eigenen unmittelbaren Eindruck erlangen. Bezieht das Revisionsgericht dennoch solche, im folgenden als „nicht unmittelbar fixiert" bezeichneten, Tatsachen in seine Überprüfung der Auslegungskontrolle ein, besteht in besonderer Weise die Gefahr, dass das Revisionsurteil auf einer Tatsachenvorstellung beruht, die von der Vorstellung des Tatrichters abweicht. Solche Urteile konnten in 2 Fällen[159] (2,4 %) ausfindig gemacht werden.

(1) BGH vom 06.12.2001 – III ZR 296/00 (Urteil 22)

Diesem Fall lag die Frage zu Grunde, ob im Rahmen eines Maklervertrages eine bestimmte Provision vereinbart worden sei, obgleich der Auftraggeber die Angabe über eine Provisionshöhe von 5,75 % im ansonsten unterschriebenen Vertragsangebot des Maklers durchgestrichen und durch die Worte „nach Vereinbarung" ersetzt hatte. Bei Nachverhandlungen über die Höhe der Provision habe der Auftraggeber nach den Schilderungen einer vernommenen Zeugin „sobald die Provisionsfrage angesprochen worden sei, [sich] ausweichend verhalten und sibyllinisch gelächelt". Das Berufungsgericht verneinte zunächst bereits das Zustandekommen eines Maklervertrages dem Grunde nach, weil mangels Vereinbarung über die Hauptleistungspflicht der Provisionszahlung ein offener Dissens gem. § 154 Abs. 1 BGB vorgelegen habe. Insbesondere das ausweichende Verhalten des

[159] Urteile 22 und 30.

Auftraggebers bei den Nachverhandlungen würdigte das Berufungsgericht dahin, dass auch später eine Vereinbarung nicht zustande gekommen sei.

Der BGH bewertete in seinen Entscheidungsgründen[160] den ausdrücklich vom Berufungsgericht im Rahmen der Auslegung gewürdigten Umstand des „sibyllinischen Lächelns" entgegen der Auffassung des Berufungsgerichts als nicht ausreichenden Beleg für eine Verweigerung der Vereinbarung einer Provision. Statt einer Verweigerung der Provisionszahlung ergebe sich aus dem Lächeln des Auftraggebers „eher das Gegenteil".

Der BGH hat damit diesem tatsächlichen Umstand eine neue Gewichtung und Bedeutung im Zusammenspiel mit den weiteren Auslegungsumständen beigemessen, obwohl es sich bei dem „sibyllinischen Lächeln" um einen im Rahmen einer Beweisaufnahme tatrichterlich festgestellten Umstand handelte. Wenn auch zuzugestehen ist, dass der Tatrichter selbst das Lächeln nicht unmittelbar vor Augen hatte, weil es sich nur aus der Schilderung eines Zeugen ergibt, so handelt es sich bei der Feststellung des Lächelns dennoch um eine tatrichterliche Feststellung, die dem Revisionsgericht verwehrt ist und es deshalb bindet. Fehler der Feststellung selbst, die einer Bindung entgegenstehen könnten, hat der BGH nicht erwähnt.

(2) BGH vom 23.11.2001 – V ZR 282/00 (Urteil 30)

Hier hatte das Berufungsgericht nicht angenommen, dass in dem streitgegenständlichen Vorvertrag der Klägerin ein vertragliches Bestimmungsrecht über den Gegenstand der im Vorvertrag geregelten Ankaufsverpflichtung eingeräumt werden sollte.

Der BGH hingegen legte den Vorvertrag, der zwar an sich schriftlich fixiert war, in Richtung eines solchen Bestimmungsrechts aus. Dabei bewertete er jedoch insbesondere weitere vom Berufungsgericht angeführte Umstände, die es in seinen Auslegungsvorgang miteinbezogen hatte, als der Auslegung des Berufungsgerichts „bei zutreffender rechtlicher Sicht" nicht entgegenstehend[161].

Da davon ausgegangen werden kann, dass diese Umstände sich nicht aus den unmittelbar fixierten Bestimmungen des Vorvertrages ergaben – denn diese erwähnte der BGH daneben als eigenen, nicht entgegenstehenden

[160] Vgl. Ziffer I.2.c) der Entscheidungsgründe.
[161] Vgl. Ziffer 2. der Entscheidungsgründe.

Umstand –, besteht insoweit die Gefahr, dass sich der BGH von ihnen entgegen seiner fehlenden Feststellungskompetenz ein eigenes tatsächliches Bild gemacht hat.

b) Die Heranziehung vom Berufungsgericht nicht ausdrücklich erwähnter Tatsachen

In wesentlich größerer Zahl, nämlich in 29 Fällen[162] (34,5 %), finden sich Urteile des BGH, in denen er Fehler bei der Auslegung des Berufungsgerichts unter Einbeziehung von solchen Umständen konstatiert, die sich nicht dem unmittelbar schriftlich fixierten Prozessstoff entnehmen lassen und deren Einbeziehung in seinen Auslegungsvorgang das Berufungsgericht nicht ausdrücklich dargelegt hat.

Die Nichteinbeziehung wesentlicher Tatsachenumstände in die Auslegung des Tatrichters stellt nach ständiger Rechtsprechung des BGH einen revisiblen Auslegungsfehler dar[163]. Ob eine fehlerhafte Nichteinbeziehung stattgefunden hat, ließe sich aus der Nichterwähnung des Umstands in den die Auslegung darstellenden Passagen der Entscheidungsgründe des Berufungsurteils allerdings nur dann folgern, wenn die Behandlung sämtlicher Umstände dort erforderlich wäre. Dies ist aber gerade nur für die wesentlichen Umstände der Fall[164]. Es ist demnach denkbar, dass das Berufungsgericht einen Umstand im Verhältnis zu den übrigen Auslegungsumständen als unwesentlich eingestuft und deshalb in den Entscheidungsgründen nicht mehr ausdrücklich behandelt hat.

Dass diese Einschätzung des Berufungsgerichts mit der tatrichterlichen Vorstellung von dem nicht schriftlich fixierten Umstand steht und fällt, liegt auf der Hand. Gelangt der BGH dennoch unter Einbeziehung eines solchen, vom Berufungsgericht nicht ausdrücklich behandelten Umstands zum Ergebnis, die tatrichterliche Auslegung sei fehlerhaft, setzt er sich der Gefahr aus, den vom Berufungsgericht im Ergebnis als unwesentlich erkannten Umstand schon in tatsächlicher Weise anders zu betrachten, als er vom Tatrichter festgestellt worden ist.

---

[162] Urteile 3, 4, 8, 9, 12, 18, 20, 37, 38, 44, 48, 49, 52, 53, 54, 57, 59, 60, 62, 63, 66, 70, 72, 73, 76, 77, 78, 79 und 80.
[163] Vgl. bereits Fußnoten 116, 117 und 118.
[164] Vgl. bereits Fußnote 120.

(1) BGH vom 30.03.2001 – V ZR 461/99 (Urteil 3)

Das Berufungsgericht hatte eine Zusicherung eines Mietertrags aus einer verkauften Wohnung gem. §§ 459 Abs. 2, 463 Satz 1 BGB a. F. angenommen. Dies lehnte der BGH mit der Begründung ab, dass sich die Zusicherung aus sämtlichen vom Berufungsgericht festgestellten und gewürdigten Umständen nicht entnehmen lasse. Diese besagten „nicht mehr, als daß im Expos eine Einliegerwohnung im Untergeschoß – ohne Mitteilung der Mieterträge – beschrieben und diese Wohnung in Anwesenheit des Mieters besichtigt worden" sei. Es handle „sich lediglich um allgemeine Informationen eines Maklers bei der Anpreisung des Objekts, die allenfalls dann eine Zusicherung begründen könnten, wenn sie – was nicht geschehen ist – Niederschlag im Kaufvertrag gefunden hätten".

Dies begegnet Bedenken. Denn die Frage, ob die im Vorfeld des Vertragsschlusses im Rahmen einer Besichtigung erlangten Informationen für den Vertrag nur allgemein oder wesentlich waren, ist unter Berücksichtigung des Gesamtbildes zu beantworten, das sich dem Tatrichter von allen, auch außerhalb des Vertrags liegenden Umständen bietet. Das gleiche gilt für die Frage, ob diese Informationen – denen der BGH sogar trotz des ihnen zuvor beigemessenen nur allgemeinen Charakters ausdrücklich eine generelle Zusicherungsfähigkeit zuspricht – Niederschlag im Kaufvertrag gefunden haben. Dass für die Würdigung des Berufungsgerichts deshalb weitere Umstände entscheidend waren, die im Urteilstext nicht ausdrücklich erwähnt worden sind, darf angenommen werden. Dies ist auch unter Berücksichtigung des Gebots der Schilderung aller wesentlichen Umstände zulässig. Während nämlich die einzelnen Umstände oftmals für sich noch nicht wesentlich und damit nicht schilderungsnötig oder gar schilderbar[165] sind, können sie in ihrer Gesamtschau den wesentlichen Ausschlag für die Bejahung der Zusicherung geben.

(2) BGH vom 18.01.2001 – VII ZR 457/98 (Urteil 4)

Das Berufungsgericht hatte das Vorliegen einer Bevollmächtigung eines Bauleiters aufgrund der Würdigung mehrerer Tatumstände bejaht. Der BGH gelangte indes zur gegensätzlichen Würdigung. Danach stehe dort die Benennung „als Bauleiter und als Ansprechpartner für die Abstimmung

[165] Vgl. die Ausführungen zu den Problemen von Erkenntnis und Darstellung einer Gesamtsituation bei Henke, Tatfrage, S. 177 ff.

von Leistungen und Terminen", kurze Zeit nach der Erklärung, die Beklagte habe den Bauleiter „von seinen Aufgaben entbunden und nehme die Sache nunmehr selbst in die Hand", dem Widerruf der ursprünglichen Vollmacht des Bauleiters nicht entgegen. Als solcher Widerruf sei die Erklärung über die Aufgabenentbindung „unmissverständlich" zu verstehen. Bei der mit der erneuten Benennung verbundenen Erklärung handle es sich nämlich „lediglich um eine Beschreibung des Aufgabenbereichs" des Bauleiters.

Die Vermutung einer eigenen Bewertung der vom Berufungsgericht gewürdigten Tatsachenumstände drängt sich hier – insbesondere aufgrund der selbst äußerst knappen, weil nur vier Sätze umfassenden – Begründung des BGH auf.

(3) BGH vom 10.09.2001 – II ZR 381/99 (Urteil 8); II ZR 380/99 (Urteil 9)

Der BGH hatte die Annahme eines Gesellschaftsvertrages durch das Berufungsgericht abgelehnt, weil die Vereinbarung eines gemeinsamen Zwecks sich nicht aus dem Parteivortrag ergebe. Stattdessen stünden die sich darin findenden Umstände, nämlich die Vorbereitung der Vereinbarung eines Treuhandvertrages zwischen den vermeintlichen Gesellschaftern, dem Schluss auf einen gemeinsamen Zweck entgegen.

Dabei wird deutlich, dass der BGH sich ein eigenes Gesamtbild von den Auslegungsumständen verschaffte, die offensichtlich Grundlage für die gegensätzliche Würdigung des Berufungsgerichts gewesen sind.

(4) BGH vom 10.05.2001 – VII ZR 356/00 (Urteil 12)

Das Berufungsgericht hatte in diesem Fall einen stillschweigenden Restforderungsverzicht der Klägerin angenommen.

Der BGH erachtete dies als fehlerhaft. Zu dieser Auffassung gelangte er durch eine Gesamtwürdigung sämtlicher, nicht schriftlich fixierter, sondern nur abgeleiteter Tatsachenumstände. Diese erkannte er auf der Grundlage von in den Akten befindlichen Schreiben der Parteien. Vor deren Hintergrund maß er dem Schweigen der Beklagten auf die Schreiben der Klägerin unter Berücksichtigung der den Schreiben zu Grunde liegenden Umstände sowie deren Wirkung auf den Verständnishorizont der Parteien keine rechtserheblichen Folgen bei.

Bedenken weckt hier insbesondere – ungeachtet des schon zweifelhaften Arguments insoweit mangelnden Vortrags der Beklagten[166] – die Behauptung des BGH, es fehle an einem nachvollziehbaren Grund für einen Restforderungsverzicht der Klägerin. Dass nämlich ein solcher Grund in Form der Erlangung von Rechtsfrieden durch Vermeidung von Streitigkeiten über die verzichtete Restforderungshöhe denkbar und vom Berufungsgericht, wenn auch nicht ausdrücklich benannt, so doch bedacht und in die Auslegung miteinbezogen worden ist[167], scheint naheliegender als das Gegenteil.

(5) BGH vom 13.12.2001 – IX ZR 306/00 (Urteil 18)

Um die Vereinbarung eines, vom Berufungsgericht angenommenen, teilweisen Forderungsverzichts ging es auch in diesem Falle. Ihm lag zwar überwiegend die Auslegung eines unmittelbar fixierten Vertrages zu Grunde, dem der BGH einen solchen Forderungsverzicht nicht entnehmen wollte. Allerdings zeigen die Ausführungen des BGH[168], dass er mit den Interessen der Beklagten und dem Anlass des Vertrages auch außervertragliche Umstände in seine Auslegung miteinbezogen hat, von denen – trotz der ausführlichen und plausiblen Auslegungsbegründung des BGH – nicht ausgeschlossen werden kann, dass diese vom Berufungsgericht in anderem Maße festgestellt worden sind.

(6) BGH vom 26.09.2001 – VIII ZR 303/00 (Urteil 20)

Das Berufungsgericht war bei der Beurteilung eines Kartonagenliefervertrages zum Ergebnis gelangt, die Parteien hätten eine Pflicht zur weitergehenden Kartonagenabnahme über 1998 hinaus vereinbarungsgemäß ausgeschlossen.

---

[166] Vgl. dazu unten Seite 117.
[167] Ein solcher Umstand ginge als nachvollziehbarer Grund auch mit dem allgemeingültigen Erfahrungssatz einher, dass der Gläubiger regelmäßig nicht ohne Grund auf seine Forderung verzichtet (vgl. bereits Fußnote 155).
[168] Vgl. insbesondere Ziffer 2. der Entscheidungsgründe.

In der Begründung seiner Aufhebung wandte der BGH insbesondere ein, das Berufungsgericht habe unberücksichtigt gelassen, dass der abnahmeverpflichtete Beklagte im August 1999 Verhandlungen mit Dritten geführt habe, an die er die von ihm nicht benötigten Kartonagen aus der Abnahmeverpflichtung weiterverkaufen wollte. Dies spreche dafür, „daß sich die Beklagte als zur Zahlung verpflichtet ansah und um eine Schadensminderung bemühte".

Dass das Berufungsgericht diesen Umstand nicht berücksichtigt hat, kann allerdings nicht allein aus seinem Auslegungsergebnis gefolgert werden. Es kann mit ebenso großer Wahrscheinlichkeit davon ausgegangen werden, dass das Berufungsgericht aus den Verhandlungen nicht den Schluss gezogen hat, dass sich der Beklagte als verpflichtet wähnte, sondern allein im eigenen Interesse versucht hat, seinen eigenen Schaden gering zu halten, falls er – entgegen seiner Überzeugung – doch verpflichtet sein sollte. Aus dem Versuch, seine eigene Position im Vorfeld eines zu erwartenden Rechtsstreit abzusichern, kann nämlich keineswegs auf Zweifel an der eigenen Rechtsauffassung geschlossen werden, wie der BGH in einem anderen Urteil selbst zur Widerlegung einer ähnlichen Würdigung angeführt hat[169]. Die Ausführungen des BGH sind deshalb insoweit von einer eigenen tatsächlichen Würdigung der Vorstellungen der Beklagten anhand nachvertraglicher Indizien geprägt.

(7) BGH vom 06.12.2001 – VII ZR 241/00 (Urteil 37)

In diesem Fall hatte das Berufungsgericht die Vereinbarung eines kausalen Schuldanerkenntnisses bejaht und sein Ergebnis mit umfassenden Ausführungen zur Auslegung begründet.

Der BGH hob dies insbesondere wegen des Rechtsfehlers auf, dass das Gericht keinerlei Feststellungen vorgenommen habe, dass die Parteien mit ihrer Vereinbarung das Schuldverhältnis dem Streit oder der Ungewissheit entziehen wollten. Zudem hielt er die Auslegung aus anderen Gründen für falsch, weil nach seiner Auffassung statt einer Willens- nur eine Wissenserklärung vorlag.

Es ist jedoch davon auszugehen, dass das Berufungsgericht bei seiner Bejahung des Schuldanerkenntnisses jedenfalls den tatsächlichen Umstand

---

[169] Vgl. BGH vom 25.04.2001 – X ZR 50/99 (Urteil 74).

des Streitbeilegungswillens durch die seiner Auslegung zu Grunde gelegten Tatsachen indiziert erachtet und nur deshalb nicht ausdrücklich erwähnt hat, weil es dessen Vorliegen in Anbetracht seiner weiteren Ausführungen für selbstverständlich und damit eine gesonderte Begründung für entbehrlich hielt. Insoweit begegnet deshalb zumindest die Nichtanerkennung eines Streitbeilegungswillens der Parteien – mangels Nennung verfahrensrechtlicher Feststellungsfehler – Bedenken gegen die tatsächliche Beachtung tatrichterlicher Erkenntnisse durch das Revisionsgericht.

(8) BGH vom 27.06.2001 – VIII ZR 235/00 (Urteil 38)

Das Berufungsgericht war bei der Auslegung eines Schiedsgutachtervertrages zum Ergebnis gelangt, dass es den Parteien nicht auf die bestimmte Person, sondern lediglich auf die Funktion des als Gutachter benannten Steuerberaters angekommen sei.

Der BGH stützte seine Aufhebung auf die Behauptung, das Berufungsgericht habe insbesondere die Interessen der Parteien nicht berücksichtigt. Aus seiner Meinung, es sei „lediglich um die Sichtung von Unterlagen und die Feststellung von Zahlen“ durch den Gutachter gegangen, folgert der BGH, das Berufungsgericht habe nicht bedacht, dass bei der vom Gutachter zu erstellenden Abrechnung „auch Schwierigkeiten auftreten konnten“, was sogar angesichts einer solchen im Prozess vor dem Berufungsgericht an anderer Stelle zu erörternden Streitfrage ersichtlich geworden sein solle. Deshalb „könnte es sinnvoll gewesen sein und in Interesse aller Beteiligten gelegen haben“, gerade und ausschließlich die Person des benannten, vertrauten Steuerberaters zu beauftragen.

Die vom BGH genannten Interessen können durchaus überzeugen. Dennoch ist nicht auszuschließen, dass das Berufungsgericht – weil es in Anbetracht der auch von ihm erörterten Schwierigkeiten ein Bild von diesen haben musste – gerade trotz dieser Schwierigkeiten die gutachterlich zu lösende Aufgabe nach umfassender Wertung als nicht so schwierig erachtete, dass sie nicht auch von jedem anderen Steuerberater gelöst werden konnte. Es mag deshalb die Schwierigkeit der Aufgabe nur mit den Worten „Sichtung“ und „Feststellung“ umschrieben haben. Die Behauptung, eine Würdigung der tatsächlichen Umstände der Aufgabe und damit der Interessen der Parteien habe nicht stattgefunden, ließe sich dann nicht mehr halten.

(9) BGH vom 26.07.2001 – X ZR 211/99 (Urteil 44)

In diesem Fall hatte das Berufungsgericht entschieden, der beklagte Baumschuleninhaber habe 119.000 Buchen zu Unrecht gerodet, als die vereinbarte zweijährige Periode der Aufzucht im Auftrag des Klägers abgelaufen war. Angesichts der Offenheit des weiteren Verbleibs der Pflanzen hätte er die Rodung bis zur endgültigen Klärung der Abnahme der Pflanzen unterlassen müssen. Das Gericht war ferner der Auffassung, der Beklagte hätte, unabhängig von der Frage, ob er über die Rodung informieren und zur Abholung hätte auffordern müssen, jedenfalls die Nebenpflicht gehabt, den Kläger auf die Gefahr des Verderbens der gerodeten Pflanzen hinzuweisen.

Diese Auffassung war nach Ansicht des BGH rechtsfehlerhaft. Die Rodung sei zu Recht erfolgt, weil „eine – mit Mühe und Aufwand verbundene – Aufzucht über zwei Jahre hinaus" nicht vertraglich geschuldet gewesen sei, da „schon in der Bereitstellung von Boden, der anderweitig genutzt werden" könne, ein „nicht unbeachtlicher Aufwand" liege. Eine Hinweispflicht auf die Folgen der Rodung sei ebenfalls fehlerhaft angenommen worden. Das Gericht habe nicht aus der Tatsache, dass der Kläger die Buchen für den eigenen Bedarf benötigte, eine ausreichende Erfahrung des Klägers im Bereich der Forstwirtschaft gefolgert, die der Annahme der Hinweispflicht entgegenstehen könnte. Von einer solchen Erfahrung hätte das Gericht jedoch ausgehen müssen.

Beide Begründungen erscheinen bedenklich. Nicht ausgeschlossen werden kann nämlich zum einen, dass das Berufungsgericht trotz der begrenzten Vertragslaufzeit eine Nebenpflicht zur vorübergehenden Weiteraufzucht angenommen hat, weil es entsprechende Interessen des Klägers stillschweigend festgestellt hat und diese im Rahmen seiner Auslegung den Ausschlag gegeben haben. Zum anderen ist auch die Folgerung einer bestimmten Erfahrung des Klägers aus Sachverhaltsindizien eine Feststellung, die allein dem Tatrichter obliegt. Es liegt gleichfalls nicht fern, dass das Berufungsgericht diese Indizien zur Kenntnis genommen, jedoch aus ihnen eine Erfahrung des Klägers nicht in dem Umfang gefolgert hat, dass sie einen Hinweis entbehrlich gemacht hätte, so dass ihm Ausführungen dazu wegen der Unwesentlichkeit der erkannten Erfahrung überflüssig schienen.

(10) BGH vom 29.07.2001 – V ZR 186/00 (Urteil 48); V ZR 185/00 (Urteil 49)

Das Berufungsgericht hatte hier die sogar in einem notariellen Vertrag vereinbarte Bedingung, dass eine Sicherungsgeberin den „Kaufpreisanteil für den Käufer zahlen werde (Schuldbeitritt)“ ohne nähere Begründung als Schuldbeitritt begriffen.

Der BGH hob diese Auslegung auf, weil das Berufungsgericht trotz mangelnder Eindeutigkeit des Vertragswortlauts insbesondere nicht den Umstand berücksichtigt habe, dass eine gesamtschuldnerische Mitverpflichtung durch den Kreditgeber nicht selbstverständlich sei.

Dabei kann jedoch – entgegen der Auffassung des BGH – angenommen werden, dass solche weiteren Umstände vom Berufungsgericht durchaus bedacht, jedoch im Rahmen der Gesamtwürdigung als unwesentlich erachtet worden sind. Eine besondere Schwerpunktlegung auf den von den Parteien selbst gewählten Begriff des Schuldbeitritts erscheint vor allem deshalb nachvollziehbar, weil dieser von einem Notar in Form eines Klammerzusatzes verwendet worden ist; diese an die Methodik der Legaldefinition angelehnte Formulierungsweise streitet stark für eine bewusste und gewollte Wahl des Rechtsinstituts.

(11) BGH vom 18.01.2001 – I ZR 175/98 (Urteil 52)

Hier hatte sich das Berufungsgericht erkennbar ausführlich mit der Würdigung zahlreicher und ausdrücklich „aller maßgeblichen Umstände“ außerhalb des ausdrücklichen Vertragswortlauts befasst und dabei eine Vereinbarung zur Fortführung eines Markennamens der Klägerin durch die Beklagte bejaht.

Der BGH stützte seine Aufhebung darauf, dass das Gericht rechtsfehlerhaft die Interessen der Parteien nicht berücksichtigt habe. Da die sodann vom BGH genannten Umstände jedoch lediglich den offensichtlichen, der Auslegungsfrage innewohnenden Interessenkonflikt betreffen, kann nicht angenommen werden, dass das Berufungsgericht die Interessen nicht gesehen hat, mag es sie auch mit anderem Gewicht festgestellt haben.

(12) BGH vom 28.11.2001 – XII ZR 173/99 (Urteil 53)

Die Entscheidung über den Wegfall der Geschäftsgrundlage, die der BGH gegen das Berufungsgericht und ohne nähere Ausführungen zu den konkreten Feststellungen getroffen hat, geht zwangsläufig einher mit der Beurteilung, ob ein bestimmter Umstand von den Parteien als so wesentlich erachtet worden ist, dass er Geschäftsgrundlage geworden ist. Dabei ist eine Neubewertung von Tatsachen nicht fern liegend, die das Berufungsgericht trotz umfassender Gesamtwürdigung – ebenso wenig wie der BGH in seiner Aufhebungsentscheidung selbst – nicht ausdrücklich erwähnt hat.

(13) BGH vom 26.07.2001 – X ZR 162/99 (Urteil 54)

Hier hatte das Berufungsgericht zum einen einen Rücktritt mit Erfüllungsablehnung, hilfsweise Kündigung aus wichtigem Grund in eine ordentliche Kündigung umgedeutet. Der Erklärung war umfassender Schriftverkehr vorausgegangen, in dem mehrmals die Möglichkeit gegeben wurde, die Vertragsleistung doch noch zu erbringen. Zum anderen war das Gericht zum Ergebnis gelangt, die Parteien hätten in einem Gespräch am 05.05.1992 eine Erweiterung des ursprünglichen Leistungsumfangs vereinbart.

Der BGH erachtete beide Auslegungen als fehlerhaft. Für die Umdeutung fehle es an weiteren festgestellten Umständen. Dadurch lässt der BGH erkennen, dass er den vom Berufungsgericht aus dem Gesamtschriftverkehr des Rücktrittserklärenden ermittelten und damit festgestellten absoluten Kündigungswillen nicht anerkennt. Ob das Berufungsgericht die vom BGH geforderten weiteren Umstände bereits aufgrund seiner Würdigung der durch die Schreiben indizierten und damit nicht unmittelbar schriftlich fixierten Tatsachen für unwesentlich gehalten hat, bleibt dabei unberücksichtigt.

Die Annahme des geänderten Leistungsumfangs sei aufgrund des Tatbestandes des erstinstanzlichen Urteils nicht haltbar. Dort sei davon die Rede, dass die Beklagte vorgetragen habe, am 05.05.1992 sei keine Vertragsänderung bezweckt gewesen, wofür auch die Lebenserfahrung spreche. Betrachtet allerdings der BGH diesen, mangels gegenteiliger Feststellungen, für das Berufungsgericht bindenden Parteivortrag als dem Auslegungsergebnis des Berufungsgerichts entgegenstehend, so werden solche Umstände, die das Berufungsgericht aus dem Gesamtbild der vorgetragenen Verhandlungen stillschweigend geschlossen und mitgewürdigt hat, nicht mehr beachtet. Ihr tatsächlicher Umfang wird vom Revisionsgericht dadurch zwingend als so gering erkannt, dass sie den Ausschlag für die Auslegung des Berufungsgerichts nicht mehr geben können.

(14) BGH vom 23.05.2001 – XII ZR 148/99 (Urteil 57)

Das Berufungsgericht hatte aus Schreiben der Parteien die Vereinbarung einer Unterhaltszahlungspflicht des Beklagten dem Grunde nach abgeleitet. Der BGH stützte seine Aufhebungsentscheidung darauf, dass die Feststellungen des Berufungsgerichts dessen Auslegung einer Unterhaltsverpflichtung nicht tragen.

Bei diesen Feststellungen handelte es sich um Umstände wie die grundsätzliche Bereitschaft des Beklagten zur Zahlung weiteren Unterhalts und die Vorstellung von einem Abhängigkeitsverhältnis zwischen dem Wegfall des Unterhalts der Mutter und dem Fortlauf des Unterhalts der Klägerin. Diese Umstände waren in den für die Auslegung mitberücksichtigten Schreiben der Parteien nicht und damit nicht in fixierter Form vorhanden, so dass die Gefahr einer abweichenden Feststellung von Tatsachen durch das Revisionsgericht nahe liegt.

(15) BGH vom 09.10.2001 – X ZR 132/99 (Urteil 59)

Das Berufungsgericht war bei einem gemischten Vertrag mit kauf-, werk- und werklieferungsvertraglichen Elementen zum Ergebnis gelangt, dass die Parteien werkvertragliche Gewährleistungsregeln vereinbart hätten.

Der BGH führte in seiner aufhebenden Entscheidung aus, das Berufungsgericht habe bei seiner grundsätzlich möglichen Auslegung, welche Gewährleistungsregeln die Parteien vereinbart haben, die Wertung des § 651 Abs. 1 BGB [a. F.] nicht herangezogen.

Allein die nicht ausdrückliche Erläuterung durch das Berufungsgericht schließt jedoch noch keineswegs aus, dass das Gericht gerade trotz Kenntnis der zitierten Norm aus den gewürdigten Tatsachenumständen die Vereinbarung kaufrechtlicher Gewährleistung gefolgert hat. Da § 651 Abs. 1 BGB a. F. nur der allgemeine und im übrigen abdingbare Grundsatz zu entnehmen ist, dass je nach Interesse des betroffenen Elements des gemischten Vertrags die passende Gewährleistung zu wählen ist, und dieser Interessenausgleich offensichtlich im Zentrum der streitentscheidenden Auslegungsfrage stand, setzte sich die Rüge des BGH über eine stillschweigend getroffene Tatsachenerkenntnis des Berufungsgerichts hinweg, die Parteien hätten gerade diesen Interessenkonflikt in der tatsächlich entschiedenen Weise lösen wollen.

(16) BGH vom 22.06.2001 – V ZR 128/00 (Urteil 60); V ZR 123/00 (Urteil 62)

In diesen Entscheidungen hatte das Berufungsgericht den streitgegenständlichen Bereicherungsanspruch gem. § 812 Abs. 1 Satz 2 Alt. 2 BGB verneint, weil es an einer besonderen, nunmehr weggefallenen Zweckbestimmung der Parteien bei Abschluss des nunmehr rückabzuwickelnden Grundstückskaufvertrages gefehlt habe.

Der BGH hob diese Auslegungsentscheidung auf. Die von den Parteien getroffene Zweckvereinbarung sei gegenüber der bloßen Durchführung des streitgegenständlichen Grundstückskaufvertrags selbständig. Dies ergebe sich insbesondere daraus, dass bei der Änderung des Vertrages die Vereinbarung des Besitzübergangs weiter an die Bezahlung des Kaufpreises geknüpft geblieben sei, obwohl der tatsächliche Besitz bereits übergegangen war.

Es erscheint dabei jedoch als nicht entfernter liegend, dass auch das Berufungsgericht diese Nichtänderung des Vertrages durch die Parteien gesehen, sie jedoch stillschweigend als unerheblich angesehen hat, weil die Parteien eine Abänderung der bereits bestehenden Verträge im Laufe der Vertragsdurchführung zu diesem Punkt nicht als maßgeblich erachtet hatten.

(17) BGH vom 05.04.2001 – VII ZR 119/99 (Urteil 63)

Das Berufungsgericht hatte ein Schreiben der Beklagten vom 10.08.1997, in dem diese um die Rückabwicklung des streitgegenständlichen Vertrages wegen Unmöglichkeit der Einhaltung des vereinbarten Baubeginns gebeten hatte, als Kündigung ausgelegt.

Der BGH erachtete diese Auslegung als fehlerhaft, und begründete dies insbesondere damit, dass auch die Kläger das Schreiben nicht als Kündigung verstanden hätten. Bei der Reaktion der Kläger auf das Schreiben handle es sich jedoch um einen gewichtigen Anhaltspunkt für die Auslegung, angesichts dessen das Berufungsgericht nicht ohne weitere Feststellungen von einer Kündigung hätte ausgehen dürfen.

Durch diese Ausführungen wird deutlich, dass der BGH die tatrichterliche Feststellung des Berufungsgerichts, das die durch die Schreiben der Parteien indizierten Umstände als ausreichend stark betrachtete, um trotz des Reaktionsschreibens der Kläger eine Kündigung anzunehmen, nicht anerkennt.

(18) BGH vom 08.03.2001 – III ZR 110/00 (Urteil 66)

In diesem Fall hatte das Berufungsgericht die ausdrückliche Vereinbarung eines Mehrwertsteuersatzes von 15 % wörtlich genommen. Der BGH hob diese Auslegung auf, weil es unter Beachtung beiderseitiger Interessen – die Mehrwertsteuer war für den verurteilten Beklagten nur ein durchlaufender Posten – auf der Hand liege, dass der Kläger die von ihm selbst geschuldete Mehrwertsteuer von 16 % verlangen dürfen sollte.

Allerdings impliziert die Auslegung des Berufungsgerichts in Kenntnis der Streitfrage, dass das Gericht insbesondere gerade die Tatsache, dass die Vereinbarung getroffen wurde, obwohl der Beklagte selbst einen höheren Mehrwertsteuerbetrag ausweisen durfte, als Indiz für die Feststellung ansah, dass die Parteien die Vereinbarung mit dem ausdrücklichen Inhalt schließen wollten. Dies weckt Zweifel hinsichtlich der Beachtung des tatrichterlichen Feststellungsprivilegs im Rahmen der Revision.

(19) BGH vom 07.12.2001 – V ZR 65/01 (Urteil 70)

Bei der Beantwortung der Frage, ob das streitgegenständliche Grundstück in anderem Umfang habe übereignet werden sollen, als es im Grundbuch eingetragen war, hatte das Berufungsgericht einen Zeugen vernommen, um die Vorstellungen der Parteien bei der Besichtigung des Grundstücks vor Vertragsschluss festzustellen. Diese legte es sodann seiner Auslegung zu Grunde.

Der BGH hob die Auslegung mit der Begründung auf, das Berufungsgericht habe rechtsfehlerhaft den Willen der Parteien allein unter Heranziehung einer entsprechenden Zeugenaussage ermittelt. Das Berufungsgericht hätte indes weitere Umstände, insbesondere ein Interesse der Parteien, mitberücksichtigen und damit zum Ergebnis kommen müssen, dass die Parteien – entgegen der durch die Aussage des Zeugen ersichtlichen Vorstellungen – das Grundstück in dem sich aus der Besichtigung ergebenden Umfang übereignen wollten.

Durch seine Ausführungen erklärte der BGH somit die tatsächlichen, ausdrücklich festgestellten Willensumstände der Parteien jedenfalls in dem festgestellten Umfang als allein unbeachtlich, weil der Wille normativ festzustellen sei.

(20) BGH vom 04.12.2001 – XI ZR 56/01 (Urteil 72)

Bedenken weckt die Aufhebung einer Auslegung des Berufungsgerichts durch den BGH, wonach die als Kreditnehmerin bezeichnete Beklagte auch echte Mitdarlehensnehmerin sei. Zwar hatte das Berufungsgericht sich mit dieser Rechtsfrage wohl nicht intensiv auseinandergesetzt, sondern sie mit einem Satz bejaht. Dennoch ist nicht auszuschließen, dass es die festgestellten Umstände des Sachverhalts, auf die sich auch der BGH stützt, herangezogen und insbesondere aus der Feststellung, dass das Darlehen für den Fortbestand des beide Ehegatten finanzierenden Gewerbes notwendig war, die tatsächlichen Voraussetzungen einer Mitverpflichtung der beklagten Ehefrau geschlossen hat.

(21) BGH vom 23.05.2001 – VIII ZR 51/00 (Urteil 73)

Auch die Annahme weiterreichender Informationspflichten aus einem Geschäftsbesorgungsvertrag durch den BGH, als diese vom Berufungsgericht angenommen worden sind, setzt sich der Gefahr aus, die in die Auslegungsabwägung einbezogenen verschiedenen, nicht unmittelbar schriftlich fixierten tatsächlichen Umstände mit anderen Augen zu betrachten als der Tatrichter.

(22) BGH vom 12.12.2001 – IV ZR 47/01 (Urteil 76)

In diesem Fall hatte das Berufungsgericht sich bei der Auslegung einer Abtretungsbestätigung mit der kurzen Begründung begnügt, die Auslegung ergebe sich aus Wortlaut, Sinn und Zweck der Vereinbarung.

Der BGH erachtete die Auslegung, die allein durch eine „bloße Leerformel" begründet worden sei, als fehlerhaft und gelangte insbesondere unter Berücksichtigung des Anlasses der Vereinbarung zum gegenteiligen Ergebnis; demnach habe die Vereinbarung nur andere als die streitgegenständlichen Ansprüche erfassen sollen.

Nicht auszuschließen ist dabei trotz der Kürze der berufungsgerichtlichen Begründung, dass Berufungs- und Revisionsgericht unterschiedliche Vertragszwecke festgestellt haben. In diesem Fall setzte sich die Aufhebungsentscheidung des BGH über die tatrichterlichen Feststellungen des Berufungsgerichts hinweg.

(23) BGH vom 28.11.2001 – VIII ZR 38/01 (Urteil 77)

Hier hatte sich das Berufungsgericht erkennbar mit denselben Umständen auseinandergesetzt, die der BGH als Grundlage für seine aufhebende Entscheidung heranzog. Nach den Ausführungen des BGH habe das Berufungsgericht fehlerhafterweise keine konkludente Empfangsvollmacht eines Bezirksleiters angenommen, obwohl die Vollmacht sich insbesondere aus der Bedeutung seiner Aufgabe ergeben habe. Dass der Bezirksleiter vor dem Berufungsgericht sogar als Zeuge zu den Umständen der ihm gegenüber abgegebenen Erklärung vernommen worden ist, wobei der Tatrichter womöglich weitere tatsächliche Umstände wahrgenommen hat, die dem Revisionsgericht verborgen geblieben sind, bleibt dabei noch außer Betracht. Denn schon bei dem Schluss aus der Aufgabe des Bezirksleiters auf eine Vollmacht besteht die Gefahr, dass das Revisionsgericht sich ein anderes tatsächliches Bild von der Aufgabe des Bezirksleiters gemacht hat als das Berufungsgericht.

(24) BGH vom 28.11.2001 – VIII ZR 37/01 (Urteil 78)

Das Berufungsgericht hatte bei der Auslegung eines Unternehmenskaufvertrages eine erweiterte nebenvertragliche Aufklärungspflicht des klagenden Verkäufers angenommen, die nicht vollständig erfüllt worden sei.

Der BGH erachtete die Pflichten in dem vom Berufungsgericht dargestellten Umfang als zu weit gehend, weil der grundsätzlich bei einem Unternehmenskaufvertrag anzunehmende erweiterte Pflichtenumfang im vorliegenden Einzelfall infolge der Beachtung vieler Einzelumstände wieder reduziert werden müsse.

Das Ergebnis des Revisionsgerichts basiert dabei zwangsläufig auf einer eigenen Erkenntnis von den Umständen, die bereits dem Tatrichter vorlagen und von diesem berücksichtigt worden sind, mögen sie von diesem auch nicht im Einzelnen dargestellt worden sein. Denn, wie üblich bei der Ermittlung des Umfanges nebenvertraglicher (Aufklärungs-)Pflichten, erfolgt dessen Festlegung stets im Wechselblick zwischen den Umständen, aus denen sich ersehen lässt, inwiefern ein Aufklärungsinteresse besteht und inwieweit tatsächlich bereits eine nebenvertragliche (Aufklärungs-) Leistung durch den Verpflichteten erfolgt ist.

(25) BGH vom 17.12.2001 – II ZR 31/00 (Urteil 79)

Das Berufungsgericht hatte einen Gesellschaftsvertrag dahin ausgelegt, dass mit dem Tod der Mutter die gem. § 4 des Gesellschaftsvertrages „für Lebzeiten der Mutter“ gegründete Gesellschaft liquidiert werden sollte. § 13 Satz 3 des Vertrages stehe dem nicht entgegen.

Der BGH hob diese Auslegung auf, weil das Gericht eine aus § 13 Satz 3 des Vertrages folgende Miteinbeziehung des gemeinschaftlichen Testaments der Mutter und ihres verstorbenen Ehemannes abgelehnt hatte[170]. Ausweislich dieses Testaments sollte das nach dem Tode des Ehemanns mittels der Gesellschaft fortgeführte Unternehmen nach dem Tode der Mutter ausschließlich dem beklagten Sohn zugutekommen. Das Berufungsgericht habe deshalb bei seiner Auslegung des Gesellschaftsvertrages nicht die Interessenlage und die Vorgeschichte der Gesellschaftsgründer berück-

[170] Der Auslegung des BGH zustimmend de Vries, WuB II J. § 738 BGB 2.02, S. 458; Reimann, ZEV 2002, 113 f., 113.

sichtigt. Insbesondere könne nämlich nicht davon ausgegangen werden, dass im Zeitpunkt der Gesellschaftsgründung sich die Interessen der Mitgründerin gegenüber ihrer zwei Jahre zuvor erfolgten Testamentserrichtung geändert hätten.

Dass das Berufungsgericht, wie sich aus seiner abweichenden, auf § 13 Satz 3 des Vertrages ausdrücklich Bezug nehmenden Auslegung zwingend ergibt, dennoch vom tatsächlichen Vorliegen eines solchen geänderten Interesses ausgegangen sein muss, wird dabei allerdings übergangen.

(26) BGH vom 13.12.2001 – III ZR 29/01 (Urteil 80)

Mit der Ermittlung der Bedeutung des Begriffs „Stand-by“ als Leistungsbeschreibung in einem Vertrag über die Tätigkeit eines Ölschadensbekämpfungsschiffes hatte sich das Berufungsgericht beschäftigt.

Das Revisionsgericht erachtete die Auslegung als rechtsfehlerhaft, weil das Berufungsgericht insbesondere nicht den Inhalt der Eintragungen des Kapitäns ins Schiffstagebuch zu seiner Auslegung herangezogen habe. Dabei kann nicht ausgeschlossen werden, dass das Revisionsgericht eine abweichende tatsächliche Erkenntnis gegenüber den, obgleich nicht konkret benannten, Vorstellungen des Berufungsgerichts von dem Inhalt der Eintragungen in dem Tagebuch gehabt hat. Denn im Gegensatz zum Berufungsgericht erachtete der BGH auch diese als relevante und damit für die Ermittlung des Wortverständnisses heranzuziehende Umstände, die zur Auslegung des streitgegenständlichen Vertrages dienen.

3. Die Heranziehung unmittelbar fixierter Tatsachen

Trotz des Grundsatzes der Mündlichkeit des Zivilprozesses muss der Tatrichter in überwiegendem Maße auf Erkenntnisquellen zurückgreifen, welche die Aufnahme des Prozessstoffes in visueller Weise verlangen. Dies ist nicht nur bei der Wahrnehmung von Umständen im Falle der Inaugenscheinnahme von Beweismitteln oder der Beobachtung vortragender Parteien oder vernommener Zeugen der Fall. Ein Großteil des Prozessstoffes wird dem Tatrichter überhaupt nur in Form von Schriftsätzen nebst Anlagen präsentiert. Obwohl insoweit eine dauerhafte Fixierung des Parteivortrages in den Akten vorliegt, darf nicht übersehen werden, dass der Inhalt der Schriftsätze und der beigefügten Anlagen durch mündlichen Parteivortrag noch konkretisiert, ergänzt, revidiert und verändert werden kann. Diesem Umstand trägt die Norm des § 314 ZPO Rechnung, die die Relevanz des letzten Parteivortrags in der mündlichen Verhandlung zum Ausdruck bringt.

Selbst die Feststellung von ausschließlich schriftlich vorgetragenem, mündlich nicht verändertem Prozessstoff durch den Tatrichter geschieht jedoch nicht allein aufgrund der Existenz der Schriftsätze. Erst ihre Wahrnehmung, die Entscheidung und die Vorstellung im Kopf des Richters davon, welche Tatsachen von den Parteien als Inhalt des Rechtsstreits vorgetragen worden sind und welche Gestalt diese Tatsachen im Einzelnen – losgelöst von ihrer bildlosen, lediglich begrifflichen Schilderung – aufweisen, ist Grundlage der Erkenntnis des Tatrichters über den Tatsachenstoff des Prozesses. Deshalb kann allenfalls dann angenommen werden, dass der Revisionsrichter ein identisches Bild wie der Tatrichter von den vorgetragenen Tatsachen gewonnen hat, wenn die Vorstellung unmittelbar allein aufgrund des Inhalts eines Schriftsatzes erlangt werden kann[171].

Bereits eine Beeinflussung durch persönlich geprägte Vorstellungen des Richters oder durch Vorstellungen, deren Anwendung auf den Schriftvortrag erst einen Schluss auf die vorgetragenen Prozesstatsachen zulassen, kann dieses Bild verfälschen[172]. Da sich jedoch die persönlichen Prägungen des Richters weder objektivieren noch ausschließen lassen, müssen sie unbeachtet bleiben. Andernfalls müsste jede Möglichkeit einer Bindung des Revisionsrichters an die Feststellungen des Tatrichters, die das Prozessrecht zweifellos voraussetzt, schon ihrem Grunde nach verneint werden.

Die Erlangung eines Vorstellungsbildes muss hingegen auch durch Schlüsse auf die vorgetragenen tatsächlichen Umstände erfolgen, die nicht allein durch die Prägungen des Richters bestimmt werden. Solche Schlüsse sind deshalb notwendig, weil die dem Richter vorgelegten schriftlichen Fixierungen (Schriftsätze, Anlagen) die tatsächlichen Umstände zum Zwecke des Vortrags bei Gericht nur in umschreibender Weise wiedergeben, anstatt sie selbst im Original und damit unmittelbar zu enthalten. Dabei bestehen – jenseits der Berücksichtigung unterschiedlicher Prägungen der Richterpersönlichkeiten – Zweifel, ob der Überprüfung des Revisionsgerichts diesel-

[171] Vgl. Hegenbarth, S. 23 ff., 166.

[172] Dass es sich dennoch dabei um grundsätzlich unzulässige Beweiswürdigung durch das Revisionsgericht handeln kann, macht Gottwald, Revisionsinstanz, S. 338 f., deutlich.

ben tatsächlichen Vorstellungen zu Grunde liegen, wie sie in der Tatsacheninstanz bestanden haben.

Eine dem Verbot der Tatsachenfeststellung am ehesten Rechnung tragende Vorstellung des Revisionsgerichts von den aus dem Parteivortrag gewonnenen Tatsachen liegt deshalb nur in den Fällen vor, in denen die für die Auslegung einer Willenserklärung vorhandenen Umstände im Original und damit dem Gericht unmittelbar vorliegen. Zudem dürfen keinerlei weitere Umstände oder Indizien zur Feststellung herangezogen werden, die nicht ihrerseits unmittelbar fixiert sind. Dies ist nur dann der Fall, wenn im Schriftsatz der gesamte maßgebliche Auslegungswortlaut wörtlich wiedergegeben oder noch besser durch die Anfügung des streitgegenständlichen Dokuments als Anlage im Original beigefügt ist[173].

Vor diesem Hintergrund lassen sich in den der Untersuchung zu Grunde liegenden Urteilen 16 Fälle (19,0 %) ausmachen, in denen der BGH, soweit ersichtlich, allein unmittelbar fixierte Umstände für die Auslegungskontrolle heranzieht.

a) Die systematische Auslegung von Vertragstexten aus sich selbst heraus

(1) Urteile 6, 7, 11, 14, 31, 32, 33, 39, 42

Bedenken, dass das Revisionsgericht seiner Auslegung andere Tatsachenvorstellungen als das Berufungsgericht zu Grunde gelegt hat, bestehen nach der soeben dargelegten Abgrenzung[174] nicht in den Fällen, in denen der BGH einen fixierten Vergleich[175], eine fixierte Bürgschaft[176] oder einen

---

[173] Zwar äußert Neufert, S. 61, Zweifel, ob eine Urkunde jemals nur aus sich selbst heraus ausgelegt werden könne, weil stets außerhalb der Urkunde liegende Umstände wie z. B. Zeit oder Ort der Erklärung ihre Abgabe begleiteten. – Dies ändert aber nichts daran, dass Fälle vorstellbar sind, in denen dem Gericht sämtliche Umstände unmittelbar fixiert vorliegen. Auf andere, außerhalb der Schriftstücke liegende Umstände darf es seine Auslegung nicht stützen, solange ihm diese unbekannt sind, weil sie von den Parteien nicht eingeführt worden sind.

[174] Vgl. oben Seite 68 f.

[175] BGH vom 21.06.2001 – VII ZR 435/99 (Urteil 6); auch BGH vom 05.10.2001 – V ZR 275/00 (Urteil 32) bezüglich der Auslegung einer fixierten Haftungsausschlussklausel.

[176] BGH vom 25.03.2001 – IX ZR 273/98 (Urteil 33); BGH vom 09.07.2001 – II ZR 228/99 (Urteil 39).

anderen fixierten Vertrag[177] ohne erkennbare Einbeziehung außervertraglicher Umstände, sondern allein aus sich heraus systematisch auslegt.

(2) BGH vom 06.07.2001 – V ZR 82/00 (Urteil 69)

Der BGH befasste sich hier mit der Frage, ob die Einbringung des streitgegenständlichen Grundstücks in eine eigene Gesellschaft bürgerlichen Rechts als Veräußerung im Sinne einer vereinbarten Vertragsklausel gelten sollte, die den Veräußerer verpflichtete, die Differenz zwischen dem Verkehrswert und dem tatsächlich erzielten „*Kaufpreis*" abzuführen. Die Verneinung der Frage basierte dabei ausschließlich auf einer begrifflichen Auslegung der Vertragsklausel anhand des allein aus ihr selbst heraus ersichtlichen Zwecks. Eine Würdigung außervertraglicher Umstände ist dabei deshalb nicht ersichtlich.

(3) BGH vom 17.01.2001 – VIII ZR 186/99 (Urteil 47)

Der BGH hatte in einem Vertrag, der ein Wettbewerbsverbot für „gleichartige" Tätigkeiten enthielt, den Begriff der Gleichartigkeit dahin ausgelegt, dass die vom Berufungsgericht festgestellten beratungsergänzenden Finanzdienstleistungen nicht erfasst sein sollten, weil gleichartig in diesem Sinne nur steuerberatende Tätigkeiten seien.

Dies erscheint in diesem Einzelfall deshalb unbedenklich, weil sich aus den ausdrücklichen Ausführungen ergibt, dass das Berufungsgericht bewusst auch nicht steuerberatende Tätigkeiten als von der Klausel erfasst wähnte. Die unterschiedlichen Auslegungsergebnisse resultierten damit nicht aus einer unterschiedlichen Auffassung von den tatsächlich vorliegenden Tätigkeiten. Vielmehr beruhte die vom BGH durchgeführte Auslegungskontrolle allein auf dem schriftlich fixierten Vertrag. Dies gilt auch, obwohl das Berufungsgericht seine Auslegung in pauschaler Weise auf Sinn und Zweck des Vertrages gestützt hatte, weil es hierzu weder konkrete Feststellungen getroffen noch Ausführungen gemacht hat.

---

[177] BGH vom 08.02.2001 – VII ZR 427/98 (Urteil 7); BGH vom 03.12.2001 – II ZR 372/99 (Urteil 11); BGH vom 19.12.2001 – XII ZR 281/99 (Urteil 31); BGH vom 12.10.2001 – V ZR 220/00 (Urteil 42); BGH vom 12.10.2001 – V ZR 338/00 (Urteil 14).

b) Die Auslegung von Vertragstexten unter Stützung auf die gesetzliche Systematik

BGH vom 07.06.2001 – IX ZR 134/00 (Urteil 58)

Der BGH legte einen schriftlich fixierten Abtretungsvertrag allein unter Heranziehung der Wertung des § 2 Nr. 8 Abs. 2 VOB/B entgegen der Auffassung des Berufungsgerichts dahin aus, dass die Abtretung umfassend und damit auch bezogen auf solche Ansprüche verstanden werden müsse, die sich aus nach der Abtretung erfolgenden Nachtragsaufträgen ergeben. Dass dabei außervertragliche Umstände zur Auslegung herangezogen worden sind, die einer tatrichterlichen Feststellung bedurft hätten, ist nicht ersichtlich. Vielmehr gründete sich die Auslegung auf ein systematisches Argument, das zwar nicht ausdrücklich dem Vertrag, sondern einer gesetzlichen Regelung entnommen worden ist. Dies begegnet aber deshalb keinen Bedenken, weil allein die in der Norm zum Ausdruck kommenden Wertentscheidungen des Gesetzgebers Verwendung fanden, ohne dass diese anhand tatsächlicher Umstände ausfüllungs- und konkretisierungsbedürftig gewesen wären. Diese Auslegung ist daher reine Rechtsanwendung.

c) Die Auslegung von Schriftstücken aus sich selbst heraus bei in Bezug stehenden Schriftstücken

BGH vom 13.09.2001 – VII ZR 113/00 (Urteil 65)

Eine gleichermaßen unbedenkliche Rechtskontrolle ist freilich auch dann möglich, wenn die Auslegung nicht anhand eines Vertragsdokuments, sondern anhand zweier Schreiben der Parteien erfolgt, aus denen das Berufungsgericht, nach Überprüfung des BGH rechtsfehlerhaft, auf eine einvernehmliche Vertragsaufhebung geschlossen hatte.

d) Die Auslegung von Schriftstücken mit einseitigen Willenserklärungen aus sich selbst heraus

(1) BGH vom 17.09.2001 – II ZR 378/99 (Urteil 10)

Der BGH befasste sich mit der Auslegung eines fixierten Telefaxschreibens, mit dem auf eine erfolgte Amtsniederlegung Bezug genommen wurde. Er gelangte dabei ohne Heranziehung von weiteren Umständen zum

Ergebnis, dass das Schreiben als erneute Willens-, anstatt nur als Wissenserklärung ausgelegt werden müsse. Ein Konflikt mit der tatrichterlichen Feststellungskompetenz ist dabei nicht ersichtlich. Denn das Berufungsgericht hatte selbst keine ersichtliche Feststellung von weiteren Auslegungsumständen vorgenommen.

(2) BGH vom 20.03.2001 – X ZR 180/98 (Urteil 51)

Der BGH meinte in diesem Fall, das Berufungsgericht habe bei der Beurteilung der Frage, ob eine Ablehnungsandrohung ausreichend ernsthaft gewesen sei, insbesondere nicht beachtet, dass die Setzung eines „*letzten*" Termins graphisch hervorgehoben gewesen sei. Die Gefahr der Einbeziehung unfixierter Umstände durch das Revisionsgericht besteht dabei nicht. Die graphische Gestaltung eines Textes ist in gleicher Weise wie der Text selbst unmittelbar fixiert, so dass das Revisionsgericht von ihm das selbe Bild erhält wie der Tatrichter. Denn es entspricht gerade der Natur von Texten, deren Sinn und Wirkung sich nie den einzelnen verwendeten Zeichen und Buchstaben, sondern stets nur dem Gesamtbild zuschreiben lässt[178], dass der Leser den Inhalt und Charakter des Textes auch unter Beachtung seiner Gestaltung und Gesamtwürdigung des Layouts zur Kenntnis nimmt.

(3) BGH vom 11.07.2001 – VIII ZR 119/00 (Urteil 64)

Der BGH meinte entgegen der Auffassung des Berufungsgerichts, ein Schreiben vom 17.04.2001 enthalte, insbesondere unter Heranziehung weiterer, vorangegangener Schreiben, in unmissverständlicher Weise den Hinweis auf die Bedeutung der Kaufpreiszahlung für die vereinbarte Weiterentwicklung des Kaufprodukts. Diese Würdigung ausschließlich fixierter Umstände erscheint unbedenklich.

4. Die Gefahr der Verkennung der negativen Beweiskraft fehlender positiver Feststellungen

Durch die Feststellung einer bestimmten Tatsache ist zugleich zwingend festgestellt, dass ihr Gegenteil nicht vorgelegen hat. Diese logische Überlegung macht deutlich, dass sich Sachverhaltsfeststellungen darauf beschrän-

[178] Vgl. dazu Hegenbarth, S. 41 f.

ken dürfen, je nach dem Schwerpunkt ihrer Bedeutung für die anzuwendenden Rechtsnormen entweder das Vorliegen oder das Nichtvorliegen der zu subsumierenden Tatsachen zu nennen. Dies gebietet zudem der Grundsatz, dass das Urteil sich auf das Wesentliche zu beschränken habe. Ein Interesse daran, dass der Tatrichter neben der Feststellung einer Tatsache zugleich schildert, dass sämtliche Umstände, die im Widerspruch zur Existenz der festgestellten Tatsache stünden, nicht vorgelegen haben, ist deshalb nicht erkennbar. Eine solche Forderung wird auch, soweit ersichtlich, nirgends erhoben.

Ob die revisionsrechtliche Praxis jedoch stets die durch die positive Erwähnung von Tatsachen spiegelbildlich erfolgende negative Feststellung ihres Gegenteils im Einzelfall beachtet, begegnet bei kritischer Betrachtung Bedenken. Bedeutsam wird diese Unterscheidung insbesondere bei der Feststellung von Umständen, die der Auslegung einer Willenserklärung gem. §§ 133, 157 BGB dienen, weil mit ihnen regelmäßig die Feststellung einer Gesamtsituation[179] erfolgt. Einzelne Umstände, die für die Auslegung von Bedeutung sein können, jedoch denkbarerweise im Widerspruch zu der festgestellten Gesamtsituation stehen, können deshalb nur dann als rechtsfehlerhaft unbeachtet gerügt werden, wenn sicher ist, dass ihre Nichtnennung darauf beruht, dass sie der Tatrichter bei der Feststellung und Schilderung der Gesamtsituation übersehen oder nicht beachtet hat.

Die untersuchten Urteile enthalten jedenfalls 2 Fälle (2,4 %), bei denen angenommen werden darf, dass die dortige Nichtnennung von Umständen Feststellungswirkung haben sollte, weil ihr Vorliegen in Widerspruch zur positiven Schilderung der festgestellten Gesamtsituation stünde. Dies wurde durch die aufhebende Entscheidung des BGH nicht beachtet.

(1) BGH vom 07.12.2001 – V ZR 65/01 (Urteil 70)

In diesem Fall ging es um den Kauf eines Grundstücks, dessen erkennbare natürliche Begrenzungen von den tatsächlichen, rechtlichen Grenzen abwichen, ohne dass dies den Parteien bewusst gewesen war. Streiterheblich war die Frage, ob die Parteien nach der Besichtigung das Grundstück im Rahmen seiner sichtbaren oder seiner tatsächlichen Grenzen veräußern wollten. Das Berufungsgericht erachtete die tatsächlichen Grenzen als von den Parteien maßgeblich vereinbart. Dabei stützte es sich auf eine mittels

[179] Dazu Henke, Tatfrage, S. 177 ff.

Zeugenvernehmung durchgeführte Beweisaufnahme, wonach die Parteien den unerkannten Grundstücksteil nicht in ihre Überlegungen einbezogen hatten, sondern sich einfach nur vorgestellt hatten, das Grundstück im Ganzen zu verkaufen. Wenn nun der BGH meint, es gebe keinen Hinweis dafür, dass zumindest eine der Parteien „abweichend von dem Regelfall nicht das Vernünftige wollte", und damit zum gegenteiligen Auslegungsergebnis als das Berufungsgericht gelangt, setzt es sich zu den Feststellungen des Tatrichters in Widerspruch. Dessen Feststellung eines Willens zur Übereignung des Grundstücks in seinem tatsächlichem Umfang muss nämlich zugleich die Feststellung bedeuten, dass ein anderer, wenn auch vom BGH als vernünftig erachteter Wille, das Grundstück nur in dem eingeschränkten Umfang zu übereignen, gerade nicht vorgelegen hat.

(2) BGH vom 21.09.2001 – V ZR 14/01 (Urteil 83)

Beachtung verdient ferner eine Entscheidung des BGH zur Auslegung eines Hoferbenpflegevertrages. Diesen hatte das Berufungsgericht auf Grundlage des fixierten Vertragstextes dahin ausgelegt, dass eine Verpflichtung der beklagten Hoferbin, auch die Kosten zu tragen, welche die Pflege ihres Vaters in einem Pflegeheim verursachen würden, nicht vereinbart worden sei. Dies ließ sich im Gegenschluss aus dem Wortlaut der Vereinbarung folgern, der ausführlich die zu ersetzenden Krankenkosten nannte und konkretisierte. Auch nach Auffassung des BGH ließen sich weitere tatsächliche Feststellungen zum Willen und der Interessenlage der Parteien nicht mehr treffen. Dennoch erachtete er die Auslegung des Berufungsgerichts als rechtsfehlerhaft, weil sie die Interessenlage des Vaters verletze. Obwohl sich diese nach alledem nur durch den Vertragswortlaut indiziert ermitteln ließ und das Berufungsgericht insoweit kein entsprechendes Interesse des Vaters festgestellt hatte, führt der BGH einen zu beachtenden Willen des Vaters zu umfassender Pflege als auslegungsrelevanten Gegenumstand an.

Dass ein solcher Wille vom Tatrichter gerade nicht festgestellt werden konnte und damit von seinem Nichtvorliegen ausgegangen werden muss, beachten die Ausführungen des BGH nicht. Im Gegenteil nahm der BGH gerade das Vorliegen eines solchen Willens an. Der BGH kann dabei auch nicht auf eine fehlerhafte Nichtfeststellung des Willens verweisen. Zum einen rügt er einen solchen Fehler der Feststellung schon nicht. Zum anderen zeigen seine Ausführungen, dass er selbst einen solchen Willen nicht feststellen konnte, sondern ihn vor allem aus vermeintlich allgemeingültigen, unsicheren Vermutungen abgeleitet hat, wenn er in der maßgeblichen Passage ausführt: „Die Vorstellung, zum „Sozialfall“ zu werden, ist in bäuerlichen Kreisen geradezu unerträglich. Das galt im Jahr 1983 vielleicht in einem noch höheren Maß als heute. Jedenfalls schwebten damals (zumindest) dem Vater der Beklagten diese allgemein gültigen Sichtweisen bei dem Abschluss des Hofübergabevertrages vor; das zeigt die Aufnahme der Regelungen über die umfassende Pflege und Versorgung einschließlich freier ärztlicher Versorgung und freiem Krankenhausaufenthalt.“ Dabei lässt sich schon die Befugnis zur Annahme einer solchen allgemeinen Vorstellung in Zweifel ziehen, weil es sich bei dieser noch nicht um einen allgemeinen Erfahrungssatz handeln dürfte, dessen Anwendung auch dem Revisionsgericht obliegt[180]. Dies zeigt sich auch dadurch, dass der BGH selbst unsicher ist („vielleicht“), ob diese Vorstellung bestanden hat. Im übrigen müssten aber jedenfalls Bedenken bestehen, ob selbst dann, wenn diese Vorstellungen tatsächlich allgemein vorgeherrscht haben sollten, aus ihnen in Verbindung mit dem – abermals entgegen der Ansicht des Berufungsgerichts – behaupteten Indiz des Vertragswortlauts ein Wille hätte abgeleitet werden dürfen, der gerade im Gegensatz zu den Feststellungen des Tatrichters steht.

5. *Die eigene Auslegung durch das Revisionsgericht bei unterlassener Auslegung des Tatrichters*

Zum Teil ist ersichtlich oder jedenfalls zu vermuten, dass das Berufungsgericht sich bei seiner Entscheidung mit einer Einwendung nicht befasst hat, deren Erörterung bei Zugrundelegung einer bestimmten, nicht fern liegenden Auslegung nahe gelegen hätte. In diesen Fällen nimmt der BGH bisweilen eine rechtsfehlerhaft unterlassene Auslegung an, zu deren Nachholung er sich in ständiger Rechtsprechung selbst als befugt ansieht[181]. Dabei besteht die Gefahr, dass die zur Auslegung herangezogenen Umstände nicht tatrichterlich festgestellt worden sind. Da nämlich der Tatrichter allein die für seine Auslegung maßgeblichen Tatsachen bindend feststellt[182], kann es für eine gegensätzliche Auslegung an festgestellten Umständen fehlen. Dies ist nur dann nicht der Fall, wenn sich die neue Auslegung des Revisionsgerichts zwangsläufig aus denselben Umständen

[180] Vgl. Fußnote 139.
[181] Vgl. oben Seite 35.
[182] Vgl. Fußnote 82.

wie die des Berufungsgerichts ergibt. Voraussetzung hierfür ist dabei, dass die Auslegung keine anderen als die unmittelbar fixierten Umstände mitberücksichtigen muss, denn nur insoweit kann davon ausgegangen werden, dass sowohl dem Tat- als auch dem Rechtsmittelgericht dasselbe Tatsachenbild vorliegt[183].

Zieht das Revisionsgericht dagegen Umstände mit heran, die sich nicht ausschließlich aus dem Wortlaut selbst ergeben, sondern durch den Tatrichter als Feststellungen einer Gesamtsituation, also einer Vielzahl von nicht im Detail fassbaren Einzelumständen, im Urteil festgehalten worden sind, besteht – noch jenseits des Problems, dass schon das festgestellte Bild einer Gesamtsituation dem Revisionsgericht nicht identisch vermittelbar ist – die Gefahr, dass das Revisionsgericht der Gesamtsituation ein anderes Bild beimisst, indem es weitere Umstände zur Gesamtsituation hinzufügt, die für die neue Auslegung beachtlich sind. Das tatrichterlich festgestellte Bild der Gesamtsituation verändert sich dabei infolge der Miteinbeziehung eines oder mehrerer Einzelumstände, ohne dass der Tatrichter diese Umstände überhaupt bedacht oder festgestellt hat, weil sie für seine Auslegung ohne Bedeutung gewesen sind.

Dieser Art lassen sich 4 Entscheidungen des BGH (4,8 %)[184] anführen.

(1) BGH vom 26.01.2001 – V ZR 462/99 (Urteil 2)

Das Berufungsgericht hatte hier über Schadensersatzpflichten aus einem Kooperationsvertrag zu entscheiden. Dieser enthielt die ausdrückliche Verpflichtung beider Vertragsparteien, ihr zum Grundstück der anderen Partei benachbartes Grundstück gleichzeitig mit diesem zu bebauen. Eine Auslegung des Vertrages zur Ermittlung von weiteren Nebenpflichten hatte das Gericht nicht durchgeführt.

Das Revisionsgericht hingegen folgerte aus dem Vertrag eine vom Berufungsgericht nicht erörterte Nebenpflicht, wonach im Falle nicht gleichzeitigen Baubeginns den verspätet Bauenden eine Pflicht zur Nachverhandlung treffe, um zu gewährleisten, dass die benachbarten Bauwerke kompatibel seien. Dabei würdigte das Revisionsgericht zwangsläufig sämtliche auslegungsrelevanten Umstände, hier insbesondere den gemeinsamen Ver-

[183] Vgl. oben Seite 68 ff.
[184] Urteile 2, 16, 26 und 33.

tragszweck, die Interessenlage der Parteien sowie das Gefahrtragungsinteresse selbst, ohne dass dies zuvor vom Tatrichter getan worden wäre.

(2) BGH vom 27.09.2001 – III ZR 318/00 (Urteil 16)

In diesem Fall hatten die Vorinstanzen nicht in erkennbarer Weise die Möglichkeit in Erwägung gezogen, die Nennung eines Genehmigungsvorbehalts im Rahmen der Übermittlung des unterzeichneten, unbedingten Mietvertrags könnte nicht nur als Beschreibung des Mietgegenstands, sondern bereits als Wirksamkeitsbedingung für den Vertrag auszulegen sein[185].

Der BGH entschied sich in eigener Auslegung für einen aufschiebend bedingten Vertrag. Dabei legt der BGH – ohne dass die Tatsacheninstanzen sich zuvor damit befasst hätten – offenbar den tatsächlichen Umstand mit zu Grunde, dass die beklagte Vertragspartei „sicherstellen" wollte, „daß sie nur für den Fall des Eintritts eines künftigen Ereignisses den Vertragspflichten unterworfen ist".

(3) BGH vom 17.12.2001 – II ZR 288/99 (Urteil 26)

Der BGH befasste sich mit der Auslegung zweier Aufsichtsratsbeschlüsse einer AG. In den Beschlüssen war zum einen eines von zwei notwendigen AG-Vorstandsmitgliedern mit sofortiger Wirkung abberufen und zum anderen mit Wirkung ab einem späteren Zeitpunkt ein neues, zweites Vorstandsmitglied bestellt worden. Der BGH sah darin die konkludente Herabsetzung der Zahl der erforderlichen Mitglieder für die Zwischenzeit bis zum Antritt des neu eingesetzten Vorstandsmitglieds.

Diese Auslegung stellt sich zwar auf den ersten Blick als ausschließlich rechtliche Bewertung eines fixierten Sachverhalts dar, weil der Wortlaut solcher Sitzungsbeschlüsse eines Gesellschaftsorgans protokolliert wird. Auch den einzigen, außerhalb des Wortlauts liegenden Auslegungsumstand, dass sich der Aufsichtsrat mit der Abberufung eines Vorstandsmitglieds ohne zeitgleiche Neubestellung eines anderen Vorstandsmitglieds dessen bewusst war, zwischenzeitlich nur noch ein Vorstandsmitglied zu haben, hat der BGH als logische Folgerung aus dem Wortlaut der Be-

---

[185] Eine Erörterung dieser Möglichkeit durch OLG oder LG lässt sich auch dem nach Zurückverweisung ergangenen Berufungsurteil des OLG Hamburg vom 30.09.2002 – 11 U 209/00 nicht entnehmen.

schlüsse abgeleitet. Bei dem Sich-eines-Umstands-Bewusstsein handelt es sich allerdings um eine Tatsache, so dass der BGH diese nicht durch Auslegung ermitteln konnte; vielmehr stellt sich ihr Erkennen als Tatsachenfeststellung anhand der als Indizien dienenden Beschlusswortlaute dar. Da das Berufungsgericht dazu noch keine Feststellungen getroffen hatte, konnte das Revisionsgericht seine Feststellung nicht unmittelbar den bindenden Feststellungen des Tatrichters entnehmen, sondern nahm eine eigene Tatsachenfeststellung vor. Dass diese auf der Grundlage bereits tatrichterlich festgestellter Indizien erfolgt ist, ändert daran nichts.

(4) BGH vom 15.03.2001 – IX ZR 273/98 (Urteil 33)

Hier war die Frage, ob der Sicherungszweck der streitgegenständlichen Bürgschaft auch die Bereicherungsansprüche des Darlehensgebers bei Unwirksamkeit des Darlehens umfasst, vor dem Berufungsgericht gar nicht erörtert worden. Tatrichterliche Feststellungen zu dieser Frage fehlten deshalb ebenso wie eine Auslegung des Berufungsgerichts.

Der BGH bejahte die Frage und stützte seine Auslegung auf verschiedene Umstände, die sich nicht unmittelbar aus der Bürgschaftserklärung ergaben, so insbesondere die Nichterhöhung des Risikos des Bürgen sowie die Eilbedürftigkeit des Kredits. Dass eine Erörterung dieser Frage und dadurch bedingter Sachvortrag der Parteien in den Vorinstanzen nicht stattgefunden hat, wird deutlich, wenn der BGH seine Auslegungsbefugnis damit rechtfertigt, dass „die Parteien in den Tatsacheninstanzen nichts Abweichendes vorgetragen haben und das Oberlandesgericht von einer eigenen Auslegung abgesehen hat“. Der Auslegung liegt deshalb eine umfassende Würdigung von Umständen zu Grunde, die das Tatgericht nicht festgestellt hat, weil es sich mit der Auslegung überhaupt nicht befasst hat.

6. Die Bewertung tatrichterlich festgestellter Tatsachen durch das Revisionsgericht

In der Mehrheit der Fälle (50 Fälle; 59,5 %), in denen der BGH eine Auslegung gem. §§ 133, 157 BGB durch das Berufungsgericht als rechtsfehlerhaft rügt, befasst er sich ausschließlich mit der Bewertung von Auslegungsumständen, die das Berufungsgericht festgestellt und seiner Auslegung zu Grunde gelegt hat. Dabei ist nicht erkennbar, dass der BGH weitere Umstände heranzieht.

Eine neue, von dem Bild des Tatrichters abweichende Tatsachenvorstellung des Revisionsgerichts ist dabei [a)] nur dann zu befürchten, wenn der Auslegung Tatsachenfeststellungen zu Grunde liegen, deren Würdigung damit einhergehen kann, dass die Umstände ein neues tatsächliches Maß erhalten[186]. Dies trifft in 26 Fällen (31,0 %) zu. Dabei können die Tatsachenumstände durch den Tatrichter entweder nur als Gesamtsituation umschrieben werden, oder die Vermittlung eines konkreten Maßes der Umstände ist mit sprachlichen Mitteln nicht in hinreichend konkretisierender Weise möglich[187].

Stützt das Revisionsgericht hingegen [b)] seine Auslegung auf Umstände, deren Maß unzweifelhaft feststeht, sei es, weil der Umstand mittels Zahlen oder anderer anerkannter Faktoren fixierbar ist, oder aber, weil es sich um einen zwar offen formulierten Umstand handelt, jedoch allein dessen Existenz oder Nichtvorliegen für die Auslegung von Bedeutung ist, so dass es auf das konkrete Maß des Umstands nicht ankommt, erscheint ein Eingriff in die tatrichterliche Feststellung als fern liegend. Hierzu lassen sich 24 Fälle (28,6 %) nennen.

a) Die Bewertung des tatsächlichen Maßes festgestellter Tatsachen

(1) BGH vom 18.01.2001 – VII ZR 457/98 (Urteil 4)

In diesem Fall ließ der BGH die Benennung eines Bauleiters und Ansprechpartners nicht zur Einräumung einer Vertretungsmacht ausreichen. Diesem Ergebnis lag die Neubewertung einer Gesamtsituation in tatsächlicher Hinsicht zu Grunde, weil es sich bei den zur Beantwortung der Auslegungsfrage herangezogenen Umständen um solche handelte, deren Bestand und Umfang nicht in eindeutiger Weise begrifflich fixierbar ist.

---

[186] Dass nicht nur die Feststellung, sondern auch die Gewichtung von Tatsachen Frage der Tatsachenfeststellung ist, zeigt insbesondere die Existenz des Verfahrensfehlers gem. § 398 Abs. 1 ZPO (vgl. Fußnote 65); vgl. hierzu auch die ausdrückliche Nennung der Gewichtung bei BGH vom 18.06.2001 – II ZR 248/99 (Urteil 36).

[187] Vgl. dazu vor allem Henke, Tatfrage, S. 275 ff. („Imponderabilien des persönlichen Eindrucks" bei Gesamtsituationen), S. 279 ff. („Begriffe des Grades und des Maßes").

(2) BGH vom 10.05.2001 – VII ZR 356/00 (Urteil 12)

Hier stützte der BGH seine Auslegung, die zu einem Forderungsteilverzicht zugunsten der Beklagten führte, insbesondere auf ein Schreiben der Gegenseite vom 24.01.1998, welches das Berufungsgericht ausdrücklich in seine Auslegung einbezogen hatte. Dabei hatte es ihm jedoch – anders als der BGH – keine ausschlaggebende Auslegungsrelevanz zur Ermittlung eines Verzichtswillens der Klägerin beigemessen, weil es weder von ihr stammte, noch von ihr autorisiert war, und ihr deshalb nicht zugerechnet worden war. Die Entscheidung des Revisionsgerichts, das Schreiben der Klägerin zuzurechnen und daraus auf die fehlende Bereitschaft zum Teilverzicht zu schließen, weckt deshalb Bedenken im Hinblick auf die Beachtung tatrichterlicher Feststellungen.

(3) BGH vom 06.12.2001 – III ZR 296/00 (Urteil 22)

Als Eingriff in die tatrichterliche Würdigung erscheint es auch, wenn der BGH dem „sibyllinischen Lächeln" des Beklagten einen geringeren Wert für die Auslegung beimisst als das Berufungsgericht, das von dem Lächeln im Rahmen der Beweisaufnahme durch einen Zeugen Kenntnis erlangt hatte.

(4) BGH vom 05.10.2001 – V ZR 295/00 (Urteil 23)

Hier erklärte der BGH Umstände, die das Berufungsgericht als besondere, gegen eine Zusicherung gem. §§ 459 Abs. 2, 463 Satz 1 BGB a. F. sprechende, erachtet hatte, für nicht maßgeblich. Eine Abweichung von den festgestellten Umständen ist dabei nicht auszuschließen.

(5) BGH vom 05.10.2001 – V ZR 275/00 (Urteil 32)

Hier überprüfte der BGH im Rahmen der Auslegungskontrolle, ob mehrere Indizien den Tatrichter von der Haupttatsache, nämlich dem Scheingeschäftswillen der Vertragspartner, überzeugen würden, so dass er den auf die Indizien gerichteten Beweisangeboten nachgehen muss[188]. Dabei erfolgte zwangsläufig eine eigene Würdigung des Umfangs der vorgetragenen Indizien, bei denen es sich um eine geschilderte Gesamtsituation (Vor-

---

[188] Vgl. Ziffer II.1.d)bb) der Entscheidungsgründe.

täuschung eines Geschäftsbetriebs, keine Mietzahlung, kein ernsthaftes Betreiben eines Baugenehmigungsverfahrens) und damit nicht um begrifflich eindeutig fixierbare Umstände handelte.

(6) BGH vom 15.03.2001 – IX ZR 273/98 (Urteil 33)

Auch die eigene Auslegung des Sicherungsumfangs einer Bürgschaft anhand aller Umstände durch den BGH führt zu einem sich nicht deckenden Tatsachenbild bei Tat- und Revisionsrichter.

(7) BGH vom 18.06.2001 – II ZR 248/99 (Urteil 36)

Während das Berufungsgericht nur eine nicht so weit reichende, weil verschuldensabhängige Haftung aus culpa in contrahendo angenommen hatte, gelangte der BGH auf Grundlage des Beweisergebnisses des Berufungsgerichts zur Annahme eines Garantieversprechens. Zwar stellt der BGH auch einen Verstoß des Berufungsgerichts gegen die tatrichterliche Tatsachenfeststellung gem. § 398 Abs. 1 ZPO fest, weil es der protokollierten Aussage der Zeugen erster Instanz ein anderes Gewicht beigemessen hatte als der Richter der Vorinstanz. Seine Auffassung des Garantieversprechens ist jedoch nur aufgrund einer anderen Gewichtsbeimessung als der vorstellbar, die das Berufungsgericht hinsichtlich der festgestellten tatsächlichen Aussagen des zusichernden Beklagten vorgenommen hatte. Der Grundsatz tatrichterlicher Feststellungsprivilegien ist insofern zugunsten des Revisionsgerichts durchbrochen worden.

(8) BGH vom 27.06.2001 – VIII ZR 227/00 (Urteil 40)

Das Berufungsgericht hatte Ansprüche aus einer unzutreffenden Beratung im Rahmen eines Kaufvertrages als verjährt angesehen. Der BGH folgerte hingegen, weil der Beratene nicht personenidentisch mit dem Käufer war, jedoch für diesen die Beratung entgegennahm, sowie aus der Kenntnis der Beratenden von diesem Umstand in Gesamtschau, dass ein Beratungsvertrag mit langer, nicht mit kurzer Verjährungsfrist analog § 477 BGB a. F. vereinbart worden sei[189]. Damit nahm er eine andere Bewertung der vom Berufungsgericht festgestellten Gesamtsituation eines Kaufs mit vorheriger Beratung über die Kaufsache vor.

---

[189] Aus Sachgerechtigkeitsgründen zustimmend Tiedtke, EWiR 2001, 1039 f., 1040.

(9) BGH vom 29.07.2001 – V ZR 186/00 (Urteil 48); V ZR 185/00 (Urteil 49)

Den Aufhebungen des BGH liegt hier die Behauptung zu Grunde, das Berufungsgericht habe bei der Auslegung eines Haftungskonstituts, für das die Parteien den Begriff „*Schuldbeitritt*“ verwendet haben, weitere Umstände wie das Interesse der Parteien und die Üblichkeit eines Schuldbeitritts, die zu einer gegenteiligen Auslegung hätten führen können, nicht beachtet. Auch dies begegnet Bedenken hinsichtlich einer unterschiedlichen Feststellung der Gesamtsituation.

(10) BGH vom 18.01.2001 – I ZR 175/98 (Urteil 52)

Hier meinte der BGH, das – obgleich unter Berücksichtigung aller maßgeblichen Umstände gefundene – Auslegungsergebnis, es sei eine Gestattung der Fortführung eines Markennamens vereinbart worden, sei rechtsfehlerhaft, weil das Berufungsgericht Interessen der Parteien außer Acht gelassen habe. Auch diese Behauptung geht mit einer Neufeststellung des Maßes der Parteiinteressen einher.

(11) BGH vom 26.07.2001 – X ZR 162/99 (Urteil 54)

Der BGH erachtete hier die insbesondere aus dem weiteren Verhalten der Beklagten gefolgerte Annahme des Berufungsgerichts, die Beklagte habe ihren Willen zur Vertragsauflösung zum Ausdruck gebracht, als unzutreffend. Damit fand eine Neufeststellung der Gesamtsituation statt.

An anderer Stelle desselben Urteils ist der BGH ferner entgegen dem Berufungsgericht der Auffassung, eine nachträgliche Leistungserweiterung sei nicht erfolgt, weil der Vortrag der Beklagten in erster Instanz zu dem Vortrag vor dem Berufungsgericht jedenfalls dann in Widerspruch stehe, wenn man davon ausgehe, dass das Berufungsgericht den erstinstanzlichen Vortrag als festgestellt betrachtet habe. Davon sei auszugehen, weil gegenteilige Feststellungen nicht erkennbar seien. Mit der weiteren Hilfsargumentation, dass der Vortrag auch nicht mit der Lebenserfahrung übereinstimme, zeigt der BGH allerdings, dass sein gegenteiliges Auslegungsergebnis aus einer neuen Gesamtfeststellung resultiert, und sich der von ihm beurteilte Prozessstoff damit nicht auf die bereits vorliegenden Feststellungen beschränkt.

(12) BGH vom 09.10.2001 – X ZR 132/99 (Urteil 59)

Auch die Aufhebung der Auslegung einer Gewährleistungsvereinbarung, bei der sich das Berufungsgericht insbesondere auf den mutmaßlichen Parteiwillen bezogen hatte, jedoch nach der Behauptung des BGH die Wertung des § 651 Abs. 1 BGB a. F. nicht beachtet habe, spricht den tatsächlichen Erkenntnissen des Berufungsgerichts über die Gesamtsituation ihre Bedeutsamkeit ab.

(13) BGH vom 22.06.2001 – V ZR 128/00 (Urteil 60); V ZR 123/00 (Urteil 62)

In diesen beiden Fällen vertrat der BGH gegen die ausdrückliche Auslegung des Berufungsgerichts die Auffassung, die zwischen den Parteien bestehende Zweckvereinbarung gehe über die bloße Durchführung des streitgegenständlichen Kaufvertrages hinaus. Dies ergebe sich insbesondere daraus, dass bei der Änderung des Vertrages die Vereinbarung des Besitzübergangs weiter an die Bezahlung des Kaufpreises geknüpft geblieben sei, obwohl der tatsächliche Besitz bereits übergegangen war. Ebenso nahe liegend ist allerdings, dass das Berufungsgericht dieses Indiz gesehen, ihm jedoch keine ausschlaggebende Bedeutung für eine Zweckvereinbarung beigemessen hat. Stattdessen mag es die Textstelle als bewusst von den Parteien unverändert belassene Passage des Vertrages angesehen haben, die ihnen im Zeitpunkt der Vertragsänderung nicht mehr als bedeutsam erschien. Die Auslegung des BGH führt deshalb insoweit zu der eigenen Feststellung, dass die Parteien die Passage bewusst beibehielten. Diese Feststellung steht entweder in Widerspruch zu den Feststellungen des Berufungsgerichts, oder aber sie wird an die Stelle einer nicht bedachten und damit fehlenden Feststellung des Berufungsgerichts gesetzt. Beides begegnet grundsätzlichen Bedenken.

(14) BGH vom 10.10.2001 – XII ZR 93/99 (Urteil 67)

Der BGH legte hier eine Mitteilung des Beklagten, die das Berufungsgericht an anderer Stelle und in anderem Zusammenhang des Urteils festgestellt hatte, als konkludente Kündigung aus, obwohl das Berufungsgericht und die Parteien diese Frage überhaupt nicht erörtert und bedacht hatten. Die Neugewichtung der tatsächlichen, vom Berufungsgericht festgestellten Umstände ist deshalb dabei zu befürchten.

(15) BGH vom 18.10.2001 – I ZR 91/99 (Urteil 68)

Das Berufungsgericht war unter Berücksichtigung weiterer außervertraglicher Umstände, insbesondere der Interessen der Parteien sowie des Zwecks, eine Gewinnschöpfung durch die Klägerin bei späterem Rücktritt zu verhindern, zu dem Ergebnis gelangt, das vertragliche Rücktrittsrecht hätte zeitnah ausgeübt werden müssen. Die durch den BGH erfolgte Aufhebung setzt eine eigene Gewichtung der tatsächlichen Interessen und Zwecke der Parteien voraus.

(16) BGH vom 10.05.2001 – XII ZR 60/99 (Urteil 71)

Hier hatte das Berufungsgericht unter Berücksichtigung von mehreren Einzelumständen einen konkludent erklärten Annahmewillen der Klägerin hinsichtlich eines sog. „Erlassfalle"-Angebots[190] angenommen. Die Aufhebung dieser Auslegung durch den BGH setzt sich dabei womöglich über die Feststellung der Gesamtsituation durch den Tatrichter hinweg.

(17) BGH vom 04.12.2001 – XI ZR 56/01 (Urteil 72)

Das Berufungsgericht hatte hier einen wirksamen Darlehensvertrag zwischen den Parteien angenommen, während das Revisionsgericht die Beklagte als sog. „unechte Mitdarlehensnehmerin" ansah und den Vertrag an der Sittenwidrigkeit der Mithaftung scheitern ließ. Die dabei erfolgte umfassende Abwägung des BGH, ob bei finanzieller Überforderung der Mithaftenden nicht von einer künftigen Leistungsfähigkeit ausgegangen werden durfte, weil man mit der Möglichkeit einer Berufsaufnahme rechnen konnte, kann dabei nicht die Identität tatrichterlicher und revisionsrichterlicher Tatsachenvorstellungen proklamieren. Denn das Berufungsgericht hatte sich mit dieser Frage überhaupt noch nicht auseinandergesetzt, weil es die Rechtsprechung zur Sittenwidrigkeit der Mithaftung aufgrund der Ein-

---

[190] Mit dem Begriff der „Erlassfalle" wird eine Konstellation bezeichnet, in der der Schuldner einer Forderung dem Gläubiger mitteilt, dass er vorhabe, einen bestimmten Betrag, der regelmäßig nur einen Bruchteil der Forderung beträgt, zu zahlen und davon ausgehe, dass die Angelegenheit damit erledigt sei. Nach Zahlung des Betrages stellt sich der Schuldner auf den Standpunkt, die Annahme des Betrages durch den – der Teilzahlung nicht ausdrücklich widersprechenden – Gläubiger habe zu einem stillschweigend geschlossenen Erlassvertrag über den ungetilgten Forderungsrestbetrag geführt.

stufung der Beklagten als echte Mitdarlehensnehmerin für unanwendbar gehalten hatte[191].

(18) BGH vom 23.05.2001 – VIII ZR 51/00 (Urteil 73)

Unter eigener Abwägung verschiedener, unfixierter Umstände nahm der BGH bei einem Geschäftsbesorgungsvertrag weiterreichende Informationspflichten als das Berufungsgericht an. Dies musste mit einem eigenen Vorstellungsbild von der Intensität der tatsächlichen Umstände, nämlich der Vermittlerrolle des Verpflichteten, seiner überlegenen Geschäftserfahrung, des ihm entgegengebrachten Vertrauens sowie der wirtschaftlichen Bedeutung des Vertrages, einhergehen.

(19) BGH vom 07.06.2001 – I ZR 49/99 (Urteil 75)

Das Revisionsgericht hielt hier die Auslegung einer Ermächtigung als bloße Vollmacht, nicht aber als gewillkürte Prozessstandschaft für fehlerhaft, weil eine Berücksichtigung der Interessen der Parteien ein anderes Verständnis geböte.

An anderer Stelle desselben Urteils sah der BGH einen Rechtsfehler darin, dass das Berufungsgericht einem Abtretungsschreiben nicht entnommen hatte, dass die Abtretungserklärung konkludent auch im Namen des Anspruchsinhabers abgegeben werden sollte.

In beiden Fällen ist anzunehmen, dass der BGH der Auslegung eine andere Sicht von den tatsächlichen Umständen als das Berufungsgericht zu Grunde gelegt hat.

---

[191] Foerste, JZ 2002, 562 ff., 564 äußert deshalb Bedenken, ob die durch den BGH erfolgte Mitentscheidung der Sachfragen mit §§ 561 Abs. 2, 565 Abs. 3 Nr. 1 ZPO a. F. vereinbar ist, weil wohl insoweit noch nicht Entscheidungsreife vorlag. Genauere Betrachtung erfährt dieser Aspekt im Rahmen der Untersuchung aber nicht, weil es sich bei den die finanzielle Überforderung begründenden Umständen um keine Auslegungsumstände, sondern um die Sittenwidrigkeit gem. § 138 Abs. 1 BGB begründende handelt.

(20) BGH vom 13.12.2001 – VII ZR 28/00 (Urteil 81)

Das Berufungsgericht hatte trotz Vorliegens eines Zusatzbauauftrages bewusst einen einheitlichen Vertrag angenommen. Die dem widersprechende Einschätzung des BGH, wonach der streitgegenständliche Zusatzbauauftrag in keinem Zusammenhang mit dem Leistungsziel des ursprünglichen Vertrages stehe, lässt deshalb ein anderes Tatsachenbild von den vereinbarten Leistungen vermuten, als dies das Berufungsgericht hatte.

(21) BGH vom 06.12.2001 – VII ZR 19/00 (Urteil 82)

Das Berufungsgericht war hier der Meinung, mit der Vereinbarung einer bestimmten Art der werkvertraglichen Nachbesserung sei zugleich jede Art der anderen Nachbesserung, insbesondere die Neuherstellung, ausgeschlossen worden. Die entsprechende Auslegung des Werkvertrages hob der BGH auf, weil sie nicht die Interessen der Parteien berücksichtige. Dies lässt auf abweichende tatsächliche Vorstellungen des BGH von den Interessen schließen.

(22) BGH vom 12.09.2001 – V ZR 14/01 (Urteil 83)

Ein vergleichbarer Fall findet sich schließlich, wenn der BGH die Auslegung eines Hoferbenvertrages durch das Berufungsgericht wegen Außerachtlassung der Interessen einer Partei aufhebt. Dass sowohl das tatsächliche Bestehen als auch die Schwere des Interesses dabei keineswegs aus konkreten Feststellungen abgeleitet werden, sondern allenfalls durch abstrakte und unsichere Vermutungen belegt werden, ist dort den Formulierungen des BGH zu entnehmen[192]. Dies lässt einen Eingriff in die tatrichterliche Feststellung als möglich erscheinen.

b) Die rechtliche Bewertung der festgestellten Umstände

Die 24 Urteile des BGH, in denen der BGH die tatrichterlich festgestellten Umstände im Rahmen der Auslegung ausschließlich rechtlich bewertet und die Tatsachenfeststellungen unberührt lässt, lassen sich in drei Fallgruppen einteilen. [aa)] So fand bei 17 Urteilen eine Bewertung der unmittelbar fixierten Tatsachenumstände anhand generell-gültiger Erwägungen

---

[192] Vgl. bereits oben Seite 75.

statt. [bb)] In zwei Fällen wurden die unmittelbar schriftlich fixierten Umstände vor dem Hintergrund weiterer, messbarer Umstände ausgelegt. [cc)] Schließlich fanden sich vier Urteile des BGH, in denen eine Auslegungsbewertung der unmittelbar schriftlich fixierten Umstände anhand von negativ festgestellten Tatsachen erfolgte.

aa) Bewertung fixierter Umstände anhand generell-gültige Erwägungen

(1) BGH vom 03.12.2001 – II ZR 372/99 (Urteil 11)

Die Auslegung des BGH betraf hier allein einen schriftlich fixierten Vertrag, weil die weiteren vom Berufungsgericht herangezogenen, nicht fixierten Auslegungsumstände aus prozessualen Gründen nicht berücksichtigt werden durften. Ein Spielraum für das Neuerkennen der tatsächlichen Umstände ist deshalb nicht ersichtlich.

(2) BGH vom 05.10.2001 – V ZR 275/00 (Urteil 32)

Der BGH hatte hier – anders als das Berufungsgericht – den Umstand, dass ein Kauf im Rahmen einer privaten Auktion zustande gekommen war, als generell nicht gegen eine Zusicherung gem. §§ 459 Abs. 2, 463 Satz 1 BGB a. F. sprechend bewertet. Denn der festgestellte Umstand der Privatauktion diente dabei nur als Anknüpfungspunkt für allgemein gültige Auslegungserwägungen.

Auf die Durchführung der Auktion in concreto und damit auf tatrichterliche Feststellungen kam es für die rechtlichen Ausführungen von Berufungs- wie auch Revisionsgericht dabei nicht an. Denn das Berufungsgericht stützte seine rechtsfehlerhafte Auslegung auf die – vom BGH als unmaßgeblich erachtete – Überlegung, dass dort individuelle Vertragsverhandlungen generell nicht stattfinden, ohne dass die Frage, ob solche Nichtverhandlungen im konkreten Einzelfall zu einem bestimmten Verständnis der Parteien geführt haben, erörtert worden wäre. Dass deshalb der Entscheidung des BGH ein anderes Tatsachenbild der Versteigerung zu Grunde lag, als es sich der Tatrichter gebildet hatte, ist dabei nicht anzunehmen.

(3) BGH vom 20.12.2001 – V ZR 260/00 (Urteil 35)

Die Entscheidung beruht auf einer rein abstrakten, also ohne Hinzuziehung besonders festgestellter Willensumstände der Parteien erfolgten Auslegung der Anpassungsklausel in einem Vertrag. Denkbare Widersprüche zu tatrichterlichen Feststellungen sind deshalb nicht ersichtlich.

(4) BGH vom 13.12.2001 – III ZR 284/00 (Urteil 28)

Der BGH legte hier einen schriftlich fixierten Vertrag aus und sah, soweit weder Parteien noch Vorinstanzen eine Auslegungsvariante in Betracht gezogen haben, mangels erfolgter tatrichterlicher Feststellungen insoweit von einer Selbstauslegung ab. Es ist deshalb nicht erkennbar, dass sich das Revisionsgericht über tatrichterliche Feststellungen hinweggesetzt haben könnte.

(5) BGH vom 17.01.2001 – IV ZR 282/99 (Urteil 29)

Hier befasste sich das Revisionsgericht mit der rein systematischen Auslegung eines Transportversicherungsvertrages. Dies erscheint vor dem Hintergrund unbedenklich, dass dabei ersichtlich keinerlei Tatsachen beachtlich waren, die außerhalb des Vertragswortlauts lagen.

(6) BGH vom 12.10.2001 – V ZR 268/00 (Urteil 34)

Der BGH ermittelte hier den vertraglichen Willen, anhand welcher Grenzen ein aufzuteilendes Grundstück getrennt werden sollte, auf der Grundlage des fixierten Vertragswortlauts unter Heranziehung der Wertung der sachenrechtlichen Normen der §§ 93 f. BGB. Mangels auslegungsrelevanter Tatsachen außerhalb des Vertragswortlauts handelte es sich dabei um reine Rechtsanwendung.

(7) BGH vom 03.07.2001 – KZR 10/00 (Urteil 84)

Hier ließ der BGH die tatrichterliche Auslegung dort ihre Grenzen finden, wo ihr Ergebnis einen Rechtszustand schaffen würde, der gegen eine gesetzliche Verbotsnorm verstieße. Der Fall ist mit dem vorgenannten vergleichbar und die Entscheidung deshalb aus denselben Gründen unbedenklich[193].

(8) BGH vom 06.12.2001 – VII ZR 241/00 (Urteil 37)

Der BGH legte hier unter Heranziehung ihres fixierten Wortlauts mehrere Schreiben aus sich heraus aus, die er zum einen nicht als der Beklagten zurechenbar und zum anderen nicht als Schuldanerkenntnis begriff. Dass der BGH bei der Überprüfung des Ergebnisses des Berufungsgerichts, es sei ein Schuldanerkenntnis vereinbart worden, in bedenklicher Weise[194] weitere tatsächliche Feststellungen des Willens der Parteien als fehlend rügt[195], ändert daran nichts, weil er die Auslegung bereits unabhängig davon als fehlerhaft erachtet hatte.

Auch die Würdigung der schriftlichen Vertragsunterlagen an anderer Stelle desselben Urteils[196] zur Frage, welcher Preis darin vereinbart worden sei, begegnet keinen Bedenken.

(9) BGH vom 26.04.2001 – VII ZR 222/99 (Urteil 41)

Der BGH entnahm aus einem Architektenvertrag die allgemeine Nebenpflicht, dass der Auftraggeber, der weiß, dass die vollmachtslosen Architekten eine Baufirma in seinem Namen beauftragt haben, die Architekten auf ihre eigene Haftung aus dem Auftrag als vollmachtslose Vertreter hinweisen muss. Das Berufungsgericht hatte diese Frage ersichtlich nicht behandelt, und der BGH die Nebenpflicht allein auf Grundlage abstrakter Rechtsüberlegungen ermittelt. Tatrichterlich festgestellte Umstände sind deshalb nicht übersehen oder übergangen worden, so dass eine eigene Feststellung konkreter Umstände nicht zu befürchten steht.

(10) BGH vom 07.11.2001 – VIII ZR 213/00 (Urteil 43)

Die Entscheidung des BGH befasste sich mit der Auslegung einer schriftlich fixierten Konditionsvereinbarung. Dabei ist nicht erkennbar, dass der BGH wegen außervertraglicher Umstände zu einem anderen Aus-

---

[193] Der Auslegung des BGH zustimmend Büdenbender, EWiR 2001, 1009 f., 1010.
[194] Vgl. bereits Seite 57.
[195] Vgl. Ziffer II.2.b) der Entscheidungsgründe.
[196] Vgl. Ziffer III. der Entscheidungsgründe.

legungsergebnis als das Berufungsgericht gelangte. Die Auslegung erscheint damit als ausschließlich aus dem Wortlaut der Vereinbarung heraus erfolgt zu sein. Bedenken wegen einer Überschreitung der Grenzen revisionsgerichtlicher Feststellungskompetenz bestehen deshalb nicht.

(11) BGH vom 09.07.2001 – II ZR 205/99 (Urteil 45)

Der BGH entwickelte hier das für das Verständnis eines fixierten Gesellschaftsvertrages relevante Interesse der Parteien lediglich abstrakt aus dem Vertragsinhalt, ohne dass das Berufungsgericht das Interesse konkret und anhand außervertraglicher Umstände festgestellt hätte. Die Auslegung gerät deshalb nicht in Konflikt mit tatrichterlichen Feststellungen.

(12) BGH vom 18.07.2001 – XII ZR 196/98 (Urteil 46)

Streitentscheidend war hier die Frage, ob das vertragliche Klinik- und Hotelobjekt angesichts der als notwendig vereinbarten und noch ausstehenden Genehmigungsfähigkeit erfüllungstauglich sei. Der BGH erkannte, dass die Auslegung des schriftlichen Vertrages mit der unter Beweis gestellten, jedoch vom Berufungsgericht als unwesentlich erachteten Tatsache steht und fällt, dass die Parteien sich auf eine ambulante und deshalb schon jetzt genehmigungsfähige Klinik geeinigt hatten.

Auch dabei steht ein Eingriff des Revisionsgerichts in die tatrichterliche Feststellung nicht zu befürchten. Denn der unter Beweisantritt gestellte, aber übergangene Parteivortrag stellt noch keine tatrichterliche Feststellung dar. Dass die Berücksichtigung des vorgetragenen Umstands für die Auslegung des Vertrages von wesentlicher Bedeutung war, konnte der BGH ebenfalls ohne Bedenken selbst entscheiden. Denn der Umstand war allein mit schriftlich fixierten Umständen in Abwägung zu bringen und hätte mit diesen, im Falle seines Zutreffens, zwingend in Widerspruch gestanden.

(13) BGH vom 17.01.2001 – VIII ZR 186/99 (Urteil 47)

Der Fall befasste sich mit der Auslegung einer vertraglichen Wettbewerbsverbotsklausel. Die Ausführungen des Berufungsgerichts lassen dort ausdrücklich erkennen, dass es zunächst den Umfang der tatsächlich vorliegenden Wettbewerbstätigkeit des Beklagten als nur „im weiteren Sinne Finanzdienstleistungen" feststellte und einordnete. Erst in einem zweiten

Schritt sah es den Wortlaut der Klausel „jede weitere gleichartige gewerbliche Tätigkeit“ aufgrund von systematischer, erweiternder Auslegung als erfüllt an, obwohl es die festgestellte Tätigkeit ausdrücklich nicht als gleichartig erkannt hatte. Diese Auslegung des Begriffs der Gleichartigkeit erachtete der BGH als rechtsfehlerhaft[197]. Die Aufhebungsentscheidung beruht deshalb auf einer ausschließlich rechtlichen Beurteilung der Vertragsklausel.

(14) BGH vom 20.03.2001 – X ZR 180/98 (Urteil 51)

Das Berufungsgericht hatte ein fixiertes Schreiben des Klägers vom 02.05.1994 als nicht hinreichend deutliche Ablehnungsandrohung ausgelegt.

Diese Auslegung erachtete der BGH unter Beachtung der Tatsache als fehlerhaft, dass der im Schreiben bestimmte „letzte“ Termin graphisch hervorgehoben war. Dies lässt keine Befassung mit Umständen erkennen, die das Berufungsgericht außerhalb der schriftlichen Fixierungen festgestellt haben könnte.

(15) BGH vom 08.02.2001 – VII ZR 152/00 (Urteil 56)

Das Berufungsgericht hatte die Verpflichtung der Beklagten aus einem Generalunternehmervertrag abgelehnt, die Planung des zu errichtenden Autohauses mit exakter Höhenangabe zu erstellen.

Der BGH erachtete dies als fehlerhaft. Aus dem unstreitigen Vortrag der Klägerin, zum einen habe die Beklagte die Höhe der Entwässerung festlegen sollen, zum anderen habe die Ausführung des weiteren Bauvorhabens auf den Höhenangaben der Entwässerung beruhen sollen, zog er den logischen Schluss, dass die Beklagte auch die Höhe des Bauvorhabens ermitteln sollte. Eingriffsmöglichkeiten des Revisionsgerichts in die tatrichterliche Feststellung sind dabei nicht erkennbar.

[197] Vgl. Ziffer II.1.b) der Entscheidungsgründe.

(16) BGH vom 07.06.2001 – IX ZR 134/00 (Urteil 58)

Eine Auslegung rein schriftlich fixierter Umstände vollzog der BGH auch bei der Würdigung eines Abtretungsvertrages. Dort gelangte er unter Heranziehung der Wertung des § 2 Nr. 8 Abs. 2 VOB/B zum – gegenüber der Auslegung des Berufungsgerichts gegensätzlichen – Ergebnis, dass die Sicherungsabtretung umfassend und damit auch auf solche Ansprüche bezogen zu verstehen sei, die sich aus nach der Abtretung erfolgenden Nachtragsaufträgen ergeben.

(17) BGH vom 05.04.2001 – VII ZR 119/99 (Urteil 63)

Auch der vom BGH entgegen der Auffassung des Berufungsgerichts entschiedenen Frage, ob die Änderung eines Vertrages gem. § 313 BGB a. F. beurkundungspflichtig war, lagen allein schriftliche Fixierungen des Vertragstextes zu Grunde. Das Revisionsgericht konnte deshalb ohne Neuvornahme von Feststellungen zum Ergebnis gelangen, die Änderung sei als gegenüber dem ursprünglichen Vertragsinhalt wesentlich anzusehen.

bb) Bewertung fixierter Umstände nebst messbaren Umständen

(1) BGH vom 06.12.2001 – VII ZR 452/00 (Urteil 5)

Der BGH ließ hier Abschlagszahlungen, die den Klageanspruch weit unterschritten, entgegen der Auffassung des Berufungsgerichts nicht für ein konkludentes Anerkenntnis der vollen Klagesumme gem. § 2 Nr. 8 Abs. 2 Satz 1 VOB/B ausreichen, sondern allenfalls für ein Anerkenntnis in Höhe der geleisteten Zahlungen. Da das Revisionsurteil insoweit ausschließlich mehrere durch das Berufungsgericht konkret, weil zahlenmäßig benannte Umstände im Rahmen der Auslegung berücksichtigte, fand keine neue Feststellung, sondern allein eine rechtliche Bewertung der Tatsachen statt.

(2) BGH vom 14.11.2001 – IV ZR 181/00 (Urteil 50)

Das Berufungsgericht hatte dem Schriftverkehr der Parteien, in dem der beklagte Lebensversicherer die Bedingungen eines mit dem Kläger geschlossenen Versicherungsvertrages nachträglich richtigstellen wollte, eine konkludente Anfechtungserklärung des Versicherers entnommen.

Der BGH hob diese seines Erachtens fehlerhafte Auslegung auf. Seine Auslegung bezog sich dabei vorwiegend auf Schriftstücke der Parteien sowie auf den ziffernmäßig fixierbaren Umstand, dass die Anfechtungserklärende weiterhin Kapitalerhöhungen entsprechend dem angefochtenen Vertrag vorgenommen hat. Eine eigene Tatsachenfeststellung ist dabei nicht ersichtlich.

cc) Bewertung fixierter Umstände nebst negativ festgestellten Umständen

(1) BGH vom 12.01.2001 – V ZR 486/99 (Urteil 1)

Der BGH gab hier der Revision mit der Begründung statt, das Berufungsgericht habe dem Noch-Nicht-Existieren von Wohneinheiten nicht die maßgebliche Bedeutung für die Frage beigemessen, ob die Beklagte durch die Vermittlung von „Wohneinheiten und Gewerbeeinheiten“ an Dritte ihre eigene Abnahmeverpflichtung hätte vermeiden können, wie es der Vertrag vorsah. Für die Beantwortung dieser Frage ist allein die Feststellung der Existenz von Wohneinheiten relevant. Auf die Feststellung der Beschaffenheit der Wohneinheiten oder anderer Umstände kommt es für sie nicht an. Dass sich insoweit[198] die für die Auslegungsfrage maßgeblichen Tatsachenvorstellungen zwischen Tat- und Revisionsrichter unterscheiden könnten, ist ausgeschlossen, da die Feststellung der Nichtexistenz als eine von zwei denkbaren Alternativen eindeutig ist. Die Heranziehung dieses Umstandes stellt sich deshalb als reine Rechtsanwendung des Revisionsgerichts im Rahmen der §§ 133, 157 BGB dar. Ein Eingriff in die tatrichterliche Feststellungskompetenz ist somit nicht erkennbar.

(2) BGH vom 27.06.2001 – VIII ZR 329/99 (Urteil 15)

Dem Fall lag ein schriftlich fixierter Vertrag zu Grunde. Durch diesen wurde eine GmbH & Co. KG verpflichtet, vom Kläger Gesellschaftsanteile an den von ihm gehaltenen GmbHs zum Preis von DM 2.000,00 zu erwerben. Das Berufungsgericht sah den Vertrag aufgrund eines entsprechenden, zumindest konkludenten Vertragsverständnisses der Parteien als vollzogen an, als statt der ausdrücklich verpflichteten GmbH & Co. KG zeitnah und zum selben Preis der Geschäftsführer ihrer Komplementärin und dessen

---

[198] Vgl. aber unten Seite 110, dass dennoch ein anderes Verständnis der Klausel denkbar wäre.

Bruder die Anteile erwarben. Das Berufungsgericht erlegte deshalb den Erwerbern auch die im Vertrag enthaltene Pflicht auf, den Kläger von einer Bürgschaft freizustellen, die er neben der GmbH & Co. KG übernommen hatte, um zur Vorbereitung des Verkaufs die Entschuldung der GmbH zu erreichen.

Diese Auslegung lehnte der BGH ab. Unstreitig hatte die übertragene GmbH nämlich ihren Gewerbebetrieb eingestellt und deshalb keinen realisierbaren Wert mehr. Die Frage, welchen Sinn es für die Erwerber hätte haben sollen, zusätzlich zu dem lediglich symbolischen Kaufpreis auch noch die Bürgschaft des Klägers zu übernehmen, hatte das Berufungsgericht nicht erörtert und beantwortet. Stattdessen hatte es sogar eine Klausel des Erwerbervertrages, die eine Verpflichtung des Klägers enthielt, die Erwerber von allen Verbindlichkeiten freizustellen, einschränkend dahin ausgelegt, dass davon die Bürgschaftsverpflichtung nicht gemeint sei, so dass diese nach wie vor von den Erwerbern zu übernehmen sei. Umstände, die eine solche Auslegung rechtfertigen könnten und dem Berufungsgericht vorgeschwebt haben könnten, sind von ihm nicht dargelegt worden und auch kaum denkbar.

Die Auslegung ist demnach allein auf Grundlage schriftlich fixierter Verträge sowie eines unstreitigen Umstands (kein realisierbarer Wert der Anteile) geschehen, dessen Wahrnehmung durch das Revisionsgericht identisch mit der des Tatrichters sein musste, weil es sich bei ihm allein um die Nichtexistenz eines Umstandes handelte.

(3) BGH vom 12.12.2001 – IX ZR 124/00 (Urteil 61)

Das Berufungsgericht hatte dem Schweigen auf die schriftliche Bitte einer Versicherung um Angaben zum Bezugsrecht der Versicherung rechtlichen Erklärungswert beigemessen, was der BGH als rechtsfehlerhaft ansah.

Diese Würdigung des Schweigens durch das Revisionsgericht erscheint im Hinblick auf das tatrichterliche Feststellungsprivileg unbedenklich, weil die Feststellung des Schweigens die Nichtexistenz von Reaktionen des Schweigenden bedeutet und sich damit in der Feststellung dieses Umstandes erschöpft. Weitere Umstände, die neben dem Schweigen Anknüpfungspunkt für die Auslegung des Verhaltens des Schweigenden hätten sein können, sind ersichtlich tatrichterlich nicht festgestellt worden.

(4) BGH vom 11.07.2001 – VIII ZR 119/00 (Urteil 64)

Das Berufungsgericht hatte eine Hinweispflicht der Klägerin auf die Bedeutung der Kaufpreiszahlung für die Weiterentwicklung der Kaufsache aus einem Vertrag abgeleitet.

Der BGH hingegen lehnte eine solche Hinweispflicht für den Zeitraum ab 1997 ab, da der Vertrag nach unstreitigem Parteivortrag nur Kaufsachen mit Entwicklungsstand 1996 erfasste.

Die Entscheidung des BGH konnte damit ohne abweichende Tatsachenfeststellung erfolgen. Da nämlich mit dem vorgetragenen – wenn auch einen tatrichterlichen Erkenntnisvorgang voraussetzenden – Umstand zwingend die Feststellung einhergeht, dass für die Zeit nach 1996 der Vertrag keine Regelung enthielt, lag eine Feststellung der Nichtexistenz eines Umstandes vor, den das Revisionsgericht ohne Bedenken würdigen durfte.

II. Die Nichteinhaltung der eingeschränkten Auslegungskompetenz

Nach ständiger Rechtsprechung des BGH ist die revisionsrechtliche Auslegungskontrolle allein darauf beschränkt, Rechtsfehler der Auslegung festzustellen[199]. Demnach ist das Revisionsgericht nicht ohne Weiteres berechtigt, eine eigene, von ihm bevorzugte Auslegung an die Stelle der Auslegung des Berufungsgerichts zu setzen, solange letztere im Rahmen der gesetzlichen Auslegungsgrenzen vertretbar ist. Mag nämlich eine solche Auslegung des Berufungsgerichts auch nicht der Vorstellung des Revisionsgerichts entsprechen, stellt sie sich doch jedenfalls nicht als rechtsfehlerhaft dar. Sie ist deshalb auch für das Revisionsgericht bindend und muss von diesem unangetastet bleiben. Insbesondere ist das Revisionsgericht deshalb nicht zu einer anderen Würdigung oder Gewichtung der auslegungsrelevanten Umstände berechtigt, solange die Beimessungen des Berufungsgerichts keinen Rechtsfehler aufweisen. Inwiefern diese theoretischen Vorgaben in der Rechtsprechungspraxis eingehalten werden, soll im Folgenden untersucht werden.

---

[199] Vgl. Seiten 27 ff.

1. Die Unmöglichkeit der Überprüfung der Rechtsgrenzen ohne vollumfängliche Eigenauslegung

Der Charakter der Auslegung von Willenserklärungen hat zur Folge, dass eine Ausklammerung der sich innerhalb der gesetzlichen Grenzen haltenden Gewichtung und Würdigung der auslegungsrelevanten Tatsachen bei der Kontrolle der Auslegung auf die Einhaltung der rechtlichen Grenzen hin regelmäßig nicht möglich ist. Sofern nämlich nicht bereits das Auslegungsergebnis als solches zwingend gegen rechtliche Normen verstößt[200], kann der Auslegungsfehler sich nur aus dem Auslegungsvorgang ergeben. Dessen Fehlerhaftigkeit lässt sich regelmäßig erst dadurch erkennen, dass die Beachtung und Gewichtung der einzelnen Auslegungsumstände in ihrem Zusammenspiel durch das Revisionsgericht nachvollzogen wird. Denn um zu erkennen, dass eine rechtmäßige Auslegung das vom Berufungsgericht gefundene Ergebnis nicht tragen würde, muss jeder einzelne der Auslegungsumstände durch das Revisionsgericht daraufhin überprüft werden, ob, wie stark und in welcher Weise er im Gesamtgefüge der Umstände zu beachten ist. Erst nachdem das Revisionsgericht die Auslegung in solcher Weise nachvollzogen hat, vermag es den Auslegungsfehler zu lokalisieren. Stellt es sodann in den Entscheidungsgründen des Urteils heraus, dass die Auslegung trotz ihrer generellen Unüberprüfbarkeit jedenfalls an dem erkannten Rechtsfehler leidet, darf dies nicht darüber hinwegtäuschen, dass im Kopf des Revisionsrichters eine vollständige Nachvollziehung der Auslegung stattgefunden haben muss.

a) Die auch zur Klärung von Auslegungsfragen erfolgende Zurückverweisung

Dies lässt sich generell anhand sämtlicher Urteile des BGH aufzeigen, die sich mit der Auslegungskontrolle beschäftigen[201]; es lässt sich ferner aus der Existenz des § 563 ZPO folgern, der das Revisionsgericht in jedem Fall zwingt, nach der Feststellung eines Auslegungsrechtsfehlers eine eige-

[200] Vgl. beispielsweise BGH vom 03.07.2001 – KZR 10/00 (Urteil 84).

[201] Auf die detaillierte Darlegung, dass der BGH in den einzelnen Entscheidungen die Bedeutungsbeimessung einzelner Umstände durch das Berufungsgericht selbst vornimmt, wird deshalb an dieser Stelle verzichtet. Dass jedoch regelmäßig das Auslegungsergebnis der Tatsacheninstanz als rechtlich haltbar erscheint, weil die gegenteilige Sichtweise des Revisionsgerichts oft nur auf einer anderen Gewichtsbeimessung hinsichtlich einzelner Auslegungsumstände beruht, wird unten auf Seiten 109 ff. näher erläutert.

ne Auslegung durchzuführen, um zu überprüfen, ob nicht das Auslegungsergebnis des Berufungsgerichts doch aus anderen Auslegungsgründen richtig war[202]. Besonders deutlich jedoch wird die Notwendigkeit einer Eigenauslegung durch das Revisionsgericht auch bei den Entscheidungen, in denen der BGH sich zur Selbstauslegung im Anschluss an die Feststellung des Auslegungsfehlers als nicht befugt ansieht und an das Berufungsgericht zurückverweist. Im Gegensatz zu den Urteilen mit abschließender Auslegungsentscheidung durch das Revisionsgericht lässt der BGH dort erkennen, dass eine abschließende Auslegung mangels ausreichender Feststellungen der Tatsacheninstanzen noch nicht möglich war. Dies weckt Bedenken, ob sich das Revisionsgericht auf die Überprüfung der Rechtsgrenzen der Auslegung beschränkt hat, weil doch offensichtlich ist, dass das Revisionsgericht die Relevanz der noch ausstehenden Feststellungen für die Auslegung nur dann erkannt haben kann, wenn es infolge einer Einstellung der bereits festgestellten Umstände in eine umfassende eigene Auslegung gerade den nicht festgestellten Tatsachen ausschlaggebende Relevanz für das Auslegungsergebnis beigemessen hat. Dies war in 10 Fällen (11,9 %) der untersuchten Urteile der Fall.

(1) BGH vom 10.05.2001 – VII ZR 356/00 (Urteil 12)

Der BGH stellte hier eine erst noch mittels Zeugenbeweis festzustellende mündliche Erklärung in seine Auslegung ein und bewertete sie als nach Treu und Glauben nicht ausreichend klar und damit als letztlich nicht auslegungserheblich[203]. Da jedoch der BGH nicht wissen konnte, wie die vom Zeugen zu bekundende Erklärung durch den Tatrichter festgestellt werden würde, war nicht von vornherein auszuschließen, dass die Erklärung im Gesamtgefüge der Auslegungsumstände doch von Bedeutung sein würde. Der BGH würdigte damit bereits solche auslegungsrelevanten Umstände, die noch nicht einmal festgestellt worden waren. Dass der BGH deren Feststellungen – aufgrund seiner vorweggenommenen Würdigung – für nicht mehr erforderlich hielt, ändert daran nichts.

Eine solche vorweggenommene Tatsachenwürdigung mit der Folge, die Auslegung selbst abschließend durchführen zu können, zeigt, dass das Re-

---

[202] Vgl. May, NJW 1983, 980 f., 981; dazu auch Gottwald, Revisionsinstanz, S. 117 f.; Neufert, S. 66.
[203] Vgl. Ziffer II.2. der Entscheidungsgründe.

visionsgericht einen von dem des Berufungsgerichts selbständigen, vollumfänglichen Auslegungsvorgang durchgeführt hat.

(2) BGH vom 27.09.2001 – III ZR 318/00 (Urteil 16)

In einem weiteren Fall wandte sich der BGH gegen eine Auslegung des Berufungsgerichts, welches einen von den Parteien bei Vertragsabschluss erklärten Vorbehalt nicht als aufschiebende Bedingung gem. § 158 Abs. 1 BGB, sondern als für die Durchführung des wirksamen Vertrages maßgebliches Kriterium aufgefasst hatte. Der BGH vermochte dabei das Verständnis der Erklärung durch das Berufungsgericht nicht einmal als zwingend falsch zu bezeichnen, sondern beschränkte sich auf die Darlegung, dass es nahe liege, das Schreiben nach Sinn und Wortlaut in anderer Weise auszulegen[204]. Eine abschließende Auslegung des Schreibens führte der BGH jedoch nicht durch, sondern verwies zu neuer Auslegung „unter Berücksichtigung der Rechtsauffassung des Senats“ zurück.

Konnte nach alldem der BGH eine zwingend rechtsfehlerhafte Auslegung gar nicht erkennen, weil er die Möglichkeit ihrer Richtigkeit nicht auszuschließen vermochte, zeigt sich, dass der BGH bereits jenseits der Fehlerfeststellung eine umfassende Eigenauslegung vorgenommen haben muss, nach der er das Auslegungsergebnis des Berufungsgerichts als nicht tragfähig ansah.

Der BGH maß dabei ferner einem einzelnen, vom Berufungsgericht vermeintlich nicht gewürdigten Umstand „ein besonderes Gewicht“ bei[205], welches bei der Auslegung zu berücksichtigen gewesen wäre. Dies scheint nur dann nachvollziehbar, wenn der BGH zum Ergebnis gelangt ist, es sei kein einziges Auslegungsergebnis vorstellbar, das nicht durch jenen Umstand maßgeblich beeinflusst worden sei. Dass dieses Ergebnis eine umfassende Auslegung voraussetzt, liegt auf der Hand.

(3) BGH vom 13.12.2001 – IX ZR 306/00 (Urteil 18)

Der BGH verwies hier nach außergewöhnlich ausführlicher, keinen denkbaren Umstand außer acht lassender Überprüfung der Auslegung des Berufungsgerichts zu neuer Auslegung zurück, weil dabei eine umfassende

[204] Vgl. Ziffer I.4. der Entscheidungsgründe.
[205] Vgl. Ziffer I.5.b) der Entscheidungsgründe.

Würdigung aller Umstände notwendig sei, die allein dem Tatrichter oblie-ge. Mag dies auch nicht zuletzt deshalb uneingeschränkt zustimmungswürdig sein, weil das Tatgericht eine als nicht erforderlich erachtete Beweisaufnahme unterlassen hatte, wirft das Urteil die Frage auf, inwiefern das Revisionsgericht bei eigener Auslegung die Umstände noch umfassender hätte würdigen können, als es dies bei der vorliegenden, vermeintlich auf die Prüfung der Rechtsgrenzen beschränkten Entscheidung bereits getan hat.

(4) BGH vom 06.12.2001 – III ZR 296/00 (Urteil 22)

Der BGH wies hier darauf hin, das Berufungsgericht müsse nach Zurückverweisung erneut die – zu Unrecht verneinte – Frage klären, ob der Beklagte die streitgegenständliche Provisionszahlungspflicht angenommen hat. Dies lässt erkennen, dass der BGH eine eigene Auslegung insoweit nicht durchführen wollte. Gleichwohl hat der BGH zuvor[206] die Ablehnung der Provisionszahlungspflicht unter umfassender Würdigung des Verhaltens des Beklagten (schriftliche Vertragsformularänderung, „sibyllinisches Lächeln“ als Nachvertragsverhalten) als fehlerhaft erkannt, weil insbesondere dem durch Zeugenbeweis ermittelten Nachverhalten eher das Gegenteil entnommen werden müsse[207].

(5) BGH vom 19.12.2001 – XII ZR 281/99 (Urteil 31)

Der BGH bemühte sich bei der Überprüfung und Feststellung eines Auslegungsfehlers hier erkennbar darum, sich einer eigenen Auslegung vollständig zu enthalten[208]. Dennoch wird offenbar, dass eine solche Auslegung stattgefunden haben muss, wenn auch sie nicht in den Entscheidungsgründen niedergelegt wird. Andernfalls könnte das Revisionsgericht nicht erkannt haben, dass „die für die Auslegung maßgeblichen Gesamtumstände nicht hinreichend aufgeklärt sind“[209].

---

[206] Vgl. Ziffer I.2. der Entscheidungsgründe.
[207] Vgl. bereits Seite 51.
[208] Vgl. Ziffer 2. der Entscheidungsgründe.
[209] Vgl. Ziffer 3. der Entscheidungsgründe.

(6) BGH vom 27.06.2001 – VIII ZR 235/00 (Urteil 38)

Der BGH wies hier darauf hin, dass die Auslegung nach Zurückverweisung unter Berücksichtigung nachzuholender Feststellungen erneut durchzuführen sei. Vor dem Berufungsgericht waren bereits ersichtlich auch außervertragliche auslegungsrelevante Umstände (Fehlerträchtigkeit der vereinbarten Tätigkeit) erörtert worden. Diese erachtete der BGH jedoch als gegen das Ergebnis des Berufungsgerichts sprechend und gab zu erkennen, dass die festgestellten Umstände für eine abschließende Auslegung nicht ausreichten.

Daraus wird deutlich, dass der BGH festgestellte Umstände ebenso wie vermeintlich ausstehende Feststellungen in ihrer Auslegungsrelevanz zueinander vollumfänglich bewertet hat. Dies stellt eine Nachprüfung der Auslegung des Berufungsgerichts in vollem Umfange dar.

(7) BGH vom 26.07.2001 – X ZR 211/99 (Urteil 44)

Das Berufungsgericht hatte hier nebenvertragliche Hinweispflichten bejaht. Der BGH sah dies jedoch als fehlerhaft an, weil die aus den festgestellten Umständen folgende eigene Erfahrung des zu Beratenden einer solchen Pflicht entgegenstehen könnte. Dennoch erachtete er eine dahin gehende, abschließende Auslegung noch nicht als möglich, woraus zu schließen ist, dass die Feststellungen für die Verneinung der Hinweispflicht nicht ausreichten. Diese Erkenntnis konnte nur dann gewonnen werden, wenn eine umfassende Auslegung der Vertragsumstände und deren Verhältnis zu einer bestimmten Intensität und Qualität der Erfahrung des zu Beratenden vorgenommen worden ist.

(8) BGH vom 05.04.2001 – VII ZR 119/99 (Urteil 63)

In der Entscheidung lässt die Argumentation des BGH erkennen, dass er aufgrund nicht ausreichender Feststellungen zur Reaktion des Empfängers auf die auszulegende Willenserklärung das Auslegungsergebnis des Berufungsgerichts als rechtsfehlerhaft erachtete. Der BGH musste deshalb die gesamten festgestellten Umstände der Willenserklärung als gegenüber dem Verständnis des Erklärungsempfängers nicht ausreichend relevant eingeschätzt haben, um den vom Berufungsgericht angenommenen Erklärungsinhalt folgern zu dürfen. Dies setzt eine umfassende Gewichtung aller festgestellten Umstände sowie der denkbaren Reaktionen des Erklärungsempfängers voraus.

(9) BGH vom 25.04.2001 – X ZR 50/99 (Urteil 74)

Hier waren nach Auffassung des BGH weitere tatsächliche Umstände notwendig, um eine Vereinbarung vom 07.03.1993 auszulegen, weshalb die Auslegung des Berufungsgerichts, wonach die Vereinbarung jedenfalls nicht zu einer Beendigung der Vertragsbeziehung der Parteien habe führen sollen, aufzuheben war. Das Revisionsgericht hat dabei sämtliche festgestellten und gewürdigten auslegungsrelevanten Tatsachen zu einer eigenen Auslegung herangezogen, um beurteilen zu können, dass diese für die Ablehnung einer Vertragsbeendigung nicht ausreichten.

(10) BGH vom 13.12.2001 – III ZR 29/01 (Urteil 80)

Der BGH war zur Erkenntnis gelangt, der Begriff „Stand-by“ innerhalb des Rahmenvertrages für ein Ölschadensbekämpfungsschiff habe in vom Berufungsgericht nicht bedachter Weise auch dahin verstanden werden können, mit ihm könne auch eine Tätigkeit gemeint gewesen sein, die noch nach Erhalt des Einsatzbefehls stattfinde. Dies setzt voraus, dass der BGH eine umfassende Auslegung des Vertragstextes unter Berücksichtigung bislang noch nicht festgestellter Umstände (fachspezifischer Wortgebrauch, Eintragungen im Schiffstagebuch) durchgeführt hat.

b) Die unterlassene Darlegung der eingeschränkten Prüfungskompetenz durch das Revisionsgericht

Zur Untersuchung der Auslegungskontrolle durch das Revisionsgericht in der Praxis erscheint es ferner angezeigt, die Darstellung seiner Prüfungsmethodik durch den BGH selbst zu betrachten. Dabei ist auf der einen Seite zu berücksichtigen, dass sich in der täglichen Praxis nicht jede gerichtliche Entscheidung einer solch ausführlichen dogmatischen Herleitung bedienen mag, wie es einer lehrbuchartigen Darstellung entspräche, und zwar selbst dann, wenn es sich um höchstrichterliche Rechtsprechung handelt. Die Entscheidung selbst und der Prozess ihres Zustandekommens müssen deshalb noch keineswegs fehlerhaft sein. Auf der anderen Seite sind Ausführungen zum revisionsgerichtlichen Überprüfungsrahmen und zur Auswirkung dieser Prüfungskompetenz umso eher dort zu erwarten, wo die Prüfungskompetenz – in Abweichung zum Regelfall einer vollumfänglichen Kontrolle der Entscheidung durch die nächsthöhere Instanz – auf bestimmte, nicht immer einfach zu bestimmende Aspekte begrenzt ist. Dies gilt somit auch für die eingeschränkte Revisibilität der Auslegung von Willenserklärungen gem. §§ 133, 157 BGB.

In den untersuchten 84 Urteilen des BGH finden sich 45 Fälle (53,6 %), in denen der BGH ohne jegliche Ausführungen zur Einschränkung des Überprüfungsspielraums des Revisionsgerichts mittels eigener Auslegung zu einem gegenteiligen Auslegungsergebnis als das Berufungsgericht gelangt und damit dessen Auslegung die Bindungswirkung versagt. Dies geschieht einerseits, indem der BGH darlegt, warum das Auslegungsergebnis des Berufungsgerichts fehlerhaft ist (25 Fälle; 29,8 %)[210], oder aber, indem er ohne weitere Ausführungen zum konkreten Rechtsfehler ein eigenes Auslegungsergebnis an die Stelle der Auslegung des Berufungsgerichts setzt (20 Fälle; 23,8 %)[211].

Dem gegenüber stehen 43 Fälle (51,2 %), in denen der BGH vor der Darlegung der Rechtsfehler des Berufungsgerichts klarstellt, dass seine Überprüfung der Auslegung nur in dem entsprechend der ständigen Rechtsprechung eingeschränkten Maße stattgefunden habe, oder in denen sich aus den weiteren Ausführungen oder dem Umfang der Zurückverweisung ergibt, dass der BGH eine abschließende Auslegung unterlassen und sich lediglich auf die Feststellung von Rechtsfehlern beschränkt hat.

Mehr als die Hälfte der Aufhebungen tatrichterlicher Auslegung von Willenserklärungen verzichtet demnach auf eine deutliche Abgrenzung von revisions- zu tatrichterlicher Auslegungskompetenz. In nahezu einem Viertel der Fälle wird sogar der konkrete Auslegungsfehler des Berufungsgerichts gar nicht vom BGH benannt, sei es, weil er dessen Ergebnis als unzutreffend bezeichnet, oder weil er überhaupt nicht zu erkennen gibt, dass die streitgegenständliche Frage die Auslegung von Willenserklärungen betraf.

Diese Vorgehensweise weckt jedenfalls deshalb Bedenken, ob das Revisionsgericht sich stets an den ihm gesetzten Überprüfungsgrenzen orientiert hat, weil sie verhindert nachzuvollziehen, wie weit diese Grenzen für die

---

[210] Urteile 1, 3, 4, 7, 12, 14, 19, 21, 22, 23, 24, 25, 26, 29, 34, 35, 37, 39, 57, 58, 70, 77, 78, 82 und 84.

[211] Urteile 2, 10, 13, 30, 36, 40, 41, 48, 49, 53, 54, 56, 60, 61, 62, 65, 67, 73, 79 und 81.

Entscheidung leitend waren. Es verbleiben dabei Zweifel, ob das Revisionsgericht bei ausdrücklicher Auseinandersetzung mit den Revisionsgrenzen die Rechtsfehlerhaftigkeit der Auslegung auch anhand des anerkannten Rechtsfehlerkatalogs begründet hätte, sowie ferner, ob es auch dann eine abschließende Auslegung der Streitfrage durchgeführt hätte, anstatt den Rechtsstreit zum Zwecke neuer Auslegung an das Berufungsgericht zurückzuverweisen.

2. *Die regelmäßige Bejahung der Selbstauslegungskompetenz*

Regelmäßig, nämlich in nahezu drei Viertel der untersuchten Aufhebungsurteile[212], führte der BGH eine abschließende Auslegung selbst durch. Dies verwundert nicht, da der BGH eine Selbstauslegung schon dann für grundsätzlich möglich hält, wenn die Auslegung des Tatrichters fehlerhaft oder unvollständig ist[213]. An einer abschließenden Auslegung sieht er sich nur dann gehindert, wenn hierzu noch weitere Feststellungen nötig wären oder die Auslegung nicht ohne Verletzung des Rechts auf rechtliches Gehör durchgeführt werden könnte[214].

Dennoch finden sich Urteile, in denen der BGH durch eigene Auslegung zu Ergebnissen gelangt, die in den Tatsacheninstanzen noch nicht erörtert worden sind. Dies betrifft insbesondere die Entscheidungen, in denen das Berufungsgericht eine Auslegung [a)] gänzlich oder [b)] teilweise unterlassen hat, jedoch auch [c)] solche, in denen die Gerichte nicht zu erkennen geben, dass es sich überhaupt um Auslegung handelt. In diesen Fällen ist zweifelhaft, ob das Recht der Parteien auf Gewährung des rechtlichen Gehörs gewahrt ist, weil neuer tatsächlicher Vortrag zu den Auslegungsumständen jenseits der Tatsacheninstanzen nicht mehr möglich war, obwohl eine Befassung mit der streitgegenständlichen Auslegungsfrage dort nicht stattgefunden hatte.

---

[212] Vgl. Seite 12.
[213] Vgl. Fußnote 145; Schack, NJW 1983, 2806 ff., 2807; Schneider, MDR 1981, 885 f., 886.
[214] Vgl. Fußnote 149.

a) Die vollständig unterlassene Auslegung durch das Berufungsgericht

(1) BGH vom 26.01.2001 – V ZR 462/99 (Urteil 2)

Aus einem Dienstbarkeitsvertrag schloss der BGH eine Kooperationsverpflichtung zur Nachverhandlung, obwohl das Berufungsgericht sich mit dieser Frage der Vertragsauslegung in keiner Weise befasst hatte.

(2) BGH vom 10.10.2001 – XII ZR 93/99 (Urteil 67)

Ohne Beschränkung auf die Rechtskontrolle legte der BGH eine Mitteilung des Beklagten als schlüssige Kündigung eines Mietvertrages aus, obgleich das Berufungsgericht sich mit einer Auslegung insoweit noch nicht befasst hatte, weil die Möglichkeit einer ordentlichen Kündigung „in den Tatsacheninstanzen weder von den Parteien noch vom Gericht gesehen worden“ ist. Die aufgrund der bisherigen Nichterörterung der Kündigungsmöglichkeit erfolgte Zurückverweisung diente dabei nur dem Zweck, den Parteien die Möglichkeit zu geben, zur Frage vorzutragen, ob die Kündigungsmöglichkeit nicht doch an der Einhaltung der Schriftform des Vertrages scheitere; die Auslegungsfrage zum Verständnis der Kündigungserklärung war dagegen vom BGH abschließend entschieden worden.

b) Außerachtlassung eines Auslegungsaspekts durch das Berufungsgericht (teilweise unterlassene Auslegung)

Obgleich dem Revisionsgericht eine eigene Auslegung untersagt sein soll, wenn diese auf Aspekte zurückgreifen muss, die in den Vorinstanzen übersehen worden sind[215], führt der BGH bereits dann eigene Auslegungen durch, wenn das Berufungsgericht zwar die Auslegung nicht gänzlich, sondern nur teilweise unterlassen hat. Dass in diesen Fällen Auslegungsaspekte herangezogen werden, die von den Vorinstanzen nicht behandelt worden sind, liegt auf der Hand. Vor diesem Hintergrund der praktischen Rechtsprechung kommt der Grenze zwischen unterlassener und fehlerhafter Auslegung keine Bedeutung mehr zu. Das Revisionsgericht ist vielmehr bereits dann zu eigener Auslegung berechtigt, wenn das Berufungsgericht überhaupt fehlerhaft ausgelegt hat[216], was insofern konsequent ist, als jede feh-

---

[215] Vgl. Fußnote 149.
[216] Vgl. Fußnote 145.

lerhafte Auslegung zugleich mit einer jedenfalls teilweisen Unterlassung der Einbeziehung relevanter Auslegungsumstände einhergeht.

(1) BGH vom 25.04.2001 – IV ZR 305/00 (Urteil 19)

Das Berufungsgericht hatte verkannt, dass die Abtretung von Ansprüchen aus einer Lebensversicherung nicht zwingend mit dem Widerruf der Bezugsberechtigung eines Dritten einhergehen muss. Auf dieser Grundlage hatte es die Abtretung zugleich als Widerruf der Bezugsberechtigung ausgelegt, dabei allerdings insoweit eine Auslegung unterlassen, als es nicht die Frage bedacht hatte, ob das Bezugrecht bestehen bleiben, jedoch hinter dem Rang des Abtretungsberechtigten zurückbleiben sollte. Eine entsprechende Auslegung führte der BGH deshalb selbst durch.

(2) BGH vom 26.09.2001 – IV ZR 298/98 (Urteil 21)

Hier hatte das Berufungsgericht versäumt, ein Testament im Hinblick darauf auszulegen, ob sich die von ihm letztlich verneinte Anrechnung des ausgezahlten Pflichtteils auf das Vermächtnis nicht bereits aus dem Sinn des Testaments ergab. Diese teilweise unterlassene Auslegung holte der BGH selbst nach.

(3) BGH vom 17.12.2001 – II ZR 31/00 (Urteil 79)

Zur erstmaligen, vollständigen Auslegung eines Testaments sah sich der BGH ferner berechtigt, als das Berufungsgericht einen streitgegenständlichen Gesellschaftsvertrag ausgelegt hatte, ohne das im Vorfeld des Vertrages errichtete und deshalb für sein Verständnis als relevant erachtete Testament zu berücksichtigen.

c) Unerkannte Auslegung

Berechtigte Zweifel daran, ob sich das Berufungsgericht mit der Frage der Auslegung und dem ihm hierbei zukommenden tatrichterlichen Beurteilungsraum auseinandergesetzt hat, bestehen auch dann, wenn der BGH ohne Ausführungen zur Auslegung der vertraglichen Regelungen zu einem anderen Ergebnis gelangt, weil er den Rechtsfehler der Entscheidung auf einer anderen Ebene der Rechtsanwendung als der der vertraglichen Auslegung zu erkennen scheint.

(1) BGH vom 12.12.2001 – XII ZR 351/99 (Urteil 13)

Das Berufungsgericht hatte eine mündliche Vertragsänderung abgelehnt, weil diese dem vertraglich vereinbarten Schriftformerfordernis nicht genüge. Der BGH erkannte jedoch, dass die Parteien den vertraglich vereinbarten Formzwang für die Änderung des Vertrages jederzeit formfrei aufheben konnten.

Dies entpuppt sich bei genauer Betrachtung als Frage der Auslegung des Vertrages. Absolute, generell-abstrakt gültige Rechtsausführungen, mittels welcher der BGH sein Ergebnis begründete[217], lassen sich hierzu nur eingeschränkt treffen, da die Auslegungsfrage stets in Ansicht des individuellen Vertrages beantwortet werden muss. Das Revisionsgericht hätte sich folglich mit der Frage befassen müssen, wie die Parteien ihre Formzwangvereinbarung verstanden wissen wollten. Sollte auch diese selbst in der Art Vertragsbestandteil werden, dass ihre Änderung dem Formzwang unterfallen sollte, wären die generell gehaltenen Ausführungen des BGH samt ihres Ergebnisses unzutreffend.

Gerade weil das Berufungsgericht zu seinem gegenteiligen Ergebnis gelangt ist, muss davon ausgegangen werden, dass dieses auf Grundlage einer entsprechenden Auslegung entstanden ist. Eine Selbstauslegungskompetenz des Revisionsgerichts wegen unterlassener Auslegung geht damit deshalb gerade nicht einher; andere Gründe für die Eigenauslegung gibt der BGH gleichfalls nicht. Insbesondere lässt die Entscheidung nicht erkennen, ob nicht bei individueller Betrachtung, wie sie die Auslegungsprüfung erfordert hätte, neue Tatsachenfeststellungen notwendig gewesen wären und damit ohne Zurückverweisung das Recht der Parteien auf rechtliches Gehör verletzt worden sein könnte.

(2) BGH vom 23.11.2001 – V ZR 282/00 (Urteil 30)

Das Berufungsgericht hatte hier die vertraglichen Vereinbarungen wegen Verstoßes gegen das Erfordernis der Einhaltung der gesetzlichen Form gem. §§ 125 Satz 1, 313 Satz 1 BGB a. F. als unwirksam erachtet, weil der

---

[217] Vgl. Ziffer II.c) der Entscheidungsgründe.

wesentliche Leistungsinhalt noch nicht in die Vertragsurkunde aufgenommen worden sei. Der BGH erkannte dies als rechtsfehlerhaft. Er sah in dem Vertragstext die Vereinbarung eines Bestimmungsrechts im Sinne des § 315 BGB, wodurch die vertragliche Leistung ausreichend konkret beurkundet sei. Die Erkenntnis eines solchen Bestimmungsrechts, mit der sich das Berufungsgericht ersichtlich nicht befasst hatte, stellt sich als Auslegung gem. §§ 133, 157 BGB dar. Damit hat sich der BGH nicht auf die Feststellung des Auslegungsfehlers beschränkt, sondern hat ohne rechtfertigende Ausführungen sogleich eine eigene Auslegung nachgeholt.

(3) BGH vom 26.04.2001 – VII ZR 222/99 (Urteil 41)

Der BGH nahm entgegen der Auffassung des Berufungsgerichts nebenvertragliche Hinweispflichten des Beklagten an. Dies stellt eine Ersetzung der tatrichterlichen Vertragsauslegung dar, auch wenn das Berufungsgericht selbst sich bei seiner Begründung des nebenvertraglichen Pflichtenumfangs nicht ausdrücklich mit der Frage der Vertragsauslegung befasst hatte.

(4) BGH vom 28.11.2001 – XII ZR 173/99 (Urteil 53)

Der BGH gelangte zum Ergebnis, durch die einer ehebedingten Zuwendung zu Grunde liegenden Vereinbarungen sei keine Geschäftsgrundlage zustande gekommen, die mit der Scheidung der Ehe habe entfallen können. Dass die Vereinbarung einer Geschäftsgrundlage eine Frage der Auslegung ist, gerät auf den ersten Blick in den Hintergrund, weil diese Fälle regelmäßig nicht anhand der §§ 133, 157 BGB, sondern stattdessen anhand des § 242 BGB bzw. neuerdings anhand des § 313 BGB n. F. erörtert werden. Die Anwendung eines deshalb gebotenen eingeschränkten Prüfungsumfangs seitens des BGH wird jedoch aus der Entscheidung nicht ersichtlich.

(5) BGH vom 22.06.2001 – V ZR 128/00 (Urteil 60); V ZR 123/00 (Urteil 62)

In diesen Entscheidungen interpretierte der BGH den von den Parteien vereinbarten Vertragszweck im Rahmen der Erörterung des § 812 Abs. 1 Satz 2 Alt. 2 BGB entgegen der Annahme des Berufungsgerichts. Eine Einschränkung auf die Überprüfung der Rechtsfehler der tatrichterlichen Vertragszweckauslegung erfolgte auch dabei nicht.

III. Die fehlende Beschränkung des BGH auf zwingende Auslegungsrechtsfehler

Nach den vom BGH aufgestellten Grundsätzen eröffnet sich der Entscheidungsspielraum des Revisionsgerichts erst dann, wenn die Auslegung des Berufungsgerichts die rechtlichen Grenzen einer möglichen Würdigung und Bewertung der auslegungsrelevanten Tatsachen überschreitet, so dass die Auslegung Rechtsfehler gem. §§ 133, 157 BGB aufweist. Rechtlich mögliche und denkbare Auslegungsergebnisse hingegen sind für das Revisionsgericht bindend, mag auch das Revisionsgericht eine andere von mehreren möglichen Auslegungsvarianten favorisiert haben.

Bei Betrachtung der untersuchten Entscheidungen des BGH fällt allerdings auf, dass in einem Großteil der Fälle[218] (64 Fälle; 76,2 %) das vom Berufungsgericht gefundene Auslegungsergebnis als nicht zwingend rechtsfehlerhaft erscheint, sondern sich durchaus als eine mögliche von mehreren Auslegungsvarianten begreifen ließe. Dies gilt [1.] besonders in den Fällen[219] (4 Fälle; 4,8 %), in denen der BGH einen Auslegungsfehler in Form der unzureichenden Berücksichtigung der Parteiinteressen feststellt, jedoch sodann zum selben Sachentscheidungsergebnis wie das Berufungsgericht gelangt. Sieht nämlich die vom Revisionsgericht fehlerfrei durchgeführte Anwendung des materiellen Rechts als sachgerechtes Ergebnis dasselbe vor, zu dem auch die Auslegung des Berufungsgerichts führte, bestehen Zweifel, ob die Parteiinteressen tatsächlich eine andere Auslegung geboten. Zweifel an der Rechtsfehlerhaftigkeit der Auslegung können aber [2.] auch dann bestehen, wenn das Auslegungsergebnis des Berufungsgerichts zu einer völlig anderen Entscheidung als vom BGH erkannt führte.

---

[218] Urteile 1, 2, 3, 4, 8, 9, 10, 12, 13, 14, 15, 16, 17, 18, 21, 22, 23, 25, 28, 29, 30, 32, 33, 35, 36, 37, 38, 39, 40, 41, 43, 44, 47, 48, 49, 50, 51, 52, 53, 54, 57, 58, 59, 60, 61, 62, 63, 64, 65, 66, 68, 70, 71, 72, 73, 75, 76, 77, 78, 79, 80, 81, 82 und 83.
[219] Urteile 1, 28, 39 und 43.

1. Die Irrelevanz der aufgehobenen Auslegung für das vom BGH gefundene Entscheidungsergebnis

(1) BGH vom 12.01.2001 – V ZR 468/99 (Urteil 1)

Das Berufungsgericht hatte aus einem Vorvertrag die Verpflichtung des Beklagten abgeleitet, der Klägerin eine Büroeinheit abzukaufen, die die Klägerin nicht entsprechend des Vorvertrages an Dritte veräußern konnte. Dass im Vorvertrag die Verpflichtung auf den Erwerb von „Wohneinheiten" gerichtet gewesen ist, war nach Auffassung des Berufungsgerichts ohne Bedeutung, weil eine Umwandlung der Büroeinheit in eine Wohneinheit möglich sei[220].

Der BGH hielt die Auslegung des Berufungsgerichts für fehlerhaft, weil die Frage der „Umwandlung des Teileigentums in Wohneigentum nicht erst für die Erfüllung eines infolge der Ankaufsverpflichtung zustande gekommenen Vertrages Bedeutung erlangen" könne, sondern als „Anspruchsvoraussetzung" zu verstehen sei und damit bereits einem Primäranspruch entgegenstehe. Vor der Umwandlung sei es der Beklagten „kaum möglich", Interessenten für den Erwerb von Wohnungseigentum zu gewinnen, so dass das Recht der Beklagten, die Ankaufsverpflichtung durch Vermittlung der Wohn- und Gewerbeeinheiten an Dritte abzuwenden, entwertet sei[221].

Dass die Auslegung des Berufungsgerichts denklogisch und rechtlich nicht möglich sei, hat der BGH nicht darzulegen vermocht. Stattdessen hat er unter neuer Bewertung der vertraglichen Risikosphären diese nunmehr zu Gunsten des Beklagten verschoben. Dieser war nunmehr nicht erst auf die Möglichkeit verwiesen, der Klägerin Erfüllungs- oder Sekundäransprüche aus dem Ankaufsvertrag entgegenzuhalten, sondern konnte bereits das Nichtbestehen des Vertrages einwenden. Diese Bewertung folgerte der BGH insbesondere aus dem formalen Wortlautargument, dass die vereinbarte Ankaufsverpflichtung für die „nicht verkauften Wohneinheiten und Gewerbeeinheiten" zwingend voraussetze, dass die zu verkaufenden Wohneinheiten bereits bestehen müssten. Der rechtlich möglichen Auslegung des Berufungsgerichts, wonach die Klausel in weiterem Sinne zu verstehen sei, so dass diese die nicht verkauften Einheiten ohne genauere Betrachtung ihrer aktuellen Nutzungsbeschaffenheit erfassen würde, versagte

---

220 Vgl. Ziffer I. der Entscheidungsgründe.
221 Vgl. Ziffer II.3.b)dd) der Entscheidungsgründe.

der BGH damit die Wirksamkeit, obgleich auch auf ihrer Grundlage eine Wahrung der Position des Beklagten in wirtschaftlicher Hinsicht möglich gewesen wäre.

(2) BGH vom 13.12.2001 – III ZR 284/00 (Urteil 28)

Das Berufungsgericht war hier davon ausgegangen, ein vertraglich vereinbartes Erfolgshonorar für den Verkauf von Gesellschaftsbeteiligungen sei gem. Ziffer 3.2.2. (1) des Vertrages („entsprechend seiner Beteiligungsquote") nur von dem durch die Transaktion betroffenen Anteilseigner zu entrichten.

Der BGH erblickte darin einen Verstoß gegen den Grundsatz der nach beiden Seiten hin interessengerechten Auslegung. Diese ergebe unter Berücksichtigung der an anderer Stelle enthaltenen Mindesthonorarklausel, dass jedenfalls ein Honorar von DM 350.000,00 erzielt werden müsse. Dies sei jedoch unter Zugrundelegung der Auslegung des Berufungsgerichts nicht möglich, weil dann, wenn einige Anteilseigner von der Transaktion nicht betroffen seien, das vereinbarte Mindesthonorar nicht erreicht würde.

Zwar hat das Berufungsgericht auch dies bedacht und die vom BGH ins Zentrum seiner Betrachtung gerückte Wahrung des Mindesthonorars dadurch erreicht, dass es den rechnerischen Anteil der nicht betroffenen Eigner auf die Anteile der betroffenen Eigner umgelegt hat. Dieser Auslegung spricht der BGH jedoch ihre Grundlage sowohl im Wortlaut des Vertrages als auch im Vorbringen der Parteien ab[222].

Auch in diesem Fall führt mithin die Auffassung des BGH zu einer Verschiebung des finanziellen Risikos der Vertragspartner unter Berufung auf die gegenseitigen Vertragsinteressen, obgleich die Begründung des Berufungsgerichts zu einem rechtlich möglichen, denkbaren und begründbaren Ergebnis geführt hat, das die Wahrung der als Wortlautgrenze zu verstehenden Mindesthonorarvereinbarung in gleicher Weise wie die Auslegung des BGH beachtet hätte. Dass hingegen der Wortlaut der Vereinbarung der Auslegung des Berufungsgerichts im Übrigen zwingend entgegengestanden hätte, ist nicht ersichtlich.

---

[222] Vgl. Ziffer A.I.1. der Entscheidungsgründe.

(3) BGH vom 09.07.2001 – II ZR 228/99 (Urteil 39)

Der Fall betraf die Auslegung einer als „Bürgschaftsvereinbarung“ bezeichneten Erklärung der Parteien. Diese verstand das Berufungsgericht als Bürgschaft im Sinne des § 765 BGB, so dass der Beklagte aus der Bürgschaft nur dann in Anspruch genommen werden konnte, wenn der Hauptanspruch des Klägers gegen eine Brauerei bestand, der sich seinerseits aus einer Bürgschaft des Klägers für die von ihm gegründete Vor-GmbH ergab. Das Berufungsgericht verneinte nach dem Wegfall dieses gesicherten (Bürgschafts-)Hauptanspruchs die Verpflichtung des Beklagten, für den seitens der Brauerei gegenüber dem Kläger geltend gemachten Zahlungsanspruch einzustehen.

Der BGH hielt die Auslegung der „Bürgschaftsvereinbarung“ durch das Berufungsgericht für rechtsfehlerhaft, „weil sie am Wortlaut dieser Urkunde haftend gegen den Grundsatz beiderseits interessengerechter Interpretation“ verstoße. Bei „sachgerechter“ Auslegung sei die Vereinbarung vielmehr als Begründung einer weiter reichenden Freistellungspflicht des Beklagten zu verstehen, die – unabhängig von der formalen Frage des Bestehens der Hauptforderung – bereits dann eingreife, wenn die von der Brauerei an die Vor-GmbH ausgezahlte Valuta schließlich dem Beklagten wirtschaftlich zugute kommen werde, weil dieser – vereinbarungsgemäß – die ursprünglich von der Vor-GmbH betriebene Gaststätte insbesondere gegen Abgabe der „Bürgschaftsvereinbarung“ erworben habe.

Auch dieser Fall zeigt, dass der BGH nach eigener Einschätzung die vermeintlich durch den Vertragswortlaut abgesteckten Grenzen bestimmt, um schließlich unter Berücksichtigung der Parteiinteressen ein seiner Auffassung nach sachgerechtes Auslegungsergebnis zu gewinnen[223]. Dass die Auslegung des Berufungsgerichts sich innerhalb des rechtlich Möglichen gehalten haben dürfte, wird dabei nicht nur aufgrund des starken Indizes des gewählten Vertragswortlauts deutlich. Darüber hinaus ist nämlich auch nicht ersichtlich, weshalb es einer anderen Vertragsauslegung bedurft hätte, weil sich das vom BGH angestrebte, durchaus nachvollziehbare und sachgerechte Ergebnis auch unter Zugrundelegung einer Bürgschaftsvereinbarung gem. § 765 BGB hätte erreichen lassen. Sofern nämlich der Beklagte – entgegen der bei Eingehung der Bürgschaft bestehenden Erwartung der

---

[223] Uneingeschränkt zustimmend Haertlein, WuB I F 1a. – 15.01, S. 1159; auch Frings, EWiR 2001, 849 f., 850.

Parteien – nicht aus der Bürgschaft in Anspruch genommen werden kann, wären die dem Beklagten zugute gekommenen, durch das Brauereidarlehen finanzierten Umbaumaßnahmen der Gaststätte jedenfalls nach den Grundsätzen einer ungerechtfertigten Bereicherung gem. § 812 Abs. 1 Satz 2 Alt. 1 BGB ersatzfähig. Denn der Beklagte hätte die durch den Umbau entstandenen Vermögensvorteile ohne Rechtsgrund erlangt, wenn die im Gegenzug begründete Bürgschaftsverpflichtung nachträglich weggefallen ist. Der streitgegenständliche Zahlungsanspruch hätte somit auf diese materielle Anspruchsgrundlage gestützt werden können[224].

(4) BGH vom 07.11.2001 – VIII ZR 213/00 (Urteil 43)

Das Berufungsgericht lehnte einen Schadensersatzanspruch ab, den die Klägerin geltend machte, weil die Beklagte von ihr gekaufte CDs nach Ausübung eines vertraglich vereinbarten Rückgaberechts nicht zurückgenommen hatte. Das Berufungsgericht verstand die Vereinbarung als vertragliches Rücktrittsrecht und ließ den begehrten Anspruch an entgegenstehenden Schadensersatzansprüchen der Beklagten gegen die Klägerin gem. §§ 347 Satz 1, 989 BGB scheitern, weil die Klägerin infolge der Ablehnung der Beklagten die zurückzugebenden CDs weder nach § 373 HGB noch aus einem sonstigen Grund gerechtfertigt versteigert hatte und dadurch die Rückgabe unmöglich gemacht hatte.

Demgegenüber verstand der BGH die Vertragsvereinbarung als Einräumung eines gesetzlich nicht geregelten Wiederverkaufsrechts, so dass nicht die §§ 346 ff. BGB Anwendung fänden, sondern entsprechend § 497 Abs. 1 BGB a. F. ein Wiederverkauf zustande gekommen sei. Der Anspruch der Klägerin ergebe sich deshalb aus § 326 Abs. 1 BGB a. F., weshalb die Klägerin auch gem. § 373 Abs. 2 HGB i. V. m. § 293 BGB zur Versteigerung der CDs befugt gewesen sei. Die Auslegung des Berufungsgerichts scheitere am Grundsatz einer nach beiden Seiten hin interessengerechten Auslegung, weil die Vereinbarung eines Rücktrittsrechts gem. §§ 346 ff. BGB stets den Vertrag im Ganzen betreffe. Ferner entsprächen die in §§ 350 f. BGB a. F. enthaltene Risikotragungsregeln nicht den Interessen der Partei-

[224] Dies hat wohl auch das Berufungsgericht gesehen, sich allerdings – angesichts der richterlichen Pflicht zur Überprüfung sämtlicher in Betracht kommender Rechtsgrundlagen nicht nachvollziehbar – an einer Prüfung der bereicherungsrechtlichen Ansprüche gehindert gesehen, weil der Kläger seine Klage nicht auf solche Ansprüche gestützt habe, vgl. OLG Frankfurt/Main vom 10.06.1999 – 12 U 103/98, S. 7.

en. Auch in einem vergleichbaren Fall habe der Senat dementsprechend ein Wiederverkaufsrecht angenommen.

Die Begründung des BGH überzeugt insoweit jedoch nicht, weil das von ihm erkannte interessengerechte Ergebnis auch auf Grundlage der Auslegung des Berufungsgerichts zu erreichen gewesen wäre. Zum einen erörtert der BGH nicht, dass die Vereinbarung eines vertraglichen Rechts nicht einem Typenzwang unterliegt, so dass eine Vereinbarung denkbar wäre, die nur auf bestimmte Regelungen der §§ 346 ff. BGB Bezug nimmt, hingegen andere, nicht als sachgerecht erscheinende abbedingt. Ein Rücktrittsrecht, das nicht den gesamten Vertrag, sondern nur bestimmte Teile davon betrifft, ginge damit ebenso einher wie eine sachgerechtere Risikoaufteilung[225]. Schließlich hätte ferner auch auf Grundlage der §§ 346 ff. BGB das Berufungsgericht ein Versteigerungsrecht der Klägerin annehmen dürfen, weil im Falle des Annahmeverzugs der Beklagten mit ihren Rückabwicklungspflichten eine Versteigerung der CDs gem. §§ 383, 372 BGB möglich gewesen wäre. Somit erwies sich zwar das Berufungsurteil wegen Nichtbeachtung dieser Rechtsnormen als fehlerhaft; eine Auslegung der Rückgabevereinbarung, die zwingend gegen rechtliche Grenzen verstieße, lässt sich hingegen nicht erkennen.

2. *Die Aufhebung nicht zwingend rechtlich fehlerhafter Auslegung*

In weitaus größerer Anzahl (60 Fälle; 71,4 %) erscheint hingegen die vom BGH als rechtsfehlerhaft bezeichnete tatrichterliche Auslegung von Willenserklärungen als mit dem vom BGH gefundenen Entscheidungsergebnis unvereinbar. Die Schilderung sämtlicher dieser 60 Entscheidungen im Detail brächte für die Darlegung der Kasuistik keinen weiteren Erkenntnisgewinn, so dass sich die Darstellung aus Gründen der Übersichtlichkeit auf einige hervorzuhebende Entscheidungen beschränkt[226].

---

[225] Kritik gegen die Argumentation des BGH insoweit auch bei Mankowski, EWiR 2002, 91 f., 92.

[226] Vgl. aber zudem die Besprechung weiterer hier relevanter Urteile an anderer Stelle der Untersuchung, so Urteile 3, 23, 32 (§ 459), 13, 17, 25, 40, 71, 72 (Auslegungsgrundsätze), 14, 15, 18, 45, 46, 55, 58, 69, 79 (ausführliche Begründungen), 21 (Korrektur von Prozessumständen), 48, 49, 53 (§ 242), 73, 78 (p. V. V), 60, 62 (§ 812).

(1) BGH vom 18.01.2001 – VII ZR 457/98 (Urteil 4)

Das Berufungsgericht war von der Vertretungsmacht eines Bauleiters für die Beklagte ausgegangen, weil es eine Benennung des Bauleiters als ihren Ansprechpartner entweder als Widerruf der kurz zuvor stattgefundenen Vollmachtserteilung oder als erneute Bevollmächtigung ausgelegt hatte. Der BGH hingegen sah in dieser Erklärung „lediglich eine Beschreibung des Aufgabenbereichs" des Bauleiters, jedoch keine Bevollmächtigung. Das Berufungsgericht habe bei seiner Auslegung die Tragweite der die Vollmacht entziehenden Erklärung der Beklagten verkannt, nach der der Bauleiter „unmißverständlich nicht weiter für die Beklagte tätig sein" solle. Vor diesem Hintergrund sah der BGH eine erneute Bevollmächtigung als nicht gegeben an.

Die dieser Auslegung zu Grunde liegenden Fragen stehen und fallen allein mit der Gewichtung der aus den Erklärungen folgenden Umstände, so dass sich ihre unterschiedliche Beantwortung innerhalb des Rahmens bewegt, den die Auslegungsmethodik zulässt. Die Aufhebung beruht deshalb nicht auf einer Überschreitung der rechtlichen Grenzen durch das Berufungsgericht, sondern erfolgte, weil der BGH eine andere Auslegungsalternative als das Berufungsgericht favorisierte. Dies kann auch nicht dadurch verdeckt werden, dass der BGH einer der Erklärungen durch die Bezeichnung als „unmißverständlich" eine vermeintlich unüberwindbare Gewichtung zusprechen möchte, weil auch die Frage der Eindeutigkeit einer Erklärung erst durch Auslegung zu ermitteln ist[227].

(2) BGH vom 10.09.2001 – II ZR 381/99 (Urteil 8); II ZR 380/99 (Urteil 9)

Das Berufungsgericht nahm an, zwischen dem Beklagten und zwei weiteren Personen, die sich untereinander bevollmächtigt hatten, jeweils auch für den anderen Treuhandverträge abzuschließen, um für Fremdgelder eine Kapitalanlage in der Schweiz schaffen und verwalten zu können, habe eine Gesellschaft bürgerlichen Rechts bestanden, deren Zweck im Sammeln von Anlagegeldern gelegen habe. Der BGH erachtete dies als rechtsfehlerhaft, weil die Vereinbarung eines solchen Gesellschaftszwecks von den Parteien nicht vorgetragen worden sei. „Die Rede [sei] stets nur von Treuhandauf-

[227] Vgl. nur BGH vom 19.12.2001 – XII ZR 281/99 (Urteil 31), Ziffer 2. der Entscheidungsgründe; ferner Hegenbarth, S. 167.

trägen" gewesen. Damit nimmt der BGH eine andere Gewichtung der vorgetragenen Umstände als das Berufungsgericht vor, obgleich die Auffassung des Berufungsgerichts, mit der Vereinbarung von Treuhandaufträgen zum streitgegenständlichen Zwecke sei bereits die Schwelle zu einem gesellschaftlichen Zweck im Sinne des § 705 BGB überschritten, im Rahmen der §§ 133, 157 BGB rechtlich möglich und auf Grundlage des Parteivortrages nicht ausgeschlossen war.

(3) BGH vom 17.09.2001 – II ZR 378/99 (Urteil 10)

In diesem Fall stand ein Telefax vom 10.09.1995 zur Überprüfung, in dem der Zeuge insbesondere darauf hinwies, dass er „vor einiger Zeit als Geschäftsführer zurückgetreten" sei und deshalb „keine Befugnisse mehr für die Firma" habe. Das Berufungsgericht sah darin lediglich eine Wissenserklärung, nicht jedoch eine Willenserklärung zur Amtsniederlegung, die bereits vorher stattgefunden hatte.

Hingegen legte der BGH die Erklärung als „Bekräftigung der früheren Amtsniederlegung" und damit „zugleich Bestätigung der Niederlegung des Geschäftsführeramtes" an. Diese sei – wobei der BGH auf § 141 BGB Bezug nimmt – als erneute Vornahme anzusehen[228].

Auch hier lag kein Verstoß gegen rechtliche Grenzen der Auslegungsnormen vor; das Berufungsgericht hat stattdessen die Erklärung des Zeugen einer von mehreren zulässigen und vertretbaren Auslegungsmöglichkeiten zugeführt. Auch der BGH selbst nennt hier einen Auslegungsfehler nicht ausdrücklich, sondern versucht sein Ergebnis durch den Vergleich mit der Norm des § 141 BGB zu rechtfertigen. Auch dabei handelt es sich jedoch um eine keinesfalls zwingende Wertungsfrage. Dies zum einen, weil § 141 BGB mit der Bestätigung seinerseits eine Willenserklärung voraussetzt[229], deren Vorliegen gem. §§ 133, 157 BGB zu ermitteln ist, zum anderen, weil im vorliegenden Fall einer bereits wirksamen Amtsniederlegung kein nichtiges Rechtsgeschäft vorliegt, das im Sinne des § 141 Abs. 1 BGB bestätigt werden könnte. Jedenfalls fehlte dem erklärenden Zeugen, selbst wenn für die Revisionsprüfung von der Unwirksamkeit seiner vorherigen Amtsnie-

---

[228] Uneingeschränkte Zustimmung erfährt diese Entscheidung bei Mätzing, JR 2002, 377 f., 378, der allerdings bei seiner Anmerkung den hier beleuchteten Aspekt ersichtlich nicht mehr betrachtet.
[229] Vgl. nur Staudinger-Roth, § 141 Rn. 14; MüKo-Mayer-Maly/Busche, § 141 Rn. 10.

derlegung ausgegangen worden sein sollte, der erforderliche Bestätigungswille, der nur dann anzunehmen ist, wenn der Erklärende die Nichtigkeit des Geschäfts kennt oder zumindest mit dieser rechnet[230]. Der Hinweis auf die nicht unmittelbar anwendbare Norm stellt sich deshalb allein als Heranziehung eines weiteren, nicht zwingenden Wertungsarguments dar.

(4) BGH vom 10.05.2001 – VII ZR 356/00 (Urteil 12)

In diesem Fall hatte die Beklagte mit Schreiben vom 02.02.1998 auf vorausgegangenen Schriftverkehr der Parteien der Klägerin hin mitgeteilt, sie verstehe die Klägerin dahin, dass eine von der Klägerin angekündigte Teilzahlung nunmehr schuldbefreiende Wirkung hinsichtlich der gesamten bislang ausstehenden, streitigen Schuld haben solle. Sie gehe deshalb von einem dahingehenden Einverständnis der Klägerin aus, sollte sie nichts anderes hören. Die Klägerin reagierte nicht, sondern leistete die Teilzahlung. Das Berufungsgericht folgerte aus alldem einen wirksamen konkludenten Forderungsverzicht der Klägerin.

Der BGH sah hierin insbesondere einen Verstoß gegen das Gebot einer interessengerechten Auslegung. Von einem solchen Forderungsverzicht habe gerade nicht ausgegangen werden dürfen, weil keinerlei Gründe für einen Verzicht ersichtlich und auch nicht seitens der Beklagten dargelegt worden seien. Als gegen einen Verzicht sprechend erachtete der BGH dabei vor allem ein Schreiben der Klägerin vom 24.01.1998, durch welches diese noch zu erkennen gegeben habe, dass sie die Rechnungskürzungen der Beklagten nur zum Teil anerkenne.

Die Aufhebung durch den BGH beruht dabei auf einer eigenen Würdigung auslegungsrelevanter Umstände, ohne dass die Auslegung des Berufungsgerichts rechtlich unzulässig oder tatsächlich undenkbar gewesen ist[231, 232]. Eine maßgebliche Rolle spielte allein die Bewertung des in den Handlungen und Unterlassungen der Klägerin mitschwingenden Aussage-

---

230 Vgl. nur BGH vom 10.05.1995 – VIII ZR 264/94, BGHZ 129, 372 ff., 377.

231 Wie beliebig verschiebbar die Schwerpunktsetzung bei der Berücksichtigung der auslegungsrelevanten Umstände und damit auch das Ergebnis der Auslegung ist, zeigen die Ausführungen des BGH in früheren Urteilen zu vergleichbaren Fällen, dazu vgl. Frings, BB 2001, 1763 f., 1764.

232 Zustimmend Fehl, DZWIR 2001, 505 f.; zu dem ähnlich gelagerten Fall (Urteil 71) ferner Haertlein, EWiR 2001, 745 f.; auch Frings, BB 2001, 1763 f.; mit Kritik an der Auslegungsdogmatik des BGH jedoch Kleinschmidt, NJW 2002, 346 ff.

gewichts. Dass das Ergebnis des BGH nicht zwingend ist[233], wird dabei besonders deutlich, weil ein vorheriges Beharren der Klägerin auf dem Fortbestand der gesamten Forderung – sofern ein solches tatsächlich aus deren Schreiben zu folgern gewesen sein sollte – gerade auch als Indiz dafür sprechen könnte, dass die Klägerin durch ihre Nichtreaktion und Zahlung zum Ausdruck bringen wollte, dass sich ihre Meinung nun geändert habe. Als hierfür denkbarer Grund käme insbesondere das Bestreben in Betracht, Rechtsfrieden zu erlangen. Entgegen den Ausführungen des BGH muss dem auch keinesfalls entgegenstehen, dass die Beklagte diesen oder andere Gründe nicht dargelegt hat, weil die Auslegung gem. §§ 133, 157 BGB Rechtsanwendung ist. Dabei ist der Tatrichter berechtigt und gehalten, sämtliche aus dem Prozessstoff ersichtlichen Umstände heranzuziehen. Dass einzelne Umstände nicht ausdrücklich von den Parteien dargelegt worden sind, hindert deshalb nicht ihre Erkenntnis und Berücksichtigung.

(5) BGH vom 27.09.2001 – III ZR 318/00 (Urteil 16)

Hier war für den mit der Klage geltend gemachten Maklerlohnanspruch die Frage der Wirksamkeit des gemakelten Mietvertrages von maßgeblicher Bedeutung. Dieser selbst enthielt keinen Hinweis auf eine Wirksamkeitsbedingung, jedoch sollte ausweislich des dem Mietvertragsformular beiliegenden Anschreibens das Vertragsangebot „vorbehaltlich der Erteilung der behördlichen Genehmigungen“ gelten. Diese wurden unstreitig nicht erteilt. Nach dem Maklervertrag selbst sollte die Provision fällig sein, „sobald der vom Vermieter gegengezeichnete Mietvertrag dem Mieter vorliegt und alle zur Ausübung des Gewerbes notwendigen Genehmigungen vorliegen – spätestens jedoch mit der Übergabe des Mietbereichs“. Das Berufungsgericht hielt den Mietvertrag für wirksam, weil die Frage des Erhalts der Genehmigungen nur das Durchführungsstadium des Vertrages betreffe, und sah den Provisionsanspruch als gegeben an.

Der BGH erachtete es hingegen als nahe liegend, das Angebotsschreiben „nach Sinn und Wortlaut dahin auszulegen, daß das Angebot des Beklagten unter der aufschiebenden Bedingung der Erteilung der [...] notwendigen Genehmigung abgegeben worden“ sei, so dass auch der zustande gekom-

[233] Auf weitere Auslegungsmöglichkeiten, das Angebot als üblen Scherz anzusehen, der eine Antwort nicht verdiene, oder aus der Zahlungsannahme zu folgern, der Adressat habe das Vergleichsangebot gar nicht erkannt, weist Haertlein, EWiR 2001, 745 f., 746, hin.

mene Vertrag aufschiebend bedingt und damit nunmehr unwirksam sei[234]. In der Folge sei deshalb auch die Auslegung des Maklervertrages fehlerhaft, weil mangels wirksamen Hauptvertrages die Darlegungs- und Beweislast für den Provisionsanspruch nun zu Lasten des Maklers verschoben sei. Dem sei die Auslegung des Berufungsgerichts nicht gerecht geworden.

Diese Auslegung des Mietvertrages durch den BGH scheint zwar vertretbar, jedoch reicht dies noch nicht aus, um die jeweils vom Berufungsgericht gewählten, – wie auch der BGH erkennen lässt – denkbaren Auslegungsalternativen als rechtsfehlerhaft zu erkennen. Der vom BGH dabei erkannte Rechtsfehler könnte deshalb allein dann vorliegen, wenn das Berufungsgericht sich mit dieser Auslegungsfrage überhaupt nicht befasst haben sollte. Dass indes beide Tatsacheninstanzen[235] trotz ausdrücklicher Auseinandersetzung mit der Auswirkung der fehlenden Genehmigung auf die Wirksamkeit des Mietvertrages die Frage der Bedingungsvereinbarung übersehen haben sollten, erscheint nicht nahe liegend. Auch die Behandlung der Auslegung des Maklervertrages, dessen Fehlerhaftigkeit mit der Auslegung des Mietvertrages auch nach Auffassung des BGH steht und fällt, ist keineswegs überzeugend[236].

Genauere Aussagen zur Auffassung der Vorinstanzen lassen sich allerdings im Rahmen der Untersuchung nicht treffen. Zwar ist nämlich das Berufungsgericht nach Zurückverweisung der Auslegung des BGH gefolgt, jedoch tat es dies nicht aufgrund einer eigenen, erneuten Auslegung, sondern glaubte sich an die Auffassung des BGH gem. § 565 Abs. 2 ZPO a. F. gebunden[237]. Ferner kam es nach Zurückverweisung letztlich auf die Auslegungsfrage für das Entscheidungsergebnis auch nicht an, weil das Berufungsgericht es dem Beklagten jedenfalls verwehrt hat, sich auf das Fehlen der Genehmigung gem. § 242 BGB zu berufen[238]. Eine kritische Auseinan-

---

234 Vgl. Ziffer I.4. der Entscheidungsgründe.

235 Das Ausgangsgericht hatte der Klage in gleicher Weise wie das Berufungsgericht stattgegeben.

236 Zu Recht wendet Hiller, EWiR 2002, 241 f., 240 erhebliche Zweifel an der Auslegung des Maklervertrags durch den BGH ein. Aufgrund der „offensichtlich eindeutigen Regelung“, dass die Provision spätestens mit Übergabe fällig sein sollte, nimmt er einen wirksamen Vertrag an und geht jedenfalls mit Inbesitznahme des Objekts von einem stillschweigenden Verzicht auf den Bedingungseintritt aus. Die Auslegung des BGH führe dabei bei Berücksichtigung aller Interessenlagen zu einer nicht zu billigenden Härte für den Makler.

237 Vgl. OLG Hamburg vom 30.09.2002 – 11 U 209/00, Seite 16.

238 OLG Hamburg, a. a. O., Seiten 17 ff.

dersetzung mit der Auslegung des BGH, innerhalb derer eine Rechtfertigung der ursprünglichen Auslegung hätte erfolgen können, fand deshalb nicht mehr statt.

(6) BGH vom 06.12.2001 – III ZR 296/00 (Urteil 22)

Das Berufungsgericht war hier zu der Auffassung gelangt, eine Provisionsvereinbarung zu einem Maklervertrag sei bereits dem Grunde nach nicht zustande gekommen, weil der Beklagte die Angabe „5,75 %“ im Vertragsformular durch die Worte „nach Vereinbarung“ ersetzt und später nach Unterzeichnung dieses Vertrages stets nur „sibyllinisch gelächelt“ hatte, sobald die Provisionsfrage angesprochen worden sei. Eine ausweislich des Vertrages erst noch zu treffende Provisionsvereinbarung sei deshalb bislang nicht zustande gekommen.

Das Revisionsgericht kam stattdessen insbesondere aufgrund des „sibyllinischen Lächelns“ des Beklagten bei tatsächlicher Durchführung des Maklervertrages zu dem Ergebnis, der Beklagte habe die Provisionszahlung gerade nicht verweigern wollen, so dass das Bestehen einer Zahlungspflicht feststehe. Zu ermitteln sei folglich nur noch die genaue Höhe der Provision.

Demnach unterschieden sich die Auffassungen von Tat- und Revisionsgericht insbesondere in der Würdigung der Bedeutung des maklervertraglichen Wortlauts, weil das Revisionsgericht darin bereits die Vereinbarung einer Provision dem Grunde nach sah, so dass sich die Worte „nach Vereinbarung“ nur noch auf die Frage der Provisionshöhe bezogen. Dass indes die gegenteilige Auslegung des Berufungsgerichts undenkbar oder mit den rechtlichen Vorgaben einer Auslegung gem. §§ 133, 157 BGB unvereinbar wären, ist nicht ersichtlich. Sie stellt sich vielmehr als tatrichterliche Würdigung von Einzelfallumständen in ihrem Gesamtgefüge dar, welche das Revisionsgericht korrigiert hat.

(7) BGH vom 13.06.2001 – VIII ZR 294/99 (Urteil 24)

Das Ausgangsgericht hatte sich hier insbesondere mit der Frage befasst, ob von einer Abtretungserklärung eines Handelsvertreters an die Klägerin nur die Provisionsansprüche gegen eine Bank erfasst sein sollten, oder aber, ob die Abtretung die Ansprüche auch dann betreffen sollte, wenn sie nicht gegenüber der Bank, sondern gegenüber der Beklagten bestanden haben sollten. Letzteres hatte das Landgericht erstinstanzlich abgelehnt und deshalb eine Aufrechnung mit Ansprüchen gegen den Klageanspruch verneint. Das Berufungsgericht hat sich, von seinem Standpunkt aus folgerichtig, mit der Abtretungsfrage nicht befasst.

Der BGH gab im Rahmen seiner aus anderen Gründen erforderlichen Zurückverweisung indes auch Bedenken gegen die Auslegung des Landgerichts zu erkennen. Wenn auch der Schuldner der abgetretenen Ansprüche nicht genannt gewesen sei, sei es dennoch möglich, dass die Abtretung jedenfalls die gegen den wahren Schuldner bestehenden Ansprüche erfassen sollte. Der BGH sprach damit der tatrichterlichen, denkbaren und zulässigen Auslegung die Wirksamkeit allein deshalb ab, weil ihm eine Auslegungsalternative als ebenso möglich erschien.

(8) BGH vom 17.01.2001 – IV ZR 282/99 (Urteil 29)

Im zu Grunde liegenden Fall stellte sich die Frage, ob eine verspätete Prämienanmeldung zum Wegfall des Schutzes aus einer Transportversicherung geführt hatte. Der auszulegende Vertragswortlaut fand sich sowohl in Versicherungsbedingungen (AVB) der Beklagten, als auch in Besonderen Vereinbarungen (BV), durch welche die AVB modifiziert wurden. Während die Fragen der Leistungsfreiheit der Beklagten in Nr. 13 AVB geregelt waren, enthielt Nr. 16 AVB Regelungen zur Prämienanmeldung. Die BV modifizierten Ziffer 16.3 AVB dahin, dass die Klägerin die Prämienanmeldungen „bis zum 10. des Folgemonats vorzunehmen [habe]. Es sind ausschließlich die deklarierten Transporte versichert". Das Berufungsgericht schloss aus der unmittelbaren Aufeinanderfolge dieser beiden Regelungen in Nr. 16.3 AVB, dass mit Deklarierung in diesem Sinne nur die rechtzeitige gemeint gewesen sein könne. Einen etwaigen Widerspruch, der sich daraus ergeben könnte, dass Nr. 13 AVB einen Wegfall der Leistungspflicht erst dann annahm, wenn der Versicherungsnehmer mit einer Prämienanmeldung länger als zwei Wochen nach Mahnung in Verzug sei, löste das Berufungsgericht durch Auslegung nach Sinn und Zweck der BV, welche die Fragen der Anmeldungen habe speziell und abschließend regeln wollen.

Diese Auslegung erachtete der BGH als rechtsfehlerhaft, weil sie gegen den Wortlaut und die Systematik der auszulegenden Vereinbarungen verstoße. Insbesondere hielt der BGH den Wortlaut der BV für eindeutig, weil sich dieser ausschließlich auf eine Abänderung von Nr. 16.3 AVB beziehe und somit eine Änderung von Nr. 13 AVB gerade nicht bewirken könne.

Die Ausführungen des BGH, die sich allesamt mit den auch vom Berufungsgericht erörterten Umständen befassen, zeigen deutlich, dass die denkbare und generell zulässige Auslegung des Berufungsgerichts allein aufgrund einer eigenen Bewertung der auslegungsrelevanten Umstände als fehlerhaft erkannt worden ist. Dies kommt insbesondere dadurch zum Ausdruck, dass der BGH seine eigene Auslegung auch durch die vermeintliche Eindeutigkeit des Wortlauts der Vereinbarung stützen will. Dass eine solche Eindeutigkeit indes – wie generell[239] – nicht bestand, zeigt gerade das mit der Revision angegriffene Auslegungsergebnis.

(9) BGH vom 15.03.2001 – IX ZR 273/98 (Urteil 33)

Das Berufungsgericht hatte die Wirksamkeit einer Bürgschaft zu beurteilen, die für einen Zwischenkredit in Höhe von DM 750.000,00 eingegangen worden war und nur gelten sollte, „wenn der Zwischenkredit frei zur Auszahlung kommt". Da der Kredit tatsächlich nur in Höhe von DM 500.000,00 ausgezahlt worden war, erachtete das Berufungsgericht die Bedingung für die Wirksamkeit der Bürgschaft als nicht eingetreten.

Der BGH hielt diese Auslegung insbesondere wegen Nichtberücksichtigung der erkennbaren Interessenlage beider Vertragsteile für rechtsfehlerhaft. Vor dem Hintergrund, dass aus verschiedenen denkbaren, jedoch nicht unbedingt in der Verantwortungssphäre der Bank liegenden Gründen die Vollauszahlung eines Darlehens scheitern kann, hielt der BGH auch bei Vorliegen einer bloßen Teilauszahlung ein typisches Interesse der Bank nicht für ausgeschlossen, durch die Bürgschaft gesichert zu sein. Deshalb habe sie aus objektivierter Empfängersicht ohne deutlichere Bestimmung etwa derart, der Kredit müsse „in voller Höhe" frei zur Auszahlung kommen, nicht annehmen müssen, die Bürgschaft gelte bei Teilauszahlung keinesfalls.

Diese Begründung des BGH vermag trotz ihrer Überzeugungskraft in der Sache[240] nicht zu überdecken, dass auch die Auslegung des Berufungsge-

[239] Vgl. nur BGH vom 19.12.2001 – XII ZR 281/99 (Urteil 31), Ziffer 2. der Entscheidungsgründe.

[240] Bydlinski, WuB I E 5. – 8.01, S. 774, hält die Auslegung des BGH für zumindest gut vertretbar.

richts denkbar und zulässig wäre, mag sich auch mit einer entsprechend differenzierten Würdigung und Betrachtung, wie sie der BGH favorisierte, nicht einhergehen. Die Annahme eines Rechtsfehlers beruht damit auf der besonderen Würdigung auslegungsrelevanter Umstände, die das Berufungsgericht nicht als gleichermaßen maßgeblich erachtet hatte, weil es aufgrund anderer Schwerpunktsetzung zu einem anders gelagerten Vertragszweck als der BGH gelangt war.

(10) BGH vom 18.06.2001 – II ZR 248/99 (Urteil 36)

Hier hatte das Berufungsgericht einer Zusicherung des Beklagten, der Kläger „könne wegen seiner Forderungen gegen die KG unbesorgt sein", weil der Beklagte „bei einer Verschlechterung der wirtschaftlichen Lage der KG Gelder einlegen" werde, keine Bedeutung für die Frage einer Garantie gem. § 305 BGB a. F., sondern nur im Rahmen einer nebenvertraglichen Pflicht beigemessen, so dass es den begehrten Schadensersatzanspruch am fehlenden Verschulden scheitern ließ.

Hingegen sah der BGH durch die streitgegenständliche Zusage die Grenze zu einer verschuldensunabhängigen Garantieerklärung als überschritten an. Das Auslegungsergebnis des Berufungsgerichts wäre hingegen gleichfalls denkbar gewesen[241] und beruht nicht auf einem methodischen Auslegungsfehler, sondern lediglich darauf, dass das Berufungsgericht dem Inhalt der Zusage ein geringeres Gewicht beigemessen hatte, als dies dem Revisionsgericht als sachgerecht erschien.

(11) BGH vom 06.12.2001 – VII ZR 241/00 (Urteil 37)

Das Berufungsgericht hatte mit ausführlicher Begründung die Übersendung eines Prüfvermerks der bevollmächtigten Architekten der Beklagten als Willenserklärung eingeordnet, mit welcher der Klägerin der Abschluss eines Schuldanerkenntnisses angetragen worden sei, das die Klägerin auch durch ihre Nichtbeanstandung und ihr Einverständnis – vorbehaltlich eines Teilbetrages – angenommen habe.

---

[241] Auch Schaub, JA 2002, 92 ff., 93, äußert Zweifel, ob sich der Beklagte mit seiner Erklärung tatsächlich in solch weitem Umfang binden wollte, und hält die Auslegung des BGH nur für vertretbar.

Der BGH hielt diese Auslegung – trotz der gesonderten Befassung des Berufungsgerichts mit dieser Frage – insbesondere deshalb für fehlerhaft, weil auch im vorliegenden Fall der Prüfvermerk lediglich eine Wissens- und keine Willenserklärung darstelle. Auch eine Annahme des Angebots sah der BGH nicht als gegeben an. Zudem fehle es an Feststellungen, dass die Parteien durch eine womögliche Anerkenntnisvereinbarung das Schuldverhältnis dem Streit entziehen wollten.

Die Ausführungen des BGH zu den einzelnen Punkten lassen jeweils erkennen, dass die Auslegung des Berufungsgerichts nicht als solche undenkbar und unzulässig, sondern möglich und im vorliegenden Einzelfall gut vertretbar[242] war. Trotz der erkennbaren Auseinandersetzung des Berufungsgerichts mit den erörterungswürdigen Punkten sah der BGH sodann den vorliegenden Einzelfall nicht als unter die Merkmale eines Schuldanerkenntnisses subsumierbar an, was auf eine eigene Würdigung der einzelnen Auslegungsumstände schließen lässt. Wenig überzeugend erscheint zudem der Hinweis auf einen fehlenden Streitentziehungswillen, weil dieser sich bei entsprechender Auslegung der streitgegenständlichen Erklärungen durch das Berufungsgericht aus den Gesamtumständen ergab[243].

(12) BGH vom 27.06.2001 – VIII ZR 235/00 (Urteil 38)

In diesem Fall stand die Frage zur Beurteilung, ob die Auswahl eines bestimmten Steuerberaters als Schiedsgutachter zur Ermittlung einer gesellschaftsrechtlichen Ausgleichspflicht durch die Parteien an die Person oder nur an die Funktion des genannten Steuerberaters geknüpft worden sei. Die Auslegung des Berufungsgerichts hatte unter Berücksichtigung der nicht übermäßigen Schwierigkeiten des Auftrags ergeben, dass auch der Kanzleinachfolger des Steuerberaters den Auftrag ausführen durfte.

Hingegen sah das Revisionsgericht die Aufgabe als so schwierig und wesentlich an, dass unter sachgerechter Berücksichtigung der Interessenlage der Parteien das Schiedsgutachten nur von dem ihnen bekannten und benannten Steuerberater erstellt werden sollte. Während der vom Berufungsgericht zur Stützung seiner Ansicht herangezogene Wortlaut durchaus beide Auslegungsmöglichkeiten zulasse, könnten die weiteren Umstände gerade für die Fixierung auf eine bestimmte Person sprechen.

---

[242] Vgl. auch Wenner, EWiR 2002, 465 f., 466.
[243] Vgl. bereits Seite 57.

Wenn auch der BGH sich einer abschließenden Auslegungsentscheidung enthielt, zeigt die Aufhebung, dass der BGH die Gewichtung und Würdigung des Berufungsgerichts als nicht ausreichend hielt, um zu einem rechtsfehlerfreien Auslegungsergebnis zu gelangen. Dies ist deshalb bedenklich, weil das Berufungsgericht nicht eine umfassende Auslegung gänzlich unterlassen hat, sondern auch die jenseits des Wortlauts der Vereinbarung liegenden Umstände und Interessen der Parteien in die Würdigung miteinbezogen hat[244]. Damit stellt sich die Entscheidung des BGH als eigene Auslegung dar, obgleich sich das Berufungsgericht innerhalb des rechtlichen Rahmens der §§ 133, 157 BGB gehalten hat.

(13) BGH vom 26.04.2001 – VII ZR 222/99 (Urteil 41)

Das Berufungsgericht hatte Ansprüche aus positiver Vertragsverletzung verneint. Solche hatten die klagenden Architekten geltend gemacht, weil der Beklagte sie nicht darauf hingewiesen hatte, dass sie nach Entziehung ihrer Vertretungsmacht durch ihn für weitere Aufträge, die sie in seinem Namen abgaben, als vollmachtlose Vertreter haften müssten.

Der BGH indes legte das Vertragsverhältnis der Parteien dahin aus, dass es eine solche Hinweispflicht als Nebenpflicht enthalte, so dass der Beklagte die Ausführung der vollmachtlos beauftragten Arbeiten trotz Kenntnis nicht ohne Weiteres geschehen lassen durfte. Einen konkreten Auslegungsfehler benannte der BGH dabei nicht, sondern ersetzte die denkbare Auslegung des Vertrages durch das Berufungsgericht auf seine Nebenpflichten hin durch seine eigene, auf einer anderen Gewichtung der Parteiinteressen beruhende Auslegung.

(14) BGH vom 26.07.2001 – X ZR 211/99 (Urteil 44)

Das Berufungsgericht hatte einem befristeten Baumaufzuchtvertragsverhältnis die Nebenpflicht des auf Schadensersatz beklagten Baumschulenbetreibers entnommen, bis zur Klärung der Frage des offenen Verbleibs der aufgezogenen Bäume deren Rodung auch nach Vertragsende zu unterlassen und den Kläger auf die Gefahr hinzuweisen, dass die gerodeten Bäume verderben könnten, wenn sie nicht rechtzeitig abgeholt würden.

---

[244] Dies lässt der BGH unter Ziffer II.1.b) der Entscheidungsgründe erkennen.

Der BGH verneinte beide Pflichten. Eine Pflicht zur Aufzucht der Bäume bestehe ab dem Ablauf der Vertragslaufzeit nicht mehr, so dass die Rodung nicht vertragswidrig gewesen sei. Selbst eine Hinweispflicht könne im Übrigen dann nicht angenommen werden, wenn beachtet werde, dass der Kläger in Baumaufzuchtdingen selbst erfahren genug sei. Davon müsse aufgrund des bisherigen Parteivortrages ausgegangen werden.

Die Ermittlung, in welcher Art und in welchem Umfange aus einem solchen Aufzuchtvertrag ungeschriebene Nebenpflichten resultieren, beurteilte sich dabei allein auf Grundlage einer eigenen Würdigung der ersichtlichen Umstände, ohne dass die Auslegung des Berufungsgerichts dabei gegen zwingende Normen verstoßen oder zwingend Verfahrensfehler aufgewiesen hätte.

(15) BGH vom 17.01.2001 – VIII ZR 186/99 (Urteil 47)

Hier hatte das Berufungsgericht eine Wettbewerbsverbotsklausel eines Handelsvertretervertrages auszulegen, die dem Vertreter untersagte, über bestimmte Formen der Zusammenarbeit mit konkurrierenden Unternehmen hinaus auch „jede weitere gleichartige gewerbliche Tätigkeit" auszuüben. Unter Berücksichtigung von Sinn und Zweck der Klausel kam das Berufungsgericht zum Schluss, dass bei der Auslegung nicht am buchstäblichen Wortlaut gehaftet werden dürfe. Bei der streitgegenständlichen Tätigkeit der Steuerberatung handle es sich demnach um eine wirtschaftlich gleichartige im Sinne der Klausel, weil dem Begriff der Gleichartigkeit hier schon jede finanzberaterische Tätigkeit im weiteren Sinne unterfallen sollte.

Der BGH erachtete diese Auslegung als Verstoß gegen den Grundsatz, dass bei der Auslegung vom Wortlaut der Willenserklärung auszugehen sei. Umstände, die ein vom Wortlaut abweichendes Ergebnis wie das des Berufungsgerichts rechtfertigten, konnte der BGH nicht erkennen.

Auch in diesem Fall beruht die Aufhebung des BGH auf einer anderen Gewichtung des aus dem Wortlaut der Erklärung abzuleitenden Sinns. Dessen Einschätzung ist nicht durch rechtliche Normen zwingend vorgegeben, so dass das Auslegungsergebnis untrennbar mit der wertenden Betrachtung des BGH in Zusammenhang steht.

(16) BGH vom 14.11.2001 – IV ZR 181/00 (Urteil 50)

Dieser Fall erforderte die Auslegung eines Schreibens der Beklagten vom 26.05.1995 dahin, ob es eine Anfechtungserklärung darstellen könne. Während das Berufungsgericht dies bejaht hatte, meinte der BGH, dies sei nicht der Fall, weil das Schreiben „nicht unzweideutig erkennen“ lasse, „daß das Rechtsgeschäft rückwirkend beseitigt werden soll[e]“.

Trotz der in der Sache gut nachvollziehbaren und überzeugenden Begründung des Revisionsgerichts fand dabei eine Ersetzung des berufungsgerichtlichen Auslegungsergebnisses infolge eigener Wertung statt, ohne dass das aufgehobene Ergebnis erkennbar mit zwingendem Recht nicht hätte in Einklang gebracht werden können.

(17) BGH vom 20.03.2001 – X ZR 180/98 (Urteil 51)

Das Urteil des BGH befasste sich mit der Frage, ob ein Schreiben des Klägers vom 02.05.1994 eine hinreichend deutliche Ablehnungsandrohung enthalten habe[245]. Dies hatte das Berufungsgericht verneint, weil das Schreiben an anderer Stelle ankündigte, die „unter Vorbehalt erteilten Aufträge zu annullieren“. Der streitgegenständliche Auftrag einer Trennschleifmaschine, mit dem sich der erste, die bislang ausstehende Leistung einfordernde Teil des Schreibens befasste, war indes unstreitig vorbehaltlos erteilt worden. Das Berufungsgericht ließ deshalb die ausreichende Ernsthaftigkeit der Ablehnungsandrohung hinsichtlich dieser Maschine vermissen.

Der BGH sah darin zwei Auslegungsfehler. Das Verständnis des Berufungsgericht, welches dem Schreiben zwei formal getrennte Aussagegegenstände beimesse, führe zu einem nicht nachvollziehbaren Aussagegehalt des Schreibens. Jedenfalls aber habe das Berufungsgericht auch bei seiner Betrachtung „nicht einbezogen, daß der Kläger unter graphischer Hervorhebung einen „letzten“ Termin gesetzt hat, was für eine Ablehnungsandrohung sprechen konnte“.

Beide vom BGH genannten Auslegungsmängel beruhen mithin lediglich auf einer eigenen Würdigung der Auslegungsumstände, ohne dass das Aus-

[245] Vgl. Ziffer II.4. der Entscheidungsgründe.

legungsergebnis des Berufungsgerichts rechtlich unzulässig, undenkbar oder auch fern liegend wäre.

(18) BGH vom 26.07.2001 – X ZR 162/99 (Urteil 54)

Mit zwei Auslegungsfehlern befasste sich der BGH in diesem Fall. Hier hatte das Berufungsgericht zum einen eine ausdrücklich und vorsorglich erklärte außerordentliche Kündigung in eine ordentliche Kündigung umgedeutet. Zum anderen war es aufgrund vorgetragener Gespräche und Schreiben zum Ergebnis gelangt, die Parteien hätten einen ursprünglich vereinbarten Vertragsinhalt nachträglich verändert, so dass eine streitgegenständliche, auf den ursprünglichen Vertragsinhalt bezogene Fristsetzung mit Ablehnungsandrohung keine Wirksamkeit hinsichtlich des veränderten Leistungsumfangs haben konnte.

Der BGH erachtete die Umdeutung der Kündigung als fehlerhaft, weil ein hierzu erforderlicher Wille, sich in jedem Fall von dem Vertrag zu lösen, bislang nicht ersichtlich sei[246]. Die Veränderung des Vertragsumfangs könne nicht aus den von den Parteien vorgetragenen Gesprächsinhalten gefolgert werden; stattdessen spreche „vieles dafür, die Vereinbarung [...] dahin zu verstehen, daß die Arbeiten auf dem erreichten Niveau abgeschlossen [werden sollten], ohne daß es auf darüber hinausgehende weitere Funktionen angekommen wäre“[247].

Auch hier konnte der BGH nicht darlegen, dass die Auslegungsergebnisse des Berufungsgerichts zwingend fehlerhaft, weil unzulässig seien, sondern musste sich allein darauf beschränken, die nach eigener Würdigung der seiner Auffassung nach auslegungsrelevanten Umstände – jedenfalls bislang – nicht ausreichend überzeugende Begründung der Ergebnisse zu monieren.

(19) BGH vom 23.05.2001 – XII ZR 148/99 (Urteil 57)

Das Berufungsgericht hatte aus einem Schreiben des beklagten Vaters abgeleitet, er habe gegenüber seiner klagenden Tochter eine Unterhaltszusage dem Grunde nach abgegeben.

---

[246] Vgl. Ziffer II.1. der Entscheidungsgründe.
[247] Vgl. Ziffer II.2.b) der Entscheidungsgründe.

Der BGH vollzog diese Auslegung insbesondere deshalb nicht nach, weil ein ausreichender Wille, sich schon dem Grunde nach zu verpflichten, an einem erklärten Vorbehalt des Vaters scheiterte; diesen hatte das Berufungsgericht nur auf die Höhe des zu zahlenden Unterhalts bezogen. Auch weitere, vom BGH gewürdigte Umstände, von denen der Beklagte ausweislich seines Schreibens ausgegangen war, sprächen gegen einen Verpflichtungswillen.

Das generell denkbare und zulässige Auslegungsergebnis des Berufungsgerichts scheiterte damit daran, dass das Berufungsgericht eine Würdigung vorgenommen hatte, bei der in den Augen des BGH wesentlichen Umstände außer acht gelassen worden waren.

(20) BGH vom 09.10.2001 – X ZR 132/99 (Urteil 59)

Das Berufungsgericht war bei einem „kombinierten Kauf- und Werk(lieferungs)vertrag" insbesondere aufgrund der Vereinbarung eines Nachbesserungsrechts zum Ergebnis gelangt, die Parteien hätten für die Gewährleistung in vollem Umfang Werkvertragsrecht vereinbart.

Dieses Ergebnis erachtete der BGH jedenfalls als nicht zwingend und damit nicht tragfähig, weil aus dem Vorliegen eines Gewährleistungselements noch nicht auf die Art der vereinbarten Gewährleistung im Ganzen geschlossen werden könne. Dies folge auch aus der Wertung des § 651 Abs. 1 BGB a. F., die folglich das Berufungsgericht nicht bei seiner Beurteilung herangezogen habe.

Die Entscheidung zeigt mit besonderer Deutlichkeit, dass der BGH eine Auslegung bereits dann aufhebt, wenn die Auslegung des Berufungsgerichts zwar generell denkbar, jedoch nicht zwingend ist. Die Auslegungskontrolle ist damit zu einer umfassenden Nachvollziehungskontrolle erweitert worden. Da auch die Wertung des § 651 Abs. 1 BGB a. F. nicht ausschließt, dass die Parteien selbst hinsichtlich kaufrechtlicher Elemente des kombinierten Vertrages die Geltung werkvertraglicher Gewährleistungsnormen vereinbart haben, kann die Nennung der Norm keinen Rechtsfehler des Berufungsgerichts belegen. Vielmehr konnte das Revisionsgericht nur mutmaßen, ob das Berufungsgericht die Norm bei seiner Auslegung mitbedacht hatte, was für die Erkennung eines Rechtsfehlers allerdings nicht ausreichen kann.

Der Fall betraf die Frage, ob das Schweigen des Versicherungsnehmers als stillschweigender Widerruf einer vormals erklärten Einsetzung des Bezugsberechtigten aufzufassen war. Nachdem das ursprüngliche Vertragsverhältnis, in dem der Kläger als Bezugsberechtigter bestimmt gewesen war, aufgelöst und erneut eingerichtet worden war, hatte der Versicherer um die bislang noch ausstehende Mitteilung gebeten, wem das Bezugsrecht aus der erneut eingerichteten Versicherung zustehen solle. Da der Versicherungsnehmer nicht reagierte, stellte sich der Versicherer auf den Standpunkt, eine Bezugsberechtigung sei nicht eingeräumt worden. Dieser Auffassung folgte das Berufungsgericht, das im Schweigen des Versicherungsnehmers einen stillschweigenden Widerruf der Bezugsberechtigung sah.

Dies erachtete der BGH als fehlerhaft. Das Schweigen könne allenfalls als Bestätigung der ursprünglichen Bezugsberechtigung aufgefasst werden. Ein anderer Erklärungsinhalt lasse sich nicht ausreichend deutlich erkennen. Insbesondere sei der Fall nicht mit dem vergleichbar, der einer vom Berufungsgericht in Bezug genommenen Entscheidung des BGH[248] zu Grunde lag, weil vorliegend ein besonderes Interesse des Anfragenden nach einer baldigen Antwort nicht ersichtlich sei.

Die Argumentation des BGH macht dabei deutlich, dass trotz der vermeintlichen Stützung auf höchstrichterliche Rechtsprechung die streitgegenständliche Auslegungsfrage eine Abwägung der Umstände und Interessen des Einzelfalles erforderte. Den Vergleich des zu entscheidenden Falles mit dem aus Sicht des BGH unvergleichbaren Sachverhalt der vom Berufungsgericht herangezogenen Entscheidung führte der BGH jedoch nur vermeintlich unter Heranziehung der tatrichterlich festgestellten Einzelfallumstände durch. Die genaue Betrachtung zeigt, dass die vom BGH zur Gewichtung herangezogenen Interessen der Vertragsparteien sämtlich abstrakten Überlegungen entstammten[249]. Dass diese sich nicht zwingend mit den Feststellungen des Tatrichters im Einzelfall decken müssen und deshalb auch dessen Interessenabwägung nicht zum selben Ergebnis führen muss, wie die auf abstrakter Grundlage des BGH durchgeführte, bleibt da-

---

[248] BGHZ 1, 353 ff.

[249] So begrüßt auch van Bühren, EWiR 2002, 731 f., 732, die Entscheidung unter Betrachtung nur ihrer allgemein gültigen Auswirkungen auf das Versicherungsrecht, ohne sich freilich der Fragen der Einzelfallauslegung und ihrer revisionsrechtlichen Behandlung anzunehmen.

bei unberücksichtigt. Ein zwingender Verstoß gegen auslegungsrelevante Normen durch das Berufungsgericht ist somit dabei nicht ersichtlich.

(22) BGH vom 05.04.2001 – VII ZR 119/99 (Urteil 63)

In diesem Fall war das Berufungsgericht mit zwei Auslegungsfragen befasst. Zum einen hatte das Berufungsgericht die nachträgliche Vereinbarung eines Rücktrittsrechts bei einem Grundstückskaufvertrag wegen Verstoßes gegen die Form des § 313 Satz 1 BGB a. F. für unwirksam gehalten. Zum anderen hatte es in einem Schreiben des Beklagten vom 10.08.1997 eine Rücktrittserklärung gesehen.

Der BGH erachtete beides als rechtsfehlerhaft. Da das vereinbarte Rücktrittsrecht nur dazu diente, „die Vertragsabwicklung im Hinblick auf das nach Vertragsschluß entstandene besondere Interesse des Beklagten an einer frühzeitigen oder zumindest fristgerechten Fertigstellung der Wohnung einvernehmlich zu regeln, um Streitigkeiten über die zeitgerechte Bauausführung [...] zu vermeiden", stelle es eine Vereinbarung dar, die die gegenseitigen Pflichten aus dem Erwerbervertrag „nicht wesentlich verändert" habe. Die Vereinbarung unterfalle somit einem von der ständigen Rechtsprechung des BGH entwickelten Sonderfall, in dem ausnahmsweise das Beurkundungserfordernis des § 313 Satz 1 BGB a. F. entfalle.

Ob das Schreiben vom 10.08.1997 bereits eine Kündigungserklärung enthalte, sei „angesichts des Wortlauts des Schreibens zweifelhaft". Da auch die Kläger das Schreiben „selbst nicht als Kündigung verstanden" hätten, sah der BGH es als rechtsfehlerhaft an, das Schreiben als Kündigung auszulegen, ohne zuvor hinreichende Feststellungen dazu getroffen zu haben, ob die Erklärung aus Sicht der Kläger als Kündigung zu verstehen gewesen sei, weil die Reaktion der Kläger auf die Erklärung „ein gewichtiger Anhaltspunkt" für die Auslegung sei.

In beiden Fällen gelangte der BGH infolge eigener Würdigung von Auslegungsumständen zu einem anderen als dem rechtlich vertretbaren und denkbaren Auslegungsergebnis des Berufungsgerichts. Zwingende Auslegungsvorgaben, wann im Einzelfall eine Änderung von Vertragspflichten als wesentlich anzusehen ist, existieren genauso wenig wie zwingende Vorgaben dazu, in welcher Weise der Auslegungsumstand des tatsächlichen Verständnisses des Erklärungsempfängers mit dem Gebot der Maßgeblichkeit eines objektivierten Empfängerhorizonts in Ausgleich zu bringen ist. Da die Auslegungsergebnisse des Berufungsgerichts in beiden Fällen rechtlich vertretbar waren[250], war für die Aufhebung durch das Revisionsgericht dessen eigene Würdigung ausschlaggebend.

(23) BGH vom 11.07.2001 – VIII ZR 119/00 (Urteil 64)

Das Revisionsgericht hielt die Auslegung des Berufungsgerichts für fehlerhaft, welche in einem Schreiben der Klägerin vom 17.04.1997 keinen ausreichend deutlichen Hinweis auf die Maßgeblichkeit der Kaufpreiszahlung für die Weiterentwicklung des Produkts gesehen hatte, um eine Pflichtverletzung zu verneinen. Das Revisionsgericht hingegen erachtete das Schreiben als hinreichend deutlich. Zur Stützung seiner Argumentation zitierte es dabei das auszulegende Schreiben in etwas umfassenderem Maße als das Berufungsgericht. Die Würdigung des Berufungsgerichts erachtete es als rechtsfehlerhaft, weil nur unvollständig.

Dass dem Berufungsgericht ein Auslegungsverfahrensfehler unterlaufen ist, indem es Teile des Schreibens ungewürdigt gelassen hat, kann indes nicht daraus gefolgert werden, dass es das Schreiben nicht umfassend in seinen Entscheidungsgründen wiedergegeben hat. Denn eine solche Wiedergabe verlangt das Prozessrecht nicht[251]. Auch das Revisionsgericht selbst traf nur eine Auswahl bestimmter Passagen, die es als Beleg für seine Auffassung heranzog, ohne sich dem Vorwurf aussetzen zu müssen, das Schreiben im Ganzen nicht gewürdigt zu haben. Die Aufhebung beruht deshalb allein auf einer eigenen Gesamtwürdigung des Schreibens, obgleich das Auslegungsergebnis des Berufungsgerichts denkbar und zulässig war.

(24) BGH vom 08.03.2001 – III ZR 110(00 (Urteil 66)

Das Berufungsgericht hatte in diesem Fall die Passage einer Provisionsvereinbarung, in der ein Mehrwertsteuersatz von 15 % festgelegt war, entsprechend verstanden.

Der BGH erachtete dies als Verstoß gegen eine nach beiden Seiten hin interessengerechte Auslegung, weil das Berufungsgericht in fehlerhafter

---

[250] Deutliche Kritik an der Auffassung des BGH, die Vertragsänderung sei nicht wesentlich, bei Kanzleiter, DNotZ 2001, 799 f.
[251] Vgl. Fußnote 120.

Weise am Vertragswortlaut gehaftet habe. Er gelangte zum Auslegungsergebnis, dass der Kläger „trotz des insoweit möglicherweise unklaren Wortlauts“ einen Steuersatz von 16 % in Rechnung stellen durfte, weil der Beklagte kein mit der Mehrwertsteuer endgültig belasteter Endverbraucher gewesen sei. Deshalb liege es „auf der Hand“, dass der Kläger den von ihm selbst gesetzlich geschuldeten Steuersatz in Rechnung stellen dürfen sollte, der um einen Prozentpunkt höher als in den Vertrag aufgenommen lag.

Dies stellt eine eigene Gewichtung der Bedeutung des ausdrücklichen Wortlauts gegenüber den Interessen der Vertragsparteien dar. Zwar kann die Argumentation des BGH in der Sache überzeugen, weil ein wirtschaftliches Interesse des Beklagten an dem niedrigeren Steuersatz mangels dauernder Belastung wohl tatsächlich nicht erkennbar war. Dennoch scheint die Begründung insbesondere aufgrund des – hier ausnahmsweise tatsächlich – eindeutigen Wortlauts des Vertrages jedenfalls ebenso gut vertretbar. Die Begründung des BGH versucht dies zu kaschieren, indem sie den Wortlaut stattdessen gerade ausdrücklich als „möglicherweise unklar“ bezeichnet. Diese vermeintliche Unklarheit folgt jedoch aus dem Wortlaut allein gerade nicht. Sie ergibt sich viel mehr erst dann, wenn man bereits von der Richtigkeit des Auslegungsergebnisses des BGH ausgeht, das zu dem Wortlaut an sich in eindeutigem Widerspruch steht.

(25) BGH vom 18.10.2001 – I ZR 91/99 (Urteil 68)

Hier stand die Frage zur Beantwortung, ob aus der Vereinbarung eines Rücktrittsrechts, dessen Voraussetzungen spätestens innerhalb von 12 Monaten ab Vertragsschluss vorlagen, geschlossen werden müsse, dass auch der Rücktritt „zeitnah“ ausgeübt werden sollte. Das Berufungsgericht hatte dies bejaht und damit einen Rücktritt mehr als 2 Jahre nach Vertragsschluss abgelehnt. Es begründete diese Auslegung insbesondere mit dem Vertragsinteresse, wonach verhindert werden sollte, dass der Käufer der streitgegenständlichen Lizenzen in der Zwischenzeit auf andere Weise als durch ihre – fehlgeschlagene und damit zum vertraglichen Rücktritt berechtigende – Verfilmung Gewinne erziele.

Der BGH erachtete diese Auslegung als zu streng, um dem Interesse des Käufers gerecht zu werden. Diesem sei eine Filmvermarktung der Lizenzen ersichtlich nur innerhalb mehrerer Jahre möglich. Der BGH stützte dies zudem auf die Erwägung, dass die beklagte Verkäuferin selbst sich nicht mit der Argumentation verteidigt habe, „das Rücktrittsrecht sei [...] mangels zeitnaher Ausübung erloschen“, sondern stattdessen schon vom Nichtentstehen des Rücktrittsrechts ausgegangen sei[252].

Der BGH überprüfte damit die Interessenabwägung des Berufungsgerichts vollumfänglich und erachtete dabei – in überzeugender Weise – die Vermarktungsinteressen der Käuferin als maßgeblich. Dennoch bleibt das Auslegungsergebnis des Berufungsgerichts rechtlich und tatsächlich denkbar. Dies zeigt sich gerade dadurch, dass der BGH ersichtlich um Überzeugung durch mehrere Argumente bemüht ist, denen jedoch ein zwingender Charakter fehlt. So kann insbesondere die Formulierung und Konstruktion der prozessualen Verteidigung durch die Prozessbevollmächtigten der Beklagten kaum Aufschluss über die tatsächlichen Vereinbarungen im Zeitpunkt des Vertragsschlusses geben.

(26) BGH vom 07.12.2001 – V ZR 65/01 (Urteil 70)

Im zu Grunde liegenden Fall hatten die Parteien zum Zwecke des Abschlusses eines Grundstückskaufvertrages das Grundstück besichtigt. Die dabei ersichtlichen Eingrenzungen des Grundstücks stimmten nicht mit den tatsächlichen, rechtlichen Grenzen überein, sondern blieben dahinter zurück. Da das Berufungsgericht in einer Beweisaufnahme festgestellt hatte, dass die Parteien sich „besondere Vorstellungen über die „natürliche Grenze“ des Grundstücks“ bei Abschluss des Vertrages nicht gemacht hatten, war es zu dem Ergebnis gelangt, dass eine Übereignung des Grundstücks im Rahmen der rechtlichen Grenzen vereinbart worden sei. Dies entspreche auch dem üblichen Willen der Parteien bei einem Grundstücksverkauf, weil auch der juristische Laie wisse, dass diese nicht mit den sichtbaren Grenzen übereinstimmen müssen, jedoch stets die rechtlichen Grenzen den Umfang des Grundstücks bestimmten. Dagegen sprechende Umstände hatte das Berufungsgericht erwogen, jedoch nicht in nach seiner Auffassung relevanter Weise festzustellen vermocht.

Der BGH sah darin eine rechtsfehlerhafte Auslegung, weil das Berufungsgericht zu Unrecht einen „besonderen Willen“ der Parteien habe heranziehen wollen und dabei verkannt habe, dass die Parteien regelmäßig „das Vernünftige“ wollen. Dies sei im vorliegenden Fall unter Beachtung

---

[252] Vgl. Ziffer II. 2. der Entscheidungsgründe.

der weiteren Umstände die Übereignung des Grundstücks nur innerhalb der ersichtlichen Grenzen[253].

Obgleich das Berufungsgericht sich mit den auch vom Revisionsgericht herangezogenen Umständen auseinandergesetzt hatte, jedoch den von ihm festgestellten Vorstellungen der Parteien bei Abschluss des Vertrages die maßgebliche Bedeutung beigemessen hatte, stellt die Auslegung des BGH deren Gewicht hinter von ihm als wesentlich erachtete Parteiinteressen zurück. Das denkbare und rechtlich zulässige Auslegungsergebnis des Berufungsgerichts wurde damit durch ein gegenteiliges Ergebnis ersetzt[254].

(27) BGH vom 07.06.2001 – I ZR 49/99 (Urteil 75)

Die Entscheidung des BGH befasst sich mit zwei Auslegungsfehlern. Das Berufungsgericht hatte die Klausel eines Versicherungsvertrages dahin ausgelegt, dass in ihr keine Ermächtigung der Klägerin seitens der Mitversicherer liege, deren Rechte im eigenen Namen geltend zu machen, sondern es sich nur um eine Bevollmächtigung handle, in deren Namen zu klagen. Ferner erachtete es eine Abtretung von Ansprüchen der Mitversicherer an die Klägerin als nicht wirksam, weil die GmbH, die die Abtretungen erklärt hatte, nicht im Namen der Mitversicherer gehandelt habe.

Der BGH hingegen sah in der Klausel unter Berücksichtigung ihres Zwecks eine ausreichend deutliche Erklärung, die zur Annahme einer Ermächtigung im Sinne des § 185 BGB und damit zu einer gewillkürten Prozessstandschaft führen müsse. Auch die Abtretungserklärung erachtete der BGH als ausreichend deutlich, um von einem im Sinne des § 164 Abs. 1 Satz 2 BGB erkennbar im Rechtskreis der Mitversicherer erfolgten Handeln der GmbH auszugehen.

Beide Auslegungen des BGH hängen dabei untrennbar von eigenen Gewichtung der auslegungsrelevanten Umstände ab, die sowohl das Ergebnis

[253] A. A. mit scharfer Kritik der Entscheidung Wilhelm, WuB IV A. § 133 BGB 1.02, S. 599 f.

[254] Wilhelm, a. a. O., erkennt in der Entscheidung des BGH, die er für rechtsfehlerhaft hält, gar eine bewusste, für das Recht gefährliche, sich verbietende „richterliche Vertragshilfe" und Entscheidung im Sinne der „wirtschaftlichen Zweckmäßigkeit".

des Berufungs- als auch des Revisionsgerichts in rechtlicher Weise hätten tragen können[255].

(28) BGH vom 28.11.2001 – VIII ZR 38/01 (Urteil 77)

Das Berufungsgericht hatte die Empfangsvollmacht des Bezirksleiters einer beklagten Tankstelleninhaberin gegenüber ihren Tankstellenpächtern verneint. Der BGH gelangt unter Heranziehung der auch durch das Berufungsgericht gewürdigten Umstände zum gegenteiligen Ergebnis. Aus den Tatsachen, dass die Tätigkeit des Bezirksleiters keine völlig untergeordnete Bedeutung hatte, er mit den Pächtern in Kontakt stand und diesen rechtliche Erklärungen der Beklagten übermittelte, müsse die schlüssige Empfangsbevollmächtigung gefolgert werden.

Dass das Auslegungsergebnis des Berufungsgerichts allein auf einer rechtlich zulässigen, anderen Gewichtung der Umstände beruht, wird dabei dadurch deutlich, dass der BGH keinerlei Umstände anführt, die das Berufungsgericht erkennbar übersehen oder unbesprochen gelassen hat.

(29) BGH vom 21.09.2001 – V ZR 14/01 (Urteil 83)

Der Fall betraf die Auslegung eines notariell beurkundeten Hofübergabevertrages aus dem Jahre 1983. In diesem hatte sich die Beklagte verpflichtet, ihrem Vater „Hege und Pflege […] angedeihen zu lassen und [notfalls] auch für die Gestellung einer Pflegeperson zu sorgen, so daß dadurch eine umfassende Pflege und Versorgung […] gewährleistet" sei. Zu dem Recht auf Pflege sollten „auch der freie Bezug von Arzneimitteln, ärztlicher Versorgung und freier Krankenhausaufenthalt [zählen], sofern solche Leistungen nach ärztlichen Anordnungen notwendig werden". Die Klage auf Erstattung der Pflegekosten, die wegen der seit 1984 erfolgten Unterbringung des Vaters in einem stationären Seniorenpflegeheim entstanden und durch den Kläger beglichen worden sind, wies das Berufungsgericht ab. Die detaillierte Regelung des notariellen Vertrages ließ nach seiner Auffassung erkennen, „daß die Beklagte für Pflegekosten, die außerhalb des Hofes und nicht in einem Krankenhaus anfielen, nicht aufkommen sollte".

---

[255] Der Auslegung des BGH uneingeschränkt zustimmend Littbarski, EWiR 2002, 324 f., 324.

Diese Auslegung erachtete der BGH als rechtsfehlerhaft, weil sie nicht die Interessenlage der Vertragspartner, insbesondere des Vaters, berücksichtige. Der BGH erachtete deshalb auch die Einbeziehung der Pflegekosten als vereinbart, weil „die Vorstellung, zum „Sozialfall" zu werden, [...] in bäuerlichen Kreisen geradezu unerträglich" sei, was „im Jahr 1983 vielleicht in einem noch höheren Maß als heute" gegolten habe. Dass „diese allgemein gültigen Sichtweisen bei dem Abschluß des Hofübergabevertrages" „jedenfalls damals (zumindest) dem Vater" vorschwebten, zeige „die Aufnahme der Regelungen über die umfassende Pflege und Versorgung einschließlich freier ärztlicher Versorgung und freiem Krankenhausaufenthalt". Die Auslegung verletze zudem den Grundsatz, dass bei mehreren an sich möglichen Auslegungen derjenigen der Vorzug zu geben sei, der zu einer wirksamen Regelung führe. Denn die Auslegung des Berufungsgerichts liefe darauf hinaus, dass ein unzulässiger „Vertrag zu Lasten Dritter, nämlich des zuständigen Trägers der Sozialhilfe, abgeschlossen" worden wäre.

Die Entscheidung des BGH ist in mehrfacher Hinsicht zu kritisieren[256]. Dabei ist schon der Annahme eines Auslegungsfehlers wegen eines Vertrags zu Lasten Dritter entgegenzutreten, weil ein solcher Vertrag nur dann vorliegen kann, wenn er zu Regelungen führt, die originär rechtliche Belastungen des Dritten herbeiführen. Solche liegen indes nicht vor, wenn ein Vertrag die schon ohne seine Existenz bestehende soziale Leistungsverpflichtung des Sozialträgers nicht aufhebt oder abmildert[257].

Zudem erscheint die Auslegung des BGH nicht nur im Hinblick auf die revisionsrechtlichen Grenzen einer Auslegungskontrolle bedenklich, wenn das Berufungsgericht unter Berücksichtigung des detaillierten, notariell beurkundeten Wortlauts zu einem gut vertretbaren Ergebnis gelangt[258]. Denn die Umstände, die der BGH selbst für seine gegenteilige Würdigung heranzog, ergeben sich weder unmittelbar aus dem Parteivortrag, noch sind sie

[256] Vgl. auch Kornexl, ZEV 2002, 117 f., der die Begründung des BGH ihrerseits auf einer fehlerhaften Anwendung der Auslegungsgrundsätze beruhend erachtet.
[257] Vgl. auch die kritische Anmerkung von Krauß, DNotZ 2002, 705 ff., 710; ähnlich kritisch Kornexl, a. a. O.
[258] Krauß, a. a. O., 707 f. hält im übrigen sowohl die Auslegung des Berufungs-, als auch des Revisionsgerichts für unzutreffend, weil er bezweifelt, dass die Parteien durch den gewählten Wortlaut überhaupt zwischen „Krankenhausaufenthalt" und „stationärer Pflege" differenzieren wollten. Er möchte deshalb zu einer den eigentlichen Wortlaut erweiternden Vertragsauslegung gelangen, diese jedoch zugleich durch ein im Vertrag anklingendes Zumutbarkeitskriterium ergänzend einschränken.

tatrichterlich festgestellt worden. Der BGH stützte sich vielmehr auf lediglich „allgemein gültige Sichtweisen“, die „vielleicht“ in einem besonderen Maße und „jedenfalls zumindest“ beim Vater vorgeherrscht haben sollen. Dass er diese nur vermuteten Vorstellungen einer eigenen, abschließenden Auslegung zu Grunde legte, anstatt zumindest zum Zwecke ihrer tatsächlichen Feststellung zurückzuverweisen, erstaunt dabei. Darauf, dass im übrigen Vorstellungen oder Interessen nur der einen Partei, selbst wenn sie tatsächlich festgestellt wären, noch keineswegs den Inhalt eines Vertrages bestimmen können, ging der BGH ebenso wenig ein.

IV. Die Entscheidung über Zurückverweisung oder Selbstauslegung

Aus dem tatrichterlichen Feststellungsprivileg folgt, dass das Revisionsgericht an einer eigenen Auslegung gehindert und zu einer Zurückverweisung verpflichtet ist, wenn Umstände, die für die Auslegung von Bedeutung sind, bislang noch nicht festgestellt worden sind. Sind dagegen solch weitere Feststellungen nicht zu erwarten, hat das Revisionsgericht selbst zu entscheiden. Dies gilt, wie § 563 Abs. 2 ZPO ausdrücklich klarstellt, jedenfalls dann, wenn der gesamte Rechtsstreit zur Endentscheidung reif ist. Liegt hingegen die Entscheidungsreife des gesamten Rechtsstreits noch nicht vor, ist jedoch eine einzelne Auslegungsfrage bereits entscheidungsreif, geht der BGH ebenfalls von einer eigenen Auslegungsberechtigung aus[259]. Ob in diesem Fall sogar eine Pflicht zur Eigenauslegung anzunehmen ist, hat der BGH, soweit ersichtlich, bislang nicht geklärt.

Eine Systematik ist seiner Praxis insoweit nicht zu entnehmen. So finden sich Entscheidungen, in denen der BGH sich auf die Feststellung des Rechtsfehlers beschränkt und ohne weitere Erwägungen zurückverweist. In anderen Fällen nimmt der BGH trotz fehlender Entscheidungsreife jedenfalls eine abschließende Entscheidung der Auslegungsfrage vor. Schließlich bedient sich der BGH zum Teil auch der Möglichkeit, zu neuer Auslegung zurückzuverweisen, diese jedoch durch Hinweise (sog. obiter dicta) über die seiner Auffassung nach richtige Auslegungsmethode vorzuzeichnen.

---

[259] Vgl. Seite 35.

Vor dem Hintergrund, Eingriffe in die tatrichterliche Feststellung auszuschließen zu wollen, erscheint zunächst allein die unbedingte Zurückverweisung ohne Bedenken. Ist allerdings davon auszugehen, dass neue Feststellungen nicht mehr getroffen werden können, besteht – über die bereits dargelegte Gefahr der Verletzung tatrichterlicher Feststellungskompetenz hinaus, die mit einer umfassenden Auslegung auf Grundlage der bereits festgestellten Tatsachen einhergeht[260] – kein Grund, dem Revisionsgericht die Auslegung zu verwehren. Genauer Betrachtung bedarf dann allerdings, wie das Revisionsgericht jeweils die Erwartung neuer Feststellungen beurteilt. Das Augenmerk verdienen dabei [1.] Fälle, in denen eine Zurückverweisung erfolgt, obgleich eine Selbstauslegung denkbar gewesen wäre, sowie [2.] Fälle, in denen eine Selbstauslegung erfolgt, obgleich neue Feststellungen durchaus nicht ausgeschlossen erschienen. Ferner [3.] bedarf es der Betrachtung, ob mit der Verwendung von obiter dicta ein Eingriff in das Feststellungs- und Auslegungsprivileg des Tatrichters einhergeht.

1. Die Zurückverweisung trotz Auslegungsmöglichkeit (Die unzutreffende Erwartung neuer Feststellungen)

Verweist der BGH nach Feststellung eines Auslegungsfehlers zu abschließender Entscheidung an das Berufungsgericht zurück, ohne (auch) die Auslegungsfrage abschließend entschieden zu haben, so ist davon auszugehen, dass er auch insoweit weitere Feststellungen für erforderlich oder zumindest für denkbar gehalten hat. Bei genauer Betrachtung ergeben sich [a)] in 6 Fällen (7,1 %) Zweifel, ob nicht bereits ex ante erkennbar gewesen ist, dass solche Feststellungen nicht mehr in Betracht kommen dürften. Dies hat sich [b)] in 4 Fällen bestätigt; zudem finden sich weitere 2 Fälle, in denen die erneute Auslegung ohne neue Feststellungen erfolgen konnte.

a) Zurückverweisung ohne ersichtliche Feststellungserwartungen

(1) BGH vom 27.09.2001 – III ZR 318/00 (Urteil 16)

Das Berufungsgericht war hier zur Annahme eines wirksamen Mietvertrages gelangt, obwohl das Angebot des Mieters unter dem Vorbehalt der Genehmigungserteilung stand, welche nie erfolgte. Das Revisionsgericht

[260] Vgl. Seiten 37 ff.

hob diese Auslegung auf, weil es nahe liege, das Angebot als aufschiebend bedingt zu verstehen, so dass dann mangels Bedingungseintritts ein Vertrag nicht zustande gekommen wäre. Zur Herbeiführung einer solchen Wirkung sei es „ohne weiteres möglich, allein – wie hier – das Angebot auf Abschluß dieses […] Vertrags mit der Bedingung zu versehen“[261].

Eine abschließende Entscheidung dieser Auslegungsfrage erfolgte jedoch durch den BGH – jedenfalls ausdrücklich – nicht. Dieser verwies den Rechtsstreit zu neuer Verhandlung und Auslegung von Folgefragen zurück. Die Parteien erhielten dabei Gelegenheit, auch zu den anderen angesprochenen Punkten, mithin auch zu der Auslegungsfrage des Mietvertrages, Stellung zu nehmen und weiteren Sachvortrag zu leisten.

Die Zurückhaltung des BGH vor einer ausdrücklich abschließenden Auslegung ist dabei zwar vor dem Hintergrund des tatrichterlichen Feststellungs- und Auslegungsprivilegs begrüßenswert. Dennoch schienen neue Feststellungen, die auch in der Folge zu dem vom Berufungsgericht gefundenen Ergebnis hätten führen können, nicht wahrscheinlich[262]. Dies gilt insbesondere deshalb, weil die Ausführungen des BGH nicht nur bereits deutlich vorgezeichnet haben, welche Auslegung das Revisionsgericht als nahe liegend und damit rechtsfehlerfrei ansieht, sondern auch andeuten, dass der BGH im konkreten Fall vom Vorliegen einer Bedingung ausgeht. Eine abschließende Auslegung des BGH wäre deshalb mit seinen Grundsätzen über die Selbstauslegungskompetenz durchaus vereinbar gewesen.

(2) BGH vom 27.06.2001 – VIII ZR 235/00 (Urteil 38)

Der BGH hatte hier die Auslegung des Berufungsgerichts, den Parteien sei es bei der Bestellung eines Steuerberaters als Schiedsgutachter nicht auf die Person, sondern nur auf die Funktion des Steuerberaters angekommen, als fehlerhaft erachtet, weil mehrere Umstände gerade für eine gegenteilige Auslegung sprächen. Trotz der insoweit umfassenden Erwägungen legte der BGH die Vereinbarung nicht abschließend aus, sondern verwies den Rechtsstreit zurück, weil es zur Entscheidung weiterer Feststellungen bedürfte. Das Berufungsgericht habe deshalb „unter Berücksichtigung des

[261] Vgl. Ziffer I.4. der Entscheidungsgründe.

[262] Tatsächlich wurden solche Feststellungen auch nicht mehr getroffen. Vgl. unten Seite 145.

tatsächlichen Vorbringens der Parteien erneut zu prüfen“, wie die Vereinbarung zu verstehen sei.

Welche weiteren Feststellungen jenseits der bereits vom BGH gewürdigten Umstände indes zu erwarten gewesen wären, ist nicht ersichtlich. Zwar ist nicht auszuschließen, dass die Parteien nach Zurückverweisung nochmals zu den bereits festgestellten Umständen vortragen, jedoch schien dies jedenfalls nach den revisionsrechtlichen Grundsätzen nicht zwingend erforderlich, weil eine Befassung mit der Auslegung bereits vor dem Berufungsgericht erfolgt war und damit eine Verletzung des Rechts auf rechtliches Gehör der Parteien nicht zu befürchten stand. Es wäre deshalb anhand der vom BGH aufgestellten Grundsätze durchaus vertretbar gewesen, die Vereinbarung abschließend auszulegen[263].

(3) BGH vom 27.06.2001 – VIII ZR 227/00 (Urteil 40)

Eine von der Käuferin beauftragte GmbH hatte sich von der Verkäuferin im Vorfeld des abzuschließenden Kaufvertrags über Schachtpumpanlagen fehlerhaft beraten lassen. Das Berufungsgericht hatte über die Frage zu entscheiden, ob der Käuferin deshalb Schadensersatzansprüche zustanden. Es verneinte die Frage, weil es die Ansprüche analog § 477 BGB a. F. für verjährt hielt. Dem lag die Auffassung zu Grunde, dass die im Rahmen eines Kaufvertrages erfolgende Beratung über die Kaufsache „nur bei Vorliegen besonderer außergewöhnlicher und gewichtiger Umstände“ einen selbständigen, neben dem Kaufvertrag stehenden Beratungsvertrag begründen könne. Dies sei im Fall, wie in der Regel, nicht zu bejahen. Die kaufvertraglichen Beratungspflichten unterfielen daher der kaufrechtlichen Verjährung. Dies sei auch nicht deshalb anders, weil vorliegend ausnahmsweise die Beratene nicht personenidentisch mit dem Käufer sei.

Der BGH erachtete dies als rechtsfehlerhaft, weil nach seiner Auffassung – unter analoger Heranziehung der Rechtsprechung des Senats zu Konstellationen, in denen Verkäufer und Berater auseinanderfielen – die allgemeine, längere Verjährungsfrist des § 195 BGB a. F. auf die beratungsvertraglichen Pflichten Anwendung finde. Dies gelte mithin auch im vorliegenden Fall, sofern dort von den Vertragsparteien ein Auskunfts- oder Beratungsvertrag vereinbart worden sei. Zur Auslegung, ob ein solcher Vertrag zustande gekommen ist, hielt sich der BGH allerdings nicht für befugt und

[263] Vgl. dazu unten Seite 148.

verwies zurück. Da das Berufungsgericht die Frage „nur unter dem Gesichtspunkt eines selbständigen Beratungsvertrages im Rahmen einer schon bestehenden oder angestrebten Kaufvertragsbeziehung" erörtert hatte, dessen Zustandekommen lediglich ausnahmsweise anzunehmen sei, seien nunmehr weitere tatrichterliche Feststellungen erforderlich.

Welcher Art diese Feststellungen sein sollten, ist dabei nicht ersichtlich. Vielmehr ist davon auszugehen, dass das Berufungsgericht hierzu keinerlei Feststellungen mehr hätte treffen können, da es die Frage der geschuldeten Beratungspflichten bereits anhand einer umfassenden Würdigung der auslegungsrelevanten Umstände beantwortet hatte. Denn es hatte bereits eine Beratungspflicht, die über die im Rahmen eines Kaufvertrages übliche Pflicht hinausging, abgelehnt, weil sich die Beratung allein in der Empfehlung einer Pumpe aus der Produktpalette erschöpft habe. Eine weitere Pflicht hätte sich selbst dann nicht ergeben, wenn die Verkäuferin gewusst hätte, dass die Beratene die Angaben zur Planung benötigte, was auch deshalb gelte, weil die Beratene erkennbar keine besondere Sachkunde der Verkäuferin habe erwarten dürfen. Das Revisionsgericht hätte nach alldem durchaus abschließend auslegen können, weil das Berufungsgericht bereits umfassend Umstände herangezogen und festgestellt hatte, die für die offene Auslegungsfrage maßgeblich gewesen wären[264].

(4) BGH vom 26.07.2001 – X ZR 211/99 (Urteil 44)

Das Berufungsgericht hatte bei der zur Auslegung stehenden Vertragsbeziehung, welche die Aufzucht von Rotbuchen zum Inhalt hatte, vertragliche Nebenpflichten des Beklagten angenommen. Nach diesen sei er verpflichtet gewesen, zum Schutz der Interessen seines klagenden Auftraggebers nach dem Ende der Vertragslaufzeit bis zur endgültigen Klärung der Abnahme der Pflanzen ihre Rodung zu unterlassen und ihn auf die Gefahr des Verderbens der gerodeten Buchen hinzuweisen.

Das Revisionsgericht war der Auffassung, beide Pflichten seien rechtsfehlerhaft angenommen worden. Insbesondere habe aber den zur Rodung berechtigten Beklagten jedenfalls dann eine Hinweispflicht nicht getroffen, wenn der Kläger über entsprechende Erfahrungen im Bereich der Forst-

[264] Ob nach Zurückverweisung tatsächlich keine neuen Feststellungen erfolgt sind, konnte mangels Einsichtsmöglichkeit in den weiteren Verfahrensablauf nicht geprüft werden.

wirtschaft in großem Umfange verfügt hätte. Von einer solchen Erfahrung müsse ausgegangen werden, da das Berufungsgericht festgestellt hatte, der Kläger habe ca. 119.000 Buchenpflanzen für den eigenen Bedarf benötigt. Eine abschließende Auslegung führte der BGH insoweit jedoch nicht durch. Stattdessen verwies er zurück, weil das Berufungsgericht diesen Gesichtspunkt „bei seiner erneuten Befassung mit der Frage des Bestehens einer Hinweispflicht in seine Erwägungen mit einzubeziehen" habe.

Welche weiteren Feststellungen für die erneute Abwägung noch hätten erforderlich sein können, sagt das Revisionsgericht nicht und ist auch nicht ersichtlich. Zwar führte das Berufungsgericht nach Zurückverweisung tatsächlich eine Beweisaufnahme durch, um die Frage zu klären, ob eine über den Zeitraum von zwei Jahren hinausgehende Vertragsdauer vereinbart worden war. Dass jedoch der BGH die Klärung dieser Beweisfrage mit seiner Zurückverweisung beabsichtigte, muss bezweifelt werden, da insofern bereits im Rahmen der Revision bindende Tatsachenfeststellungen vorlagen[265]. Eine abschließende Auslegung wäre deshalb auf Grundlage der Rechtsprechungsgrundsätze möglich gewesen[266].

(5) BGH vom 18.01.2001 – I ZR 175/98 (Urteil 52)

Die Parteien stritten um die Frage, ob die Beklagte die Firmenbezeichnung der Klägerin aufgrund vertraglicher Vereinbarungen verwenden durfte. Das Berufungsgericht war von einer konkludenten vertraglichen Gestattung ausgegangen, die es insbesondere aus einer nach seiner Ansicht alle maßgeblichen Umstände berücksichtigenden Auslegung gefolgert hatte.

Der BGH erachtete diese Auslegung als fehlerhaft. Zur Begründung des Rechtsfehlers benennt er vier Auslegungsumstände (Grundsatz der Vermutung der Richtigkeit und Vollständigkeit von über das Rechtsgeschäft aufgenommenen Urkunden, zeitlicher Ablauf als Indiz für überwiegendes Interesse der Klägerin, Unüblichkeit der Gestattung, unbestrittener Vortrag der Klägerin), die das Berufungsgericht nicht beachtet habe und die bei der gebotenen Berücksichtigung jeweils gerade für die Nichtgestattung der Firmenverwendung sprächen[267].

---

[265] Vgl. Ziffern I. und II. der Entscheidungsgründe.
[266] Vgl. dazu auch unten Seite 148.
[267] Vgl. Ziffer II.4.b) der Entscheidungsgründe.

Dennoch legte der BGH nicht abschließend aus, sondern ließ erkennen, dass er es für möglich halte, dass das Berufungsgericht „wiederum zur Annahme einer Berechtigung der Beklagten“ komme[268]. Hinweise auf insoweit nachzuholende Feststellungen gibt er indes nicht. Ebenso wenig ist erkennbar, dass solche Feststellungen denkbar sein sollten. Dies entsprach auch der Auffassung des Berufungsgerichts, welches die Zurückverweisung des BGH allein zum Zwecke einer neuen Gesamtwürdigung auffasste[269]. Warum der BGH insofern eine Selbstauslegung nicht durchgeführt hat, ist nach alldem – auch in Anbetracht der revisionsgerichtlichen Auslegungsgrundsätze – nicht ersichtlich.

(6) BGH vom 05.04.2001 – VII ZR 119/99 (Urteil 63)

Das Berufungsgericht hatte eine Erklärung des Beklagten vom 10.08.1997 als Kündigungserklärung aufgefasst. Das Revisionsgericht erachtete dies als fehlerhaft, weil das Berufungsgericht „keine hinreichenden Feststellungen getroffen habe, ob die Erklärung [...] aus der Sicht der Kläger als Kündigung zu verstehen war“. Die Kläger hätten nämlich die Erklärung ausweislich ihres Antwortschreibens vom 15.08.1997 selbst nicht als Kündigung verstanden, sondern lediglich erst als Ankündigung einer Kündigung. Die Reaktion der Kläger auf die Erklärung sei ein gewichtiger Anhaltspunkt für ein solches Verständnis. Vor diesem Hintergrund unterblieb eine abschließende Auslegung der Erklärung durch das Revisionsgericht.

Dabei stellt sich die Frage, welche weiteren Feststellungen zur Reaktion und zum Verständnis der Kläger das Berufungsgericht noch hätte treffen können[270]. Vielmehr ließ bereits das vom Revisionsgericht herangezogene und gewürdigte Schreiben vom 15.08.1997 ein Urteil über die Reaktion und damit das Verständnis der Kläger zu. Umstände, die sich nicht aus den beiden Schreiben selbst ersehen hätten lassen und einen Schluss darauf ermöglich hätten, wie das Schreiben aus Sicht eines objektivierten Empfängers verstanden worden wäre, sind kaum konkret denkbar. Das Revisionsgericht hätte deshalb bereits selbst zum Ergebnis gelangen können, dass das

[268] Vgl. Ziffer 6. der Entscheidungsgründe.

[269] So die Anmerkung des Vorsitzenden Richters im beantworteten Fragebogen. Zu einer Abschlussberatung und Entscheidung war es allerdings nicht mehr gekommen, weil der Rechtsstreit nach Zurückverweisung durch Vergleichsschluss beendet worden ist.

[270] Tatsächlich erfolgten weitere Feststellungen deshalb nicht mehr, weil der Rechtsstreit durch Vergleichsschluss beendet worden ist, vgl. OLG Dresden, Az. 11 U 1985/98, Protokoll über die öffentliche Sitzung vom 04.09.2002.

Schreiben keine Kündigung darstellte, ohne gegen seine revisionsrechtlichen Grundsätze zu verstoßen.

b) Das Ausbleiben von Feststellungen nach Zurückverweisung

Die dargelegte Vermutung, dass neue Feststellungen für eine Auslegung, wie sie der BGH als fehlerfrei ansehen würde, nicht mehr zwingend erforderlich gewesen wären, würde bestätigt, wenn tatsächlich das Berufungsgericht nach Zurückverweisung neue Auslegungsumstände nicht mehr festgestellt hätte.

Solche Feststellungen kamen in 2 Fällen[271] (4,5 % von 44 Zurückverweisungen) der oben bei [a)] genannten 6 Urteile nicht mehr in Betracht, weil das Berufungsgericht ein Urteil nicht mehr fällen musste, so dass eine Überprüfung der Vermutung nicht mehr möglich war. In einem Fall[272] konnte eine Überprüfung mangels Einsichtsmöglichkeit in den weiteren Verfahrensablauf nicht mehr erfolgen. In weiteren 3 Fällen[273] (6,8 % von 44 Zurückverweisungen) hat sich die Vermutung hingegen bestätigt.

Ferner ließen sich weitere 3 Fälle[274] ausfindig machen, in denen eine Feststellung nicht mehr erforderlich geworden ist[275]. Hier wäre deshalb eine Auslegung auch vor dem Revisionsgericht möglich gewesen, wenn dieses die relevanten Umstände bereits aus den Akten oder aus weiterem Tatsachenvortrag der Parteien entnommen hätte. Letzteres setzte allerdings voraus, dass das Revisionsgericht zur Beachtung solch neuen Tatsachenvortrags berechtigt wäre[276].

aa) Keine neuen Feststellungen

(1) BGH vom 27.09.2001 – III ZR 318/00 (Urteil 16)

Trotz Zurückverweisung, um den Parteien die Möglichkeit zu geben, auch zu der Auslegungsfrage über die Vereinbarung eines aufschiebend bedingten Mietvertrags vorzutragen, erfolgten insoweit keinerlei neue Fest-

---

[271] Urteile 52 und 63.
[272] Urteil 40.
[273] Urteile 16, 38 und 44.
[274] Urteile 25, 31 und 54.
[275] Zu den Gründen vgl. die jeweiligen Besprechungen in diesem Abschnitt.
[276] Vgl. dazu unten Seiten 252 ff.

stellungen durch das Berufungsgericht. Dieses entschied die Frage stattdessen allein durch Auslegung auf Grundlage der bereits dem BGH bekannten Umstände. Der Grund hierfür lag insbesondere, soweit ersichtlich, darin, dass das Berufungsgericht sich – trotz der nicht ausdrücklich abschließenden Auslegung des BGH – doch gem. § 565 Abs. 2 ZPO a. F. an die Rechtsauffassung des Revisionsgerichts gebunden wähnte[277].

(2) BGH vom 14.02.2001 – VIII ZR 292/98 (Urteil 25)

Das Berufungsgericht hatte einer Regressklage des Versicherers gegen die Mieterin des Versicherungsnehmers stattgegeben, in deren Wohnung ein Brand ausgebrochen war, der zur Beschädigung des versicherten Gebäudes führte. Der BGH hob die Auslegung des Gebäudeversicherungsvertrages durch das Berufungsgericht auf, weil nach neuerer Rechtsprechung des IV. Zivilsenats des BGH[278] generell im Wege der ergänzenden Vertragsauslegung ein Regressverzicht des Versicherungsnehmers für den Fall nur fahrlässiger Brandverursachung anzunehmen sei. Diesen Erwägungen schloss „sich der erkennende Senat in vollem Umfang an". Eine abschließende Auslegung nahm der BGH dabei jedoch nicht vor, sondern verwies zurück. Das Berufungsgericht werde nämlich „zu erwägen haben, ob und inwieweit sich im vorliegenden Fall etwas anderes aufgrund des Umstandes ergeben könnte, daß die Beklagte eine Haftpflichtversicherung abgeschlossen hatte, die [...] auch den Brandschaden des Vermieters erfaßte".

Das Berufungsgericht hingegen führte keine neue Auslegung mehr durch, weil es sich auch insoweit gem. § 565 Abs. 2 ZPO a. F. gebunden sah[279]. Denn die Frage, ob eine Haftpflichtversicherung der Mieterin im Verhältnis zum Vermieter zu einer abweichenden Auslegung führen könne, hatte der IV. Zivilsenat in der in Bezug genommenen Entscheidung bereits abschließend entschieden und verneint. Offengelassen hatte er lediglich die Frage, ob ein Ausgleich im Verhältnis der beiden Versicherer in Betracht komme, was für die streitgegenständliche Frage keine Rolle spielte. Das Revisionsgericht hätte deshalb bereits selbst abschließend auslegen können.

---

[277] Vgl. OLG Hamburg vom 30.09.2002 – 11 U 209/00, Seiten 15 f.
[278] BGH vom 08.11.2000 – IV ZR 298/99, NJW 2001, 1353 ff.
[279] OLG Hamm vom 09.01.2002 – 20 U 58/01, VersR 2002, 1280 f.

(3) BGH vom 19.12.2001 – XII ZR 281/99 (Urteil 31)

Das Berufungsgericht hatte die Kostentragungsregel eines Mietvertrages für ein Grundstück auszulegen, auf dem ein Recycling-Zentrum errichtet werden sollte. Danach sollte der Mieter „sämtliche Kosten für alle erforderlichen Planungen und Genehmigungen im Falle des positiven Abschlusses" übernehmen. Hingegen sollte der Vermieter „alle notwendigen [...] Kosten tragen, wenn wider Erwarten die Genehmigungen nicht erteilt werden". Tatsächlich wurden die Genehmigungen nicht erteilt, weil die Mieter den Genehmigungsantrag wegen politischer Hindernisse für die Durchführung des Vorhabens zurückgenommen hatten. Das Berufungsgericht sah die Mieter als kostentragungspflichtig an, weil der Vertrag die Kostentragungspflicht des Vermieters eindeutig regele und die Voraussetzungen hier nicht erfüllt seien. Diese Regelung sei abschließend, weil die Vertragsurkunde die Vermutung der Vollständigkeit und Richtigkeit für sich habe, so dass eine ergänzende Auslegung nicht in Betracht komme.

Diese Auslegung erachtete der BGH als fehlerhaft[280]. An einer abschließenden Auslegung sah er sich gehindert und verwies zurück, damit die für die Auslegung notwendigen Feststellungen nachgeholt werden könnten. Bei diesen handelte es sich um vorvertragliche Verhandlungen der Parteien[281]. Die Parteien hatten hierzu bereits mit Schriftsätzen aus dem Jahre 1999 vorgetragen[282], allerdings hatte das Berufungsgericht insoweit nach Auffassung des BGH keine Feststellungen getroffen.

In seinem neuen Berufungsurteil folgte das Berufungsgericht in Anlehnung an die Ausführungen des Revisionsgerichts einer Auslegung, die nunmehr zu einer Kostentragungspflicht der Mieter führte. Zu einer Beweisaufnahme kam es dabei ebenso wenig wie zu neuem, berücksichtigtem Parteivortrag. Stattdessen setzte das Berufungsgericht sich allein mit dem bereits vorhandenen Parteivortrag auseinander. Der beklagte Vermieter hatte dort den Vortrag bestritten, man habe die Erstattung von Kosten seitens des Vermieters für jeden Fall der Nichtdurchführbarkeit des Vorhabens vereinbaren wollen. Dieses Bestreiten erachtete das Berufungsgericht nun gem. § 138 Abs. 4 ZPO als unzulässiges Bestreiten mit Nichtwissen und daher als unbeachtlich, so dass es den Vortrag der Kläger als unstreitig be-

---

[280] Zustimmend und die Auslegungsfehler des Berufungsgerichts als schwer und „fast anfängerhaft" bezeichnend Ehmann, WuB IV A. § 157 BGB 2.02, S. 877 f., 878.
[281] Vgl. Ziffer 3. der Entscheidungsgründe.
[282] Vgl. KG vom 30.06.2003 – 8 U 45/02, Seiten 4 f. der Entscheidungsgründe.

handelte[283]. Damit lag schon dem Revisionsgericht der gesamte auslegungsrelevante Prozessstoff vor, so dass eine abschließende Auslegung bereits in der Revisionsinstanz denkbar gewesen wäre.

(4) BGH vom 27.06.2001 – VIII ZR 235/00 (Urteil 38)

Das Berufungsgericht führte entgegen den Ausführungen des BGH[284] nach Zurückverweisung keine Beweisaufnahme mehr hinsichtlich der Frage durch, ob das Schiedsgutachten nicht an die Person des benannten Steuerberaters gebunden sein sollte, sondern auch von einem anderen Steuerberater durchgeführt werden durfte. Vielmehr gelangte das Gericht ersichtlich aufgrund neuer Auslegung nun zu dem vom BGH angedeuteten Ergebnis, das Gutachten habe nur von dem benannten, nunmehr nicht mehr tätigen Steuerberater erstellt werden dürfen. Denn das Gericht gelangte nach Zurückverweisung zur Anwendung des § 319 Abs. 1 Satz 2 BGB. In der Folge wurde der Rechtsstreit durch Vergleich beendet.

Wie zu vermuten war, hat das Berufungsgericht sich in vollem Umfang der vom BGH angedeuteten Auslegung angeschlossen, ohne dass es hierzu neuer Feststellungen bedurft hätte. Eine abschließende Auslegung hätte deshalb auch seitens des BGH erfolgen können.

(5) BGH vom 26.07.2001 – X ZR 211/99 (Urteil 44)

Das Berufungsgericht befasste sich nach Zurückverweisung – wie vom BGH vorgegeben[285] – nochmals mit der Frage, ob eine Pflicht, den Kläger auf den Verderb der gerodeten Pflanzen hinzuweisen, an der Erfahrung des Klägers scheitern müsse. Diesen Gesichtspunkt übernahm das Berufungsgericht und erkannte in diesem Sinne, ohne insoweit eine Beweisaufnahme durchzuführen. Zwar erfolgte eine Vernehmung von Zeugen, um zu klären, ob eine über den Zeitraum von zwei Jahren hinausgehende Vertragslaufzeit vereinbart worden war, aus der sich sodann weitere Hinweispflichten hätten ergeben können. Die Beweisaufnahme befasste sich aber nicht mit der Frage nach der Erfahrung des Klägers. Hierzu erachtete das Berufungsgericht eine Entscheidung ohne weiteres als möglich. Denn obwohl der Kläger nach Zurückverweisung freilich seine vom BGH vermutete Erfahrung

[283] Vgl. KG, a. a. O.
[284] Vgl. oben Seite 140.
[285] Vgl. oben Seite 142.

bestritten hat, hielt das Berufungsgericht eine Beweisaufnahme deshalb für entbehrlich, weil es nur darauf ankomme, dass der Kläger „jedenfalls im Rechtsverkehr nicht wie ein Laie aufgetreten“ sei[286]. Das Berufungsgericht entschied insofern auf der Grundlage, die auch schon dem Revisionsgericht vorlag.

(6) BGH vom 26.07.2001 – X ZR 162/99 (Urteil 54)

Das Berufungsgericht hatte – bereits auf ein erstes zurückverweisendes Urteil des BGH[287] hin – ein Schreiben der Klägerin vom 19.05.1992 in eine ordentliche Kündigung gem. § 649 Satz 2 BGB umgedeutet[288]. Diese Auslegung erachtete der BGH als fehlerhaft, weil weitere Umstände, die erst den Schluss auf einen solchen Willen zur Lösung vom Vertrag zuließen, bislang nicht festgestellt worden seien. Eine abschließende Auslegung erfolgte insoweit nicht.

Nach Zurückverweisung wurden hierzu keinerlei Feststellungen getroffen. Vielmehr gelangte der nunmehr erkennende 22. Zivilsenat[289] allein auf Grundlage des auszulegenden Vertrages zum Ergebnis, dass eine ordentliche Kündigung bereits deshalb nicht angenommen werden könne, weil eine solche ausweislich der ausdrücklichen Regelung in Nr. 5 des Vertrages „frühestens nach zwei Jahren mit einer Frist von einem Jahr erfolgen konnte“[290]. Diese Voraussetzungen waren nicht erfüllt. Demnach wäre bereits auf Grundlage der längst im Revisionsverfahren festgestellten Umstände eine dahin gehende abschließende Auslegung möglich gewesen. Der BGH hätte dabei den von ihm aufgestellten Grundsatz heranziehen können, dass bei mehreren denkbaren Auslegungsvarianten diejenige ausscheidet, die aufgrund ihrer Unzulässigkeit zur Unwirksamkeit der auszulegenden Erklärung führen würde.

bb) Neue Feststellungen nach Beweisaufnahme

Soweit das Berufungsgericht nach Zurückverweisung durch den BGH neue Feststellungen zu auslegungsrelevanten Umständen getroffen hat,

---

[286] Vgl. OLG Celle vom 05.06.2002 – 20 U 26/98, Seiten 11 f.
[287] BGH vom 24.11.1998 – X ZR 21/96.
[288] OLG Düsseldorf vom 10.08.1999 – 22 U 78/95.
[289] Die beiden vorangegangenen Berufungsurteile waren vom 23. Zivilsenat erlassen worden.
[290] Vgl. Seite 15 der Entscheidungsgründe.

fand dies, soweit ersichtlich, ausschließlich im Wege der Beweisaufnahme statt[291]. Neue Feststellungen im Wege lediglich nachgeholten Parteivortrags waren nicht ersichtlich.

2. *Die Auslegung trotz Zurückverweisungspflicht*

Zwar stößt jede Selbstauslegung des Revisionsgerichts insofern auf Bedenken, als sie die abstrakte Möglichkeit ausschließt, dass der Tatrichter weiteren, konkretisierenden Parteivortrag zulässt und neue Feststellungen zum Zwecke nunmehr rechtsfehlerfreier Auslegung trifft. Dennoch lässt sie der BGH nach ständiger Rechtsprechung zu, sofern nur im konkreten Fall neue Feststellungen nicht mehr in Betracht kommen. Genauerer Betrachtung bedürfen deshalb die Urteile, in denen das Revisionsgericht neue Feststellungen bewusst ausschließt (26 Fälle). Hier finden sich 5 Fälle (19,2 % von 26 Urteilen), in denen konkrete Zweifel an dieser Einschätzung des Revisionsgerichts bestehen. Dabei handelt es sich insbesondere um solche Fälle, in denen das Berufungsgericht sich mit der Auslegungsfrage überhaupt noch nicht befasst hatte.

(1) BGH vom 26.01.2001 – V ZR 462/99 (Urteil 2)

Der BGH legte hier einen Dienstbarkeitsvertrag abschließend aus und folgerte aus der darin enthaltenen Kooperationsvereinbarung auch eine Nachverhandlungsklausel. Dies ergebe sich aus dem Sinn des Vertrages, der Interessenlage der Parteien und dem Umstand, dass die Parteien im Übrigen für den Fall, dass sich aus dem öffentlichen Baurecht zwingende Änderungen der vorgesehenen Planung ergeben sollten, eine solche Nachverhandlungsklausel ausdrücklich vereinbart hatten. Der BGH war der Auffassung, dass „weitere Feststellungen hierzu nicht zu erwarten“ seien, ohne dies näher zu begründen.

Das Berufungsgericht hatte insoweit „eine Auslegung nicht vorgenommen“. Es ist deshalb nicht auszuschließen, dass die Parteien zu dieser Auslegungsfrage nach einer Zurückverweisung weitere Auslegungsumstände vorgetragen hätten, die in eine neue – wenn auch nicht zwingend zu einem anderen Ergebnis führende – Auslegung hätten einbezogen werden müssen. Die Annahme des Revisionsgerichts erscheint vor dem Hintergrund dieser

---

[291] Vgl. Urteile 4, 10, 18, 33, 36, 43, 44 und 74.

Überlegungen als bedenkliche vorweggenommene Bewertung, dass jeglicher denkbare neue Sachvortrag der Parteien im Rahmen der Auslegungsfrage unwesentlich sein werde.

(2) BGH vom 15.03.2001 – IX ZR 273/98 (Urteil 33)

Der BGH hatte eine Bürgschaft, die „für [...] Ansprüche aus dem Zwischenfinanzierungskredit“ übernommen worden ist, dahin ausgelegt, dass sie auch im Falle der Unwirksamkeit des Kredits die bereicherungsrechtlichen Rückzahlungsansprüche der Bank sichern sollte. Das Berufungsgericht hatte sich mit dieser Frage überhaupt nicht befasst. Eine solche Auslegung liege im konkreten Fall insbesondere aufgrund der Eilbedürftigkeit des Kredits sowie aufgrund des Umstands nahe, dass das Risiko des Bürgen durch die Auszahlung des Kredits auch ohne wirksame Rechtsgrundlage nicht erhöht worden sei[292]. Zu dieser Selbstauslegung sah sich das Revisionsgericht als befugt an, „weil die Parteien in den Tatsacheninstanzen nichts Abweichendes vorgetragen haben und das Oberlandesgericht von einer eigenen Auslegung abgesehen hat“[293].

Das Revisionsgericht legte damit seiner Auslegung allein solche Umstände zu Grunde, die es aus dem Sachvortrag der Parteien folgerte, ohne dass dieser gezielt zur streitgegenständlichen Auslegungsfrage erfolgt war. Denn die Parteien hatten offensichtlich zu dieser Frage überhaupt noch nicht verhandelt. Dennoch sah der BGH es hier als entbehrlich an, auch hinsichtlich dieser Frage zurückzuverweisen und damit den Parteien Gelegenheit zu geben, auch insoweit vorzutragen. Der BGH gibt dabei zu erkennen, dass er sich bei seiner Auslegung auch nicht auf Umstände stützen kann, die die Parteien bereits vorgetragen hatten; denn zur Rechtfertigung reicht ihm aus, dass der Vortrag in den Tatsacheninstanzen nicht in Widerspruch zu seinen Annahmen stand. Warum der BGH sich dennoch nicht insoweit einer abschließenden Auslegung enthielt, bleibt insbesondere deshalb fraglich, weil der Rechtsstreit im Übrigen nicht entscheidungsreif war

---

[292] Bydlinski, WuB I e 5. – 8.01, S. 774, hält diese Auslegung des BGH für unnötig, weil er bereits in der Zurverfügungstellung des Kredits – ungeachtet der vom BGH als Wirksamkeitshindernis betrachteten fehlenden Gremienzustimmung – einen konkludenten Verzicht auf den Gremienvorbehalt sieht und damit von einem wirksamen Kreditvertrag ausgeht, der Rechtsgrund für die Auszahlung war.

[293] Vgl. Ziffer III.1.a)bb) der Entscheidungsgründe.

und der BGH ohnehin zu neuer Feststellung und Auslegung an das Berufungsgericht zurückverwies.

(3) BGH vom 17.01.2001 – VIII ZR 186/99 (Urteil 47)

Das Berufungsgericht hatte entschieden, dass eine Wettbewerbsverbotsklausel über ihren Wortlaut hinausgehend nach Sinn und Zweck dahin auszulegen sei, dass mit der verbotenen „gleichartigen gewerblichen Tätigkeit" jede „anderweitige wirtschaftliche Betätigung" gemeint gewesen sei. Diese Auslegung hob der BGH auf, weil sie nicht vom Wortlaut der Vereinbarung gedeckt sei. Sodann kam der BGH – der nur im Übrigen seine Auslegungsbefugnis auch damit begründete, dass die Klausel einem formularmäßigen Vertrag entstammte, der über die Grenzen eines Oberlandesgerichtsbezirks hinaus Verwendung fand – zu einer abschließenden, durch den Wortlaut beschränkten Auslegung.

Dass jedoch bereits sämtliche Feststellungen getroffen gewesen seien, die zur Ermittlung eines womöglich die Auslegung des Berufungsgerichts stützenden Zweckvorstellung der Parteien nötig gewesen wären, ist nicht ersichtlich[294]. Dennoch entscheidet der BGH selbst, ohne zurückzuverweisen. Seine Begründung, die jede andere Auslegung als die vom Wortlaut gedeckte mangels entsprechender Feststellungen ablehnt, greift damit der Möglichkeit vor, solche Feststellungen nachzuholen.

(4) BGH vom 08.03.2001 – III ZR 110/00 (Urteil 66)

Das Berufungsgericht hatte die Vereinbarung eines Mehrwertsteuersatzes von 14 % im wörtlichen Sinne verstanden. Hingegen gelangte der BGH in eigener Auslegung zur Annahme, die Parteien hätten den damals gültigen Satz von 15 % vereinbart. Die Auslegung des Berufungsgerichts hafte entgegen § 133 BGB am Wortlaut und verletze das Gebot beiderseits interessengerechter Auslegung. Insbesondere sei ein Interesse des Beklagten an der Vereinbarung eines niedrigen Mehrwertsteuersatzes nicht erkennbar, weil für ihn die Steuer nur ein durchlaufender Posten gewesen sei.

---

[294] Auch Ehlers, NJ 2001, 590 f., weist darauf hin, dass bei entsprechendem detaillierten Parteivortrag, den der BGH erkennbar als denkbar angesehen hatte, auch eine andere Entscheidung möglich gewesen wäre.

Der BGH ging dabei davon aus, dass weitere Feststellungen insoweit nicht in Betracht kämen. Damit nimmt er auch – trotz insoweit fehlender Ausführungen der Tatsacheninstanzen – stillschweigend an, dass insbesondere der Beklagte nicht mehr hätte vortragen können, die Parteien seien bei Vertragsschluss bewusst von der Maßgeblichkeit des Vertragswortlauts ausgegangen, wenn auch womöglich ein objektives Interesse an einer solchen Vereinbarung nicht ersichtlich sei. Da diese Möglichkeit jedoch – wenn auch unwahrscheinlich – nicht auszuschließen ist, wäre die ohnehin teilweise zurückverweisende Entscheidung mit den Grundsätzen des Revisionsrechts besser vereinbar gewesen, wenn auch insoweit eine abschließende Auslegung unterblieben wäre.

(5) BGH vom 10.10.2001 – XII ZR 93/99 (Urteil 67)

Das Revisionsgericht legte hier abschließend eine Mitteilung des Beklagten aus dem Oktober 1995, „daß er das Mietobjekt definitiv nicht beziehen werde“, als schlüssig erklärte Kündigung des Mietvertrages aus. Diese Mitteilung hatte das Berufungsgericht „– in anderem Zusammenhang – festgestellt“. Mit der Frage ihrer Auslegung hatte es sich allerdings nicht befasst, weil „in den Tatsacheninstanzen weder von den Parteien noch vom Gericht gesehen worden ist“, dass eine ordentliche Kündigung überhaupt in Betracht kommen könnte.

Zwar weist der BGH in der Folge ausdrücklich darauf hin, dass die Sache nicht zur Entscheidung reif sei, weil den Parteien dann, wenn das Gericht die Möglichkeit der ordentlichen Kündigung gesehen hätte, nach Hinweis gem. § 139 ZPO Gelegenheit zu weiterem Vortrag hätte gegeben werden müssen, der nach der bisherigen Lösungsschiene des Berufungsgerichts nicht entscheidungserheblich gewesen wäre. Dass allerdings auch weiterer Vortrag zur Auslegung der Mitteilung als Kündigungserklärung hätte erfolgen können, überging der BGH, indem er insoweit abschließend entschied.

3. *Die Auslegung trotz Zurückverweisung (Die Verwendung von obiter dicta)*

In 14 Fällen[295] enthielten die zurückverweisenden Urteile (23,3 % von 60 Urteilen) Ausführungen dazu, wie die zu wiederholende Auslegung durchzuführen sei (sog. obiter dicta[296]). Das Revisionsgericht stellte dabei dar, welche Umstände bei der neuen Auslegung zu berücksichtigen und welche Auslegungsmöglichkeiten denkbar seien, was für und was gegen einzelne Möglichkeiten spreche oder zu welchem Ergebnis das Berufungsgericht beim Vorliegen bestimmter weiterer, bislang noch nicht festgestellter Umstände kommen müsse.

Solche Ausführungen begegnen insoweit keinen Bedenken, als sie sich allein in der notwendigen Darlegung erschöpfen, worin das Revisionsgericht den Auslegungsfehler des Berufungsgerichts sah, der zur Aufhebung führte. Auch die Darlegung verschiedener Auslegungsmöglichkeiten kann dabei hilfreich sein, sofern sie ohne Festlegung auf eine bestimmte Variante erfolgt. Hingegen erscheinen obiter dicta dann als Eingriff in das Feststellungs- und Auslegungsprivileg des Tatrichters, wenn das zu abschließender Auslegung nicht befugte Revisionsgericht bereits Wertungen von Feststellungen vorwegnimmt, die noch nicht erfolgt sind, oder trotz ausstehender Feststellungen dem Berufungsgericht bereits verdeutlicht, welches Auslegungs- oder Entscheidungsergebnis zu favorisieren sei. Solcher Art ließen sich 6 Fälle (42,9 % von 14 Urteilen mit obiter dicta) ausmachen.

(1) BGH vom 10.05.2001 – VII ZR 356/00 (Urteil 12)

Das Berufungsgericht hatte anhand verschiedener Schreiben der Parteien erkannt, dass die Klägerin mit einem Forderungsverzicht gegenüber der Beklagten bei Zahlung eines Teils der Schuld einverstanden gewesen sei. Diese Auslegung erachtete der BGH als rechtsfehlerhaft, weil sie gegen das Gebot einer interessengerechten Auslegung verstoße. Er begründete dies mit einer umfassenden Bewertung der tatsächlichen Umstände, aus denen sich nach seiner Auffassung kein Anhaltspunkt entnehmen lasse, dass die Klägerin ein entsprechendes Interesse an einem Forderungsverzicht gehabt

---

[295] Urteile 5, 12, 28, 31, 32, 33, 38, 40, 44, 46, 51, 54, 74 und 80.

[296] Vgl. dazu Fußnote 22.

habe. Der BGH entschied insofern abschließend und verwies nur noch zur Feststellung der Höhe des Klageanspruchs zurück.

Der BGH befasste sich dabei auch mit einer unter Beweis gestellten Behauptung der Beklagten, wonach auch in einem Gespräch zwischen den Parteien zum Ausdruck gekommen sei, die Beklagte wolle mit der Teilzahlung die Angelegenheit als endgültig geklärt behandeln. Das Berufungsgericht hatte insoweit Beweis nicht erhoben, weil es bereits aufgrund der vorliegenden Schreiben zum Ergebnis eines Forderungsverzichts gelangt war. Dennoch verwies der BGH nicht zurück, um die Beweisaufnahme nachholen zu lassen. Stattdessen bezog er bereits die insoweit noch nicht festgestellten Umstände in eine hilfsweise durchgeführte Auslegung mit ein und führte aus, dass selbst im Falle des Zutreffens des unter Beweis gestellten Vortrags dies auf Seiten der Klägerin nicht zu einer Annahme eines Forderungsverzichts habe führen müssen[297]. Der BGH nahm damit bereits ein Ergebnis im Wege der Auslegung vorweg, ohne dass die für die Auslegung relevanten Tatsachen schon konkret festgestellt worden waren, und verwehrte auf diesem Weg dem Berufungsgericht, insoweit neue Feststellungen zu treffen, die sein ursprüngliches Auslegungsergebnis womöglich – nunmehr rechtsfehlerfrei – hätten stützen können[298].

(2) BGH vom 05.10.2001 – V ZR 275/00 (Urteil 32)

Das Revisionsgericht hatte die Auslegung des Berufungsgerichts, der Mietvertrag, der Grundlage für zugesicherte Mieterträge hätte sein können, sei kein Scheingeschäft gewesen, aufgehoben. Zu einer abschließenden Auslegung, es habe sich um ein Scheingeschäft gehandelt, sah sich der BGH jedoch außer Stande, weil hierzu relevanter, unter Beweis gestellter Vortrag der Klägerin zu beachten sei. Das Berufungsgericht war dem Beweisangebot nicht nachgegangen. Dennoch würdigte der BGH in seinen obiter dicta diesen bislang unbewiesenen Vortrag und führt aus, dass dieser ausreichende Indizien enthalte, um – sollte er bewiesen werden – ein Scheingeschäft bejahen zu müssen. Dies gelte „um so mehr, als das Beru-

---

[297] Vgl. Ziffer II.2. der Entscheidungsgründe.

[298] Diese Vorgehensweise wird dann erklärlich, wenn man mit Lange, WuB IV A. § 151 BGB 2.01, S. 937, berücksichtigt, dass der BGH trotz des von ihm gewählten rechtstatsächlichen Ansatzes allein eine rechtsdogmatische Auslegungsfrage beantwortet, vgl. auch Fußnote 155.

fungsgericht selbst festgestellt hat, daß [...] das Baugenehmigungsverfahren [...] nicht ernsthaft betrieben wurde“[299].

Obgleich deshalb dem Revisionsgericht eine abschließende Auslegung nicht möglich war, weil die zu würdigenden Tatsachen sich erst im Rahmen einer Beweisaufnahme hätten feststellen lassen, gab es bereits zu erkennen, welche zwingenden Folgerungen aus den festzustellenden Tatsachen zu ziehen seien. Es darf deshalb davon ausgegangen werden, dass sich das Berufungsgericht nach Zurückverweisung daran gehindert gesehen hätte, die festzustellenden Tatsachen in anderer Weise zu würdigen, als dass sie den Schluss auf einen Scheingeschäftswillen zuließen[300].

(3) BGH vom 26.07.2001 – X ZR 211/99 (Urteil 44)

Das Revisionsgericht hatte die Auslegung des Berufungsgerichts, wonach den Beklagten eine Pflicht getroffen habe, auf die Gefahr des Verderbens der gerodeten Pflanzen hinzuweisen, als rechtsfehlerhaft erachtet und zu neuer Auslegung zurückverwiesen. Ob im Übrigen sogar weitergehende oder wiederholte Hinweise geschuldet waren, hatte das Berufungsgericht konsequenterweise nicht erörtert; dies war daher auch nicht Gegenstand der Auslegungskontrolle des BGH. Dennoch wies der BGH in seinen obiter dicta darauf hin, dass gegen eine solch weitergehende Annahme, die grundsätzlich denkbar sei, „nach den getroffenen Feststellungen ersichtlich nichts“ spreche. Damit nahm der BGH bereits vorsorglich eine Einschränkung der Auslegungsmöglichkeiten des Berufungsgerichts nach Zurückverweisung vor, ohne dass er zu einer solchen Auslegung konkret hätte Stellung nehmen können, weil künftige Feststellungen für ihn noch nicht erkennbar gewesen sein konnten[301].

---

[299] Vgl. Ziffer II.1.d)bb) der Entscheidungsgründe.

[300] Tatsächlich kam es zu der vom BGH vorgesehenen Beweisaufnahme nicht mehr, weil der Rechtsstreit nach Zurückverweisung durch Vergleich beendet worden ist, vgl. KG, 14 U 296/01, Protokoll über die mündliche Verhandlung vom 21.06.2002.

[301] Tatsächlich befasste sich allerdings das Berufungsgericht mit der Frage weitergehender Hinweispflichten nicht mehr, weil es nunmehr – entsprechend den Ausführungen des BGH im Übrigen – bereits eine einfache Hinweispflicht des Beklagten verneinte, vgl. OLG Celle vom 05.06.2002 – 20 U 26/98, Seiten 11 f.; vgl. auch bereits Seite 142.

(4) BGH vom 20.03.2001 – X ZR 180/98 (Urteil 51)

Der BGH hatte insbesondere die Erkenntnis des Berufungsgerichts, ein Schreiben vom 02.05.1994 enthalte keine hinreichend deutliche Ablehnungsandrohung, als rechtsfehlerhaft erachtet. Er verwies zu neuer Auslegung zurück, ohne insoweit selbst abschließend zu entscheiden. Dennoch gab der BGH bereits deutlich zu erkennen, dass seiner Auffassung nach von einer Ablehnungsandrohung auszugehen sei. Denn die graphische Hervorhebung eines „letzten" Termins, die das Berufungsgericht nicht in seine Beurteilung einbezogen habe, könne für eine Ablehnungsandrohung sprechen. Ferner werde das Berufungsgericht bei „seiner erneuten Befassung mit der Sache zu erwägen haben, daß der Ernst der Lage auch [durch einen weiteren Umstand] betont wurde"[302]. Durch eine solch wertende Formulierung des Revisionsgerichts wird dem Berufungsgericht deutlich vorgezeichnet, zu welchem Ergebnis seine Auslegung aus Sicht des Revisionsgerichts führen sollte, obgleich das Revisionsgericht zu einer eigenen abschließenden Auslegung nicht berechtigt gewesen ist[303].

(5) BGH vom 26.07.2001 – X ZR 162/99 (Urteil 54)

Das Berufungsgericht war zum Ergebnis gelangt, „die Parteien hätten am 05.05.1992 einen gegenüber dem Leistungsverlangen der Klägerin im Schreiben vom 30.04.1992 [...] anderen Leistungsgegenstand vereinbart", so „daß sich die darauf bezogene Fristsetzung nicht auf diesen Gegenstand beziehen könne". Diese Erkenntnis erachtete der BGH als rechtsfehlerhaft, weil sie im Widerspruch zu Vorbringen der Beklagten stehe, zu dem das Berufungsgericht keine Feststellungen getroffen hatte. Obwohl der BGH

---

[302] Vgl. Ziffer II.4.c) der Entscheidungsgründe.

[303] Zu welchem Ergebnis die Auslegung dieser Einzelfallfrage nach Zurückweisung führte, konnte mangels erhaltenen Berufungsurteils nicht genau überprüft werden. Allerdings hatte das Berufungsgericht neben der dargelegten Auslegungsfrage über weitere Vorfragen, die im Gegensatz zu seiner aufgehobenen Entscheidung zur Annahme eines berechtigten Rücktritts führen konnten, nochmals zu erkennen, weil auch insoweit eine abschließende Entscheidung des BGH nicht erfolgt war. Zu einer Beweisaufnahme kam es dabei nicht mehr, weil sich „weitere tatsächliche Feststellungen zur Klärung der Grundlagen der Auslegung [...] entgegen der Auffassung des BGH nach Auffassung des Senats nicht treffen" ließen (so die Mitteilung des 12. Zivilsenats des OLG Düsseldorf im zurückgesandten Fragebogen). Das Gericht gelangte jedoch nunmehr zu einem anderen Auslegungsergebnis und damit auch zu einer anderen Entscheidung als vor der Aufhebung. Dies lässt den Schluss zu, dass das Berufungsgericht tatsächlich ohne weitere Tatsachenfeststellung der Auslegung gefolgt ist, die der BGH vorgezeichnet hatte.

insoweit nicht abschließend auslegte, führte er nach ausführlicher Darlegung aus, dass „vieles dafür" spreche, die Vereinbarung vom 05.05.1992 dahin zu verstehen, „daß […] die Arbeiten auf dem erreichten Niveau abgeschlossen" werden sollten, „ohne daß es auf darüber hinausgehende weitere Funktionen angekommen wäre". Unter Zugrundelegung eines solchen Ergebnisses hätte die Fristsetzung den vereinbarten Leistungsgegenstand betroffen.

Die Ausführungen des Revisionsgerichts enthielten damit bereits eine Vorgabe für ein bestimmtes künftiges Auslegungsergebnis, obwohl das Gericht insoweit keine abgeschlossenen Feststellungen zu Grunde liegen hatte[304].

(6) BGH vom 13.12.2001 – III ZR 29/01 (Urteil 80)

Das Revisionsgericht sah sich mangels ausreichender tatrichterlicher Feststellungen nicht in der Lage, die fehlerhafte Auslegung des Berufungsgerichts hinsichtlich des von den Parteien gewählten Begriffs des „Standby" als Bezeichnung für eine bestimmte Art des vertraglich vereinbarten Einsatzes eines Ölschadensbekämpfungsschiffs selbst nachzuholen. Allerdings wies es für die erneute Auslegung darauf hin, der Begriff könne dahin verstanden werden, dass er „das Bereitstehen für einen konkreten Notfall in einem engen zeitlichen und räumlichen Zusammenhang an der Havariestelle" meinte. Ein solcher fachspezifischer Wortgebrauch, der sich aus einem Schriftsatz des Beklagten ergebe, sei „eine naheliegende Richtschnur".

Wenn auch dies bislang keine Berücksichtigung fand, weil der Schriftsatz des Beklagten nicht nachgelassen war, war zu vermuten, dass das Berufungsgericht aufgrund dieser obiter dicta des Revisionsgerichts nach Zurückverweisung diesen Wortgebrauch feststellen und auf dessen Grundlage in entsprechender Weise neu auslegen würde[305]. Die obiter dicta griffen insoweit bereits einer künftigen tatrichterlichen Feststellung vor.

[304] Tatsächlich hat die Klägerin nach Zurückverweisung ihren Vortrag noch zwei Mal in widersprüchlicher Weise verändert (vgl. OLG Düsseldorf vom 26.04.2002 – 22 U 172/01, Seiten 21 f.), so dass eine neue Bewertung des Sachverhalts notwendig geworden ist. Danach kam es auf die Frage, ob die Fristsetzung vom 30.04.1992 die vereinbarte Leistung erfassen konnte, nicht mehr in entscheidungserheblicher Weise an.

[305] Ob dies tatsächlich der Fall war, konnte mangels Rücksendung des Fragebogens durch das Berufungsgericht nicht überprüft werden.

V. Die Beachtung der Bindung durch die Berufungsgerichte

Die Beurteilung des Vorgehens des Berufungsgerichts nach Zurückverweisung kann Aufschluss darüber geben, wie weit die Auslegungskontrolle des Revisionsgerichts in der instanzgerichtlichen Praxis Beachtung und Zustimmung findet. Dabei ist vorstellbar, dass das Berufungsgericht in zu geringer, in übereinstimmender oder aber in zu weit gehender Weise den gem. § 563 Abs. 2 ZPO bindenden Ausführungen des Revisionsgerichts folgt. Der Blick soll an dieser Stelle darauf gerichtet sein, ob Tendenzen des Tatrichters zu erkennen sind, der Auslegung des Revisionsgerichts nach Möglichkeit zu folgen, diese kritisch zu betrachten und – soweit im Rahmen des § 563 Abs. 2 ZPO möglich – eigenständig zu erneuern oder gar ihre Auswirkungen im weiteren Entscheidungswege zu umgehen.

Die Durchsicht der untersuchbaren zurückverweisenden Entscheidungen ergibt dabei, dass [1.] in jedenfalls 20 Fällen das Berufungsgericht den bindenden Vorgaben des Revisionsgerichts gefolgt ist. [2.] Auch soweit der BGH die weitere Auslegung durch obiter dicta vorgibt, sind diese vom Berufungsgericht beachtet worden. [3.] Eine kritische Auseinandersetzung mit den Ausführungen des Revisionsgerichts zur Auslegung dahin, dass das Berufungsgericht die Auslegung nach einer Beweisaufnahme vollkommen eigenständig nachgeholt hat und dabei abermals zum selben Ergebnis wie vor der Aufhebung gelangt ist, obgleich das Revisionsgericht eine Favorisierung des entgegengesetzten Ergebnisses andeutete, findet sich allenfalls in einem einzigen Fall. [4.] Lediglich in 4 Fällen führte die Verhandlung nach Zurückverweisung zu einem Ergebnis, das die Aufhebung der ursprünglichen Auslegung durch das Revisionsgericht unbeachtlich werden ließ, weil innerhalb des auch nach Zurückverweisung bestehenden tatrichterlichen Spielraums die ursprüngliche Entscheidung aufrechterhalten werden konnte. Dabei bestehen jedoch [a)] allenfalls in zwei Fällen Bedenken, ob nicht die Verhandlung in voreingenommener Weise fortgeführt worden sein könnte, weil [b)] die Möglichkeit einer entsprechenden Entscheidung bereits in zwei Fällen durch das Revisionsurteil angedeutet worden war.

1. Die Annahme der Bindungswirkung des Revisionsurteils durch das Berufungsgericht

(1) BGH vom 30.03.2001 – V ZR 461/99 (Urteil 3)

Das Berufungsgericht erörterte in seinem nach Zurückverweisung erlassenen Urteil[306] die aufgehobene Auslegungsfrage, ob den Klägern ein bestimmter Mietertrag aus der verkauften Wohnung zugesichert worden ist, nicht mehr. Es beachtete damit die Bindungswirkung des Revisionsurteils, in welchem der BGH eine Zusicherung abschließend abgelehnt hatte.

(2) BGH vom 18.01.2001 – VII ZR 457/98 (Urteil 4)

Das Revisionsgericht hatte die rechtsfehlerhafte Annahme des Berufungsgerichts, der bauleitende Ingenieur habe mit Vertretungsmacht gehandelt, bereits bindend abgelehnt. Dennoch führte das Berufungsgericht[307] insoweit nochmals eine Beweisaufnahme mittels Zeugenvernehmung durch. Dabei kam es allerdings zum selben Ergebnis, wie dies der BGH bereits bindend festgestellt hatte.

Das Berufungsgericht hat damit die bindende Auslegung des BGH nicht ausreichend beachtet. Eine Tendenz, dass dies zum Zwecke der Umgehung des Ergebnisses des BGH geschehen sein könnte, ist jedoch aufgrund des identischen Endergebnisses nicht erkennbar.

(3) BGH vom 21.06.2001 – VII ZR 435/99 (Urteil 6)

Das Berufungsgericht folgte nach Zurückverweisung ausdrücklich der Entscheidung des BGH, wonach der Umfang der Honorarvereinbarung der Parteien gem. § 565 Abs. 2 ZPO a. F. bindend festgestellt worden war, und erkannte – entsprechend den Vorgaben des BGH – nur noch über die Folgefragen[308].

---

306 OLG Nürnberg vom 18.03.2002 – 5 U 1980/99.
307 OLG Celle vom 22.05.2001 – 16 U 76/98.
308 Vgl. OLG München vom 29.10.2002 – 13 U 2002/99.

(4) BGH vom 17.09.2001 – II ZR 378/99 (Urteil 10)

Das Berufungsgericht folgte nach der Zurückverweisung ausdrücklich den insoweit bindenden Ausführungen des BGH, dass in einem Telefax-Schreiben vom 10.09.1995 eine Bestätigung der Amtsniederlegung des Geschäftsführers und damit eine Neuvornahme entsprechend § 141 Abs. 1 BGB zu sehen sei[309]. Das Gericht führte im Übrigen eine Beweisaufnahme zu den Voraussetzungen von zuvor erfolgten Niederlegungserklärungen und zum Zugang der Erklärungen durch, die gleichfalls zur Annahme der Amtsniederlegung führten. Auch insoweit folgte das Gericht den Vorgaben des Revisionsgerichts.

(5) BGH vom 27.09.2001 – III ZR 318/00 (Urteil 16)

Das Revisionsgericht hatte die Auslegung des Berufungsgerichts aufgehoben, weil dieses rechtsfehlerhaft nicht berücksichtigt hatte, dass ein wirksamer Vertrag an der Vereinbarung einer aufschiebenden Bedingung gem. § 158 Abs. 1 BGB gescheitert sein könnte. Eine abschließende Auslegung nahm der BGH insofern zwar nicht vor, sondern führte lediglich aus, dass eine solche Auslegung nahe liege. Er verwies zum Zwecke erneuter Auslegung „unter Berücksichtigung der Rechtsauffassung des Senats" zurück.

Das Berufungsgericht traf zu dieser Auslegungsfrage nach Zurückverweisung keine weiteren Feststellungen. Es folgte insoweit ohne weitere Auslegung der Auffassung des BGH, an die es sich ausdrücklich gem. § 565 Abs. 2 ZPO a. F. gebunden sah, und nahm eine aufschiebende Bedingung gem. § 158 Abs. 1 BGB an[310]. Das Gericht unternahm damit keinen Versuch, auf Grundlage einer erneuten Auslegung abermals zum vor Aufhebung gewonnenen Ergebnis zu gelangen[311].

---

[309] Vgl. OLG Frankfurt vom 27.03.2003 – 6 U 258/01, Seiten 10 und 12.

[310] OLG Hamburg vom 30.09.2002 – 11 U 209/00, Seiten 15 ff.

[311] Die Erlangung eines solchen Ergebnisses erschien auch trotz der nicht abschließenden Auslegung des BGH nicht ohne Weiteres möglich, weil ein solches mit der gem. § 565 Abs. 2 ZPO zu beachtenden Rechtsauffassung des BGH schwerlich in Einklang hätte gebracht werden können. Jedoch kam es für das Entscheidungsergebnis letztlich auf die Auslegungsfrage nicht an, weil das Berufungsgericht auf anderem Wege erneut zur Unbeachtlichkeit der aufschiebenden Bedingung gelangte, dazu vgl. unten Seite 175.

(6) BGH vom 13.12.2001 – IX ZR 306/00 (Urteil 18)

Das Berufungsgericht hatte eine aufwändige Sicherungszweckvereinbarung ausgelegt. In dieser hatte sich der Kläger verpflichtet, gegenüber der beklagten Bank eine „Zusatzsicherheit" in Höhe von DM 21.000.000,00 zu bestellen, die der Sicherung ausgezahlter Darlehen in Höhe von DM 69.700.000,00 dienen sollte. Insbesondere aufgrund der Präambel der Vereinbarung, in der als wirtschaftlicher Zweck auch die „Begrenzung der persönlichen Inanspruchnahme" des Klägers genannt war, sowie aufgrund einer Passage, die dem Kläger einen Anspruch auf Erhalt des Verwertungserlöses gewährte, sofern dieser über DM 21.000.000,00 hinausreichte, kam das Berufungsgericht dabei zum Ergebnis, die Beklagte habe den Kläger dabei aus seiner persönlichen Haftung, soweit diese den Betrag von DM 21.000.000,00 überstieg, entlassen.

Der BGH erachtete diese Auslegung als fehlerhaft. In seiner überaus ausführlichen Begründung legte er dar, das Berufungsgericht habe verkannt, dass die gesamte Vereinbarung auch in gegensätzlicher Weise verstanden werden könne, so dass für das Auslegungsergebnis des Gerichts keine hinreichenden Anhaltspunkte erkannt werden konnten. Eine abschließende Auslegung nahm der BGH nicht vor, sondern verwies zu umfassender Neuauslegung und Nachholung notwendiger Beweisaufnahmen an einen anderen Senat des Berufungsgerichts zurück.

Das Berufungsgericht nahm daraufhin eine abermalige, gleichfalls ausführliche[312] Auslegung der Vereinbarung vor. Dabei setzte es sich in Anlehnung an die ausdrücklich gem. § 565 Abs. 2 ZPO bindende rechtliche Beurteilung des BGH mit jedem einzelnen Punkt der Vereinbarung auseinander und gelangte zur Erkenntnis, dass eine Auslegung sowohl nach dem Wortlaut als auch nach der Entstehungsgeschichte der Vereinbarung sowie nach der Interessenlage der Parteien kein eindeutiges Auslegungsergebnis zulasse. Die deshalb durchgeführte Beweisaufnahme mittels Zeugenvernehmungen, die das Berufungsgericht auf weiteren sechs Seiten würdigte, habe die Vereinbarung einer Haftungsfreistellung ebenfalls nicht belegen können, was zu Lasten des insoweit beweisbelasteten Klägers wirkte. Das Berufungsgericht gelangte nach alldem zur gegenteiligen Auslegung als vor der Aufhebung[313].

---

[312] Die Ausführungen des Berufungsgerichts hierzu umfassen 12 Seiten.
[313] Vgl. KG vom 04.09.2002 – 11 U 10/02.

Bedenken, dass das Berufungsgericht dabei sich in stärkerer Weise an den Ausführungen des Revisionsgerichts ausgerichtet hat, als deren Bindungswirkung reichte, bestehen dabei nicht. Zwar hat sich das Revisionsgericht stets nur auf die Darlegung beschränkt, dass die Feststellungen und Begründung des Berufungsgerichts die Annahme einer Haftungsfreistellung nicht rechtfertigen könnten, und führte an keiner Stelle seines Urteils aus, dass eine gegenteilige Auslegung richtig sei. Deshalb wäre es zwar denkbar gewesen, nach Zurückverweisung zum selben Ergebnis wie zuvor zu gelangen. Allerdings bietet die überaus ausführliche Darlegung der nachgeholten Auslegung nach Zurückverweisung keinen Angriffspunkt gegen die neue Berufungsentscheidung[314]. Das Gericht hat demnach in nicht zu beanstandender Weise eine neue Auslegung durchgeführt, ohne die Vermutung einer bestimmten Auslegungstendenz zu begründen.

(7) BGH vom 14.02.2001 – VIII ZR 292/98 (Urteil 25)

Das Revisionsgericht hatte unter Heranziehung der Rechtsprechung des IV. Zivilsenats, der es sich „in vollem Umfang" anschloss, in für das Berufungsgericht bindender Weise entschieden, der streitgegenständliche Versicherungsvertrag sei dahin auszulegen, dass die Parteien grundsätzlich einen Regressverzicht für den Fall nur fahrlässiger Herbeiführung des Schadensfalles vereinbart hätten. Dennoch sollte das Berufungsgericht nach Zurückverweisung erwägen, „ob und inwieweit sich im vorliegenden Fall etwas anderes aufgrund des Umstandes ergeben könnte, daß die Beklagte eine Haftpflichtversicherung abgeschlossen hatte".

Das Berufungsgericht sah sich indes auch insoweit gem. § 565 Abs. 2 ZPO a. F. gebunden, weil die in Bezug genommene Entscheidung des IV. Zivilsenats bereits entschieden habe, dass auch das Vorliegen einer solchen Versicherung an der Auslegung nichts ändern könne[315]. Es folgte damit in konsequenter Beachtung der Rechtsprechung des BGH nicht nur der sich aus dem Revisionsurteil ergebenden Bindung, sondern sah sich sogar in noch weiter gehender Weise gebunden. Dabei kann dahinstehen, ob mit dem Berufungsgericht von einer Bindungswirkung gem. § 565 Abs. 2 ZPO

---

[314] Dementsprechend wurden die Angriffe der erneuten Revision, die insbesondere eine zu weitgehende Bindungsannahme des Berufungsgerichts rügte, in einem zweiten Revisionsurteil abgewiesen und die nunmehrige Auslegung des Berufungsgericht als rechtsfehlerfrei bestätigt, vgl. BGH vom 09.12.2003 – XI ZR 372/02, ZIP 2004, 748 ff.

[315] Vgl. OLG Hamm vom 09.01.2002 – 20 U 58/01, VersR 2002, 1280 f.

a. F. ausgegangen werden konnte, weil das Revisionsgericht sich der Rechtsprechung des IV. Zivilsenats vollumfänglich angeschlossen hatte, so dass der – in Anbetracht dessen wohl versehentlich – eröffneten Möglichkeit der Einbeziehung der Haftpflichtversicherung als beachtlicher Umstand keine Bedeutung beizumessen war, oder ob das Berufungsgericht sich selbst nunmehr der Rechtsprechung des IV. Zivilsenats angeschlossen hat. Jedenfalls nämlich stellt sich die Vorgehensweise des Berufungsgerichts als konsequente Beachtung einer höchstrichterlichen Rechtsprechung dar, deren Anwendung auf den vorliegenden Fall nahe lag, so dass Tendenzen, sich von der Entscheidung des Revisionsgerichts zu lösen, nicht ersichtlich sind.

(8) BGH vom 23.11.2001 – V ZR 282/00 (Urteil 30)

Der BGH hatte die Erkenntnis des Berufungsgerichts, eine Vereinbarung über die Ankaufverpflichtung von Immobilien sei gem. §§ 313 Satz 1, 125 Satz 1 BGB a. F. formnichtig, für rechtsfehlerhaft gehalten. Er legte die Vereinbarung dahin aus, dass sie ein Leistungsbestimmungsrecht gem. § 315 BGB enthalte, wodurch sie dem Schriftformerfordernis genüge. Zur weiteren Verhandlung verwies er zurück.

Das Berufungsgericht hielt sich gem. § 565 Abs. 2 ZPO a. F. ohne Weiteres an diese Rechtsauffassung gebunden. In der Folge gelangte das Gericht zwar erneut – wie bereits vor der Aufhebung – zur Abweisung der Klage, weil es nunmehr davon ausging, dass die Parteien die wirksame Vereinbarung einvernehmlich aufgehoben hatten. Dies beruhte auf Vorbringen der Beklagten bereits seit der ersten Instanz, welches nunmehr im Wege einer Beweisaufnahme mittels Zeugenvernehmung durch das Berufungsgericht belegt wurde[316]. Eine Tendenz zur Umgehung der Entscheidung des Revisionsgerichts ist dabei nicht zu erkennen, da diese Möglichkeit bereits im Laufe des gesamten Rechtsstreits ersichtlich war und das Revisionsgericht insoweit keinerlei Ausführungen gemacht hat.

[316] Vgl. OLG Oldenburg vom 06.06.2002 – 8 U 104/00.

(9) BGH vom 19.12.2001 – XII ZR 281/99 (Urteil 31)

Das Berufungsgericht gelangte nach Zurückverweisung nunmehr – anders als zuvor – zu einer Kostentragungspflicht des Vermieters[317]. Es folgte damit der Bindung der revisionsgerichtlichen Entscheidung, welche die vorherige Auslegung für rechtsfehlerhaft gehalten hatte.

(10) BGH vom 27.06.2001 – VIII ZR 235/00 (Urteil 38)

Das Berufungsgericht übernahm die bindende Rechtsauffassung des Revisionsgerichts und verhandelte deshalb nur noch über Folgefragen[318].

(11) BGH vom 26.04.2001 – VII ZR 222/99 (Urteil 41)

Das Berufungsgericht übernahm die bindende Rechtsauffassung des Revisionsgerichts. Eine Beweisaufnahme und Entscheidung erfolgten jedoch nicht mehr, weil der Rechtsstreit durch Vergleich beendet wurde.

(12) BGH vom 12.10.2001 – V ZR 220/00 (Urteil 42)

Das Revisionsgericht hatte den Rechtsstreit mit Ausnahme der Höhe des Hilfsanspruchs abschließend und bindend entschieden. Nur zu diesem Zwecke erfolgte die Zurückverweisung. Die nachfolgende Entscheidung des Berufungsgerichts befasste sich dementsprechend allein mit der Höhe des Hilfsanspruchs, während es im Übrigen von der bindenden Entscheidung des BGH ausging[319].

(13) BGH vom 07.11.2001 – VIII ZR 213/00 (Urteil 43)

Das Berufungsgericht folgte der bindenden Entscheidung des BGH, der die Auslegung eines vertraglich vereinbarten Rückgaberechts als Rücktrittsrecht gem. § 346 BGB als fehlerhaft erachtet hatte und stattdessen von einem Wiederverkaufsrecht ausgegangen war.

---

317 Zum Fall vgl. oben Seite 147.

318 Ein Urteil erging nicht mehr, weil der Rechtsstreit durch die Parteien aus wirtschaftlichen Gründen nach Einholung eines Sachverständigengutachtens im Vergleichswege beendet wurde.

319 OLG Koblenz vom 20.09.2002 – 8 U 1778/01.

Zwar verneinte das Berufungsgericht nach Zurückverweisung den Klageanspruch ebenso wie in seinem ersten Urteil, weil es die zunächst offen gelassene Frage, ob das Recht der Klägerin hätte befristet ausgeübt werden müssen, nun bejahte[320]. Eine Tendenz, die vormals getroffene Entscheidung wieder zu erreichen, lässt sich dabei jedoch nicht erkennen. Zum einen hatte der BGH diese Frage ausdrücklich selbst nicht entschieden und damit zu erkennen gegeben, dass sie künftig noch streiterheblich werden könnte. Zum anderen gelangte das Berufungsgericht zu seinem Ergebnis erst auf Grundlage einer ausführlichen Vertragsauslegung gem. §§ 133, 157 BGB, zu deren Zweck es insbesondere ein Sachverständigengutachten einholte. Dieses vermochte mittels einer durchgeführten Umfrage die Behauptung der Klägerin nicht zu belegen, es habe ein entsprechender Handelsbrauch bestanden, wonach ein zeitlich unabhängiges Recht zur Rückgabe von Musik-CDs branchenüblich sei.

(14) BGH vom 26.07.2001 – X ZR 211/99 (Urteil 44)

Das Berufungsgericht folgte den Ausführungen des zurückverweisenden Revisionsgerichts, das die Annahme einer Hinweispflicht des rodenden Baumschulenbetreibers als rechtsfehlerhaft erachtet hatte, in vollem Umfange. Nach der Zurückverweisung gelangte es nunmehr zur gegenüber seinem ersten Urteil entgegengesetzten Auffassung, dass eine solche Pflicht nicht bestanden habe. Dabei stellte es im Wege der Beweisaufnahme fest, dass eine über den Zeitraum von 2 Jahren hinausgehende Baumaufzucht nicht geschuldet war, sondern stattdessen eine Abholungspflicht des klagenden Auftraggebers bestand[321]. In der Folge schloss es sich den Erwägungen des BGH an, der aus diesem Grunde sowie unter Beachtung des Erfahrungswissens des Klägers die Annahme von Hinweispflichten nicht ohne Weiteres zugelassen hatte.

(15) BGH vom 26.07.2001 – X ZR 162/99 (Urteil 54)

Das Berufungsgericht folgte nach Zurückverweisung den Vorgaben des Revisionsgerichts, das sowohl die Umdeutung einer außerordentlichen in eine ordentliche Kündigung als auch die Annahme einer Vereinbarung, die den ursprünglichen vertraglichen Leistungsumfang veränderte, als rechts-

[320] OLG München vom 13.08.2003 – 7 U 2280/99.
[321] Vgl. OLG Celle vom 05.06.2002 – 20 U 26/98.

fehlerhaft ansah. In der Folge gelangte das Berufungsgericht zu entgegengesetzten Ergebnissen[322]. Dies geschah in beiden Fällen allein auf der Grundlage der bereits festgestellten Umstände, ohne dass es zu einer nachgeholten Tatsachenfeststellung gekommen wäre.

(16) BGH vom 22.06.2001 – V ZR 128/00 (Urteil 60); V ZR 123/00 (Urteil 62)

Das Berufungsgericht erhob nach Zurückverweisung Beweis zur Feststellung der Höhe des Klageanspruchs, nachdem das Revisionsgericht das Bestehen des Anspruchs dem Grunde nach durch abschließende Auslegung bindend bejaht hatte. Es beachtete damit uneingeschränkt die Bindungswirkung.

(17) BGH vom 10.10.2001 – XII ZR 93/99 (Urteil 67)

Das Berufungsgericht verhandelte nach Zurückverweisung nur noch über die Folgefrage, ob mangels Einhaltung des Schriftformerfordernisses ein zeitlich unbeschränkter Mietvertrag zustande gekommen war, so dass die ordentliche Kündigung möglich sei. Dass eine solche vorliege, hatte der BGH durch abschließende Auslegung entschieden. Dem folgte das Berufungsgericht, wenn es auch dabei nicht auf § 565 Abs. 2 ZPO a. F. hinwies, sondern die konkludente ordentliche Kündigung mit einem Satz bejahte und dabei auf den „*zu Recht*“ erfolgten Hinweis des BGH in seinem Revisionsurteil Bezug nahm[323].

(18) BGH vom 12.12.2001 – IV ZR 47/01 (Urteil 76)

Das Berufungsgericht hatte eine Klage auf Zahlung von Versicherungsleistungen abgewiesen, weil es zum Ergebnis gekommen war, dass die bereits erfolgte Zahlung der beklagten Versicherung an die Sparkasse, auf die die Ansprüche zuvor sicherungshalber übertragen worden waren, mit befreiender Wirkung erfolgt sei. Dabei hatte es der Frage, ob eine Rückübertragung der Rechte durch die Sparkasse an den Kläger vom 01.07.1993 wirksam war, so dass gem. § 185 Abs. 2 Satz 1 Alt. 2 BGB rückwirkend eine am 15.10.1992 erfolgte Abtretung der Rechte durch den Kläger an ei-

---

[322] OLG Düsseldorf vom 26.04.2002 – 22 U 172/01.
[323] OLG Jena vom 29.05.2002 – 7 U 553/98, Seite 6.

ne dritte Bank wirksam geworden wäre, keine Bedeutung beigemessen. Denn unabhängig davon, ob der Kläger im Oktober 1994, als die Sparkasse gegen ihn einen Pfändungs- und Überweisungsbeschluss hinsichtlich der Versicherungsrechte erwirkte, noch Forderungsinhaber war, könne sich der Kläger jedenfalls nicht darauf berufen, dass die Pfändung mangels bei ihm bestehender Ansprüche ins Leere gegangen sei, weil es eine Vereinbarung zwischen dem Kläger und der Sparkasse vom 25.03.1997 dahin auslegte, dass mit dieser eine Genehmigung der Zahlung an die Sparkasse erfolgt sei. Deshalb müsse sich der Kläger so behandeln lassen, als sei die Sparkasse tatsächlich Forderungsinhaberin gewesen. Dies müsse er sich auch gegenüber der Beklagten gem. § 242 BGB entgegenhalten lassen.

Diese Auslegung hob der BGH als rechtsfehlerhaft auf und gelangte zu der abschließenden Auslegung, dass eine solche Genehmigung nicht vorliege. Zu abschließender Entscheidung des Rechtsstreits verwies er zurück, weil eine weitere Verhandlung und Vervollständigung der Beweisaufnahme notwendig sei. Sei nämlich die Rückabtretung der Sparkasse vom 01.07.1993 wirksam, dann sei der Pfändungs- und Überweisungsbeschluss gegen den Kläger ins Leere gegangen und deshalb die spätere Leistung an die Sparkasse als vermeintliche Gläubigerin ohne befreiende Wirkung gewesen, so dass der Klageanspruch bestehe. Andernfalls hätte die Abtretung der Ansprüche an die dritte Bank nicht gem. § 185 Abs. 2 BGB wirksam werden können, so dass die Ansprüche im Zeitpunkt der Pfändung und Überweisung noch beim Kläger bestanden hätten. Sie wären dann infolge der Pfändung und Überweisung auf die Sparkasse übergegangen, so dass die Zahlung der Beklagten an diese befreiende Wirkung gehabt hätte und zu ihrem Erlöschen geführt hätte.

Das Berufungsgericht folgte den Ausführungen des BGH in vollem Umfang. Es erhob Beweis mittels Zeugenvernehmung und gelangte dabei zur Erkenntnis, dass der Verzicht der Sparkasse vom 01.07.1993 wirksam zustande gekommen sei. Dies habe zur Folge, dass der Pfändung- und Überweisungsbeschluss ins Leere gegangen sei. Dass eine Genehmigung im Schreiben vom 25.03.1997 nicht gesehen werden könne, ergebe sich „aus den im Revisionsurteil ausgeführten Gründen“[324]. Damit folgte es der insoweit bindenden Auslegung des BGH. Die Beantwortung der Folgefragen erfolgte nach eigenständiger Entscheidung infolge einer ausführlichen Beweiswürdigung, so dass Tendenzen, den Vorgaben des BGH in mehr als

[324] OLG Stuttgart vom 25.04.2002 – 7 U 15/02.

notwendiger Weise zu folgen, genauso wenig erkennbar sind wie solche, dessen Entscheidung zu umgehen.

(19) BGH vom 28.11.2001 – VIII ZR 38/01 (Urteil 77)

Das Revisionsgericht hatte über die streitgegenständliche Auslegungsfrage, ob der Bezirksleiter der Beklagten Empfangsvollmacht hatte, abschließend entschieden und diese bejaht. Damit ging das Bestehen des Klageanspruchs dem Grunde nach einher, so dass die Zurückverweisung nur noch zur Feststellung der Anspruchshöhe erfolgte.

Das Berufungsgericht folgte dieser bindenden Entscheidung und befasste sich in der Folge allein mit der Frage der Anspruchshöhe[325]. Diese konnte unter Heranziehung des Parteivortrages entschieden werden.

(20) BGH vom 13.12.2001 – VII ZR 28/00 (Urteil 81)

Das Revisionsgericht hatte die Auslegung des Berufungsgerichts, den streitgegenständlichen Bauleistungen läge ein einheitlicher Vertrag zu Grunde, als rechtsfehlerhaft aufgehoben und abschließend entschieden, dass es sich um zwei rechtlich selbständige Verträge handle. Die Zurückverweisung erfolgte deshalb, um Feststellungen zu den einzelnen Baumängeln und ihrer Wesentlichkeit in Bezug auf die jeweilige Vertragsleistung zu treffen. Dem folgte das Berufungsgericht und entschied nach Beweisaufnahme über die Mängel.

2. *Die Beachtung der obiter dicta des Revisionsgerichts*

(1) BGH vom 30.03.2001 – V ZR 461/99 (Urteil 3)

Das Berufungsgericht folgte bei seiner weiteren Entscheidung[326] den obiter dicta des BGH, wonach der streitgegenständliche Schadensersatzanspruch, den das Berufungsgericht aufgrund einer rechtsfehlerhaften Annahme einer Eigenschaftszusicherung bejaht hatte, jedenfalls bei Arglist bestehe. Es führte nunmehr insoweit eine Beweisaufnahme mittels Zeugenvernehmung durch und gelangte mit ausführlicher Würdigung der Zeugen-

---

[325] Vgl. OLG Düsseldorf vom 12.12.2002 – 6 U 76/02.
[326] OLG Nürnberg vom 18.03.2002 – 5 U 1980/99.

aussagen zum Ergebnis, dass ein arglistiges Verhalten der Beklagten vorlag. Damit folgte es dem vom BGH vorgegebenen Weg, der die Möglichkeit vorsah, das ursprüngliche Endergebnis zu halten.

(2) BGH vom 15.03.2001 – IX ZR 273/98 (Urteil 33)

Das Berufungsgericht richtete seine neue Berufungsentscheidung an den obiter dicta des BGH aus und gelangte so zum gegenteiligen Auslegungs- und Entscheidungsergebnis als zuvor. Während es dort der Auffassung war, die streitgegenständliche Bürgschaft habe zu keinen Rechtsansprüchen führen können, weil sie nur für den Fall habe gelten sollen, dass der verbürgte Kredit von DM 750.000,00 in vollem Umfange ausgezahlt werde, folgte es nun den differenzierten Auslegungsüberlegungen des BGH. Unter Berücksichtigung dessen, „welches Risiko aus der unvoreingenommenen Sicht eines verständigen Gläubigers verbürgt sein sollte", gelangte es dabei nunmehr zum Ergebnis, dass dieses Risiko dem Kläger zufalle, weil sich die Nichtauszahlung des vollen Darlehensbetrages aus dem typischen Uneinbringlichkeitsrisiko ergeben habe. Dies wurde insbesondere durch die Erkenntnis gestützt, dass die beklagte Sparkasse das Darlehen vor Vollauszahlung berechtigterweise gekündigt hatte. Das Vorliegen der zur Kündigung gem. Ziffer 19 Abs. 3 AGB-Banken berechtigenden Umstände wurde dabei im Wege der Beweisaufnahme durch Zeugenvernehmung ermittelt[327].

3. Die kritische Auseinandersetzung mit der Auslegung des BGH

BGH vom 06.12.2001 – III ZR 296/00 (Urteil 22)

Das Berufungsgericht hatte die nachträgliche, stillschweigende Vereinbarung einer Provisionszahlungspflicht des Beklagten insbesondere nach Würdigung einer Zeugenaussage abgelehnt. Die Zeugin hatte bekundet, der Beklagte habe sich, „sobald er auf die Provisionsfrage angesprochen worden sei, ausweichend verhalten und sibyllinisch gelächelt".

Das Revisionsgericht erachtete diese Auslegung als fehlerhaft. Insbesondere ergebe sich aus dem Verhalten des Beklagten nicht, „er werde jede Provisionszahlung verweigern", sondern „eher das Gegenteil". Eine ab-

[327] Vgl. OLG Düsseldorf vom 08.11.2002 – 16 U 169/97.

schließende Auslegung erfolgte trotz der deutlichen Wertung des BGH nicht. Stattdessen verwies der BGH zu weiterer Verhandlung und Entscheidung zurück, damit das Berufungsgericht die Zeugin wiederholt vernehmen und ihre Aussage unter Beachtung der vorgebrachten Argumente erneut würdigen könne.

Das Berufungsgericht führte daraufhin die erneute Vernehmung der nunmehr vereidigten Zeugin durch, die ihre Aussage gegenüber ihrer Vernehmung vor dem Landgericht sogar noch verschärfte. Sie sagte insbesondere aus, den Beklagten sogar „direkt mit dem Abbruch der Verhandlungen gedroht zu haben, falls er die von der Klägerin geforderte Provision nicht zahlen wolle“. Dennoch habe er weiter verhandelt. Trotzdem gelangte das Berufungsgericht abermals nicht zur Überzeugung, das Verhalten des Beklagten habe zur Vereinbarung der Provision führen müssen. Das Gericht würdigte ausführlich die Aussage der Zeugin und gewann dabei den Eindruck, dass die Zeugin unglaubwürdig sei[328].

Das Berufungsgericht folgte damit nicht der seitens des Revisionsgerichts vorgegebenen Tendenz, aus den bislang festgestellten Umständen eine Provisionsvereinbarung zu folgern, sondern gelangte noch zur Verstärkung seiner gegenteiligen Auffassung, die es bereits bei seiner ersten Berufungsentscheidung gewonnen hatte. Dies lässt erkennen, dass das Berufungsgericht – in unbedenklicher Weise – seine tatrichterliche Würdigung nicht ohne Weiteres von Ausführungen des Revisionsgerichts beeinflussen ließ. Dass das Gericht in der Folge dem gem. § 565 Abs. 2 ZPO a. F. vorgegebenen Weg des BGH folgte und die zu zahlende Provision sodann gem. § 653 Abs. 2 BGB mit Hilfe eines Sachverständigengutachtens bestimmen ließ[329], ändert daran nichts.

4. Die Umgehung der Auslegungsergebnisse des BGH

Lediglich vier Fälle lassen die begründete Überlegung zu, dass das Berufungsgericht nach Zurückverweisung bestrebt gewesen sein könnte, ein Entscheidungsergebnis, das bereits in seiner durch den BGH aufgehobenen Auslegung zum Ausdruck gekommen war, nach wie vor zu erhalten. Im Gegensatz zu [a)] zweien dieser Urteile war dabei [b)] in den beiden anderen Fällen die Möglichkeit des vom Berufungsgericht gefundenen Ergeb-

---

[328] Vgl. OLG Brandenburg vom 06.11.2002 – 13 U 127/00, Seiten 5 ff.
[329] Vgl. OLG Brandenburg vom 22.10.2003 – 13 U 127/00.

nisses bereits im Revisionsurteil angedeutet, so dass eine besondere Vermutung für die Umgehung der revisionsgerichtlichen Entscheidung dort entfällt.

a) *Die eigenständige Umgehung des Auslegungsergebnisses des BGH*

(1) BGH vom 18.06.2001 – II ZR 248/99 (Urteil 36)

Das Berufungsgericht hatte in seinem ersten Berufungsurteil eine Haftung des Beklagten abgelehnt und war dabei nicht von einer Garantie des Beklagten ausgegangen, die sich aus seiner Ankündigung, er werde bei einer Verschlechterung der wirtschaftlichen Lage seiner KG Gelder einlegen, ergeben könnte. Dabei hatte das Berufungsgericht – anders als das Landgericht – aus der vor dem Landgericht erfolgten Zeugenvernehmung abgeleitet, dass der Beklagte eine solche Ankündigung abgegeben habe.

Das Revisionsgericht hob die Entscheidung auf. Das Berufungsgericht habe gegen § 398 Abs. 1 ZPO verstoßen, indem es die protokollierte Zeugenaussage ohne erneute Vernehmung des Zeugen anders gewürdigt hatte als die Richter der Vorinstanz. Habe allerdings der Beklagte die vom Berufungsgericht angenommene Ankündigung abgegeben, dann habe dies zur Annahme einer Garantiezusicherung führen müssen, so dass der Beklagte verschuldensunabhängig hafte. Zur Nachholung der erneuten Zeugenvernehmung verwies der BGH zurück.

Das Berufungsgericht führte daraufhin eine erneute Vernehmung von vier Zeugen durch. Von diesen bestätigten zwei Zeugen übereinstimmend, dass der Beklagte die behauptete Zusicherung abgegeben habe. Dennoch gereichte dies dem Berufungsgericht nicht zur Überzeugung. Es ging davon aus, dass die Zeugen den Inhalt des Gesprächs nicht „richtig wiedergegeben haben", weil das Gespräch lange zurückliege und die Zeugen das Gespräch nur aus einer Entfernung von mehreren Metern „in einem größeren Büro" mitgehört hatten. Auch konnten die anderen beiden Zeugen sich nicht vorstellen, dass der Beklagte eine Garantiezusicherung abgegeben haben solle. Dabei äußerte auch das Berufungsgericht, dass es nicht erkennen könne, „welche wirtschaftlichen Überlegungen für den Beklagten Anlaß gewesen sein könnten, […] eine persönliche Garantiezusage abzugeben"[330]. Vor diesem Hintergrund sah das Berufungsgericht eine ausreichende Garantieerklärung des Beklagten als nicht bewiesen an. Es blieb damit bei der Abweisung der Klage.

Die Entscheidung weckt Bedenken gegen eine objektive Tatsachenfeststellung durch das Berufungsgericht. Hatte nämlich das Berufungsgericht bei seiner ersten Befassung die Feststellungen des Landgerichts – wenn auch unter Verstoß gegen § 398 Abs. 1 ZPO – als nicht ausreichend für die Annahme einer Zusicherung gem. §§ 133, 157 BGB angesehen, so lehnte es nun nach erneuter Beweisaufnahme bereits die Feststellung der – laut BGH als Garantie zu würdigenden – Aussage des Beklagten ab. Bedenken gegen eine unvoreingenommene Beweiswürdigung ergeben sich dabei nicht daraus, dass das Gericht den beiden maßgeblichen Zeugen die Glaubwürdigkeit abspricht, sondern vor allem deshalb, weil es die Ausführungen zur Beweiswürdigung bereits mit rechtlichen Auslegungserwägungen verknüpft. Ob nämlich Umstände ersichtlich waren, welche die Notwendigkeit einer Garantiezusage plausibel erscheinen ließen, erlangt insbesondere bei der Frage gem. §§ 133, 157 BGB Bedeutung, ob eine zusichernde Aussage des Beklagten als Garantie verstanden werden durfte. Daraus jedoch abzuleiten, es sei die tatsächliche Äußerung nicht gefallen, lässt jedenfalls vermuten, dass das Gericht der Aussage der Zeugen von vornherein ein geringeres Gewicht im Verhältnis zu den sonstigen (nicht im Wege des Strengbeweises festgestellten) Umständen im Rahmen des § 286 ZPO beigemessen hat[331]. Ein Verstoß gegen die rechtlichen Grenzen des § 286 ZPO lässt sich dabei jedoch nicht ausmachen, weil sich die Wertung des Gerichts innerhalb des rechtlichen Spielraums der tatrichterlichen Beweiswürdigung hält.

(2) BGH vom 28.11.2001 – VIII ZR 37/01 (Urteil 78)

Das Berufungsgericht hatte die Klage der Verkäuferin eines Unternehmens auf Kaufpreiszahlung gegen den beklagten Käufer abgewiesen, weil es den Kaufvertrag wegen arglistiger Täuschung als angefochten ansah und jedenfalls Schadensersatzansprüche aus vorvertraglicher Pflichtverletzung durch die Klägerin bejahte. Dabei ging es davon aus, dass die Verkäuferin

[330] Vgl. OLG Oldenburg vom 17.12.2001 – 11 U 59/01, Seiten 10 ff.

[331] Dass diese Beweisaufnahme und zweite Berufungsentscheidung nicht durch den vormals erkennenden 3., sondern nunmehr durch den 11. Zivilsenat erfolgte, lässt einen besonderen Schluss für oder gegen eine bestimmte Voreingenommenheit wohl nicht zu.

die Pflicht gehabt habe, den Käufer „auf die in den Vorjahren entstandenen erheblichen Fehlbeträge hinzuweisen und offenzulegen, daß das Unternehmen seit längerem nur Verluste erwirtschaftet habe". Dieser – mittels stillschweigender Vertragsauslegung ermittelten –Verpflichtung sei sie jedoch nicht nachgekommen, weil sie dem Beklagten insbesondere „keine Bilanzen oder Handelsbücher vorgelegt" habe, „aus denen sich jene Tatsachen ergeben hätten"[332].

Der BGH erachtete dies als fehlerhaft, weil eine Pflicht der Verkäuferin zwar bestanden habe, „den Beklagten im Zuge der Vertragsverhandlungen auf die Verluste der vergangenen Jahre auch ungefragt hinzuweisen". Allerdings habe hierzu „unter den besonderen Gegebenheiten des Falles" der Hinweis darauf ausgereicht, dass die Klägerin verkaufen wolle, „weil es sich bei dem verkauften Unternehmen [...] um ein Verlustgeschäft handele". Der Beklagte hätte dann nämlich selbst nachfragen können und müssen, wenn er weitere hierzu seiner Ansicht nach relevante Unterlagen hätte einsehen wollen. Zur ungefragten Darstellung der Verluste im Einzelnen sei die Verkäuferin nicht verpflichtet gewesen. Es komme deshalb „nicht darauf an, welche Unterlagen und Informationen der Beklagte im einzelnen erbeten und erhalten hat"[333]. Die Zurückverweisung erfolgte, um die Erfüllung dieser Nebenpflichten feststellen zu können.

Das Berufungsgericht folgte diesen Vorgaben und erhob Beweis über die Frage, ob ein Hinweis auf die Verluste erfolgt war, mittels Vernehmung von Zeugen beider Seiten. Mit umfassender Würdigung der Aussagen der Zeugen, die sowohl für als auch gegen den unter Beweis gestellten Umstand aussagten, gelangte das Berufungsgericht zur Feststellung, dass ein solcher Hinweis nicht erteilt worden sei. Dabei maß es insbesondere dem Zeugen, der die damaligen Vorverhandlungen für den Beklagten geführt hatte, Glaubwürdigkeit zu, während es die Zeugen der Klägerin als unglaubwürdig einordnete. Bedenken gegen die Glaubhaftigkeit von deren Aussage ergaben sich dabei nach Ansicht des Gerichts auch aus dem prozessualen Verhalten der Klägerin, weil diese erstinstanzlich argumentiert hatte, dass für einen Hinweis auf die Verluste aufgrund des besonderen Vertragszwecks zwischen den Parteien weder Anlass noch Verpflichtung bestanden habe. Sie habe dabei auch nicht vorgetragen, dass ein solcher Hinweis erfolgt sei. Dies habe sie erst „nach verlorener erster Instanz" in

---

[332] Vgl. Ziffer I. der Entscheidungsgründe.
[333] Vgl. Ziffer II.2.c) der Entscheidungsgründe.

den Berufungsschriftsätzen getan, obgleich die Pflicht aus § 138 Abs. 1 ZPO zu wahrheitsgemäßer und vollständiger Erklärung einen solchen Vortrag bereits erstinstanzlich nahe gelegt hätte. Nach alldem gelangte das Berufungsgericht erneut zur Annahme einer Pflichtverletzung durch die Klägerin und damit zur Zurückweisung der Berufung[334].

Rechtliche Fehler lassen sich der umfassenden Beweiswürdigung nicht entnehmen. Vielmehr folgt das Ergebnis der Beweisaufnahme und damit letztlich der Entscheidung in nicht zu beanstandender Weise aus der Befugnis des Richters zu freier Beweiswürdigung gem. § 286 ZPO. Allerdings zeigt die Entscheidung, dass es mittels Würdigung der Beweise längst innerhalb des durch die bindende Entscheidung des Revisionsgerichts gezogenen rechtlichen Rahmens möglich ist, einer – womöglich bestehenden eigenen – Auslegungsauffassung des Tatrichters faktisch zur Geltung zu verhelfen. Darüber, ob dies tatsächlich der Fall war, lassen sich jedoch keinerlei Aussagen treffen, weil Anhaltspunkte hierzu in der schriftlichen Entscheidung nicht niedergelegt sind.

b) Die vom BGH vorgezeichnete Umgehung seines Auslegungsergebnisses

(1) BGH vom 27.09.2001 – III ZR 318/00 (Urteil 16)

Das Berufungsgericht war vom Vorliegen eines wirksamen Mietvertrages ausgegangen. Dies hatte der BGH als rechtsfehlerhaft angesehen, weil der Vertrag durch die Erteilung einer behördlichen Genehmigung aufschiebend bedingt abgeschlossen worden sein könnte und die Bedingung nicht eingetreten war. Auch könne „vorliegend nicht schon deshalb" von einer treuwidrigen Verhinderung des Bedingungseintritts gem. § 162 Abs. 1 BGB ausgegangen werden, weil der Beklagte sich nicht mit einer „einfachen", nicht vereinbarten Genehmigung zufrieden gegeben habe.

Das Berufungsgericht folgte nach Zurückverweisung der Auffassung des BGH und nahm einen aufschiebend bedingten Vertrag an. Dennoch gelangte es zum selben Ergebnis wie vor der Aufhebung, weil es nunmehr davon ausging, der Beklagte habe den Bedingungseintritt treuwidrig verhindert und sei deshalb so zu behandeln, als sei die Bedingung eingetreten. Zu diesem Zwecke führte es eine neue Beweisaufnahme mittels Zeugenverneh-

[334] Vgl. OLG Oldenburg vom 05.12.2002 – 8 U 186/00.

mungen durch und gelangte dabei zu der ausführlich begründeten Erkenntnis, der Beklagte hätte durch „ihm nach den Umständen“ zumutbare Veränderungen des Mietobjekts die erstrebte Genehmigung herbeiführen können[335].

Da die Möglichkeit, auf Grundlage neuer Feststellungen zu diesem Ergebnis zu gelangen, auch vom Revisionsgericht nicht ausgeschlossen worden war und das Revisionsgericht in seiner Entscheidung die Anwendbarkeit des § 162 Abs. 1 BGB selbst angesprochen hatte, kann dem Vorgehen des Berufungsgerichts keine Tendenz entnommen werden, die Vorgaben des Revisionsgerichts umgehen zu wollen.

(2) BGH vom 11.10.2001 – III ZR 288/99 (Urteil 27)

Das Revisionsgericht hatte die Auslegung des Berufungsgerichts aufgehoben, wonach eine zugunsten des schadensersatzpflichtigen Beklagten vereinbarte Haftungsbegrenzung auf einen Betrag von DM 500.000,00 hinsichtlich jedes einzelnen schadensersatzberechtigten Gesellschafters, nicht hingegen bezogen auf die gesamte Gesellschaft zu verstehen sei. Es verwies an das Berufungsgericht zurück, damit dieses die Vereinbarung neu auslegen könne und dabei möglicherweise zum Ergebnis gelange, die Haftungsbeschränkung sei auf insgesamt DM 500.000,00 zu verstehen, so dass die klagende Gesellschafterin womöglich nur einen quotalen Anspruch neben anderen berechtigten Gesellschaftern geltend machen könne.

Das Berufungsgericht gelangte indes zu einer solchen Auslegung nicht mehr, weil es feststellte, dass die Klägerin – nach rechtskräftiger Abweisung der Klage eines anderen Gesellschafters – als einzige Anspruchsinhaberin in Betracht komme. Da ihr Klageanspruch in Höhe von DM 393.991,00 die Grenze von DM 500.000,00 nicht überstieg, konnte eine vom Revisionsgericht angedeutete Haftungsbeschränkung auf den Klageanspruch keine Auswirkung mehr haben[336]. Das Revisionsgericht hatte in seinem Urteil bereits dargelegt, dass diese Auslegungsfrage nur dann von Bedeutung sein werde, wenn in Betracht kommende Ersatzansprüche den Betrag von DM 500.000,00 überstiegen. Das Berufungsgericht bewegte sich deshalb mit seiner weiteren Vorgehensweise auf dem vom BGH vorgegebenen Gedankenweg.

---

[335] Vgl. OLG Hamburg vom 30.09.2002 – 11 U 209/00, Seiten 19 ff.
[336] Vgl. KG vom 16.01.2003 – 22 U 350/01, Seite 16.

3. Abschnitt: Die Vereinbarkeit der Entscheidungspraxis des BGH mit den zu beachtenden Grundsätzen des formellen und materiellen Rechts

Dieser Abschnitt der Untersuchung befasst sich mit der Vereinbarkeit der im 2. Abschnitt analysierten Rechtsprechungspraxis mit den von ihr selbst aufgestellten und im Übrigen durch das formelle und materielle Recht vorgegebenen Grundsätzen. Dabei wird [I.] erörtert, ob das Prozessrecht von einer Vermutung der Richtigkeit und Vollständigkeit der tatrichterlichen Feststellungen ausgeht, die durch die Revisionspraxis des BGH im Rahmen der Auslegung von Willenserklärungen Einschränkungen erfährt. Zudem [II.] wird überprüft, inwieweit die Revisionspraxis des BGH § 313 Abs. 3 ZPO Rechnung trägt, der dem Berufungsgericht aufgibt und zugesteht, sich bei der Begründung seiner Entscheidung nur auf die wesentlichen Erwägungen zu beschränken. Es soll ferner betrachtet werden, ob die Revisionspraxis des BGH die Möglichkeit eröffnet, die Überprüfung der Auslegung von Willenserklärungen zu gebrauchen, um [III.] missliebige Tatumstände oder [IV.] ungünstige Prozessumstände zu korrigieren oder zu umgehen. Dabei lassen sich [V.] einige Fallgruppen aufzeigen, bei denen typischerweise die Beachtung der Revisibilitätsbeschränkung in Frage steht. Von Bedeutung ist in diesem Zusammenhang, dass [VI.] es dem Revisionsgericht nahezu uneingeschränkt möglich ist, neue Auslegungsgrundsätze zu schaffen, mit denen die Auslegung des Berufungsgerichts nicht vereinbar sei, so dass ein revisibler Auslegungsfehler begründet werden kann. Dabei ist [VII.] zu bedenken, dass bei der Auslegung besondere Zurückhaltung geboten ist, um nicht die Regelungen des dispositiven Rechts zu umgehen. Es bleibt zu untersuchen, ob [VIII.] die Ausführungen des BGH hinsichtlich des weiteren Verfahrensverlaufs erkennen lassen, dass das Revisionsgericht die Möglichkeit hat oder nutzt, das Ergebnis der Tatsachenfeststellungen zu beeinflussen, derentwegen die Zurückverweisung erfolgt. [IX.] Schließlich soll betrachtet werden, ob die Berufungsgerichte dazu neigen, auch den nicht bindenden Ausführungen des BGH zu folgen und insoweit eine eigene Rechtsprüfung zu unterlassen.

I. Die Minderung der Bedeutung der tatrichterlichen Feststellungen

1. Die Vermutung der Richtigkeit und Vollständigkeit der Feststellungen des Tatsachengerichts

Die Feststellung der Tatsachen ist dem Tatrichter vorbehalten. Das Revisionsgericht ist dazu nicht befugt[337]. Diese im Prozessrecht angelegte Aufgabentrennung von Tat- und Revisionsgericht findet am deutlichsten in § 559 Abs. 2 ZPO ihren Ausdruck. Sie beruht auf der Entscheidung des Gesetzgebers, das Revisionsgericht als Rechtsprüfungsgericht einzurichten. Während die Tatsacheninstanzen sowohl den entscheidungserheblichen Sachverhalt feststellen als auch ihn unter das Gesetz subsumieren müssen, um nach Möglichkeit eine absolute Richtigkeit ihrer Entscheidung zu erreichen, nimmt es die Revisionsinstanz in Kauf, nur eine relative Richtigkeit ihrer Entscheidung gewährleisten zu können[338]. Denn die Bindungswirkung des § 559 Abs. 2 ZPO erlaubt es dem Revisionsgericht grundsätzlich[339] nicht, die tatsächlichen Feststellungen des Tatrichters in Frage zu stellen. Stattdessen soll es allein die Anwendung des Rechts überprüfen, was seiner besonderen Funktion entspringt, eine einheitliche Rechtsanwendung zu garantieren[340]. Das Revisionsgericht prüft deshalb die Rechtsanwendung nicht auf den wirklichen, sondern auf den vom Tatsachengericht festgestellten Sachverhalt[341]. Freilich kann zwar, soweit ein Rechtsfehler erkannt worden ist, auch die Revisionsinstanz der Einzelfallgerechtigkeit zum Erfolg verhelfen, indem sie insoweit die Richtigkeit der Entscheidung weiter gehend gem. § 561 ZPO überprüft und erforderlichenfalls zur Nachholung von

[337] Die anerkannten Ausnahmen betreffen jedenfalls nicht die im Rahmen der Untersuchung beleuchteten auslegungsrelevanten Tatsachen, vgl. dazu Gottwald, Revisionsinstanz, S. 30 ff.

[338] Der Begriff der relativen Richtigkeit meint dabei ein rechtlich richtiges Ergebnis bei der Beurteilung des tatrichterlich festgestellten Sachverhalts. Demgegenüber läge eine absolute Richtigkeit dann vor, wenn zudem der festgestellte Sachverhalt mit dem tatsächlichen, in den Prozess eingeführten Lebenssachverhalt übereinstimmte.

[339] Dies gilt freilich nicht, wenn diese Feststellungen gem. § 286 ZPO rechtsfehlerhaft zustande gekommen sind.

[340] Zu den Auffassungen zum Revisionszweck vgl. die übersichtsartige, weiterführende Zusammenstellung bei Gottwald, Revisionsinstanz, S. 82 f.

[341] Gottwald, Revisionsinstanz, S. 92.

Feststellungen zurückverweist[342]. Trotzdem bleibt das Revisionsgericht dabei in der Regel an die Feststellungen des Tatrichters gebunden, weil diese nur dann entfallen, wenn der erkannte Rechtsfehler ein Fehler im Feststellungsverfahren ist.

Dieser Aufgabentrennung liegt insbesondere der Gedanke zu Grunde, dass das Revisionsgericht aus Entlastungsgründen von der Notwendigkeit entbunden sein soll, Beweise zu erheben[343]. Dies führt allerdings nicht im Umkehrschluss dazu, dass das Revisionsgericht zur Feststellung solcher Tatsachen berechtigt wäre, die es ohne besondere Schwierigkeiten, insbesondere ohne Beweisaufnahme, ermitteln könnte[344]. Stattdessen verbleibt das Privileg zur Feststellung der entscheidungserheblichen Tatsachen beim Tatrichter. Im Gegensatz zum Revisionsgericht weist dieser folglich eine besondere Sachnähe zu den entscheidungserheblichen Tatsachen auf[345], weil er sich zur Tatsachenfeststellung besonderer Erkenntnisquellen bedienen konnte, die dem Revisionsrichter verborgen bleiben. Dies gilt jedenfalls insoweit, als die Tatsachenfeststellungen nicht allein auf schriftlichen Unterlagen beruhen, die auch der nächsthöheren Instanz in gleicher Form vorliegen, sondern sich aus dem mündlichen Parteivortrag oder einer Beweisaufnahme ergeben[346]. Auch dann aber, wenn schriftliche Unterlagen die Haupterkenntnisquelle der tatrichterlichen Feststellungen bilden, kann bereits die Entscheidung, neben diesen keine weiteren Umstände als relevant zu erachten und gegebenenfalls vorhandene Umstände als unwesentlich auszuscheiden, dazu führen, dass das Revisionsgericht einen sachferneren Eindruck von den festgestellten Tatsachen erhält als der Tatrichter[347]. All dies rechtfertigt es, von einer Vermutung der Richtigkeit und Vollstän-

---

342 Vgl. May, NJW 1983, 980 f., 981. Auch Gottwald, Revisionsinstanz, S. 86 ff., 91, legt dar, dass die an und für sich widersprüchlichen Revisionszwecke der Schaffung von sowohl Rechtseinheit als auch Einzelfallgerechtigkeit sich nicht ausschließen, sondern nebeneinander verwirklicht werden, indem das Prinzip der Rechtseinheit zwar den Zugang zur Revision beschränkt, jedoch sodann jedem zugelassenen Fall auch Einzelfallgerechtigkeit zukommen soll.

343 Vgl. Zöller-Gummer, § 546 Rn. 1; Gottwald, Revisionsinstanz, S. 337 f.

344 Vgl. soweit nur Gottwald, Revisionsinstanz, S. 126 f., der darauf hinweist, dass das Revisionsgericht, anders als das Tatsachengericht, nicht der richterlichen Aufklärungspflicht gem. § 139 ZPO Rechnung tragen und durch Nachfragen noch ausstehende Behauptungen der Parteien veranlassen kann.

345 Zustimmend insoweit auch May, NJW 1983, 980 f., 981.

346 Differenzierend zwischen unzulässiger förmlicher, neuer Beweisaufnahme und im Einzelfall zulässiger Nachholung von Freibeweis oder Würdigung bereits vorliegender Strengbeweismittel Gottwald, Revisionsinstanz, S. 338 ff.

347 Vgl. auch Gottwald, Revisionsinstanz, S. 184.

digkeit der Feststellungen des Tatrichters auszugehen, sofern diese Vermutung nicht durch eine Verfahrensrüge gem. § 286 ZPO erschüttert wird[348].

2. *Die Aushöhlung des tatrichterlichen Feststellungsprivilegs durch Umgehung des Erfordernisses der Verfahrensrüge*

Die dargelegten Eingriffe der Revisionspraxis in die tatrichterlichen Feststellungen im Rahmen der Auslegung von Willenserklärungen[349] können zu einer Aushöhlung des tatrichterlichen Feststellungsprivilegs führen.

Kritische Betrachtung verdienen insoweit jedenfalls die Fälle, in denen der BGH eine fehlerhafte Nichtberücksichtigung auslegungsrelevanter Umstände annimmt und diese mit einem Subsumtionsfehler gem. § 286 ZPO gleichsetzt[350]. Zwar erscheint zunächst die rechtsdogmatische Grundlage plausibel, dass die unzutreffende Subsumtion des festgestellten Sachverhalts unter eine Norm einen von Amts wegen zu beachtenden Rechtsfehler darstellt. Diese Konstruktion darf allerdings nicht ohne Weiteres auf die Subsumtion von Auslegungsumständen übertragen werden. Denn die in den §§ 133, 157 BGB genannten Tatbestandsmerkmale sind – anders als Normen ohne unbestimmte Rechtsbegriffe – nicht aus sich selbst heraus und damit nicht allein mittels objektiver, vom Einzelfall losgelöster Kriterien konkretisierbar. Bevor sie ausgefüllt werden können, müssen erst die Parteiinteressen sowie weitere auslegungsrelevante Umstände des konkreten Einzelfalles festgestellt werden, auf deren Grundlage erst eine Subsumtion möglich wird[351]. Regelmäßig wird diese Feststellung der auslegungsrelevanten Umstände jedoch in den Entscheidungsgründen des tatrichterlichen Urteils nicht in solch deutlicher Weise von der Subsumtion getrennt, dass ersichtlich würde, ob der Tatrichter nicht festgestellte Umstände fälschlicherweise als gegeben angesehen hat, worin ein Fehler gem. § 286 ZPO läge. Stattdessen wäre es genau so gut möglich, dass der Tatrichter anhand der tatsächlich festgestellten Umstände das von ihm angenommene Auslegungsergebnis zu Unrecht gefolgert hat, weil ihm ein unzutreffendes Verständnis der Abwägungsnormen der §§ 133, 157 BGB zu Grunde lag.

---

348 Vgl. auch Gottwald, Revisionsinstanz, S. 94 f.

349 Vgl. Seite 36 ff.

350 Vgl. dazu oben Seite 37 ff.

351 Dementsprechend bezeichnet auch der BGH selbst nicht die Subsumtion unter die §§ 133, 157 BGB als Rechtsfrage, sondern beschränkt den Begriff der Rechtsfrage insoweit auf die Subsumtion unter „Auslegungspunkte“ gem. §§ 133, 157 BGB, vgl. BGH vom 10.07.1998 – V ZR 360/96, NJW 1998, 3286 ff., 3270.

Dem trägt zwar der Grundsatz des BGH Rechnung, wonach auch in diesem Falle ein zur Aufhebung führender Rechtsfehler vorliege, weil es dann an einer ausreichend nachvollziehbaren Entscheidungsbegründung fehle[352]. Diese Rechtsprechung des BGH beruht wohl auf der stillschweigenden Überlegung, dass mangels ausreichender Überprüfbarkeit Zweifel an der ordnungsgemäßen Rechtsanwendung des Tatrichters vorliegen können[353], die bereits eine Aufhebung rechtfertigen. Ein solcher Zweifelssatz geriete jedoch in Konflikt mit der soeben dargelegten Vermutung einer ordnungsgemäßen Tatsachenfeststellung des Tatrichters.

Die Vermutung korrekter richterlicher Tatsachenfeststellung wird damit im Bereich der Auslegung von Willenserklärungen außer Kraft gesetzt, weil bereits die – nach Auffassung des Revisionsgerichts – nicht ausreichende Erläuterung des Abwägungs- und Subsumtionsvorgangs gem. §§ 133, 157 BGB die Annahme rechtfertigt, eine richtige und vollständige Sachverhaltsfeststellung liege nicht vor. Den tatrichterlichen Feststellungen wird dabei mit der Behauptung eines Subsumtionsfehlers unter Hinweis auf § 286 ZPO ihre Vollständigkeit abgesprochen, obwohl weder eine Verfahrensrüge gem. § 286 ZPO erhoben worden noch deren Voraussetzungen erfüllt sind[354]. Dass nämlich der Tatrichter auf dem Weg zur Erlangung seiner Feststellungen Rechtsnormen verkannt hat, welche die Gewinnung der Tatsachenerkenntnis regeln, belegt der BGH in den angesprochenen Fällen regelmäßig nicht. Auf diesem Weg wird der in ständiger Rechtsprechung begründete Vorbehalt unterlaufen, tatrichterliche Feststellungen nur im Falle der Rüge eines Verfahrensfehlers gem. § 286 ZPO berücksichtigen zu dürfen.

3. *Die Nichtbeachtung des Verbots der Tatsachennachprüfung*

Mit dieser Rechtsprechungspraxis überschreitet der BGH die ihm vom Prozessrecht auferlegte Grenze, die es gebietet, vor der inhaltlichen Überprüfung der tatrichterlichen Feststellungen Halt zu machen. Denn die Erkenntnis, dass die vom Tatrichter festgestellten Umstände nicht ausreichten, um zum getroffenen Auslegungsergebnis zu gelangen, ist jedenfalls dann, wenn der Auslegung eine Gesamtsituation zu Grunde liegt, nicht

---

352 Vgl. Fußnote 120.
353 Vgl. auch Gottwald, Revisionsinstanz, S. 151.
354 Auch Gottwald, Revisionsinstanz, S. 150 f., gesteht zu, dass die Berufung auf den Erschöpfungsgrundsatz eine Umgehung des § 559 ZPO darstellt.

möglich, ohne sich selbst ein eigenes Bild von der Gesamtsituation zu verschaffen[355]. Da das Revisionsgericht hierzu regelmäßig nicht und insbesondere umso weniger in der Lage ist, je knapper der Tatrichter die Gesamtsituation in seinen tatbestandlichen Feststellungen niedergeschrieben hat, muss die Erkenntnis des Revisionsgerichts über einen Rechtsfehler gem. § 286 ZPO zu einem unterschiedlich großen Teil auf bloßer Mutmaßung darüber beruhen, welches konkrete Tatsachenbild dem Tatrichter vorlag.

Diese Annahme lässt sich auch nicht durch den Verweis auf die im tatrichterlichen Urteil niedergeschriebenen Feststellungen widerlegen, die dem Revisionsgericht einen Eindruck von den Tatsachen vermittelten. Denn mit Ausnahme der Fälle, in denen das Tatsachengericht die Notwendigkeit einer Auslegung überhaupt übersehen und deshalb Feststellungen dazu gänzlich unterlassen hat, findet der erkannte Auslegungsfehler regelmäßig seine Grundlage in den gerade nicht begrifflich gefassten Umständen der Gesamtsituation. Von diesen erhält das Revisionsgericht daher gerade keinen Eindruck.

Ebenso wenig kann davon ausgegangen werden, dass die nicht geschilderten Nuancen der Gesamtsituation für das Auslegungsergebnis unerheblich seien, so dass unabhängig von ihnen allein aufgrund der geschilderten Rahmenumstände der Rechtsfehler erkennbar sei. Denn gerade die Nuancen geben in diesen Fällen den Ausschlag, in welcher Richtung das Auslegungsergebnis zu finden ist. Dies wird besonders in all jenen Fällen deutlich, in denen das Revisionsgericht nach Aufhebung zurückverweist, um weitere Feststellungen zur Gesamtsituation zu treffen. Die Zurückverweisung setzt dann nämlich die Möglichkeit voraus, dass innerhalb der bereits festgestellten Rahmenumstände das vom Tatrichter gefundene Auslegungsergebnis nach wie vor denkbar ist.

4. Belastung des Tatsachengerichts durch Zurückverweisung

In Einzelfällen führt diese Praxis zu einer unnötigen Belastung des Tatsachengerichts, an welches der Rechtsstreit nach Aufhebung zurückverwiesen wird. Denn das Zivilprozessrecht geht unter Heranziehung des Prinzips der Prozessökonomie davon aus, dass nach Möglichkeit der in die Revisionsinstanz gelangte Rechtsstreit auch dort entschieden wird[356]. Eine Zu-

[355] Vgl. nur Kuchinke, Nachprüfbarkeit, S. 104 ff.
[356] Vgl. Gottwald, Revisionsinstanz, S. 128.

rückverweisung soll deshalb nur dann erfolgen, wenn der Rechtsstreit noch nicht entscheidungsreif ist, weil es an weiteren Tatsachenfeststellungen fehlt. Hat der Tatrichter die auslegungsrelevante Gesamtsituation zwar erkannt, sie jedoch in seine Urteilsbegründung in solcher Weise eingestellt, dass die gewählten Formulierungen es nach Ansicht des Revisionsgerichts nicht ausschließen, auch zu einem anderen Auslegungsergebnis zu gelangen, wird das Revisionsgericht einen Darlegungsmangel und damit einen Auslegungsfehler mittels unzureichender Subsumtion gem. § 286 ZPO erkennen und weitere Feststellungen nach Zurückverweisung verlangen. Dies führt dazu, dass der Tatrichter Feststellungen zur Gesamtsituation durchführen muss, obwohl er dies bereits getan hat.

Dabei kann sich der Tatrichter regelmäßig nicht damit begnügen, auf die bislang erfolgten Feststellungen zu verweisen, und nicht ohne weitere Verhandlung ausführen, dass die bereits erfolgten Feststellungen vom Revisionsgericht nicht ausreichend erkannt wurden, weshalb er sie nunmehr nochmals konkretisiere. Denn das Revisionsgericht wird in der Regel einzelne Gesichtspunkte nennen, zu denen weitere Feststellungen erforderlich seien. Dass hierzu in der Folge nochmals Stellungnahmen der Parteien und gegebenenfalls sogar Beweisaufnahmen erfolgen werden, schließt jedoch nicht aus, dass das Tatsachengericht bereits bei seiner erstmaligen Befassung die Situation abschließend und ausreichend umfassend erkannt haben kann, um zu dem von ihm gefundenen Auslegungsergebnis gelangen zu dürfen[357].

In diesen Fällen wäre deshalb eine Neubefassung des Tatrichters aus Gründen der Tatsachenfeststellung nicht notwendig gewesen. Vielmehr würde sie insoweit zur Heilung eines Verfahrensmangels erfolgen, der in einer aus Sicht des Revisionsgerichts unzureichenden Begründung lag[358]. Dass dieser Verfahrensmangel in vielen Fällen nur dann angenommen werden kann, wenn die für die Vollständigkeit und Richtigkeit tatrichterlicher Feststellungen sprechende Vermutung in unzulässiger Weise unbeachtet bleibt, ist dargelegt worden.

---

[357] Vgl. Seite 53 ff.

[358] Dass die nicht erschöpfende Sachverhaltswürdigung sowie das Finden einer Entscheidung auf Grundlage nicht ausreichender Feststellungen keinen materiellen, sondern einen Verfahrensfehler darstellt, wenn auch die Rechtsprechung diesen bisweilen von Amts wegen beachtet und damit wie einen materiellen Fehler behandelt, wird bei Gottwald, Revisionsinstanz, S. 150 ff. dargelegt.

II. Die Überspannung des Begründungserfordernisses gem. §§ 313 Abs. 3, 540 Abs. 1 Satz 1 ZPO

Gem. § 547 Nr. 6 ZPO stellt das Fehlen von Entscheidungsgründen einen absoluten Revisionsgrund dar. Soweit vorhandene Entscheidungsgründe Lücken und Mängel aufweisen, liegt ein relativer Revisionsgrund vor[359]. Der Umfang der erforderlichen Begründung ist in § 313 Abs. 3 ZPO[360] geregelt. Danach hat das Urteil eine kurze Zusammenfassung der Erwägungen zu enthalten, auf denen die Entscheidung in tatsächlicher und rechtlicher Hinsicht beruht. Das Gesetz bringt damit zum Ausdruck, dass nur in der gebotenen Kürze die wesentlichen Erwägungen darzulegen sind, welche die Entscheidung tragen. Das Gericht hat sich deshalb nicht mit jedem Vorbringen der Parteien ausdrücklich zu befassen, sondern darf sich auf die rechtliche Verarbeitung der wesentlichen, der Rechtsverfolgung und -verteidigung dienenden Tatsachenbehauptungen beschränken[361]. Dies gilt in gleicher Weise für das Urteil des Berufungsgerichts, welches gem. § 540 Abs. 1 Satz 1 Nr. 2 ZPO anstelle der Entscheidungsgründe eine kurze Begründung für die Abänderung, Aufhebung oder Bestätigung der angefochtenen Entscheidung enthalten soll. Aus dem Gesamtzusammenhang der Gründe muss allerdings hervorgehen, dass das Gericht die wesentlichen Punkte berücksichtigt und in seine Überlegungen mit einbezogen hat[362].

Der Norm des § 313 Abs. 3 ZPO kommt bei der Begründung der Auslegung von Willenserklärungen besondere Bedeutung zu. Denn die Auslegung gem. §§ 133, 157 BGB birgt aufgrund der bei ihr zu beachtenden generalklauselartigen Auslegungsgrundsätze typischerweise die Möglichkeit, trotz Wahrung der methodischen Vorgaben zu verschiedenen Auslegungsergebnissen zu gelangen. Dies ist auch der Rechtsprechung des BGH zu entnehmen, die eine Aufhebung eines von mehreren denkbaren Auslegungsergebnissen verbietet, solange kein Rechtsfehler vorliegt[363]. Ein solcher Rechtsfehler kann deshalb nicht allein einem bestimmten Entscheidungsergebnis des Tatrichters entnommen werden, sondern wird erst aus einer mangelhaften Begründung ersichtlich.

[359] Vgl. nur BGH vom 17.04.1996 – VIII ZR 95/95, NJW 1996, 2235 f.
[360] Die Norm gilt gem. § 525 Satz 1 ZPO auch für das Berufungsurteil.
[361] Vgl. Schneider, MDR 1981, 462 m. w. N.
[362] BGH vom 05.04.2005 – VIII ZR 160/04.
[363] Vgl. Fußnote 98. Damit unvereinbar ist die Auffassung von Neufert, S. 71, der meint, die Auslegungsregeln führten in jedem Einzelfall nur zu einem einzigen richtigen Ergebnis.

Dieser Auffassung kann nicht entgegengehalten werden, ein richtiges Urteil könne trotz einer falschen oder unzureichenden Begründung bestehen. Die richtige Begründung ist zwingende Voraussetzung für die Richtigkeit des Urteils, da ohne sie nur eine intuitive Erkenntnis vorliegt, der mangels Rationalität und Überprüfbarkeit kein Wahrheitsanspruch zukommt[364]. Eine Rechtsprechung, die nicht an rechtswissenschaftlicher Methodik zu messen und damit willkürlich ist, vertrüge sich mit dem Rechtsstaatsgebot des Art. 20 Abs. 3 GG nicht[365]. Erst die argumentative Veranschaulichung des Urteils lässt es zum Rechtserkenntnis werden, das auch für den Laien anschaulich ist und ihm das Misstrauen vor konstruktiver Manipulation des Richters nimmt[366].

Die Frage, wann vor diesem Hintergrund eine ausreichend nachvollziehbare Begründung vorliegt, hängt in entscheidender Weise von der Betrachtung und der Erwartung des Begründungsadressaten, mithin vorliegend des Revisionsgerichts ab. Dessen Erwartungshorizont wird dabei auch durch die Erwartung eines bestimmten Auslegungsergebnisses geprägt[367]. Zwar soll dieses bei der rechtlichen Überprüfung der Auslegungsmethodik an sich keine Rolle spielen dürfen. Jedoch bedarf die Begründung einer Auslegungsentscheidung in besonderer Weise der Überzeugungskraft[368]. Diese ist umso stärker erforderlich, je weniger der Adressat dem Ergebnis zustimmen möchte. Mit zunehmender Kürze der Begründung bieten sich deshalb Angriffspunkte im Sinne des § 313 Abs. 3 ZPO[369]. Im Folgenden wird dargelegt, dass dies [1.] gerade bei Auslegungsfragen zu nahezu uneingeschränkter Revisibilität und damit [2.] zu einer Übersteigerung des Begründungserfordernisses führt.

---

[364] Vgl. Brüggemann, S. 56 ff.

[365] Vgl. Brüggemann, S. 55 f., 163; dazu auch Kuchinke, Nachprüfbarkeit, S. 142 f.

[366] Brüggemann, S. 72.

[367] Vgl. auch Neufert, S. 108 f.

[368] Brüggemann, S. 62 f., erkennt als notwendige Elemente einer jeden ausreichenden Begründung („ratio sufficiens") nicht nur, dass diese methodengerecht erfolgen und damit objektiv kontrollierbar sein müsse, sondern auch, dass die subjektive Einsichtsmöglichkeit des Adressaten das Urteil einleuchten lassen müsse. Zum Ziel der richterlichen Begründung, zu überzeugen, auch Larenz, Methodenlehre, S. 358 Fn. 95.

[369] Auch Gottwald, Revisionsinstanz, S. 150 f., räumt ein, dass eine insoweit nicht genügende Begründung Vorwand sein kann, um einem sonst fehlerfreien Urteil „den Hals zu brechen".

1. Die uneingeschränkte Aufhebbarkeit der Begründung richterlicher Auslegungsentscheidungen

Die Schwierigkeit, eine unangreifbare Auslegungsbegründung zu leisten, beruht auf den Erkenntnis- und Darstellungsproblemen der richterlichen Begründung.

a) Die Schwierigkeit der Vermittlung tatrichterlicher Tatsachenerkenntnis

Bereits die begriffliche Fassung der zu subsumierenden Tatsachen ist in maßgeblicher Weise von nicht objektivierbaren Faktoren abhängig. Insbesondere die für die Auslegung von Willenserklärungen typischerweise zu berücksichtigenden Gesamtumstände stellen einen höchst komplexen Sachverhalt dar, der aus einem unendlich vermehrbaren Bündel von Tatsachen besteht[370], zu deren Verständnis nicht Maß, Zahl oder Gewicht hinreichen. Vielmehr sind sie erst dann verstanden, wenn ihr Sinn, ihre Bedeutung erfasst ist[371]. Schon deren Wahrnehmung, die der erst späteren bewussten Feststellung und schließlich der Niederschrift einer Entscheidungsbegründung deutlich vorausgeht, verlangt vom Tatrichter die intuitive Ausscheidung der für die Auslegung unwesentlichen Umstände. Diese Erkenntnissuche bleibt deshalb nicht von irrationalen Motiven, Grundwertungen und Emotionen unbeeinflusst[372], so dass bereits dabei eine gewisse, von Wertungen geleitete Vorauswahl durch den Tatrichter stattfindet[373].

Sind in diesem Sinne die wesentlichen Umstände erkannt worden, bedürfen sie der begrifflichen Wiedergabe, um die Erkenntnisse des Richters auch nach außen sichtbar zu machen und den Adressaten der Entscheidung mitzuteilen. Dass die dabei verwendeten Begriffe den Adressaten nicht in eindeutiger Weise ein exaktes Abbild der erkannten Gesamtsituation vermitteln können, beruht darauf, dass ein sprachlicher Begriff stets nur Symbol für einen ganzen Komplex sein kann, dessen Verständnis zunächst die Entschlüsselung der darin enthaltenen Unterfälle erfordert[374]. Wird man

[370] Vgl. Horak, Entscheidungsbegründung, S. 11 f.
[371] Kuchinke, Nachprüfbarkeit, S. 95.
[372] Vgl. Horak, Entscheidungsbegründung, S. 15; Kuchinke, Nachprüfbarkeit, S. 95.
[373] Vgl. Horak, Entscheidungsbegründung, S. 17; Kuchinke, Nachprüfbarkeit, S. 119 ff.
[374] Vgl. Brecher, FS Nikisch, S. 229; ferner die ausführliche Darstellung des Funktionierens sprachlicher Begriffe bei Hegenbarth, S. 86 ff.; Kuchinke, Nachprüfbarkeit, S. 95 ff.

sich dessen bewusst, dass das Revisionsgericht den vom Tatrichter gewählten Begriffen erst ihre zugedachte Bedeutung beimessen muss, so wird zugleich deutlich, dass auch die Auswahl des Begriffs durch den Tatrichter dadurch individuell beeinflusst worden ist, welches Sprachsymbol dem Richter als geeignet erschien, den Tatsachenkomplex wiederzugeben. Die Überzeugungskraft der Entscheidungsbegründung ist jedoch mit dem zu Grunde gelegten Sachverhalt untrennbar verbunden. Je mehr der einer Begründung zu Grunde gelegte Sachverhalt von dem vom Begründungsadressaten vorgestellten Sachverhalt abweicht, umso weniger wird ihn die Begründung überzeugen. Zur Erreichung größter Überzeugungskraft wäre es deshalb notwendig, schon den Tatbestand in einer Weise schildern zu können, dass der Leser allein und ausschließlich das vom Tatrichter erkannte Bild vor Augen hat. Dies ist, wie ersichtlich geworden ist, nicht möglich.

b) Die Angreifbarkeit der Entscheidungsbegründung

Sind die auslegungsrelevanten Umstände als Sachverhalt festgestellt, so bedarf es einer den §§ 133, 157 BGB Rechnung tragenden sprachlichen Begründung des erlangten Auslegungsergebnisses. Aufgrund der generalklauselartigen Komponenten der Auslegungsnormen, die die Berücksichtigung von Treu und Glauben, eines objektiven Verständnisses sowie der Verkehrssitte verlangen, muss hierbei ein komplexes Normgefüge zur Erfassung eines komplexen Sachverhalts herangezogen werden. Die Entscheidung kann dabei nicht im Wege des Errechnens mittels einer endlichen Zahl vorgeschriebener Denkschritte erlangt werden, sondern vollzieht sich regelmäßig wertend und intuitiv[375]. Erst im Anschluss daran kann eine Prüfung erfolgen, ob sich das gefundene Ergebnis mittels der anerkannten Methoden rechtfertigen und begründen lässt[376]. Der Begriff der Subsumtion im Sinne eines zwingenden Logikschlusses, den der BGH auch bei der Auslegung von Willenserklärungen gebraucht, erscheint vor diesem Hintergrund missverständlich[377]. Dies führt dazu, dass das Revisionsgericht letztlich die Auslegungsentscheidung seinerseits in wertender Weise nachzuvollziehen versucht und dabei faktisch nur prüfen kann, ob es die Begründung für überzeugend hält. Mit der Verletzung eines zwingenden

---

[375] Vgl. Horak, Entscheidungsbegründung, S. 14 f.; vgl. auch Gottwald, ZZP 98 (1985), 113 ff., 116; Brüggemann, S. 87; Brecher, FS Nikisch, S. 232.

[376] Horak, Entscheidungsbegründung, S. 16; Gottwald, ZZP 98 (1985), 113 ff., 117; dazu auch Brüggemann, S. 56 f.

[377] Vgl. Horak, Entscheidungsbegründung, S. 14.

Rechtssatzes geht dies allerdings regelmäßig nicht einher. Stattdessen kann das Revisionsgericht damit faktisch jede Auslegungsentscheidung als rechtsfehlerhaft bezeichnen und aufheben[378].

aa) Die eingeschränkte Subsumierbarkeit im Rahmen der §§ 133, 157 BGB mit der Folge bloßer Überzeugungskontrolle

Die bei der Auslegung von Willenserklärungen in besonderem Maße eingehenden Wertungselemente zeigen, dass ein „richtiges" Entscheidungsergebnis als logische Ermittlung einer gesetzlichen Rechtsfolge nicht möglich ist[379]. Denn die notwendige Anwendung abstrakter Rechtsbegriffe auf den Einzelfall erfordert die Bildung und Einstufung verschiedener Ober- und Unterbegriffe, mit denen der Einzelfall verglichen werden muss[380]. Der dazu erforderliche Maßstab der Gleichheit ist jedoch in den einzustufenden Merkmalen selbst nicht logisch angelegt. Vielmehr müssen die Vergleichbarkeitskriterien „von draußen" hergeholt werden[381]. Die fehlenden logischen Maßstäbe müssen deshalb durch interessengebundene oder gefühlsmäßige materiale Wertungen des Richters ersetzt werden[382]. Auch diese Wertungen bedürfen freilich der Begründung[383]. Deren Richtigkeit kann allerdings regelmäßig nicht mit den Maßstäben der Logik gemessen werden. Begründungsmaßstab kann vielmehr allein die Qualität der Argumentation sein[384].

bb) Die Aufhebungsmöglichkeit aufgrund der Wertungsimmanenz der Auslegungsgrundsätze des BGH

Zur Überprüfung der Argumentationsqualität zieht der BGH die von ihm aufgestellten Auslegungsgrundsätze heran. Auch dies beschränkt allerdings die Auslegungskontrolle nicht auf die Überprüfung von Logikfehlern, da auch die Anwendung der Grundsätze von den Wertungen des Revisionsgerichts abhängt. Will das Berufungsgericht die Aufhebbarkeit seiner Ausle-

---

[378] Vgl. auch Neufert, S. 90.
[379] Hegenbarth, S. 20, hält mit beachtlichen Ausführungen das hermeneutische Verfahren generell für überhaupt ungeeignet, um richtige Erkenntnisse zu erlangen.
[380] Zum Charakter der Subsumtion vgl. insoweit Kuchinke, Nachprüfbarkeit, S. 79, 104.
[381] Vgl. zum Ganzen Brecher, FS Nikisch, S. 235.
[382] Vgl. Brecher, FS Nikisch, S. 236; vgl. auch Horak, Entscheidungsbegründung, S. 19.
[383] Vgl. Brüggemann, S. 70.
[384] Vgl. Hegenbarth, S. 22; Brüggemann, S. 71 f., 75.

gung vermeiden, ist es deshalb gehalten, seiner Auslegung eine möglichst überzeugende Begründung zu Grunde zu legen. Dennoch ist ein Begründungsmangel niemals auszuschließen, weil die rationale Erkenn- und damit Begründbarkeit einer Entscheidung ihre Grenze im höchstpersönlichen Urteil des entscheidenden Richters findet[385]. Bei genauerer Betrachtung der Auslegungsgrundsätze wird deutlich, dass selbst die Beachtung der in ihnen niedergelegten Methodik durch den Tatrichter nicht verhindern kann, dass die Entscheidung aus der wertenden Sicht des Revisionsgerichts mit den Auslegungsgrundsätzen unvereinbar ist. Denn die Auslegungsgrundsätze erschöpfen sich regelmäßig in einer derart allgemeingültigen Methodik-Anleitung, dass ihnen ein bestimmtes Entscheidungsergebnis schwerlich zu entnehmen ist.

So vermögen die häufig verwendeten Grundsätze, nach denen der Wortlaut des auszulegenden Textes Ausgangspunkt und zugleich der mögliche Wortsinn Grenze der Auslegung sind, angesichts der verschiedenen Bedeutungen, die dem Wortsinn bei Beachtung von Kontext, Sprecher und Sprechsituation im Einzelfall zukommen können, keinerlei inhaltliche Richtschnur zu geben[386]. Diese Untauglichkeit des Wortlautarguments, in überzeugender Weise einen Auslegungsfehler zu begründen, wird vor allem dann deutlich, wenn Rechtsfehler bei der Auslegung des Tatrichters in einem Fall vorliegen sollen, weil das Auslegungsergebnis nicht mehr vom Wortlaut gedeckt sei[387], in einem anderen Fall hingegen die Auslegung zu sehr am Wortlaut hafte[388].

Ebenso wenig überzeugend und wenig hilfreich ist der Grundsatz, wonach ein Auslegungsergebnis zumindest andeutungsweise im Text zum Ausdruck gekommen sein müsse. Zum einen bestehen bereits Zweifel an der Richtigkeit des Grundsatzes, wenn dieser der Sinnermittlung des Wortlauttextes dienen soll. Denn die Frage der Andeutung kann allenfalls unter Vertrauensschutzgedanken maßgeblich werden. An der Bedeutung des Wortlauts hingegen vermag sie nichts zu ändern, weil dieser, wie stets, unter Berücksichtigung aller Umstände zu ermitteln ist. Zum anderen eröffnete die Frage nach der Andeutung eine weitere, nicht minder unsichere In-

---

[385] Vgl. Brüggemann, S. 84.
[386] Vgl. Hegenbarth, S. 32 ff., 138 f.
[387] BGH vom 27.06.2001 – VIII ZR 329/99 (Urteil 15); BGH vom 18.10.2001 – I ZR 91/99 (Urteil 68).
[388] BGH vom 09.07.2001 – II ZR 228/99 (Urteil 39); BGH vom 19.12.2001 – XII ZR 281/99 (Urteil 31); BGH vom 07.06.2001 – I ZR 49/99 (Urteil 75).

terpretationsmöglichkeit[389], so dass der Grundsatz keinen Gewinn an Rechtssicherheit mit sich bringt.

Verfehlt erscheint es ferner, den Zweck einer Regelung als Auslegungskriterium betrachten zu wollen, das ein vom Wortlaut abweichendes Ergebnis rechtfertigen kann. Denn gerade der Zweck eines Textes bestimmt dessen Wortsinn, so dass der Wortsinn niemals mit dem Zweck in Widerspruch stehen kann[390]. Mithin erscheint auch bei Heranziehung des Zwecks einer Regelung je nach Bewertung der Umstände, die für ihr Zustandekommen bedeutsam waren, nahezu jede beliebige Entscheidung möglich[391].

Auch das Gebot der beiderseitigen Interessenberücksichtigung erweist sich als nur diffuses Postulat[392], weil es in keiner Weise zum Ausdruck bringt, welchem der regelmäßig gerade gegenläufigen Interessen der Vorrang zukommen soll. Dies ist deutlicher Ausdruck dessen, dass die Auslegungsregeln nur die Berücksichtigung der Ganzheit des Geschehens anordnen, ohne jedoch für den Einzelfall das Gewicht der zu berücksichtigenden Elemente zu bestimmen[393].

Schließlich mangelt es auch dem gern herangezogenen Argument der systematischen Auslegung an Überzeugungskraft, weil es von der unzutreffenden Prämisse ausgeht, die Erstellung eines Regelungstextes sei von einer inneren Vernünftigkeit verwaltet, so dass durch dessen Systematik der ihm innewohnende Sinn zum Ausdruck komme. Dass jedoch – insbesondere bei mehrdeutigen Texten – eine solche Sinnstiftung durch den Verfasser gerade nicht in optimaler Weise und damit auch nicht mittels der systematischen Gestaltung des Textes gelungen sein dürfte, bleibt dabei außer Betracht[394].

---

389 Vgl. Hegenbarth, S. 167 f.

390 Vgl. Hegenbarth, S. 169.

391 Vgl. Hegenbarth, S. 130, so zwar für die Auslegung von Gesetzestexten, für deren Interpretation er jedoch keinen Unterschied zur Interpretation von Verträgen sieht, S. 117; für die Beliebigkeit jedes Auslegungsergebnisses bei geschickter Begründung ferner Brüggemann, S. 85; auch Brecher, FS Nikisch, S. 239, sieht in der objektiven Auslegung des Willens die bekannteste Quelle von Scheinbegründungen; derselbe, S. 241, kritisch zu den Kriterien des Zwecks und des Interesses.

392 MüKo-Mayer-Maly/Busche, § 133 Rn. 56.

393 Vgl. Messer, FS Odersky, S. 610.

394 Vgl. Hegenbarth, S. 188 ff.

cc) Das Fehlen einer Methodik zur Anwendung der Auslegungsgrundsätze

Die Möglichkeit, mit den zulässigen Methoden zu verschiedenen denkbaren Auslegungsergebnissen zu gelangen, ergibt sich dabei insbesondere daraus, dass die Rechtswissenschaft bislang keinerlei Kriterien gefunden hat, Verhältnis, Bedeutung und Rangfolge der Auslegungsmethoden untereinander zu erkennen[395]. Vielmehr stehen sämtliche Methoden zunächst gleichwertig nebeneinander und müssen im Einzelfall, je nachdem, welche am wahrscheinlichsten zu dem vom Verfasser gemeinten Sinn führen, gegeneinander abgewogen werden[396]. Vor diesem Hintergrund wäre eine größere Methodenehrlichkeit der Rechtsprechung erhellend, die darlegte, dass das Auslegungsergebnis in seiner letzten Konsequenz auf einer wertenden Entscheidung des Richters beruht[397].

Der dabei notwendige, umfassende Abwägungsvorgang wird regelmäßig nicht in all seinen Aspekten geschildert, sondern nur verkürzt dargestellt. Die Norm des § 313 Abs. 3 ZPO mag dabei teilweise auch als willkommene Hilfe angesehen werden, um bestimmte, durchaus einbezogene und wertend überwundene Auslegungsaspekte beiseite zu lassen, welche die Überzeugungskraft des Auslegungsergebnisses mindern könnten. Dies mag dem Rollenbild des Richters entspringen, dessen Entscheidungen einen strengen Ableitungszusammenhang aufweisen sollen, eindeutig zu sein haben und keine Zweifel erkennen lassen dürfen. Das Zugeständnis, dass die Entscheidung zulässigerweise auch hätte entgegengesetzt ausfallen können, verträgt sich damit schwer, so dass die Entscheidungsbegründung womöglich von Erwägungen freigehalten werden wird, die auch für ein anderes Ergebnis sprechen könnten[398]. Gleichwohl lassen sich keine Belege dafür finden, dass eine solche Vorgehensweise regelmäßig und bewusst gewählt wird, um die Einsicht in die wahren Abwägungsüberlegungen zu erschweren.

---

395 Vgl. Hegenbarth, S. 171 f.; auch Brüggemann, S. 73.

396 Vgl. Hegenbarth, S. 171 f.; vgl. ferner Eikenberg, S. 45, der meint, die Auslegungsregeln seien zu abstrakt und zu unbestimmt, um den Richter im konkreten Fall zu einer einzigen Entscheidung zu zwingen; vielmehr könne im Bedarfsfall eine Auslegungsregel gegen die andere ausgespielt werden.

397 Vgl. Hegenbarth, S. 185, 199.

398 Vgl. Horak, Entscheidungsbegründung, S. 20 ff.; ferner Gottwald, ZZP 98 (1985), 113 ff., 114.

2. *Die Ausweitung der Begründung entgegen § 313 Abs. 3 ZPO zur Vermeidung ihrer Angreifbarkeit*

Die Überzeugungskraft und damit die Qualität der Begründung eines Abwägungsvorgangs steigt mit der Ausführlichkeit seiner Darlegung. Mit zunehmender Überzeugungskraft sinkt die Wahrscheinlichkeit eines erfolgreichen Angriffs gegen die Begründung des Tatrichters. Denn sofern auslegungsrelevante Umstände geschildert und die ihnen zugemessene Bedeutung in Bezug zueinander sowie in Bezug auf das Ergebnis erklärt werden, kann vermieden werden, dass Angriffe gegen ihre Nichtberücksichtigung Erfolg haben.

Gleichwohl lassen sich stets mit noch weitergehender Eindringung in die bereits gelieferte Begründung Teilaspekte formulieren, die bislang noch nicht Gegenstand der ausdrücklichen Begründung gewesen sind. Werden diese herausgehoben und wird ihnen in wertender Entscheidung wesentliche Bedeutung beigemessen, ist die Begründung wegen teilweiser Außeractlassung wesentlicher Umstände zu Fall gebracht.

Beispielhaft hierfür sind mehrere der Untersuchung zu Grunde liegende Revisionsurteile des BGH. Diesen gelingt es, trotz eines gut vertretbaren Auslegungsergebnisses des Berufungsgerichts dessen Widerspruch zum vermeintlich richtigen, gegensätzlichen Auslegungsergebnis zu begründen, indem sie sich in ausführlicher Weise den vom Berufungsgericht herangezogenen Umständen widmen und darüber hinausgehend weitere Umstände heranführen, die nicht berücksichtigt worden seien und das Ergebnis des Berufungsgerichts in Zweifel ziehen müssten[399].

In zahlreichen Fällen liegen der Auslegungsentscheidung des Berufungsgerichts bereits Begründungen zu Grunde, die so ausführlich sind, dass sie den Begründungsadressaten in überzeugender Weise bis zu dem Punkt führen, an dem die Entscheidung offensichtlich nur noch einer Wertungsfrage unterliegt. Eine noch weiter gehende Begründung der Wertungsentscheidung ginge dann nicht mehr mit einem Zuwachs an Überzeugungskraft einher, da die maßgebliche Wertung als Ausdruck der höchstpersönlichen Entscheidung des entscheidenden Richters nur bedingt begründbar ist[400].

---

[399] So vgl. Urteile 15, 17, 18, 31, 33, 45, 46, 50, 55, 57, 58, 69 und 79.
[400] Vgl. oben Seite 188.

So war beispielsweise das Berufungsgericht mit der Auslegung eines Berliner Testaments befasst, bei dem die Frage streiterheblich war, ob die darin enthaltene Zuweisung eines Betrages von DM 150.000,00 aus dem Vermögen des Letztversterbenden insofern abschließend zu verstehen sei, als dass die womögliche Geltendmachung eines Pflichtteilsanspruchs beim Tode des Erstversterbenden auf die Zuweisung angerechnet werden müsse. Die Kläger begehrten die Feststellung der Freistellungspflicht der Rechtsanwälte, welche das Testament errichtet und dabei fehlerhafterweise eine Anrechnungsklausel nicht aufgenommen hatten. Das der Klage stattgebende Urteil des Berufungsgerichts geht zwangsläufig mit der Auslegung einher, dass das Testament die Anrechnung des Pflichtteils nicht ausschließe. Eine ausführliche Darlegung dieses Auslegungsergebnisses hätte insofern keinen Einsichtsvorsprung gewährt. Der BGH gelangte durch eigene Auslegung zum gegensätzlichen Ergebnis[401]. Es ist nicht ersichtlich, dass seine dabei zum Ausdruck gekommene gegenteilige Wertung des Testamentswortlauts sich durch eine ausführlichere Darlegung der Auslegung des Berufungsgerichts hätte vermeiden lassen[402].

---

[401] Vgl. BGH vom 26.09.2001 – IV ZR 298/98 (Urteil 21).

[402] Vgl. auch die ersichtlich auf durchaus zulässigen Wertungen beruhenden, dennoch durch den BGH aufgehobenen Auslegungen der Berufungsgerichte in den Fällen der Urteile 23 (aufgrund besonderer Umstände keine Zusicherung einer Mindestmieteinnahme), 33 (Vollauszahlung eines Kredits als Wirksamkeitsvoraussetzung für eine Bürgschaft wegen Interesse der Bürgin an der Eingrenzung des Inanspruchnahmerisikos), 37 (Einordnung und Zurechnung von Erklärungen als Willenserklärungen), 39 (Auslegung einer „Bürgschaft", vgl. insbesondere OLG Frankfurt/Main vom 10.06.1999 – 12 U 103/98, Seite 7), 40 (Einordnung einer vereinbarten Beratungsleistung als neben einem Kaufvertrag unselbständig), 44 (Festlegung des Umfangs von Beratungspflichten), 47 (Auslegung des Begriffs der gleichartigen gewerblichen Tätigkeit), 52 (Annahme einer Marken-Nutzungsvereinbarung), 57 (Auslegung von Schreiben zu Unterhaltszahlungsbereitschaft), 59 (Annahme der Vereinbarung von werkvertraglicher Gewährleistung), 61 (Einordnung des Schweigens als Widerruf wegen der Umstände des Einzelfalls), 63 (Einordnung einer Vertragsänderung als unwesentlich; Auslegung eines Schreibens als Kündigung), 66 (Auslegung der Vereinbarung eines ausdrücklich benannten Mehrwertsteuersatzes), 68 (Annahme der Vereinbarung der zeitlich begrenzten Ausübbarkeit eines Rücktrittsrechts), 70 (Ermittlung des Umfangs eines Übereignungsvertrages), 71 (Auslegung einer Zahlung als Annahme eines Angebots auf Abschluss eines Erlassvertrages), 75 (Auslegung des rechtlichen Umfangs von Ermächtigungen), 77 (Verneinung der Empfangsvertreter oder -boteneigenschaft), 78 (Festlegung des Umfangs von Aufklärungs- und Offenbarungspflichten), 81 (Annahme eines einheitlichen Leistungsziels bei zwei Bauverträgen) und 83 (Auslegung einer Versorgungsvereinbarung).

Freilich finden sich in der Praxis zahllose Urteile der Tatsacheninstanzen, die auf eine umfangreiche Begründung ihrer Auslegungsentscheidungen verzichten. Dies mag daher rühren, dass unter Abwägung ihres Aufwands eine Begründung nur dort eine vertiefte Befassung verlangt, wo nicht ohnehin erwartungsgemäß Konsens der Begründungsadressaten mit der Begründung besteht[403]. Erweist sich die Einschätzung über den Konsens der Revisionsinstanz mit der gefundenen Auslegung jedoch wider Erwarten als falsch, so sind die durch eine kurze Begründung aufgestellten Hürden, das Zustandekommen der Auslegung als rechtsfehlerhaft darzustellen, denkbar gering[404].

Dennoch mögen sich einzelne Richter nicht zu einer ausführlichen und damit aufwändigen Begründung veranlasst sehen, weil sie der Meinung sind, man könne ohnehin alles, und deshalb auch die Aufhebung einer jeden, noch so ausführlichen Begründung begründen[405]. Will man aber den Grundsatz des BGH ernst nehmen, dass die Auslegungskontrolle nur auf Rechtsfehler beschränkt ist, kann einem solchen Fatalismus nicht das Wort geredet werden. Vielmehr muss den Ausführungen des BGH entnommen werden, dass dem Tatrichter in jedem denkbaren Fall eine Begründung seiner Auslegungsentscheidung möglich sein muss, die in der Rechtsprüfungsinstanz Bestand hat.

Ein Streben des Tatrichters, seine Auslegung in unangreifbarer Weise zu begründen, müsste deshalb nach den obigen Darlegungen dahin führen, jeden denkbaren festgestellten ebenso wie jeden denkbaren nicht festgestellten, konkret und abstrakt auslegungsrelevanten Umstand zu beleuchten. Denn jeder dem Tatrichter noch so unwesentlich erscheinende Umstand kann dann, wenn seine bloße Nichterwähnung dem Revisionsgericht Anlass zur Annahme gibt, er sei nicht bedacht worden, das Fehlen einer we-

---

403 Zum Erfordernis des Konsenses im Rahmen von Wertungsfragen, aufgrund dessen Begründungen auf Grundlage von Wertungen regelmäßig nur beschränkte Geltung beanspruchen können vgl. Horak, Entscheidungsbegründung, S. 10, 20; ausführlich dazu ferner Gottwald, ZZP 98 (1985), 113 ff., 119 ff.

404 Vgl. nur Urteil 72, dem zu Grunde liegend das Berufungsgericht ersichtlich nicht damit gerechnet hatte, man werde sich nicht seiner nicht näher begründeten Auffassung anschließen, die unterzeichnende „Kreditnehmerin" sei Partei eines Darlehensvertrages gem. § 607 BGB a. F. geworden.

405 Die Auffassung vieler ausbildender Richter, „Begründen können Sie alles", wird bei Brüggemann, S. 58, geäußert.

sentlichen Erwägung gem. § 313 Abs. 3 ZPO bedeuten[406]. Eine dem Normzweck des § 313 Abs. 3 ZPO entsprechende, aus Gründen der Begründungs- und damit Prozessökonomie beschränkte Darlegung der tatrichterlichen Erwägungen, die insbesondere dem Charakter des Auslegungsvorgangs gerecht wird, ist damit nicht in Einklang zu bringen[407].

III. Die Auslegungskontrolle als Möglichkeit der Korrektur unerwünschter Tatumstände

Die Überprüfung der Auslegung von Willenserklärungen eröffnet dem Revisionsgericht die Möglichkeit, in umfassender Weise Einfluss auf das Ergebnis des Rechtsstreits zu nehmen. Dies liegt daran, dass die Anwendung der §§ 133, 157 BGB als Rechtsanwendung der Beurteilung des Revisionsgerichts unterliegt und diese Normen – im Gegensatz zu den meisten anderen Rechtsnormen – aufgrund der dargestellten[408] Begründungsfreiräume zahllose Entscheidungsmöglichkeiten eröffnen. Die Auslegungskontrolle erweist sich deshalb als Einbruchstelle, welche stets die Korrektur einer aus Sicht des Revisionsgerichts unbilligen Entscheidung ermöglicht.

Ob die Unbilligkeit der Entscheidung tatsächlich aus einer falschen Methodik des Tatrichters resultiert oder nur Folge dessen ist, dass der Tatrichter bestimmte Tatumstände als vorliegend festgestellt hat, die nach seiner Auffassung zum gewonnenen Auslegungsergebnis führen mussten, ist dabei gleichgültig und kann in der Praxis häufig ohnehin nicht unterschieden werden[409]. Letzterenfalls allerdings würde die Aufhebung der Auslegung zu einem Entscheidungsergebnis führen, das vom Tatsachengericht auf Grundlage der von ihm angenommenen Tatsachen nicht gefunden worden wäre. Auf diesem Wege kann das Revisionsgericht mittels der Darlegung eines vermeintlichen Methodikfehlers faktisch entgegen den tatrichterlichen Feststellungen das Vorliegen oder Fehlen von Tatsachen fingieren.

---

406 Vgl. auch Gottwald, Revisionsinstanz, S. 159, der dann die Grenze zur vollen, freien Revisibilität überschritten sieht, wenn eine gewisse Mindestform der Begründung als nicht ausreichend anerkannt wird.

407 Vgl. auch Gottwald, Revisionsinstanz, S. 157, der in dem Verlangen einer übergenauen Darstellung aller Wertungsgrundlagen bei unbestimmten Rechtsbegriffen eine bedenkliche Einschränkung der Bindung an die festgestellten Tatsachen sieht.

408 Vgl. Seite 184 ff.

409 Vgl. nur Seite 50 ff., Seite 73 ff. und Seite 186 ff.

Die Möglichkeit, bestimmten tatrichterlich festgestellten Umständen ihre Relevanz für das Entscheidungsergebnis zu nehmen, besteht dabei in zwei denkbaren Fallgruppen. [1.] Zum einen kann das Revisionsgericht mittels einer seiner Auffassung entsprechenden Anwendung der Auslegungsgrundsätze der §§ 133, 157 BGB die Gestalt der tatrichterlich festgestellten Gesamtsituation verändern. Dies kann geschehen, indem einzelne Elemente der Gesamtsituation nicht als tatrichterliche Feststellungen, sondern als normative Erkenntnisse behandelt werden, die erst durch die Anwendung der §§ 133, 157 BGB zustande gekommen sind[410]. Denkbar ist ferner, einzelne Elemente der Gesamtsituation mittels eigener Wertung als unwesentlich zu erachten oder nicht festgestellte Elemente als wesentlich. In beiden Fällen ließe sich zur Aufhebung ein Verstoß gegen den Grundsatz formulieren, dass wesentliche Umstände bei der Auslegung nicht außer Acht gelassen werden dürfen. [2.] Zum anderen besteht die Möglichkeit, im Wege der Ersetzung der tatrichterlichen Auslegung durch die Auslegung des Revisionsgerichts ein vermeintlich billiges Entscheidungsergebnis zu erreichen, dem bei Auslegung des Berufungsgerichts die Tatsachen entgegenstünden, die außerhalb der auslegungsrelevanten Gesamtsituation festgestellt worden sind.

1. Die Möglichkeit der Umgehung einer festgestellten Gesamtsituation

(1) BGH vom 05.10.2001 – V ZR 295/00 (Urteil 23)

Das Urteil kann als eines von mehreren herangezogen werden, in denen der BGH eine andere Auffassung als das Berufungsgericht über das Vorhandensein einer Zusicherung gem. §§ 459, 463 BGB a. F. vertritt[411]. Diesen Fällen ist gemeinsam, dass regelmäßig aus einer wertenden Betrachtung der gesamten vor und bei Vertragsschluss vorhandenen Umstände entschieden werden muss, ob der Verkäufer in konkludenter Weise das Vorhandensein von Eigenschaften der Kaufsache zugesichert hat. Die Erkenntnis des Berufungsgerichts, wonach eine solche Zusicherung nicht vorliege, geht mit tatsächlicher Feststellung in zweierlei Hinsicht einher: Zum einen ist tatrichterlich festgestellt, dass eine ausdrückliche Zusicherung nicht vorliegt. Zum anderen hat der Tatrichter eine Gesamtsituation erkannt, die ebenfalls nicht zur Annahme einer Zusicherung gereicht, weil einige, nach

---

[410] Vgl. dazu vor allem BGH vom 07.12.2001 - V ZR 65/01 (Urteil 70).
[411] Vgl. dazu auch unten Seite 206 ff.

seiner Auffassung wesentliche Komponenten gegen einen Zusicherungswillen und ein beiderseitiges, berechtigtes Zusicherungsinteresse sprechen. Die Begründung des Revisionsgerichts, es liege ein Auslegungsfehler gem. §§ 133, 157 BGB vor, kann sich dabei über die festgestellte Gesamtsituation hinwegsetzen und zur Annahme einer Zusicherung gelangen. Auf diesem Wege ist ein vermeintlich billiges Entscheidungsergebnis zu erreichen, das mit der aus tatrichterlicher Sicht festgestellten Gesamtsituation nicht vereinbar war.

(2) BGH vom 07.12.2001 - V ZR 65/01 (Urteil 70)

Das Berufungsgericht war zum Ergebnis gelangt, dass eine Übereignung des Grundstücks im Rahmen seiner tatsächlichen, also grundbuchrechtlichen Grenzen, nicht hingegen im Rahmen seiner „natürlichen" Grenzen vereinbart worden sei, weil es insbesondere im Wege der Beweisaufnahme die Erkenntnis über einen entsprechenden Übereignungswillen der Parteien gewonnen hatte[412]. Der BGH wandte ein, die Übereignung habe nach den Feststellungen des Berufungsgerichts auch einen Grundstücksteil erfasst, dessen Nichtübereignung auch für den Erwerber erkennbar im Interesse der Verkäuferin gelegen habe[413]. Seine weiteren normativen Ausführungen zeigen, dass der BGH diese seiner Auffassung nach als für beide Seiten wesentlich zu beurteilenden Interessen über den tatsächlichen Übereignungswillen stellte. Damit gelangte er unter Zuhilfenahme von normativen Erwägungen zur Annahme einer Gesamtsituation, die von den festgestellten Umständen des Tatrichters abwich. So konnte ein vermeintlich billiges Ergebnis erreicht werden, das dem tatsächlichen Übereignungswillen der Parteien wohl widersprach[414].

2. Die Möglichkeit der Umgehung sonstiger Tatumstände

(1) BGH vom 26.09.2001 – IV ZR 298/98 (Urteil 21)

Die Klägerin hatte zusammen mit ihrem mittlerweile verstorbenen Ehemann von den beklagten Anwälten ein Berliner Testament errichten lassen,

---

[412] Vgl. bereits die Besprechungen auf Seite 49, Seite 64, Seite 74 und Seite 134.
[413] Vgl. Ziffer II.3.c)aa) der Entscheidungsgründe.
[414] Vgl. auch die scharfe Kritik an dieser „Art richterlicher Vertragshilfe" „im Sinne der ‚wirtschaftlichen Zweckmäßigkeit'" bei Wilhelm, WuB IV A. § 133 BGB 1.02, S. 600.

in dem ihrer Tochter ein Vermächtnis aus dem Vermögen des Letztversterbenden in Höhe von DM 150.000,00 zugewendet worden war. Bereits nach dem Tode des erstverstorbenen Ehemanns machte die Tochter mit Erfolg ihren Pflichtteilsanspruch in Höhe von DM 100.000,00 geltend. Die Anwälte hatten keine Anrechnungsklausel und auch sonst keine Bestimmung über die Rechtslage im Zeitpunkt des Erstversterbens in das Testament aufgenommen, obgleich der Testierwille der Klägerin unstreitig dahin gegangen war, das Vermächtnis der Tochter aus dem Vermögen beider Erblasser auf insgesamt DM 150.000,00 zu beschränken. Mit ihrer Klage begehrte die Klägerin die Feststellung, dass die Beklagten aufgrund ihres Beratungsfehlers dahin zum Schadensersatz verpflichtet seien, die Schlusserbin von Ansprüchen der Tochter aus dem Vermächtnis freizustellen, falls diese sich nach dem Tode der Klägerin nicht den bereits erlangten Pflichtteil auf das Vermächtnis anrechnen lasse. Die Klage hatte in beiden Tatsacheninstanzen Erfolg.

Der BGH hingegen wies die Klage infolge einer gegensätzlichen Auslegung des Testaments bereits als unzulässig ab. Im Satz, wonach die Tochter „aus dem Erbvermögen des Letztversterbenden“ DM 150.000,00 erhalten solle, sei „alles, was sie aus dem Vermögen beider Ehegatten bekommen solle, abschließend beschrieben worden“. Darin finde die Annahme einer Anrechnungsklausel im Sinne der Andeutungstheorie eine ausreichende Grundlage. Die Entstehung des von der Klägerin befürchteten Schadens sei mithin jedenfalls unwahrscheinlich, weil diese Grundlagen der Auslegung „auch in Zukunft schwerlich in Frage gestellt werden könn[t]en“.

Zwar verneinte der BGH damit das Entstehen künftiger Schadensersatzansprüche nicht definitiv; die Klage wäre andernfalls mangels Pflichtverletzung und damit mangels den Beklagten zurechenbaren Schadens als unbegründet abzuweisen gewesen, so dass aufgrund der Rechtskrafterstreckung[415] ein Schadensersatzanspruch gegen die Beklagten selbst dann ausgeschlossen gewesen wäre, wenn tatsächlich wider Erwarten zu späterer Zeit ein Gericht das Testament entgegen der Auffassung des BGH auslegen sollte. Die Auslegung des BGH erscheint jedoch vor diesem Hintergrund – insbesondere in Verbindung mit ihrer Beschränkung auf die Überprüfung der Frage, ob eine den Beklagten entgegenkommende Auslegung aufgrund der Andeutungstheorie möglich wäre – gerade als geschickte Möglichkeit,

[415] Diese könnte gem. § 727 Abs. 1 ZPO auch nach dem Tode der Klägerin der Schlusserbin entgegengehalten werden.

entgegen dem kaum anders als vom Berufungsgericht zu verstehenden Wortlaut eine billige Lösung zu erreichen. Denn mit Hilfe des Prozessurteils konnte der BGH eine abschließende, mit den Nachteilen der (nur) relativen und deshalb ein anderes Gericht nicht bindenden Rechtskraftwirkung behaftete Feststellungsentscheidung vermeiden, solange noch nicht feststand, ob tatsächlich der von der Klägerin befürchtete Fall eintreten würde, der zum Bedürfnis eines Regresses gegen die Beklagten und damit wohl auch zu einer entgegengesetzten, weil nur dann billigen Entscheidung hätte führen müssen. Das Prozessurteil hingegen hielt der Schlusserbin der Klägerin die Möglichkeit offen, erforderlichenfalls in einem späteren Prozess gegen die Tochter dem dann entscheidenden Gericht anzuzeigen, dass bereits der BGH eine andere Auslegung des Testaments als kaum denkbar angesehen hatte. Sollte allerdings ein solches Gericht sodann dennoch anders entscheiden, bliebe der Regressprozess gegen die jetzigen Beklagten nach wie vor möglich. Auf diesem Wege konnte eine vermeintlich billige Entscheidung erreicht werden, durch die der nach Ansicht der Tatrichter zur Pflichtverletzung führende Umstand, dass die Beklagten tatsächlich eine Anrechnungsklausel nicht bedacht hatten, vorerst unerheblich blieb[416].

(2) BGH vom 14.02.2001 – VIII ZR 292/98 (Urteil 25)

Das Berufungsgericht hatte der Regressklage eines Brandschutzversicherers gegen den Mieter ihres Versicherungsnehmers aus übergegangenem Schadensersatzanspruch wegen fahrlässiger Verursachung eines Brandes am versicherten Gebäude stattgegeben. Der BGH vermochte keine Auslegungsfehler anhand der konkreten Umstände des zu beurteilenden Falles aufzuzeigen, hob jedoch gleichwohl die Berufungsentscheidung auf, weil aufgrund neuerer Rechtsprechung des Senats „die ergänzende Vertragsauslegung des Gebäudeversicherungsvertrages allgemein einen konkludenten Regressverzicht des Versicherers für die Fälle [ergebe], in denen der Wohnungsmieter einen Brandschaden durch einfache Fahrlässigkeit verursacht habe". Dies „beruhe auf dem für den Versicherer erkennbaren Interesse des Versicherungsnehmers, dem als Vermieter daran gelegen sei, das in der Regel auf längere Zeit angelegte Vertragsverhältnis zu seinem Mieter so weit wie möglich unbelastet zu lassen". Dass der Brandschaden im zu entscheidenden Fall durch grobe Fahrlässigkeit verursacht worden sei, habe

[416] Vgl. dazu auch Seite 203.

der nach dieser Auslegung nunmehr beweisbelastete Versicherer nicht dargelegt.

Die Entscheidung zeigt in deutlicher Weise, dass es dem Revisionsgericht möglich ist, durch Heranziehung eigener, hier versicherungspolitischer Wertungen ein Interesse als wesentlich zu bestimmen, obwohl dafür in den festgestellten Tatsachen kein konkreter Anhaltspunkt zu finden war. Ein solches Interesse könnte im Übrigen, wenn überhaupt, allenfalls einer der beiden Vertragsparteien unterstellt werden. Auf diesem Wege gelangte der BGH zu dem seiner Ansicht nach erstrebenswerten Ergebnis, den lediglich fahrlässig handelnden Mieter vor der Inanspruchnahme wegen eines von ihm verursachten Brandschadens zu bewahren. Dies ermöglichte ihm, das Nichtvorliegen von grober Fahrlässigkeit zu umgehen, welche bei einzelfallspezifischer Auslegung notwendig wäre, um eine Haftungsfreiheit des Mieters annehmen zu können.

(3) BGH vom 17.01.2001 – IV ZR 282/99 (Urteil 29)

Das Berufungsgericht war durch systematische Auslegung von Versicherungsbedingungen eines Transportversicherers unter Berücksichtigung von Sinn und Zweck zur Auffassung gelangt, vom Umfang der Versicherung seien nur die Transporte erfasst, deren Anmeldung jeweils bis zum 10. des Folgemonats erfolgt sei. Da die Klägerin diese Frist nicht eingehalten hatte, sprach ihr das Berufungsgericht den Versicherungsschutz ab.

Die gegensätzliche Auslegung des BGH, die sich ebenfalls auf beachtliche Systematikargumente stützen konnte, erschien dabei durchaus vertretbar. Es kann deshalb nicht angenommen werden, der BGH habe durch seine Auslegung die Tatsache umgehen wollen, dass die Anmeldung nicht innerhalb der genannten Frist erfolgt sei. Da jedoch beide Auslegungsergebnisse in gleicher Weise denk- und begründbar waren, wird auch anhand dieser Entscheidung ersichtlich, dass derartige Möglichkeiten für das Revisionsgericht im Bereich der gängigen Praxis der Auslegungskontrolle bestehen.

(4) BGH vom 27.06.2001 – VIII ZR 227/00 (Urteil 40)

Ähnliche Regelungsmöglichkeiten ergeben sich bei der unterschiedlich beurteilbaren Frage, ob eine Beratung über die Kaufsache im Vorfeld des

Kaufvertrages als so wesentliche Leistung angesehen werden müsse, dass sie einen eigenständigen Vertrag voraussetzte. Für diesen gälte dann insoweit die lange Verjährungsfrist des § 195 BGB a. F. Die gegensätzliche Auffassung nähme eine Verletzung der nebenkaufvertraglichen Beratungspflichten an, für die jedenfalls analog § 477 BGB a. F. die kurze Verjährung Anwendung finden müsste.

Auch hierbei konnte mit einer Auslegung des Revisionsgerichts entsprechend der zweiten Auffassung über den Tatumstand hinweggeholfen werden, dass der geschädigte Kläger den Anspruch nicht rechtzeitig, also innerhalb der kurzen Verjährungsfrist geltend gemacht hatte. Dass auch in diesen Fällen regelmäßig keine Auslegung der konkreten Umstände erfolgt, sondern diese vielmehr anhand von Billigkeitserwägungen vorgenommen wird, die sich aus allgemeinen Überlegungen ergeben, zeigen die Formulierungen in den vergleichbaren Entscheidungen des BGH zur Abgrenzung von nahen und entfernten Mangelfolgeschäden zum alten Werkvertragsrecht. Dort machte der BGH seine Entscheidungen insbesondere von einer Güter- und Interessenabwägung unter billiger Verteilung des Verjährungsrisikos abhängig[417].

(5) BGH vom 28.11.2001 – VIII ZR 38/01 (Urteil 77)

Für die Versäumung der dreimonatigen Anmeldefrist des § 89b Abs. 4 Satz 2 HGB war die Frage maßgeblich, ob eine Anmeldung eines Tankstellenhalters gegenüber dem Bezirksleiter der Beklagten Wirkung gegenüber der Beklagten selbst haben konnte. Entgegen der Auffassung des Berufungsgerichts bejahte dies der BGH, weil er es als zur Natur der Aufgabe des Bezirksleiters gehörend erachtete, rechtlich bedeutsame Erklärungen für die Beklagte entgegenzunehmen, und daraus eine konkludent erteilte Empfangsvertretungsmacht folgerte. Auch diese Beurteilung der Funktion des Bezirksleiters konnte in ihrer letzten, für die Entscheidung maßgeblichen wertenden Komponente nicht mehr auf konkreten tatrichterlichen Feststellungen beruhen, sondern ergab sich aus einer schließlich vom Revisionsgericht durchgeführten Charakterisierung der Aufgabe als „Verbindungsmann' zu den Tankstellenhaltern“[418]. Auch hier war deshalb

[417] Vgl. nur BGH vom 25.06.1991 – X ZR 4/90, BGHZ 115, 32 ff., 35 ff.; BGH vom 20.01.1972 – VII ZR 148/70, BGHZ 85 ff., 90 f.; BGH vom 20.04.2004 – X ZR 141/01, NJW-RR 2004, 1350 ff., 1351.
[418] Vgl. Ziffer II.2. der Entscheidungsgründe.

dem Revisionsgericht die Möglichkeit eröffnet, dem Kläger über die Versäumung der Anmeldefrist hinwegzuhelfen, sofern es der Auffassung gewesen sein sollte, es sei unbillig, eine förmliche Mitteilung gegenüber dem Beklagten selbst zu fordern, obgleich in regelmäßigen Abständen ein Kontakt des Klägers zum Bezirksleiter des Beklagten bestanden hatte und in diesem Rahmen eine Mitteilung erfolgt war.

(6) BGH vom 21.09.2001 – V ZR 14/01 (Urteil 83)

Das Berufungsgericht hatte die umfassenden und detaillierten Regelungen in einem Hoferbenpflegevertrag dahingehend ausgelegt, dass die Parteien darin sämtliche Fälle der Haftung der Beklagten abschließend geregelt und dabei bewusst die Übernahme von Heimpflegekosten ausgeschlossen hatten. Der BGH hob diese Auslegung auf und gelangte zum gegenteiligen Ergebnis, so dass die Beklagte auch die Pflegekosten tragen musste, die andernfalls dem Sozialhilfeträger entstanden wären. Er begründete seine Auffassung wenig überzeugend[419] damit, dass es dem zu pflegenden Vater der Beklagten als Bauer unerträglich gewesen wäre, zum Sozialfall zu werden, so dass die Auslegung des Berufungsgerichts die Interessenlage des Vaters nicht ausreichend berücksichtigt habe. Zudem sah es in der Auslegung des Berufungsgerichts einen unzulässigen Vertrag zu Lasten Dritter, nämlich des Sozialhilfeträgers[420].

Die Entscheidung des BGH ist ersichtlich von Wertungen getragen, die sich aus den konkreten Feststellungen des Tatrichters nicht ergeben, sondern mit diesen sogar unvereinbar sind. Sie lässt die Intention erkennen, den Sozialhilfeträger vor der Belastung mit den Pflegekosten des Vaters der Beklagten zu bewahren. Dabei sah der BGH es offensichtlich als unbillig an, dass eine nicht zur Übernahme verpflichtete Person einzelne Unterhaltsleistungen vertraglich übernimmt, jedoch bestimmte andere Leistungen bewusst von der Übernahme ausschließt. Die Auslegung des BGH diente damit ersichtlich der Umgehung dieses Umstands. Dies wird vor allem durch die Heranziehung des Konstrukts des Vertrags zu Lasten Dritter deutlich, die nicht überzeugen kann. Denn ein Vertrag zu Lasten Dritter liegt nicht vor, wenn Parteien es im Rahmen einer Vereinbarung lediglich unterlassen, Haftungspflichten zu übernehmen, die sie, im Gegensatz zum Sozialhilfeträger, kraft Gesetzes nicht treffen.

---

[419] Vgl. auch die Kritik bei Kornexl, ZEV 2002, 116 ff.; Krauß, DNotZ 2002, 705 ff.
[420] Vgl. bereits oben Seite 75 sowie Seite 136.

IV. Die Auslegungskontrolle als Möglichkeit der Korrektur unerwünschter Prozessumstände

Die Möglichkeit für das Revisionsgericht, im Rahmen der Auslegungskontrolle eine billigere Entscheidung herbeizuführen, ist nicht auf die Umgehung tatrichterlicher Feststellungen beschränkt. Sie eröffnet vielmehr auch den Weg zu einem Entscheidungsergebnis, das auf Grundlage der tatrichterlichen Auslegung wegen prozessualer Umstände nicht möglich gewesen wäre. So kann eine neue Auslegung dazu verwendet werden, [(1)] eine Sachentscheidung durch ein Prozessurteil zu ersetzen oder auch in gegensätzlicher Richtung [(2)] die Unzulässigkeit einer Klage zu beseitigen.

(1) BGH vom 26.09.2001 – IV ZR 298/98 (Urteil 21)

Der BGH wies die Klage der Erblasserin auf Feststellung der Schadensersatzverpflichtung der für sie bei der Errichtung ihres Testaments tätigen Rechtsanwälte als unzulässig ab, weil es an einem Feststellungsinteresse gem. § 256 Abs. 1 ZPO fehle. Obgleich beide Tatsacheninstanzen dem streitgegenständlichen Berliner Testament nicht entnehmen konnten, dass darin eine Anrechnungsklausel für den Pflichtteil nach dem Tode des Erstversterbenden enthalten sei, hielt es der BGH, der gegenteiliger Auffassung war, für unwahrscheinlich, dass in Zukunft eine solche Auslegung erneut erfolgen könnte. Er versagte der Klage deshalb bereits die Zulässigkeit. Es erstaunt, dass der BGH nicht die ersichtliche Gefahr anerkannte, dass im Falle eines zu erwartenden Prozesses – dieser wäre erst nach dem Tode der Klägerin und damit in nicht absehbarer Zeit denkbar gewesen – das dann mit der Frage befasste Gericht der gleichen Auffassung wie bereits die hiesigen Tatsachengerichte sein könnte. Hätte allerdings der BGH das Feststellungsinteresse bejaht, was gut vertretbar gewesen wäre, hätte er auf Grundlage seiner Auslegung zum Ergebnis gelangen müssen, dass der von der Klägerin befürchtete Schaden niemals hätte eintreten können, so dass die Schadensersatzpflicht der Beklagten ausgeschlossen gewesen wäre. Die Klage wäre dann als unbegründet abzuweisen gewesen.

Dieses Ergebnis hätte allerdings ein gewisses Risiko für die Schlusserbin der Klägerin bedeutet. Denn es war nicht auszuschließen, dass die Vermächtnisnehmerin nach dem Tode der Klägerin tatsächlich, wie befürchtet, ihren Vermächtnisanspruch geltend gemacht hätte, ohne sich den bereits erlangten Pflichtteil darauf anrechnen zu lassen. Da dem Urteil des BGH keine Bindungswirkung für eine künftige Entscheidung eines Gerichts im dann zu erwartenden Rechtsstreit zwischen der Erbin und der Vermächtnisnehmerin zugekommen wäre, hätte der – vom BGH als unwahrscheinlich erachtete – Schaden eintreten können. In diesem Fall wäre der Erbin jedoch ein Regress gegen die beklagten Rechtsanwälte verwehrt gewesen, weil ein Sachurteil des BGH auch gegenüber der Erbin gem. § 727 Abs. 1 ZPO Rechtskraftwirkung gehabt hätte.

Durch die Aufhebung der Entscheidung des Berufungsgerichts wurde die Feststellung einer Schadensersatzpflicht der beklagten Anwälte vermieden. Dies erschien deshalb als sinnvoll, weil andernfalls bereits zu jenem Zeitpunkt ein höchstrichterlicher Anreiz für die Vermächtnisnehmerin geschaffen worden wäre, tatsächlich eine Anrechnung zu unterlassen und damit bewusst den zur Haftung der Beklagten führenden Schaden herbeizuführen. Der BGH konnte so in geschickter Weise andeuten, dass nach höchstrichterlicher Auffassung ein Anspruch der Vermächtnisnehmerin nur in einem um den Pflichtteil gekürztem Umfange bestand, und somit die Schadensentstehung nach Möglichkeit verhindern, ohne jedoch der Erbin die notfalls erforderliche Regressmöglichkeit zu nehmen.

(2) BGH vom 07.06.2001 – I ZR 49/99 (Urteil 75)

Die Klägerin war führende Versichererin unter mehreren Transportversicherern und nahm den Beklagten wegen übergegangener Schadensersatzansprüche der Versicherungsnehmerin in Anspruch. Streitgegenstand waren dabei nicht nur eigene Ansprüche der Klägerin, sondern auch solche der anderen Mitversicherer. Ihre Berechtigung stützte die Klägerin auf § 1 der Transportversicherungspolice, in der eine umfassende Bevollmächtigung der Klägerin durch die Mitversicherer zur Abwicklung und Führung von Rechtsstreitigkeiten über das gesamte Vertragsverhältnis enthalten war. Das Berufungsgericht hatte die Klage insoweit mangels Prozessführungsbefugnis abgewiesen. Es hatte in der Klausel keine Ermächtigung zur Klage im eigenen Namen gesehen, sondern war der Auffassung gewesen, die Klägerin hätte allenfalls im Namen aller Mitversicherer klagen dürfen.

Der BGH gelangte hingegen zur Auffassung, bei richtiger Auslegung liege eine ausreichend deutliche Ermächtigung zur Geltendmachung der fremden Ansprüche im eigenen Namen vor. Die Prozessführungsbefugnis der Klägerin sei deshalb nach den Grundsätzen der gewillkürten Prozessstandschaft gegeben. Auch deren übrige Voraussetzungen, wonach insbesondere ein schutzwürdiges eigenes Interesse an der Prozessführung erforderlich sei, lägen vor.

Die Entscheidung des BGH vermochte damit die prozessunökonomischen Folgen zu vermeiden, die mit der Verneinung der Prozessführungsbefugnis einhergegangen wären. Wäre nämlich die Auslegung der Policeklausel durch das Berufungsgericht als bindend behandelt worden, wäre die Klage hinsichtlich der fremden Ansprüche unzulässig gewesen, so dass sämtliche Mitversicherer selbst oder aber die Klägerin erneut, nunmehr im Namen der Mitversicherer, hätte Klage erheben müssen. Ein schützenswertes Interesse an einer solchen Folge war jedoch wohl weder bei der Klägerin, noch den Mitversicherern oder der Beklagten ersichtlich. Durch die Aufhebung der tatrichterlichen Auslegung konnte nunmehr die Unzulässigkeit der Klage beseitigt und der Rechtsstreit einer Sachentscheidung zugeführt werden.

V. Die Umgehbarkeit der Überprüfungsbeschränkungen in besonderen Fallgruppen

Dargestellt worden ist bislang, dass durch eine extensive Handhabung der Auslegungsgrundsätze die an sich nur beschränkt mögliche Auslegungskontrolle durch das Revisionsgericht benutzt werden kann, um billige Entscheidungsergebnisse zu erhalten, weil durch eine neue Auslegung bestimmte tatrichterliche Feststellungen oder prozessuale Umstände ihre Beachtlichkeit verlieren können. Daneben finden sich jedoch auch zahlreiche Entscheidungen, in denen das Revisionsgericht sich gar nicht mit der Frage der beschränkten Auslegungskontrolle befasst, weil es die entscheidungserhebliche Rechtsfrage mittels Subsumtion unter andere Rechtsnormen als die §§ 133, 157 BGB behandelt, obwohl ihr die Auslegung einer Willenserklärung zu Grunde liegt. In diesen Fällen der Rechtskontrolle ist das Revisionsgericht zu uneingeschränkter Überprüfung befugt, so dass sich regelmäßig keine Ausführungen zur Rechtfertigung der Kontrolle finden. Handelt es sich jedoch bei den überprüften Rechtsnormen um solche, deren Anwendung vom Vorliegen oder Nichtvorliegen eines bestimmten Vertrags- oder Erklärungsinhalts abhängt, oder enthalten die Rechtsnormen solche Tatbestandsmerkmale, die auch im Rahmen der Auslegung gem. §§ 133, 157 BGB von Bedeutung sind, besteht regelmäßig die Gefahr, dass das Revisionsgericht dabei in nicht offengelegter Weise eine umfassendere

Überprüfung der tatrichterlichen Auslegung vornimmt, als dies im Rahmen der Revisionsgrundsätze zu §§ 133, 157 BGB zulässig wäre. Damit eröffnet sich eine weitere Korrekturmöglichkeit von tatrichterlichen Entscheidungen, ohne dass dies auf den ersten Blick erkennbar wäre. Wird dabei der gebotene Gleichlauf von Auslegungskontrolle und Überprüfung von Rechtsnormen mit Auslegungsbezug missachtet, führt dies zu einer Aushöhlung der Auslegungsrevisionsgrundsätze. Besonders beachtenswert sind in diesem Zusammenhang all jene Normen, deren Anwendung stillschweigend vereinbarte Vertragsinhalte zum Gegenstand haben oder die der Modifizierung und Konkretisierung von Vertragsinhalten und -pflichten dienen. Im Folgenden werden insoweit auffällige Gruppen beleuchtet. Dass jedoch daneben zahlreiche weitere Konstellationen denkbar sind, in denen materiellrechtliche Normen an einen bestimmten Vertragsinhalt anknüpfen, die hier nicht abschließend dargestellt werden können, soll nicht übersehen werden[421].

1. Die Nicht- bzw. Zusicherung von Eigenschaften gem. §§ 459 Abs. 2, 463 Satz 1 BGB a. F.

Die Frage, ob im Rahmen eines Kaufvertrages Eigenschaften der Kaufsache gem. §§ 459 Abs. 2, 463 Satz 1 BGB a. F. zugesichert worden sind oder nicht, ist durch das Revisionsgericht nach den Maßstäben der Kontrolle von Willenserklärungen überprüfbar[422]. Dies macht der BGH auch regelmäßig deutlich, wenn er insoweit einen Rechtsfehler bei der Auslegung des Kaufvertrages annimmt[423]. Diesbezüglich sind einige Auslegungsgrundsätze entwickelt worden, die anerkannt und auch von den Berufungsgerichten in den aufgehobenen Entscheidungen regelmäßig herangezogen worden sind. Zu diesen gehört neben den allgemeinen Auslegungsgrundsätzen das Prinzip, dass eine Zusicherung zwar stillschweigend möglich sei[424], jedoch bei ihrer Annahme grundsätzlich Zurückhaltung geboten sei, insbesondere wenn sie zugleich der Beschreibung der Kaufsache die-

[421] Vgl. dazu unten Seite 218.
[422] Dies hat sich auch nach der Schuldrechtsmodernisierung nicht geändert. Die Frage ist nunmehr bei der Prüfung der §§ 437 Nr. 3, 281, 280 Abs. 1, 276 Abs. 1 Satz 1 BGB zu beantworten, weil die Zusicherung von Eigenschaften jetzt als Übernahme einer verschuldensunabhängigen Garantiehaftung zu behandeln ist.
[423] Vgl. BGH vom 05.10.2001 – V ZR 295/00 (Urteil 23); BGH vom 05.10.2001 – V ZR 275/00 (Urteil 32); BGH vom 30.04.2001 – V ZR 461/99 (Urteil 3).
[424] Vgl. nur BGH vom 13.12.1995 – VIII ZR 328/94, NJW 1996, 836 ff.

ne[425]. Anerkannt ist dabei auch, dass Mieterträge eines Grundstücks zugesicherte Eigenschaften sein können. Der BGH befasste sich in drei der untersuchten Entscheidungen mit solchen Zusicherungen und erkannte dabei Rechtsfehler des Berufungsgerichts, obwohl dieses jeweils die anerkannten Grundsätze seiner Auslegungsentscheidung voranstellte, so dass diese jedenfalls „im Ansatz“[426] beachtet worden sind. Gleichwohl meinte der BGH, in der Auslegungsentscheidung ein Fehlverständnis der Grundsätze und damit ihre rechtsfehlerhafte Anwendung erkennen zu können. Dass damit in vollem Umfange eine eigene wertende Auslegung einhergeht, lässt sich an allen drei Fällen zeigen[427].

(1) BGH vom 30.03.2001 – V ZR 461/99 (Urteil 3)

Im Verkaufsexposé eines Wohnhauses war auch eine im Untergeschoss gelegene Einlie-gerwohnung beschrieben worden. Der notarielle Kaufvertrag enthielt ferner die Bestimmung, dass die klagenden Käufer in den diese Wohnung betreffenden Mietvertrag eintreten sollten und ihnen von da an die Miete zustehen sollte. Das Berufungsgericht hatte deshalb das Bestehen eines Schadensersatzanspruchs dem Grunde nach angenommen, weil die beklagte Verkäuferin den Mietertrag aus der Wohnung zugesichert habe.

Trotz der Auseinandersetzung des Berufungsgerichts mit den anerkannten Auslegungsgrundsätzen erachtete der BGH die Annahme der Zusicherung als fehlerhaft, weil die getroffenen Feststellungen dazu nicht ausreichten. Er begründete dies damit, dass die Bestimmung im Kaufvertrag nach „ihrem eindeutigen Wortlaut“ lediglich die Modalitäten des Eintritts der Käufer in das bestehende Mietverhältnis regelte, jedoch nicht die Qualität einer Zusicherung im Rechtssinne habe. Auch die weiteren „festgestellten und vom Berufungsgericht gewürdigten“ Umstände reichten dazu nicht aus, weil die Hinweise im Exposé auf die – im Übrigen von den Parteien sogar besichtigte – Einlegerwohnung „lediglich allgemeine Informationen bei der Anpreisung des Objekts“ gewesen seien, die „allenfalls dann eine Zusicherung begründen könnten, wenn sie – was nicht geschehen ist – Niederschlag im Kaufvertrag gefunden hätten“.

---

[425] Vgl. BGH vom 28.11.1994 – VIII ZR 53/94, NJW 1995, 518 f.

[426] So BGH vom 05.10.2001 – V ZR 275/00 (Urteil 32); auch BGH vom 05.10.2001 – V ZR 295/00 (Urteil 23).

[427] Vgl. zu dieser Fallgruppe auch die zustimmungswürdige Darstellung bei Schack, NJW 1983, 2806 ff.

Der BGH lässt demnach erkennen, dass die streitgegenständlichen Hinweise durchaus und auch gerade im entschiedenen Fall hätten geeignet sein können, eine Zusicherung zu begründen. Die Abweichung seiner Beurteilung von der Auslegung des Berufungsgerichts findet deshalb allein in der Bewertung ihre Grundlage, ob die Mieterträge „Niederschlag im Kaufvertrag" gefunden haben. Dabei handelt es sich um eine Wertungsfrage des Einzelfalls, die durch keinerlei besondere Auslegungsgrundsätze geregelt ist. Die Verletzung eines solchen vermag auch der BGH nicht zu nennen. Er nahm deshalb eine Ersetzung der tatrichterlichen Auslegung durch seine eigene Auffassung vor, ohne dass ersichtlich ist, welchen Grundsatz das Berufungsgericht missverstanden und damit fehlerhaft angewendet haben könnte.

(2) BGH vom 05.10.2001 – V ZR 295/00 (Urteil 23)

Die Tatsachengerichte hatten hier – in spiegelbildlicher Umkehrung zum vorgenannten Fall – aufgrund von besonderen Umständen gerade keine Zusicherung von Mieterträgen angenommen. Diese Umstände bestanden darin, dass zwar im Kaufvertrag bestimmte Mieterträge versichert worden waren, diese jedoch erst in einer darin in Bezug genommenen Aufstellung enthalten sein sollten. Der klagende Käufer hatte diese jedoch nie erhalten und sie auch nachträglich nicht mehr angefordert. Dem hatte das Berufungsgericht entnommen, dass es dem Kläger auf die genannten Mieterträge nicht angekommen sei, so dass diese nicht Inhalt einer Zusicherungsvereinbarung geworden seien. Zudem hatte das Gericht dies daraus gefolgert, dass der Kläger nach seinem eigenen Vortrag ohnehin für die weitere Verwendung des Kaufobjekts dessen bis dato vorhandene Vermietungsstrukturen habe aufgeben wollen.

Der BGH erblickte darin einen Auslegungsfehler, weil die maßgeblichen Umstände und Interessen nicht vollständig berücksichtigt und umfassend gewürdigt worden seien. Dabei bezog er sich auf die anerkannten Auslegungsgrundsätze zur Annahme einer Zusicherung, die auch das Berufungsgericht „im Ansatz" beachtet hätte. Sämtlichen als besonders gewürdigten Umständen sprach der BGH jedoch ihre Relevanz ab, um eine Zusicherung ablehnen zu können, weil der vereinbarte Mietzins als Abbild des Marktpreises „ein sicherer Maßstab" und „eine der wichtigsten Grundlagen für die Ertragsfähigkeit und damit für die Wertschätzung eines Hausgrundstücks" sei. Die vom Berufungsgericht gewürdigten Umstände könnten das Interesse des Käufers daran nicht beseitigen.

Dabei wird ersichtlich, dass trotz Beachtung des Erfordernisses, sämtliche Umstände in die Abwägung mit einzubeziehen, die Auslegung des Berufungsgerichts durch den BGH angreifbar blieb, weil dieser dem durch die Mieterträge bestimmbaren Marktwert eines Grundstücks in allgemeingültiger Aussage solch großes Gewicht beimaß, dass eine Zusicherung allenfalls dann ausgeschlossen gewesen wäre, wenn der Kläger „andere Vorstellungen über den Wert des Kaufgrundstücks" gehegt hätte, „als die nach der Verkehrsanschauung bei solchen Objekten mit dem zugesicherten Mieterertrag verbundenen". Diese Allgemeingültigkeit der Bedeutung des durch die Mieterträge bestimmten Marktwerts für den Käufer scheint zwar den Charakter eines Auslegungsgrundsatzes zu erreichen[428], dessen Verletzung das Revisionsgericht im Rahmen der Auslegungskontrolle hätte überprüfen dürfen. Dass es sich bei diesem allerdings doch um eine nicht generalisierbare Begründung einer Einzelfallbewertung handelt, ist anzunehmen, weil ein solch allgemeiner Grundsatz mit den in der vorgenannten Entscheidung herangezogenen Ausführungen kaum in Einklang zu bringen wäre. Sollte nämlich allgemein und stets ein Interesse an der Zusicherung der Mieterträge bestehen, solange nicht eine von diesen abweichende Vorstellung des Käufers vorliegt, ließe sich kaum erklären, warum dort eine Bezugnahme jedenfalls auf das Vorhandensein von Mieterträgen überhaupt nicht gleichfalls für eine Zusicherung ausreichen sollte. Der Widerspruch zur vorgenannten Entscheidung[429] ließe sich deshalb allenfalls beseitigen, wenn der im vorliegenden Fall aufgestellte Grundsatz nur insoweit Geltung beanspruchen will, als nicht abermals besondere Umstände eine Abweichung rechtfertigen. Damit ginge jedoch – wie generell im Falle der Auslegungsgrundsätze[430] – ein Verlust seiner Allgemeingültigkeit einher, der den Grundsatz zu nicht mehr als einer denkbaren Begründung des Einzelfalls degradierte.

---

[428] Der BGH verweist dabei auf die Entscheidung des Senats vom 08.02.1980 – V ZR 174/78 und verwendet diese Zitierung auch im Rahmen der unten auf Seite 210 besprochenen Entscheidung.
[429] Siehe oben Seite 207.
[430] Dazu vgl. unten Seite 220 ff.

(3) BGH vom 05.10.2001 – V ZR 275/00 (Urteil 32)

Das Berufungsgericht hatte auch hier die grundsätzlich anzunehmende Zusicherung von Mieterträgen an besonderen Umständen scheitern lassen, weil der Verkauf des Grundstücks durch einen Privatauktionator erfolgte. Zwar waren die Angaben zu den Mieterträgen in dem Einlieferungsvertrag zwischen der beklagten Verkäuferin und dem Auktionator enthalten und wurden auch im Versteigerungskatalog genannt. Dennoch hatte das Berufungsgericht ein ausreichendes Interesse an der Zusicherung nicht als gegeben angesehen, weil es im Rahmen einer Versteigerung regelmäßig an individuellen Vertragsverhandlungen mit den Kaufinteressenten fehle. Das Gericht hatte zur Stützung seiner Auslegung ferner die Versteigerungsbedingungen des Auktionators herangezogen, in denen ein Haftungsausschluss hinsichtlich der Angaben des Auktionators enthalten war.

Der BGH folgte dem nicht, sondern bewertete das Interesse eines Käufers an der Ertragsfähigkeit des Kaufgrundstücks im Rahmen einer Auktion als ebenso beachtlich wie im Rahmen eines sonstigen Verkaufs. Dem Haftungsausschluss maß er keine Wirkung gegenüber der Verkäuferin bei, da dieser sich nur auf Angaben des Auktionators beziehe und er für die Auslegung der Erklärungen der Verkäuferin selbst ohne Bedeutung sei. Da die Versteigerungsbedingungen auch die Einbeziehung der Angaben der Verkäuferin im Einlieferungsvertrag in den Kaufvertrag bestimmten, könne sich die Klägerin auf diese berufen; für sie gelte der Haftungsausschluss nicht.

Der vom BGH festgestellte Rechtsfehler lag damit insbesondere in einer Ungleichbehandlung der Käuferinteressen bei Verkauf und Privatversteigerung. Die Existenz eines Auslegungsgrundsatzes, wonach diese beiden Fälle gleich zu behandeln seien, hat der BGH jedoch nicht dargelegt – und damit auch nicht in überzeugender Weise einen entsprechenden Methodik-Verstoß. Vielmehr stellt sich seine Entscheidung, die an den relevanten Stellen auf die Zitierung vorangegangener Entscheidungen verzichtete, als erste Entscheidung des BGH zu dieser Auslegungsfrage dar. Selbst wenn man davon ausgehen wollte, dass damit nunmehr ein entsprechender Auslegungsgrundsatz begründet worden ist, so dürfte es sich dabei noch nicht um einen anerkannten Auslegungsgrundsatz gehandelt haben. Jedenfalls aber ist dieser in nicht anderer Weise zustande gekommen, als durch eine Einzelfallauslegung des BGH anhand genereller Wertungsüberlegungen, wie sie auch das Berufungsgericht vorgenommen hatte, so dass Bedenken an seiner Berechtigung und Allgemeingültigkeit bestehen[431]. Zu berücksichtigen ist ferner, dass die Bewertung des Haftungsausschlusses als Indiz gegen ein besonderes Zusicherungsinteresse der Parteien im Rahmen der Auktion, wie vom Berufungsgericht vorgenommen, durchaus denkbar und überzeugend ist. Die formalistische Argumentation des BGH, die dem Haftungsausschluss jede Rechtswirkung im Verhältnis zur Verkäuferin versagen möchte, vermag daran nichts zu ändern, da sie nicht beleuchtet, dass bei der Einordnung der Klausel als auslegungsrelevanter Umstand zur Ermittlung der Parteiinteressen eine tatsächliche Betrachtung maßgeblich ist. Diese kann deshalb trotz der beschränkten unmittelbaren rechtlichen Wirkung der Klausel Rückschlüsse auf das Verständnis und Interesse des Käufers hinsichtlich des gesamten Kaufvorgangs zulassen.

2. *Die Modifizierung von Vertragsinhalten nach Treu und Glauben gem. § 242 BGB*

Ohne die tatrichterliche Auslegung gem. §§ 133, 157 BGB aufzuheben, kann das Revisionsgericht die tatrichterlich erkannten Vertragsinhalte verändern, indem das Auslegungsergebnis als nicht mit den Grundsätzen von Treu und Glauben gem. § 242 BGB vereinbar bewertet wird. Zwar kommt § 242 BGB als rein objektive Wertungsnorm[432] erst dann zur Anwendung, wenn die vorrangige Auslegung unter Berücksichtigung des subjektiven Parteiwillens zu einem Ergebnis geführt hat[433]. Da jedoch beide Vorschriften dieselben Wertmaßstäbe verwenden, greift ihre Anwendung ineinander über[434]. Dem trägt der Grundsatz Rechnung, dass auch die Auslegung der

---

[431] Vgl. zum Problem der vorschnellen Begründung von Auslegungsgrundsätzen auch unten Seite 220 ff.

[432] Vgl. zur Abgrenzung dieser das Sollen regelnden Norm zu den das Wollen berücksichtigenden Normen der §§ 133, 157 BGB BGH vom 14.12.1954 – I ZR 65/53, BGHZ 16, 4 ff., 8.

[433] Vgl. BGH vom 22.04.1953 – II ZR 143/52, BGHZ 9, 273 ff.; BGH vom 03.07.1981 – V ZR 100/80, BGHZ 81, 135 ff., 143; BGH vom 01.02.1984 – VIII ZR 54/83, BGHZ 90, 69 ff., 74.

[434] Palandt-Heinrichs, § 242 Rn. 18; Soergel-Hefermehl, § 133 Rn. 3; vgl. auch Henckel, AcP 159 (1960), 106 ff., 121, der eine Abgrenzung aufgrund des in beiden Vorschriften enthaltenen gleichen normativen Elements für nicht unbedingt notwendig hält; ebenso Larenz, AT, § 28 Rn. 113; noch deutlicher Flume, S. 309, der eine Abgrenzung für nicht möglich und, da sowohl die §§ 133, 157 BGB als auch § 242 BGB keinen konkreten Inhalt haben, für belanglos hält.

§ 242 BGB zu Grunde liegenden unbestimmten Rechtsbegriffe von Treu und Glauben für das Revisionsgericht nur begrenzt überprüfbar sind[435].

Sämtliche Abgrenzungsschwierigkeiten und Auswirkungen, die bislang im Hinblick auf die Auslegung von Willenserklärungen dargestellt worden sind, lassen sich deshalb auch auf die Anwendung von § 242 BGB durch das Revisionsgericht übertragen, wenn diese zu einer Beschränkung der durch Auslegung ermittelten Vertrags- oder Erklärungsinhalte führt. Daher ergeben sich für das Revisionsgericht in besonderer Weise Korrektur- und damit Umgehungsmöglichkeiten der tatrichterlichen Auslegung, wenn mittels der Treu- und Glaubens-Norm Vertragsinhalte verändert werden und dabei nicht das tatrichterliche Privileg der Tatsachenfeststellung und -würdigung beachtet wird[436].

Auch hier zeigt sich, wie schon bei der Auslegungskontrolle gem. §§ 133, 157 BGB deutlich geworden ist, dass der BGH regelmäßig nicht auf die eingeschränkte Prüfungskompetenz eingeht, jedenfalls aber auch dort, wo er dies tut, dennoch eine vollumfängliche Eigenbewertung der einzelnen Umstände durchführen kann. Eine Umgehung von tatrichterlicher Auslegung ist dabei dann zu befürchten, wenn die Ausfüllung der Tatbestandsmerkmale des § 242 BGB nicht rein abstrakten, objektiven Maßstäben folgt, sondern es sich bei den zur Ausfüllung verwendeten Umständen um dieselben handelt, die auch für die Auslegung der subjektiven Willenserklärungen der Parteien maßgeblich waren. In diesen Fällen ist kein Unterschied ersichtlich zu einer einfachen oder ergänzenden Auslegung, weil hier wie dort sämtliche Umstände vor, bei und nach Vertragsschluss herangezogen werden dürfen, um zu ermitteln, von welchen Vorstellungen die Parteien bei Vertragsschluss tatsächlich ausgegangen sind oder aber redlicherweise ausgegangen wären, wenn sie den weiteren Ablauf der Vertragsbeziehung vorhergesehen hätten. Dies sei nachfolgend anhand von vier Urteilen verdeutlicht.

---

[435] Vgl. Zöller-Gummer, § 546 Rn. 12 m. w. N.; vgl. auch BGH vom 18.10.2001 – I ZR 91/99 (Urteil 68); a. A. wohl Henke, Tatfrage, S. 236 ff.

[436] Vgl. dazu auch die Kritik an der unzulässigen Ausweitung von Willenserklärungen ohne Offenlegung der Anwendung des § 242 BGB bei Soergel-Wolf, § 157 Rn. 40; vgl. auch Esser, S. 162, FN. 92.

(1) BGH vom 29.06.2001 – V ZR 186/00 (Urteil 48); V ZR 185/00 (Urteil 49)

Das Berufungsgericht hatte einer Klage der Eigentümerin gegen die Besitzerin auf Herausgabe eines an sie verkauften Grundstücks stattgegeben. Es hatte ein Recht zum Besitz der Käuferin verneint, weil der notarielle Kaufvertrag unter der auflösenden Bedingung geschlossen war, dass bis zum 30.03.1993 eine Erklärung einer Bank vorliege, wonach diese „den Kaufpreisanteil für den Käufer zahlen werde (Schuldbeitritt)“. Am 22.04.1993 genehmigte die Rechtsvorgängerin der Klägerin den Vertrag, weil dieser aufgrund des Tätigwerdens eines vollmachtslosen Vertreters der Käuferin schwebend unwirksam war. Zu jenem Zeitpunkt lag jedoch keine Schuldbeitrittserklärung einer Bank vor; stattdessen hatte die Käuferin eine Bankerklärung vom 25.03.1993 beschafft, wonach die Bank die Zahlung des Kaufpreisanteils gegen Eintragung einer Grundschuld zusagte. Die Rechtsvorgängerin der Klägerin hatte deshalb zugleich die Bank ersucht, deutlich zu machen, dass sie durch ihre Erklärung die gesamtschuldnerische Mithaftung übernehme. Das Berufungsgericht hatte aufgrund des Eintritts der auflösenden Bedingung den Vertrag als unwirksam angesehen.

Der BGH erachtete die Auslegung des Berufungsgerichts als fehlerhaft, weil unter Berücksichtigung der üblichen Bankgepflogenheiten die Übernahme einer gesamtschuldnerischen Mitverpflichtung der Bank nicht selbstverständlich sei und ferner dem Interesse der Verkäuferin mit der vorliegenden Finanzierungsbestätigung der Bank Genüge getan sei. Der BGH beließ es jedoch bei der Darlegung dieser Ausführungen und enthielt sich weiterer Auslegung, weil die Klage jedenfalls gem. § 242 BGB abweisungsreif sei. Danach sei es der Klägerin im konkreten Fall verwehrt, sich auf den Eintritt der auflösenden Bedingung zu berufen. Denn durch ihre Genehmigung und den Vollzug des Kaufvertrages in Kenntnis der Bankerklärung habe sie gezeigt, dass sie den Vertrag trotz der an sich eingetretenen auflösenden Bedingung als wirksam behandeln wollte. Der auflösenden Bedingung sei deshalb keine eigenständige Bedeutung mehr zugekommen.

Das Revisionsgericht vermochte auf diesem Weg der auflösenden Bedingung ihre Relevanz zu versagen, ohne die gegensätzliche Auslegung des Berufungsgerichts aufzuheben. Dies begegnet Bedenken hinsichtlich der tatrichterlichen Auslegungsprärogative, weil die in die Abwägung gem. § 242 BGB einbezogenen Umstände keine rein objektiven Wertmaßstäbe begründen konnten. Vielmehr wurde mit der Bewertung des Verhaltens der Verkäuferin und dem daraus gezogenen Schluss, ihr sei es auf die Bedingung nicht mehr angekommen, eine Auslegung aufgrund des Parteiwillens vorgenommen, die zu einer Abänderung des Vertragsinhalts geführt hat. Ein Unterschied dieser Anwendung des § 242 BGB zur Verwendung der §§ 133, 157 BGB ist dabei nicht ersichtlich und ergibt sich auch nicht daraus, dass das bewertete Verhalten erst nachträglich entstand, mithin nicht im für die Auslegung maßgeblichen Zeitpunkt des Vertragsschlusses vorlag. Denn auch im Rahmen der einfachen und besonders der ergänzenden Vertragsauslegung gem. §§ 133, 157 BGB können nachträglich bekannt gewordene Umstände insoweit Verwendung finden, als sie den Schluss darauf zulassen, dass ein entsprechendes Verständnis der Parteien bereits bei Vertragsschluss vorgelegen hätte, wenn diese die Entwicklung des Vertrages und der für seine Durchführung maßgeblichen Umstände vorhergesehen hätten.

(2) BGH vom 28.11.2001 – XII ZR 173/99 (Urteil 53)

Das Berufungsgericht hatte in der Übertragung eines Miteigentumsanteils an einem in der Folge gemeinsam umgebauten Grundstück der klagenden Ehegattin auf ihren beklagten Ehemann eine ehebezogene Zuwendung gesehen, deren Geschäftsgrundlage mit dem Scheitern der Ehe entfallen sei.

Der BGH folgte dieser Einschätzung nicht. Nur unter besonderen Umständen könne der güterrechtliche Ausgleich bei Beendigung der Ehe nicht als tragbare Lösung im Rahmen der Vereinbarung über die ehebezogene Zuwendung erscheinen. Dies sei vorliegend jedoch nicht der Fall.

Wenn auch die Grundsätze über den Wegfall der Geschäftsgrundlage dogmatisch im Rahmen des § 242 BGB angesiedelt werden, kommt ihre Anwendung nicht umhin, zunächst den Umfang der Geschäftsgrundlage zu ermitteln. Dieser Vorgang richtet sich nach den §§ 133, 157 BGB[437], wenn dies auch die vorliegende Entscheidung mit keinem Wort erwähnt. Gerade in den Fällen der ehebedingten Zuwendungen hat sich jedoch in ständiger Rechtsprechung des BGH der Grundsatz entwickelt, dass ein Wegfall der Geschäftsgrundlage regelmäßig nicht in Betracht komme, weil die Vermö-

---

[437] Vgl. dazu Henckel, AcP 159 (1960), 106 ff., 112 mit Verweis auf Larenz und Lange in FN 21 und 22.

gensverhältnisse der Ehegatten durch den güterrechtlichen Zugewinnausgleich abschließend und in billiger Weise geregelt werden. Dieser Grundsatz ist auf rein abstrakte Rechtsüberlegungen zu Sinn und Billigkeit der familienrechtlichen Ausgleichsnormen gegründet und räumt der Beachtung individueller, nicht ausdrücklich festgelegter Parteivorstellungen aufgrund seiner absoluten Aussagekraft nur eingeschränkten Raum ein. Vielmehr führt seine Anwendung in der Regel zu einer Abwägung der Interessen der Parteien allein aufgrund objektiver, aus allgemeinen Erwägungen abgeleiteten Wertungen. Er ermöglicht es dem Revisionsgericht deshalb, ohne Auseinandersetzung mit der Auslegung und den für ihre Kontrolle bestehenden Beschränkungen eine vermeintlich billigere Lösung herbeizuführen.

(3) BGH vom 18.10.2001 – I ZR 91/99 (Urteil 68)

Das Berufungsgericht hatte in seiner Hilfsbegründung angenommen, ein Rücktrittsrecht der Klägerin sei aufgrund des Zeitablaufs verwirkt gewesen. Dies erachtete der BGH als fehlerhaft. Dabei stellte er voran, dass die Überprüfung der Entscheidung der Frage der Verwirkung zwar grundsätzlich dem Tatrichter vorbehalten sei, jedoch das Revisionsgericht nachprüfen dürfe, ob der Tatrichter alle erheblichen Gesichtspunkte berücksichtigt habe und die Bewertung dieser Gesichtspunkte von den tatsächlichen Feststellungen getragen werde[438]. Der BGH meinte sodann, eine Verkennung der Voraussetzungen der Verwirkung durch das Berufungsgericht zu erblicken, weil dieses zu Unrecht davon ausgegangen sei, dass für Gestaltungsrechte bereits grundsätzlich eine Verwirkung nach kurzem Zeitablauf eintrete. Hingegen sei von einer solchen kurzen Verwirkungsdauer allenfalls nach den maßgeblichen Umständen des Einzelfalles auszugehen, welche der BGH sodann selbst prüfte und zur Ablehnung der Verwirkung gelangte. Bei den dabei einbezogenen Umständen handelte es sich insbesondere um den Zweck des Vertrages, der einer allzu kurzen Rücktrittsobliegenheit entgegenstehe.

Das Urteil zeigt abermals die Möglichkeit, unter Einbeziehung von Umständen, die für die Auslegung des Vertrages erheblich sind, über § 242 BGB eine Modifizierung der Vertragsrechte zu erreichen. Mag auch im vorliegenden Fall tatsächlich eine Verkennung von abstrakten Verwir-

[438] Vgl. Ziffer II.3. der Entscheidungsgründe.

kungsgrundsätzen durch das Berufungsgericht vorgelegen haben, wird doch deutlich, dass die Prüfung des BGH, die sämtliche Einzelfallumstände berücksichtigt, entgegen ihren eigenen Vorgaben einem eingeschränkten Prüfungsmaßstab nicht Rechnung trägt.

(4) BGH vom 12.12.2001 – IV ZR 47/01 (Urteil 76)

Das Berufungsgericht hatte eine Vereinbarung des Klägers mit einer Sparkasse vom 25.03.1997 als Genehmigung von Zahlungen auf Forderungen angesehen, die dem Kläger erst danach, nämlich im August 1997, rückabgetreten worden waren. Diese Genehmigung hindere den Kläger gem. § 242 BGB nunmehr auch gegenüber dem Beklagten, die Begleichung der Forderungen zu verlangen[439].

Der BGH erachtete bereits die Annahme einer solchen Genehmigung als fehlerhaft, weil die Vereinbarung nach seiner Auslegung nicht die streitgegenständlichen Ansprüche betroffen habe. Dies ergebe sich auch daraus, dass der Kläger zum Zeitpunkt der vermeintlichen Genehmigung noch gar nicht Inhaber der streitgegenständlichen Forderungen gewesen sei, weshalb er noch nicht dispositionsbefugt gewesen sei. Mit der Frage gem. § 242 BGB setzte sich der BGH folglich – aus seiner Sicht konsequent – gar nicht mehr auseinander. Allerdings erscheint das auf den Genehmigungszeitpunkt abstellende Argument des BGH nicht zwingend, weil eine Genehmigung auch vor dem Erhalt der Forderungen gem. §§ 133, 157 BGB durchaus möglich ist[440]. Vor dem Hintergrund dieser jedenfalls möglichen tatrichterlichen Würdigung hätte auch eine Nachprüfung der Anwendung des § 242 BGB erfolgen müssen. Auch dabei wäre das Revisionsgericht grundsätzlich an die tatrichterlichen Wertungen und Feststellungen gebunden gewesen, so dass eine Ablehnung der Voraussetzungen des § 242 BGB nur unter besonderen Umständen möglich gewesen wäre. Mit diesen brauchte sich jedoch der BGH nicht auseinanderzusetzen, weil er bereits die der Anwendung des § 242 BGB vorausgehende Vertragsauslegung für fehlerhaft befand. Dies zeigt abermals die Möglichkeiten des Revisionsgerichts,

---

[439] Vgl. zum Sachverhalt bereits oben Seite 167.

[440] Demgegenüber kann auch nicht eingewendet werden, dass die vorherige Genehmigung richtigerweise als Zustimmung zu bezeichnen gewesen wäre, weil das BGB selbst diesen Sprachgebrauch nicht konsequent durchhält und vielfach den Begriff der Genehmigung als Oberbegriff für die vorherige und nachträgliche Zustimmung verwendet, vgl. Palandt-Heinrichs, Einf v § 182 Rn. 1.

mittels Überprüfung der Auslegung von Willenserklärungen die tatrichterlichen Einschätzungen – diesmal im Rahmen des § 242 BGB – zu umgehen.

3. *Die Modifizierung von Vertragsinhalten durch die Annahme von ungeschriebenen Nebenpflichten*

Mit der beschränkt nachprüfbaren tatrichterlichen Auslegung von Willenserklärungen hat sich das Revisionsgericht auch stets dann zu befassen, wenn für die Entscheidung Ansprüche aus positiver Forderungsverletzung (§§ 241 Abs. 2, 280 ff. BGB) oder in sonstiger Weise vertragliche Nebenpflichten der Parteien bedeutsam werden[441]. Das Revisionsgericht nimmt dabei allenfalls dann vereinzelt Bezug auf seine Überprüfungsbeschränkungen, wenn es vom Umfang der seitens des Berufungsgerichts erkannten und dargelegten Nebenpflichten abweichen möchte[442]. Regelmäßig jedenfalls wird aber unter mehr oder weniger ausführlicher Heranziehung sämtlicher Umstände oder anhand lediglich abstrakt angenommener Erwägungen dargelegt, welche Nebenpflichten sich richtigerweise aus dem Vertrag ergeben, ohne dass ersichtlich wird, welche methodischen Auslegungsfehler dem Berufungsgericht unterlaufen sein sollen[443]. Dass diese Revisionspraxis Gefahr läuft, sich über tatrichterliche Feststellungen und Auslegungen hinwegzusetzen, wird vor allem bei den Entscheidungen deutlich, in denen der BGH nicht den Umfang der tatrichterlich angenommenen Nebenpflichten moniert, sondern lediglich anführt, der Verpflichtete habe – entgegen der Meinung oder Feststellung des Berufungsgerichts – die Nebenpflichten nicht oder doch erfüllt[444]. In diesen Fällen nämlich stellt sich der erkannte Rechtsfehler auf den ersten Blick lediglich als vollumfänglich

---

[441] Vgl. BGH vom 26.07.2001 – X ZR 211/99 (Urteil 44).

[442] Vgl. BGH, a. a. O.; andeutungsweise allenfalls BGH vom 28.11.2001 – VIII ZR 37/01 (Urteil 78).

[443] Vgl. BGH vom 27.06.2001 – VIII ZR 227/00 (Urteil 40) zur Einordnung von Beratungspflichten; mit lediglich abstrakt herangezogenen, kaum konkretisierten und subsumierten Wertungsgrundsätzen BGH vom 26.04.2001 – VII ZR 222/99 (Urteil 41) zum Umfang von Aufklärungspflichten; BGH vom 23.05.2001 – VIII ZR 51/00 (Urteil 73) zum Umfang von Aufklärungs- und Offenbarungspflichten. Auch Neufert, S. 90, erkennt die Gefahr, dass die Nennung nicht konkreter Denkgesetzverstöße nur als Vorwand benutzt wird, um einen Gesetzesverstoß und damit die Revisibilität der Auslegung zu begründen.

[444] Vgl. dazu BGH vom 28.11.2001 – VIII ZR 37/01 (Urteil 78); auch BGH vom 23.05.2001 – VIII ZR 51/00 (Urteil 73).

überprüfbarer Subsumtionsfehler dar. Dabei gerät außer Betracht, dass der Umfang der Nebenpflichten häufig noch gar nicht, wenn aber doch, dann regelmäßig nicht in ausreichend konkreter Weise dargelegt worden ist, was jedoch für die Überprüfung der Subsumtion notwendig gewesen wäre. Die Revisionspraxis begegnet auch hier dem im Rahmen der Vertragsauslegung typischen Problem, dass die sprachliche Darlegung eines konkreten, nuancierten Umfangs von Nebenpflichten schwer möglich und nicht zwingend logisch begründbar ist[445]. Dem Urteil über die Nichterfüllung von Nebenpflichten kann deshalb regelmäßig nicht entnommen werden, ob der urteilende Richter die Nebenpflicht in weiterem Umfang als die Vorinstanz verstanden oder aber die Erfüllungshandlung des Verpflichteten als unzureichend tauglich erachtet hat, um der tatrichterlich angenommenen Pflicht gerecht zu werden. Die Unzulänglichkeiten, die das Erfordernis der sprachlichen Urteilsbegründung in sich birgt, können deshalb auch an dieser Stelle den Tatrichter nicht vor einer Aufhebung durch das Revisionsgericht bewahren, sofern dessen eigene Wertungen nicht zum selben Ergebnis führen.

4. *Sonstige Fälle der Anwendung eigener Auslegungswürdigung durch das Revisionsgericht*

Es sind zahlreiche Fallkonstellationen vorstellbar, in denen Auslegungsfragen beantwortet werden müssen, um die Anwendung anderer Normen als der §§ 133, 157 BGB beurteilen zu können. Folgt der BGH dabei einer anderen Auffassung als das Berufungsgericht, scheint er auf den ersten Blick von seiner Kompetenz Gebrauch zu machen, wertungsimmanente Rechtsnormen selbst anzuwenden und auszulegen sowie die festgestellten Tatsachen darunter zu subsumieren. Dass diese Wertungen mit einer eigenen Auslegung von Willenserklärungen einhergehen können, so dass der BGH nach seinen Grundsätzen nur eingeschränkt selbst entscheiden dürfte, darf dabei nicht übersehen werden.

So sprach der BGH der Vertragsänderung durch den Bauleiter einer Vertragspartei die Wirksamkeit ab, weil dieser ohne Vollmacht gehandelt habe[446]. Die Beantwortung der Frage, ob die nach Auffassung des BGH nicht zu einer Bevollmächtigung ausreichenden Erklärungshandlungen der ver-

---

445 Vgl. zum Problem sprachlicher Darstellung und des Begriffssyllogismus oben Seite 184 ff.

446 BGH vom 18.01.2001 – VII ZR 457/98 (Urteil 4).

meintlich vertretenen Partei den Rechtsschein einer Vollmacht begründen konnten, nahm der BGH dabei ebenso ohne Einschränkung vor, wie die Auslegung der Erklärungen selbst. Dabei hängt die Bewertung der tatsächlichen, eine Rechtsscheinsvollmacht begründenden Umstände in gleicher Weise von der Würdigung der Handlungen des Rechtsscheinsveranlassers ab, wie die Frage, ob diese Handlungen gar eine konkludente Bevollmächtigung gem. §§ 133, 157, 167 BGB darstellen. Auch bei der Beantwortung der Frage nach dem Vorliegen einer Rechtsscheinsvollmacht sollte sich deshalb das Revisionsgericht seiner eingeschränkten Prüfungskompetenz bewusst sein.

Auch die sonstigen Normen der §§ 116 ff. BGB, die jenseits der §§ 133, 157 BGB Wirksamkeit und Folgen von Willenserklärungen regeln, bieten dem Revisionsgericht – unabhängig von der Frage, ob es sich bei diesen um Sonderfälle der Auslegung handelt[447] – Möglichkeiten, durch eine eigene Bewertung der tatsächlichen Umstände den Erklärungshandlungen der Parteien Wirksamkeit zuzusprechen oder zu verwehren und auf diesem Wege das Auslegungsergebnis des Berufungsgerichts zu umgehen. So wertete der BGH die Mitteilung eines Geschäftsführers über seine früher erfolgte Amtsniederlegung entgegen der Auffassung des Berufungsgerichts nicht als Wissens-, sondern als Willenserklärung, die eine Bestätigung der Amtsniederlegung und damit ihre Neuvornahme entsprechend § 141 Abs. 1 BGB darstelle[448].

Auch die tatrichterliche Erkenntnis, ob es sich bei einem Rechtsgeschäft mangels Geschäftswillens um ein Scheingeschäft gem. § 117 Abs. 1 BGB handelte, ist vom Revisionsgericht nur eingeschränkt überprüfbar[449]. Das Revisionsgericht kann dabei jedoch abermals seine eigene Wertung ohne weiteres an die Stelle der Wertung des Tatrichters setzen. Dies ist ihm in gleicher Weise bei der Frage möglich, ob eine außerordentliche Kündigung auch den Willen zur ordentlichen Kündigung einschließt, sodass sie gem. § 140 BGB in eine solche umgedeutet werden kann[450].

---

[447] Die für § 140 BGB streitige Frage verneinend noch Palandt-Heinrichs, 63. Auflage 2004, § 140 Rn. 1; auch MüKo-Mayer-Maly/Busche, § 140 Rn. 2 f., wenn auch § 140 BGB in einem inneren Zusammenhang mit den Bestimmungen der §§ 133, 157 BGB stehe; für § 141 BGB zu bejahen, weil die Bestätigung ihrerseits ein Rechtsgeschäft darstellt, vgl. MüKo-Mayer-Maly/Busche, § 141 Rn. 10.
[448] BGH vom 17.09.2001 – II ZR 378/99 (Urteil 10).
[449] Vgl. BGH vom 05.10.2001 – V ZR 275/00 (Urteil 32).
[450] Dazu vgl. BGH vom 26.07.2001 – X ZR 162/99 (Urteil 54).

Eine von der tatrichterlichen abweichenden Auslegung der Vertragsumstände erreicht der BGH auch dann, wenn er – ohne auf die §§ 133, 157 BGB einzugehen – im Rahmen eines Miet- und Kaufvertrages eine gesondert getroffene Zweckvereinbarung ermittelt und deren Inhalt als Zweck im Sinne des § 812 Abs. 1 Satz 2 Alt. 2 BGB charakterisiert[451]. Schließlich kann auch durch eine eigene Einschätzung der Frage, ob einzelne Vertragsvereinbarungen so wesentlich sind, dass ihre Nichtbeurkundung zur Formnichtigkeit gem. §§ 313 Satz 1[452], 125 Satz 1 BGB a. F. führen muss, die tatrichterliche Würdigung von Vertragsinhalten und damit ein tatrichterlich gefundenes, womöglich als unbillig erscheinendes Ergebnis vermieden werden[453].

VI. Die beliebige Schaffbarkeit von Auslegungsgrundsätzen

Es ist gezeigt worden, dass die Überprüfung der tatrichterlichen Auslegung durch das Revisionsgericht regelmäßig zu einer Billigkeitskontrolle des Auslegungsergebnisses führt. Das Revisionsgericht misst den auslegungsrelevanten Umständen dabei häufig eine andere Gewichtung bei als der Tatrichter. Dies berechtigt jedoch noch nicht zu einer Aufhebung, weil die tatrichterliche Gewichtung von Tatumständen für sich keinen revisiblen Rechtsfehler begründen kann. Ein solcher liegt erst dann vor, wenn ein allgemein gültiger Auslegungsgrundsatz verletzt worden ist. Dass dies jedoch den Tatrichter nicht vor einer vollständigen Überprüfung seiner Auslegungswertung bewahrt, lässt sich schon daraus ersehen, dass der BGH als einen verletzbaren Grundsatz das Gebot ansieht, keine einzelnen wesentlichen Auslegungsumstände außer acht zu lassen[454]. Dieses Gebot ist derart allgemein gehalten, dass es nicht weniger als das Wesen des Auslegungsvorgangs gem. §§ 133, 157 BGB überhaupt umschreibt, der sich regelmäßig erst und nur aus dem Auslegungsergebnis ersehen lässt.

Vor diesem Hintergrund ist der Versuch des BGH verständlich, mittels weiterer, konkreterer Auslegungsvorgaben die jeweilige Rechtsverkennung des Tatrichters zu umschreiben und auf diesem Wege zugleich handhabbarere Anleitungen zur künftigen Auslegung von Willenserklärungen zu ge-

[451] Vgl. BGH vom 22.06.2001 – V ZR 128/00 (Urteil 60); V ZR 123/00 (Urteil 62).
[452] Nunmehr § 311b Abs. 1 BGB.
[453] Vgl. BGH vom 05.04.2001 – VII ZR 119/99 (Urteil 63).
[454] Vgl. Fußnote 104.

ben. Der BGH benennt zu diesem Zwecke in seinen Entscheidungen zunehmend weitere abstrakt formulierte Überlegungen, denen dann die Qualität von Auslegungsgrundsätzen zukommen kann. Allerdings darf deren Notwendigkeit angezweifelt werden. Zwar ist [a)] der BGH zu ihrer Begründung berechtigt, jedoch ist [b)] fraglich, ob sie eine bessere Leitfunktion für den Rechtsanwender aufweisen und damit in überzeugenderer Weise die Richtigkeit oder Fehlerhaftigkeit eines bestimmten Auslegungsergebnisses begründen können. Es muss [c)] kritisch beurteilt werden, ob nicht in ihrer abstrakt-generellen Formulierung lediglich die abweichende Bewertung des entschiedenen Einzelfalls zum Ausdruck gebracht wird oder sie gar [d)] bewusst als Möglichkeit genutzt werden, um sich durch Rechtsfortbildung über methodisch richtig zustande gekommene Auslegungsergebnisse hinwegzusetzen.

a) Die Berechtigung des BGH zur Schaffung von Auslegungsgrundsätzen

Die höchstrichterliche Rechtsprechung hat vielfach Auslegungsgrundsätze benannt, welche die Methodik der Auslegung von Willenserklärungen gem. §§ 133, 157 BGB konkretisieren[455]. Deren Ursprung lässt sich zu einem Teil deutlich den §§ 133, 157 BGB entnehmen[456]. Zu einem anderen Teil handelt es sich bei ihnen auch um im BGB nicht kodifizierte[457] Kanones, also anerkannte Auslegungsregeln[458], die nicht nur bei der Auslegung von Gesetzes-, sondern auch von Vertragstexten angewendet werden können[459]. Die Rechtsprechung beschränkt sich jedoch nicht auf die Heranziehung allgemein gehaltener Beschreibungen der Auslegungsmethodik, sondern hat für viele Einzeltypen von Fallkonstellationen fallbezogene Ausle-

[455] Vgl. bereits Seite 29 ff.

[456] Man denke an die Konkretisierung des Gebots der Beachtung der beiderseitigen Interessen („wirkliche Wille", § 133 BGB; „Treu und Glauben mit Rücksicht auf die Verkehrssitte", § 157 BGB) oder die Ge- sowie Verbote der Wortlautauslegung („nicht an dem buchstäblichen Sinne des Ausdrucks zu haften", § 133 BGB).

[457] Auch Manigk, Revisibilität, S. 162, weist darauf hin, dass gerade die meisten und allgemeinsten Auslegungsregeln nicht im Gesetz enthalten seien.

[458] Vgl. überblicksartig Raisch, S. 25 ff.; auch Staudinger-Coing/Honsell, Einl zum BGB Rn. 131 ff.

[459] Vgl. noch Staudinger-Dilcher, 12. Auflage 1980, § 133 Rn. 1; AK-Hart, §§ 133, 157 Rn. 24.

gungsgrundsätze geschaffen[460]. Ihre Herleitung wird regelmäßig nicht näher belegt. Stattdessen werden sie – bisweilen noch unter Berufung auf früher ergangene höchstrichterliche Entscheidungen, sog. Präjudizien, oder gar bloß als Resultat richterlicher Erfahrung[461] – als bestehend behauptet und angewendet. In dieser Weise ist es dem Revisionsgericht möglich – und der BGH macht von dieser Möglichkeit auch immer wieder Gebrauch –, neue Auslegungsgrundsätze in Form von abstrakt-generell formulierten Regeln aufzustellen, die das Verständnis bestimmter Erklärungen in bestimmten Konstellationen vorgeben.

Die Aufstellung solcher Grundsätze ist eine Form der Rechtsfortbildung, durch welche die gesetzlich nur lückenhaft kodifizierte Auslegungsmethodik konkretisiert und fortentwickelt wird. Dass den Gerichten generell die Befugnis zu einer solchen Lückenausfüllung und Normkonkretisierung zukommt, bejaht das BVerfG in ständiger Rechtsprechung[462]. Das Revisionsgericht besitzt deshalb auch die Kompetenz zur Aufstellung von Auslegungsregeln[463]. Wenn auch der rechtliche Charakter der richterlich entwickelten Auslegungsgrundsätze umstritten ist[464], lässt sich nicht von der

---

[460] Die Literatur unterscheidet die im Gesetz enthaltenen Auslegungsregeln in allgemeine Auslegungsregeln (§§ 133, 157 BGB), materielle bzw. gesetzliche Auslegungsregeln (z. B. §§ 2084, 364 Abs. 2 BGB) und besondere Auslegungsregeln (z. B. §§ 305 ff. BGB), vgl. Soergel-Hefermehl, § 133 Rn. 30 f.; Vollmer, S. 209. Diese Unterscheidung ist jedoch weder konsequent, noch ist mit ihr ein Erkenntnisgewinn verbunden, da sämtliche Auslegungsregeln im Gesetz verankerte Vorgaben sind, wie der rechtsverbindliche Inhalt von Erklärungen zu bestimmen ist, vgl. nur Messer, FS Odersky, S. 610; a. A. wohl nur Vollmer, S. 207, der den §§ 133, 157 BGB mangels Fähigkeit des Gesetzgebers, die Erkenntnismethode zu regeln, ihren Charakter als rechtsverbindliche Gesetzesregelung abspricht und sie lediglich als Programmsätze bezeichnen will. – Hingegen werden die vom BGH geschaffenen, die §§ 133, 157 BGB oder spezielle Vertragsnormen konkretisierenden Auslegungsgrundsätze nicht gesondert bezeichnet.

[461] Vgl. MüKo-Mayer-Maly/Busche, § 133 Rn. 56; dazu auch Schlosser, Nachprüfung, S. 9 ff., 13 f.

[462] Vgl. nur BVerfG vom 18.12.1953 – 1 BvL 106/53, BVerfGE 3, 225 ff., 242 ff.; BVerfG vom 11.11.1964 – 1 BvR 488/62, BVerfGE 18, 224 ff., 237 f.

[463] Vgl. bereits Henke, ZZP 81 (1968), 196 ff., 321 ff., 365.

[464] Grundsätzlich kommt den Rechtsausführungen des Revisionsgerichts, selbst dann, wenn diese sich auf Präjudizien stützen, keine einem Gesetz gleichstehende Bindungskraft zu, vgl. nur Kriele, S. 275 f.; auch BVerfG vom 26.06.1991 – 1 BvR 779/85, BVerfGE 84, 212 ff., 227. Allerdings können jedenfalls wiederholte, übereinstimmende Gerichtsentscheidungen zur Bildung von Gewohnheitsrecht führen, an das der Richter gebunden ist, Grabau, S. 179; vgl. auch MüKo-Säcker, Einl. Rn. 80 m. w. N.; Larenz, Methodenlehre, S. 357; ferner Esser, S. 132, der Rechtsprinzipien dann den Charakter positiven Rechts zuerkennen möchte, wenn sie durch rechtsbildende Akte der Jurispru-

Hand weisen, dass sie faktisch die künftige Rechtsprechung lenken können und ihnen dadurch gesetzesgleiche Wirkung zukommen kann[465], indem sie als Rechtfertigung für die Aufhebung tatrichterlicher Auslegung herangezogen werden können.

b) Die Anwendbarkeit der Auslegungsgrundsätze

Indes vermag auch die Schaffung konkreter Auslegungsgrundsätze nicht in überzeugenderer Weise die Richtigkeit oder Fehlerhaftigkeit der tatrichterlichen Auslegung zu begründen, als dies mittels der allgemein gehaltenen Methodikgrundsätze möglich wäre. Denn wie jeder Grundsatz lassen auch sie keinen zwingenden Schluss auf das Ergebnis der an ihm ausgerichteten Auslegung zu[466]. Wenn auch versucht wird, den in den Grundsätzen enthaltenen weiten Wertungsspielraum durch ihre immer konkretere Fassung, sprich ihre Abstimmung auf besondere Falltypen, einzugrenzen, so geht damit doch kein Gewinn an Rechtssicherheit einher. Denn mit zunehmender Spezialität des Grundsatzes schrumpft sein Anwendungsbereich[467]. Der dem speziellen Grundsatz entzogene Wertungsspielraum des Tatrichters eröffnet sich sodann spiegelbildlich bei der Beurteilung der Frage, ob der zu entscheidende Auslegungsfall dem Typus des speziellen Grundsatzes entspricht. Die dabei dem Tatrichter zukommende Wertungsaufgabe erfordert in gleicher Weise einen – nicht mit den Gesetzen der Logik führbaren – Abgleich der tatsächlichen Umstände mit dem dem Grundsatz vorschwebenden Sachverhalt, wie dies auch zur Beantwortung der Frage notwendig wäre, ob die einzelnen Umstände des tatsächlichen Falls

---

denz institutionell verkörpert worden sind; a. A. Raisch, S. 66 f., der aber jedenfalls eine faktische Neigung des BGH zu einer Bindung erkennt.

465 Vgl. auch Larenz, Methodenlehre, S. 431 f.; ferner AK-Damm, Einl. Rn. 90, der im Richterrecht zu §§ 133, 157 BGB vielfach richterliche Vertragsintervention statt Vertragsinterpretation erblickt. Eine Zusammenfassung des Diskussionsstandes zur Bindung an Präjudizien findet sich bei Röthel, S. 92 ff.

466 Zutreffend bemerkt Kuchinke, Nachprüfbarkeit, S. 163: „Da *eine* Regel gar nicht in der Lage ist, allen Erklärungsmodalitäten gerecht zu werden, muß sie entweder im Einzelfall zu untragbaren Ergebnissen führen oder von vornherein so flexibel ausgestaltet sein, daß ihr Regelcharakter in Frage steht."

467 Auch Henke, Tatfrage, S. 30, weist darauf hin, dass sich die gebildeten Richtlinien mit zunehmender Bezugnahme auf den atypischen Einzelfall bei Generalisierung aller erheblichen Merkmale zu sprachlichen Monstren auswachsen, die nicht auf andere Fälle übertragbar und deshalb praktisch unverwertbar seien. Vgl. zur Kritik an der voreiligen Obersatzbildung insbesondere bei der Anwendung von Generalklauseln auf Einzelfälle ferner Schlüter, S. 118 ff.

eine Abweichung von einem allgemeiner gehaltenen Auslegungsgrundsatz rechtfertigen[468].

Dem Gewinn an Rechtssicherheit steht dabei, worauf bereits hingewiesen worden ist[469], auch der Umstand entgegen, dass sich die einzelnen Auslegungsgrundsätze gegeneinander ausspielen lassen. Insbesondere läuft gerade die Schaffung konkreter Grundsätze Gefahr, allgemeineren Grundsätzen – womöglich zunächst noch unerkannt – zu widersprechen[470]. So liegt dem allgemeinen Grundsatz, dass Urkunden die Vermutung der Vollständigkeit in sich tragen[471], die Überlegung zu Grunde, im Falle der Verwendung von Urkunden dürfe in besonderer Weise davon ausgegangen werden, dass die Parteien alle von ihnen beabsichtigten Regelungen abschließend in die Urkunde aufgenommen haben. Dies muss einer Auslegung entgegenstehen, welche die in die Urkunde aufgenommenen Pflichten erweitern will. Wenn jedoch der BGH an anderer Stelle grundsätzlich entscheidet, eine schriftlich vereinbarte – tatsächlich unerkannt unmögliche – besondere Art der Nachbesserung eines Werks bedeute nicht zugleich, der Besteller wolle nicht auch andere Arten der Nachbesserung vom Unternehmer in Anspruch nehmen und insoweit auf Gewährleistungsrechte verzichten[472], begibt er sich – ungeachtet der Zustimmungswürdigkeit der Entscheidung an sich – in die Gefahr methodischer Widersprüchlichkeit. Dies kann nur schlecht verborgen werden, indem man mit dem BGH bereits die in die Urkunde aufgenommene Regelung als eingeschränkt, nämlich unter stillschweigender Bedingung geschlossen, verstehen und damit weitere Nachbesserungen als bereits in der Urkunde vereinbart ansehen möchte. Ebenso angreifbar erschiene es, die abschließende Bestimmung der Nachbesserung als positive Regelung, nämlich als Verzicht auf Gewährleistungsrechte, betrachten zu wollen, die nicht in ausreichend deutlichem Maße in die Urkunde aufgenommen worden sei.

---

[468] Dass sowohl die Konkretisierung von Tatbestandsmerkmalen, also auch der den §§ 133, 157 BGB immanenten Auslegungsgrundsätze, als auch die Entscheidung, ob ein Sachverhalt unter eine bestimmte Norm zu subsumieren ist, nur im Wege der Vergleichung von tatsächlichen und abstrakt gedachten Tatumständen erfolgt, wird ausgeführt bei Larenz, Methodenlehre, S. 224, 292 f., 304; auch Henke, Tatfrage, S. 106 ff.
[469] Vgl. Fußnote 396.
[470] Vgl. auch Röthel, S. 104, die zu beachten mahnt, ob generalisierende, typisierende Normkonkretisierungen durch die Rechtsprechung ausreichend differenzieren.
[471] BGH vom 18.01.2001 – I ZR 175/98 (Urteil 52).
[472] Vgl. BGH vom 06.12.2001 – VII ZR 19/00 (Urteil 82).

c) *Die Generalisierbarkeit der Einzelfallentscheidung*

Das Revisionsgericht verfügt in uneingeschränktem Maße über die Möglichkeit, aus einzelnen Auslegungsentscheidungen allgemeingültige Grundsatzkonkretisierungen abzuleiten. Dies resultiert aus dem Prinzip der Rechtsstaatlichkeit und Rechtssicherheit, welches insbesondere die richterliche Gleichbehandlung von vergleichbaren Sachverhalten gebietet. Hat das Revisionsgericht eine Entscheidung getroffen, so steht deshalb damit zugleich fest, dass sämtliche Fälle, die mit dem entschiedenen identisch sind, in gleicher Weise beurteilt werden müssen. Der Entscheidung einer konkreten Auslegungsfrage kann deshalb stets die allgemeingültige Aussage entnommen werden, dass die Auslegung einer streitgegenständlichen Willenserklärung dann in der vom BGH durchgeführten Weise zu erfolgen hat, wenn ein Fall vorliegt, der die selben Tatumstände wie der entschiedene aufweist[473].

Damit kann jede Einzelfallentscheidung zugleich zum Grundsatz umformuliert werden, und die Praxis macht hiervon regen Gebrauch[474]. Eine solche Abstrahierung erweckt in zunehmendem Maße dann den Anschein eines Rechtsgrundsatzes, je mehr sich seine Formulierung auf bestimmte, als wesentlich erachtete Kriterien des Sachverhalts beschränkt. Die Grenzen hierbei sind jedoch fließend[475]. So bestünde die Möglichkeit für das Revisionsgericht, in jeder vermeintlich unbilligen Einzelfallauslegung jedenfalls einen Verstoß gegen den Grundsatz zu benennen, dass eine Auslegung in einem Fall wie dem zu entscheidenden nicht zu dem vom Tatrichter angenommenen Ergebnis führen könne.

Eine Gleichsetzung von Einzelfall und Typenregel in der vorgenannten Weise mag als gekünstelt oder überzogen erscheinen. Es sollte dabei aber deutlich geworden sein, dass einer solchen Schaffung von Grundsätzen Grenzen allein durch die Einschätzung des Revisionsgerichts selbst gesetzt

---

[473] Vgl. auch Henke, Tatfrage, S. 28.

[474] Larenz, Methodenlehre, S. 358, weist mit Bedenken auf die Praxis des BGH hin, rechtssatzförmige Formulierungen als Leitsätze seinen Entscheidungen voranzustellen, die nichts anderes seien als Destillata aus fallbezogenen Entscheidungsbegründungen, die nur den Eindruck erweckten, als komme ihnen, losgelöst von dem entschiedenen Sachverhalt, der Charakter einer gleichförmig anwendbaren, bereits feststehenden Regel zu.

[475] Kritisch gegenüber einer endlosen Abstrahierung und Generalisierung des Einzelfalls auch Ipsen, S. 148.

werden, inwieweit ihm die Verallgemeinerung von Überlegungen, die seiner Einzelfallentscheidung zu Grunde liegen, als sinnvoll erscheint[476].

Zur Verdeutlichung seien aus den untersuchten, höchstrichterlichen Entscheidungen einige Beispielsfälle genannt[477]. So hat der BGH eine Einzelfallbegründung des Tatrichters aufgehoben, weil sie seiner entgegengesetzten Auffassung widersprach, die zugleich zum Grundsatz ausformuliert wurde. Danach seien Angaben über tatsächliche Mieterträge auch im Vorfeld eines durch Privatversteigerung zustande gekommenen Kaufs als Eigenschaftszusicherung zu verstehen. Dort bestehe in gleicher Weise ein Interesse des Käufers an den Mieterträgen, dessen Berücksichtigung auch nicht daran scheitere, dass individuelle Vertragsverhandlungen zwischen den Kaufparteien nicht stattfänden[478].

Ebenfalls zum Grundsatz erhob der BGH seine Erwägung, ein der allgemeinen Verjährungsregelung des § 195 BGB unterfallender Beratungsvertrag sei im Vorfeld eines Kaufvertrages auch dann anzunehmen, wenn der Beratene nicht mit dem späteren Käufer identisch sei[479].

Der BGH hat ferner den deutlich abstrakteren Grundsatz entwickelt, dass einfache Schriftformklauseln selbst dann stillschweigend abbedungen werden können, wenn die Parteien bei ihrer mündlichen Abrede nicht an die Schriftform gedacht haben[480].

Einen demgegenüber wesentlich spezieller gefassten Typus betrifft der Grundsatz zur Auslegung eines Versicherungsvertrages. Danach soll das einem Dritten eingeräumte Bezugsrecht im Falle der Abtretung der Ansprüche des Versicherungsnehmers als gegenüber den Rechten des Zedenten nachrangig fortbestehen, ohne dass es eines Widerrufs des Bezugs-

---

[476] Vgl. zur Rechtsvereinheitlichung durch Fallvergleich in atypischen, individualisierten Fällen Gottwald, Revisionsinstanz, S. 161 f.

[477] Vgl. jenseits der im folgenden genannten Entscheidungen auch die generalisierenden Ausführungen zur ergänzenden Auslegung einer Bürgschaft im Sinne des § 648a BGB BGH vom 26.04.2001 – IX ZR 317/98 (Urteil 17); zur ergänzenden Auslegung eines Brandversicherungsvertrages BGH vom 14.02.2001 – VIII ZR 292/98 (Urteil 25); zur ergänzenden Auslegung einer Bürgschaft, die nur dann gelten sollte, wenn der gesicherte Kredit „frei zur Auszahlung kommt", BGH vom 25.03.2001 – IX ZR 273/98 (Urteil 33); zur Auslegung eines „Remissionsrechts" als gesetzlich nicht geregeltes Wiederverkaufsrecht BGH vom 07.11.2001 – VIII ZR 213/00 (Urteil 43).

[478] BGH vom 05.10.2001 – V ZR 275/00 (Urteil 32).

[479] BGH vom 27.06.2001 – VIII ZR 227/00 (Urteil 40).

[480] BGH vom 12.12.2001 – XII ZR 351/99 (Urteil 13).

rechts bedürfe, wenn die Auslegung ergibt, dass das Bezugsrecht von vornherein nur in einem durch den Zweck der Sicherungsabtretung eingeschränkten Umfang begründet worden sei[481].

Gleichfalls zur Frage der Bezugsberechtigung einer Versicherung hat der BGH einen weiteren Grundsatz aufgestellt, den er in wenig überzeugender Abgrenzung zum Falltypus des Schweigens auf Vertragsänderungsangebote entwickelt hat. Danach könne dem Schweigen eines Versicherungsnehmers auf die Frage des Versicherers, wer nunmehr, nämlich nach einer Neubegründung des Versicherungsvertrages, als Bezugsberechtigter benannt werden solle, gerade kein, allenfalls jedoch der Erklärungswert beigemessen werden, dass die bisherige Bezugsberechtigung aufrecht erhalten bleiben solle. Während nämlich dann ein besonderes Interesse an einer baldigen Antwort des Schweigenden bestehe, wenn ein Angebot auf Vertragsänderung gemacht werde, sei dies im Falle der Bezugsrechtseinräumung nicht der Fall, weil für die Bezugsrechtsänderung nur eine einseitige Erklärung des Versicherungsnehmers erforderlich sei, die keiner weiteren Disposition des Versicherers bedürfe[482].

Den allgemein anerkannten Grundsatz, wonach die Parteien eines Vertrages wechselseitige Schutz-, Fürsorge- und Aufklärungspflichten treffen, hat der BGH anhand einer derart speziellen Einzelentscheidung konkretisiert, dass kaum vorstellbar ist, er werde ein weiteres Mal zur Anwendung kommen können. Danach müsse der Auftraggeber zweier Architekten, die in seinem Namen – unerkannt vollmachtslos – einen Werkunternehmer beauftragt hatten, diese zur Begrenzung ihrer Haftung darauf hinweisen, dass durch die vollmachtslose Vertretung keine Verpflichtung des Auftraggebers zustande gekommen sei, so dass die Architekten selbst gem. § 179 Abs. 1 BGB hafteten[483].

Grundsätzlich entschieden hat der BGH ferner, dass trotz erklärten Vorbehalts des Auftraggebers eines Maklers, eine bestimmte Provisionshöhe nicht zahlen, sondern darüber erst noch eine Vereinbarung treffen zu wollen, vom Abschluss eines entgeltlichen Maklervertrages ausgegangen werden kann[484].

---

481 BGH vom 25.04.2001 – IV ZR 305/00 (Urteil 19).
482 BGH vom 12.12.2001 – IV ZR 124/00 (Urteil 61).
483 BGH vom 26.04.2001 – VII ZR 222/99 (Urteil 41).
484 BGH vom 06.12.2001 – III ZR 296/00 (Urteil 22).

Neue Auslegungsgrundsätze verwendete der BGH auch im Fall einer sog. Erlassfalle, als er entschied, ein Erlassvertrag sei dann nicht anzunehmen, wenn die angebotene Abfindung gerade einmal 0,68 % der Hauptforderung ausmache, dem Erlassvertrag keine Vertragsverhandlungen vorausgegangen seien und stattdessen der Angebotsempfänger bislang stets auf die Geltendmachung der Hauptforderung bestanden habe[485].

Auch der mittlerweile zur ständigen Rechtsprechung gewordene Grundsatz, eine Verpflichtung als Mitdarlehensnehmer sei nur dann als Darlehen gem. § 488 BGB anzusehen, wenn der Mitdarlehensnehmer ein eigenes – sachliches und/oder persönliches – Interesse an der Kreditaufnahme habe und als im Wesentlichen gleichberechtigter Partner über die Auszahlung sowie die Verwendung der Darlehensvaluta mitentscheiden dürfe[486], ist nicht durch Konkretisierung gesetzlich normierter Tatbestandsmerkmale entstanden. Stattdessen entspringt er Billigkeitserwägungen zu typisierten Einzelfällen, wonach dem BGH ein finanziell überforderter, emotional abhängiger Mitdarlehensnehmer in gleichem Maße schutzwürdig erschien wie ein entsprechender Bürge[487].

Schließlich ist auch der Grundsatz, wonach das Einverständnis eines Werkauftraggebers mit einer bestimmten Art der Nachbesserung in der Regel nicht einen Verzicht auf bestehende Gewährleistungsansprüche umfasse[488], ersichtlich anhand von Einzelfällen ausgesprochen und sodann generalisiert worden.

d) Ergebniskorrektur durch Schaffung von Auslegungsgrundsätzen

Die Schaffung von Auslegungsgrundsätzen in dieser Weise kann gezielt genutzt werden, um die Aufhebung von Auslegungen zu begründen, die mit den bislang bekannten, allgemeinen Auslegungsgrundsätzen durchaus vereinbar wären. Ob ein solches Motiv einer Entscheidung des Revisionsgerichts zu Grunde lag, lässt sich dabei freilich einem Urteil nicht ansehen. Hält man das Gericht zur Aufstellung und Konkretisierung von Ausle-

---

485 BGH vom 10.05.2001 – XII ZR 60/99 (Urteil 71).
486 BGH vom 04.12.2001 – XI ZR 56/01 (Urteil 72).
487 Vgl. die Kritik bei Bartels, WM 2002, 1905 ff.; Tiedtke, EWiR 2002, 417 f.; Foerste, JZ 2002, 562 ff.
488 BGH vom 06.12.2001 – VII ZR 19/00 (Urteil 82).

gungsgrundsätzen befugt[489], lässt sich auch aus der Tatsache an sich, dass der ausformulierte Grundsatz gerade anhand der Einzelfallentscheidung geschaffen wurde, kein Makel ableiten. Denn das Revisionsgericht kann regelmäßig nur anhand der Einzelfallentscheidung Rechtsfortbildung betreiben. Allerdings zeigt sich, dass auf diesem Wege jede Einzelfallauslegung aufhebbar wird. Das Prinzip, wonach die Auslegung von Willenserklärungen im Wesentlichen unangreifbare Kompetenz des Tatrichters ist, ließe sich vor diesem Hintergrund nur noch schwerlich halten. Zwar könnte man die Entwicklung eines neuen Auslegungsgrundsatzes als ausreichende Rechtfertigung zur Durchbrechung dieses Prinzips ansehen wollen, weil die Rechtsfortbildung stets auf eine Vielzahl künftiger gleichgelagerter Fälle abzielt. Diesem anerkannten Revisionszweck trüge jedoch eine bewusste Kaschierung von Einzelfallauslegungen mittels des Deckmantels vermeintlich grundsätzlicher Aussagekraft nicht Rechnung, weil dann ein Wille des Revisionsgerichts, durch die Entscheidung künftige Rechtssicherheit zu schaffen, nicht besteht.

VII. Die Gefahr der Umgehung des dispositiven Rechts

Die §§ 133, 157 BGB eröffnen die Möglichkeit, im Wege der Vertragsauslegung vertragliche Regelungen zu schaffen, die in Widerspruch zum Regelungsgehalt des dispositiven Rechts stehen. Wenn auch dies generell und damit nicht nur für die tatrichterliche Auslegung gilt, darf nicht übersehen werden, dass das Revisionsgericht sich den Weg zu einer solchen, ihm grundsätzlich nicht erlaubten Tätigkeit erschließen kann, indem es die tatrichterliche Auslegung als fehlerhaft begründet und in der Folge eine Auslegung selbst durchführt.

Für die ergänzende Vertragsauslegung ist anerkannt, dass diese erst dann zur Anwendung kommen darf, wenn im Wege der einfachen Auslegung des Vertrages ersichtlich geworden ist, dass die Parteien zu den maßgeblichen Punkten eine Regelung nicht getroffen haben. Anders als die einfache soll die ergänzende Auslegung dann jenseits des subjektiven Parteiwillens anhand objektiver, normativer Kriterien ermitteln, wie hypothetische Parteien an Stelle und in der Situation der tatsächlichen Parteien den Vertrag

---

[489] Esser, S. 162, will allerdings einen allgemeinen Rechtsgedanken erst dann anerkennen, wenn er aus einem umfangreichen induktiv gesammelten Fall- und Schulmaterial abgeleitet worden ist.

gestaltet haben würden[490]. Vor diesem Hintergrund ist die ergänzende Auslegung reine Rechtsanwendung, die dem Revisionsgericht möglich ist. Jedoch bedarf die Anwendung der ergänzenden Auslegung zunächst der Beantwortung der Vorfrage, ob nicht die zu ermittelnden Regelungen bereits von den Parteien vertraglich begründet worden sind[491]. Dies hat im Wege einfacher Auslegung zu geschehen[492], die vom Revisionsgericht nicht ohne Weiteres selbst durchgeführt werden darf. Dass einfache und ergänzende Auslegung dabei Berührungspunkte aufweisen, ist ersichtlich, weil die ergänzende Auslegung auf der einfachen fußt.

Geringere Bedenken[493] gegen die Kompetenz des Revisionsgerichts bestehen deshalb auf den ersten Blick bei den Entscheidungen, in denen das Revisionsgericht eine bereits vom Tatrichter durchgeführte ergänzende Vertragsauslegung überprüft und wegen Rechtsfehlern selbst nachholt. Mit jeder Entscheidung des Revisionsgerichts dagegen, die im Wege erstmaliger ergänzender Vertragsauslegung ein Entscheidungsergebnis findet, geht jedenfalls stillschweigend die im Wege einfacher Auslegung gefundene Entscheidung des Revisionsgerichts einher, dass der Vertrag an sich noch nicht die erst durch die ergänzende Auslegung gefundenen Regelungen enthalte.

Bei genauerer Betrachtung zeigt sich aber, dass auch die Fälle der einfachen Auslegung häufig nur mit Blick auf Lücken des dispositiven Rechts gelöst werden können. Ein wesentlicher Unterschied zwischen einfacher und ergänzender Auslegung besteht deshalb letztlich nicht. Denn auch in den Fällen der einfachen Auslegung wird regelmäßig das gefundene Auslegungsergebnis mit dem Argument begründet, dass eine andere Auslegung den Interessen der Parteien nicht gerecht werde. Dies setzt gleichfalls die Feststellung einer gesetzlichen Regelungslücke voraus, weil andernfalls die Interessen der Parteien durch die gesetzlichen Normen ausreichend geschützt wären.

---

490 Vgl. auch Henckel, AcP 159 (1960), 106 ff., 108, der mit dem BGH als Ziel der ergänzenden Vertragsauslegung die Ermittlung des hypothetischen Vertragswillens anhand objektiver Kriterien nennt.

491 Vgl. Henckel, a. a. O., 112.

492 Henckel, a. a. O., 115 f., 121.

493 Dass freilich die ergänzende Vertragsauslegung in gleicher Weise wie die einfache Auslegung auf tatrichterlich festgestellte Umstände und ihre Bewertung zurückgreifen muss, womit die oben auf Seite 37 ff. dargestellten Probleme einhergehen, darf nicht übersehen werden.

Da die vertraglichen Regelungen aufgrund des Grundsatzes der Privatautonomie jeder gesetzlichen Regelung des dispositiven Rechts vorgehen, ist es möglich, im Wege der (ergänzenden) Vertragsauslegung das Rechtsverhältnis zwischen den Parteien anders zu regeln, als dies das Gesetz typischerweise für den zu regelnden Fall vorsieht[494]. Vor diesem Hintergrund ist für die ergänzende Vertragsauslegung anerkannt, dass diese nur dann zum Einsatz kommen darf, wenn der Vertrag eine Regelungslücke enthält[495]. Dabei muss davon ausgegangen werden, dass eine solche Regelungslücke auch dann nicht vorliegt, wenn zwar die Parteien nicht ausdrücklich eine entsprechende Regelung getroffen haben, jedoch das dispositive Recht für den streitgegenständlichen Fall eine Regelung vorsieht[496]. Regelmäßig ist nämlich davon auszugehen, dass die Parteien, die ihre Angelegenheiten innerhalb der bürgerlichen Rechtsordnung regeln, auch für sich die gesetzliche dispositive Regelung als sachgerecht angesehen haben und insofern stillschweigend vereinbart haben, dass ihr Vertrag, soweit er keine Regeln enthält, durch die dispositiven Gesetzesnormen ausgefüllt werden soll[497]. Die ergänzende Auslegung verlangt deshalb nicht nur nach einer vertraglichen, sondern auch nach einer gesetzlichen Regelungslücke[498]. Andernfalls könnte stets mittels ergänzender Auslegung das Dispositivrecht umgangen werden[499].

Die Bejahung einer Gesetzeslücke erfordert zunächst die Beantwortung der Frage, zu welchem Sachergebnis die Anwendung des dispositiven Rechts geführt hätte. Auf einer zweiten Stufe muss sodann entschieden werden, ob die dispositive Gesetzesregelung unter Berücksichtigung der Vorstellungen der Parteien, insbesondere ihrer beiderseitigen Interessen, ihnen als so unangemessen erscheinen musste, dass die Vereinbarung ihrer

---

[494] Vgl. auch Larenz, AT, § 28 Rn. 109.

[495] BGH vom 18.10.2001 – I ZR 91/99 (Urteil 68); vgl. umfassend auch Henckel, AcP 159 (1960), 106 ff., 107.

[496] Vgl. Henckel, AcP 159 (1960), 106 ff., 122); BGH vom 03.04.1957 – IV ZR 291/56, LM Nr. 5 zu § 133 (A) BGB, wonach in erster Linie die dispositiven Normen des Zivilrechts zur Lückenschließung heranzuziehen sind.

[497] A. A. wohl Rosenberg, S. 291 ff., der die Geltung des dispositiven Rechts nicht aus dem mutmaßlichen oder eigentlichen Parteiwillen, sondern aus objektiven Verkehrsinteressen ableiten will. Dies ändert aber nichts daran, dass auch er davon ausgehen muss, dass eine Abweichung vom dispositiven Recht erst möglich ist, wenn positiv festgestellt ist, dass die Parteien etwas Abweichendes gewollt haben (S. 293).

[498] Henckel, AcP 159 (1960), 106 ff., 123; vgl. auch Larenz, AT, § 28 Rn. 111.

[499] Henckel, a. a. O., 122; Soergel-Wolf, § 157 Rn. 124; Larenz, AT, § 28 Rn. 109.

Geltung nicht angenommen werden kann[500]. Dass dies eine Bewertung der tatsächlichen Umstände im selben Maße erforderlich macht, wie schon die einfache Auslegung von Willenserklärungen, ist offensichtlich[501].

Jenseits der bereits dargelegten Probleme, welchen die revisionsrichterliche Vertragsauslegung bei Beachtung des tatrichterlichen Feststellungsprivilegs begegnet, ist deshalb besonderes Augenmerk darauf zu richten, dass die einfache wie ergänzende Vertragsauslegung zum Zwecke der Erlangung vermeintlich billiger Entscheidungsergebnisse nicht auf eine Überprüfung und gegebenenfalls Anerkennung des gleichermaßen billigen dispositiven Rechts verzichten darf. Dem werden die untersuchten Revisionsurteile nicht durchgehend gerecht. Unter diesen finden sich [1.] Entscheidungen des BGH, mit denen Ergebnisse im Wege der (ergänzenden) Vertragsauslegung erzielt worden sind, obgleich eine Abweichung der Vertragsregeln vom dispositiven Recht gar nicht zwingend vorlag, so dass es schon an einer Lücke und damit einer Notwendigkeit der entsprechenden Auslegung fehlte. Bei anderen Entscheidungen [2.] beruhte die Überzeugung von der Notwendigkeit einer Abweichung auf der höchstpersönlichen, nicht zwingend überzeugenden Würdigung und Bewertung der Parteiinteressen; die Entscheidungen stellen sich dabei vorwiegend als abstrakt-generelle Korrekturen des dispositiven Rechts dar. Besonders in diesen Fällen erscheint die (ergänzende) Vertragsauslegung bereits als Vorstufe zu einer Gesetzesanalogie, die sich der BGH für die Möglichkeit künftiger Fallhäufungen vorbehalten haben könnte. Die Grenzen zu einer Gesetzesanalogie sind dabei deshalb fließend, weil allein anhand der bewusst gewählten revisionsrichterlichen Begründung ersichtlich ist, ob das Revisionsgericht seine Entscheidung an einer interessengerechten Auslegung des Einzelfalls ausgerichtet hat oder mit seiner Entscheidung bereits den generell gültigen Satz aufstellen wollte, dass für Fälle mit vergleichbarer Konstellation eine Gesetzeslücke anzunehmen sei, die auf Grundlage der dargelegten Überlegungen zu schließen sei[502].

---

500 Vgl. dazu die zustimmungswürdige, differenzierende Betrachtung bei Soergel-Wolf, § 157 Rn. 113, der trotz vorhandener Gesetzesregelung eine vorrangige ergänzende Auslegung dann zulassen will, wenn die Interessenlage im Vertrag von der der dispositiven Gesetzeslage zugrunde liegenden Interessenlage abweicht; ähnlich differenzierend MüKo-Mayer-Maly/Busche, § 157 Rn. 36.

501 Zu Recht weist Schlüter, S. 185 darauf hin, dass Lückenfeststellung und -ausfüllung keine rein logischen Operationen sind.

502 Vgl. auch Henckel, AcP 159 (1960), 106 ff., 123, der eine bewusste Wahl der Revisionsgerichte erkennen will, wonach sie bestimmte Falllösungen der Auslegung als Ein-

1. Zweifel am Vorliegen einer Regelungslücke

(1) BGH vom 09.07.2001 – II ZR 228/99 (Urteil 39)

Die Entscheidung des BGH, die eine „Bürgschaftsvereinbarung" als Freistellungsvereinbarung auslegt, beschäftigt sich an keiner Stelle mit der Frage, ob nicht angesichts der dispositiven Gesetzesregeln auch eine Auslegung als Bürgschaft im Sinne des § 765 BGB zu angemessenen und zu von den Parteien zu billigenden Ergebnissen hätte führen können. So lässt der BGH völlig unerörtert, inwiefern ein von ihm als unbillig erachteter Vermögensvorteil dem Beklagten bei Annahme einer Bürgschaft im Sinne des § 765 BGB verblieben wäre. Tatsächlich war dies auch unter Anwendung des dispositiven Rechts nicht anzunehmen, so dass es schon an einer Regelungslücke fehlte. Denn jedenfalls wäre der ungerechtfertigte Vermögensvorteil dem Beklagten nicht verblieben, weil die bereicherungsrechtlichen Normen der §§ 812 ff. BGB zu einem Ausgleich geführt hätten[503]. Vor diesem Hintergrund verlieren die Auslegungsargumente des BGH ihre Grundlage, der gerade diese Regelungslücke als Hindernis für eine Annahme einer Bürgschaft erachtete.

(2) BGH vom 07.11.2001 – VIII ZR 213/00 (Urteil 43)

Der BGH hatte die Vereinbarung eines Rückgaberechts hinsichtlich nicht verkaufter CDs analog zu seiner Rechtsprechung in Fällen der Remissionsrechtseinräumung bei Büchern als gesetzlich nicht geregeltes Wiederverkaufsrecht ausgelegt. Er bediente sich damit einer auf allgemein begründeten Erwägungen beruhenden Auslegung, durch welche eine Vertragsregelung geschaffen wurde, um die mangels gesetzlicher Regelung bestehende Lücke zu schließen. Eine genaue Prüfung des dispositiven Rechts fand dabei nicht statt. Stattdessen beschränkte sich der BGH auf die Feststellung, dass die Annahme, die Parteien hätten in uneingeschränktem Umfang die §§ 346 ff. BGB als anwendbar vereinbarten wollen, nicht mit ihren Interessen einherging. Dass jedoch eine nur teilweise Einbeziehung der §§ 346 ff. BGB in gleicher Weise denkbar gewesen und vor diesem Hintergrund auch über die §§ 383, 372 BGB ein sachgerechtes Versteige-

---

zelfallentscheidung zugeordnet haben, um sich zunächst nicht zu binden, jedoch später daraus Gesetzesanalogien ableiteten und damit Gewohnheitsrecht begründeten.

[503] Vgl. bereits oben Seite 112.

rungsrecht der CDs möglich gewesen wäre[504], wurde nicht beleuchtet. Insoweit lag deshalb keine Regelungslücke vor, die eine derart weit gehende Vertragsauslegung des BGH erfordert hätte.

2. *Auslegungsergebnis als abstrakt-generelle Gesetzesergänzung*

(1) BGH vom 26.01.2001 – V ZR 462/99 (Urteil 2)

Der BGH konkretisierte anhand abstrakt angenommener Interessenerwägungen eine aus § 242 BGB abgeleitete Nebenpflicht zu der Annahme, ein Vertrag, in dem sich die Parteien zur gleichzeitigen Bebauung ihrer benachbarten Grundstücke verpflichtet haben, umfasse auch eine Nachverhandlungsklausel für den Fall, dass eine Partei entgegen der Vereinbarung nicht beim Baubeginn nachziehe. Dies führte zum Ergebnis, dass aus dem Verstoß gegen diese Verpflichtung ein Mitverschulden an dem Schaden zu folgern sei, der dem anderen Vertragspartner entstanden ist, weil die beiden Bauwerke später unterschiedliche Höhen aufwiesen. Dies schließt zugleich die Bewertung mit ein, dass die vom dispositiven Recht mangels konkreter Regelungen vorgesehene Risikotragung des früher bauenden Vertragspartners nach beiderseitigem Vertragsverständnis unbillig sei.

(2) BGH vom 14.02.2001 – VIII ZR 292/98 (Urteil 25)

Über die Entscheidung des Gesetzgebers, wonach der Schädiger bereits bei Vorliegen einfacher Fahrlässigkeit haftet, setzt sich die ergänzende Vertragsauslegung des BGH hinweg, wenn er – unabhängig von der Betrachtung des auszulegenden Einzelfalls – „allgemein einen konkludenten Regreßverzicht des Versicherers für die Fälle annimmt, in denen der Wohnungsmieter einen Brandschaden durch einfache Fahrlässigkeit verursacht habe". Die Entscheidung erweist sich als gezielte Gesetzeskorrektur. Eine Auseinandersetzung mit der konkreten Vertragsauslegung des Tatrichters und der ihm unterlaufenen methodischen Fehler fand dabei in keiner Weise statt.

---

[504] Vgl. bereits oben Seite 113.

VIII. Die Prognose über künftige Feststellungen durch das Berufungsgericht als Steuerungselement

Den untersuchten Verfahren lassen sich keine signifikanten Belege dafür entnehmen, dass die Berufungsgerichte den Ausführungen des Revisionsgerichts dazu, welche weiteren Tatsachen noch feststellungsbedürftig seien, nicht folgen würden. Andererseits lässt sich jedoch auch nicht ersehen, ob neben den angeregten Feststellungen andere Feststellungen unterlassen worden sind, die möglicherweise die Entscheidungsreife auf andere als vom BGH vorhergesehene Weise herbeigeführt hätten. Soweit ersichtlich, haben die Berufungsgerichte regelmäßig die vom BGH angeregten Feststellungen einzuholen versucht. Ob bei der dazu erforderlichen Beweiswürdigung eine Voreingenommenheit oder Tendenz des Tatrichters vorlag, die durch die Ausführungen des BGH begründet worden sein könnte, war nicht ersichtlich.

Bedenken weckt es jedoch, wenn der BGH bereits vorsorglich anmerkt, ein stillschweigender Forderungsverzicht könne auch dann nicht angenommen werden, wenn sich im Rahmen der noch nicht durchgeführten Beweisaufnahme ergeben sollte, dass dem Gläubiger gegenüber zum Ausdruck gebracht worden ist, die Angelegenheit solle mit der Zahlung der Teilbeträge endgültig geklärt sein[505]. Jedenfalls nämlich habe der Erklärungsempfänger eine solche Erklärung nicht auf die Klärung der streitgegenständlichen Angelegenheit bezogen verstehen müssen. Anzunehmen ist nämlich, dass das Berufungsgericht dem Beweisangebot in der Folge keine Bedeutung mehr beigemessen haben wird. Eine tatrichterliche Würdigung der noch gar nicht absehbaren Zeugenaussage und der aus ihr womöglich ersichtlichen Tatumstände wäre damit ausgeschlossen worden[506].

Auch dort, wo der BGH den von ihm angenommenen Auslegungsfehler in ausführlicher Weise begründet und jeden einzelnen Abwägungsgesichtspunkt als nicht die tatrichterliche Auslegung tragend erörtert, sodann jedoch zu neuer Auslegung zurückverweist[507], darf angenommen werden, dass das Berufungsgericht – ungeachtet neuer Feststellungen – sein ursprüngliches Auslegungsergebnis nicht mehr erreichen wird. Wenn auch die Ausführungen des BGH zwar insoweit keine Bindungswirkung haben,

---

[505] Vgl. BGH vom 10.05.2001 – VII ZR 356/00 (Urteil 12).

[506] Ob das Berufungsgericht tatsächlich das Beweisangebot als unbeachtlich behandelt hat, konnte mangels Erhalts des Rücksendebogens nicht überprüft werden.

[507] Vgl. BGH vom 13.12.2001 – IX ZR 306/00 (Urteil 18).

dürfte ihnen ausreichend deutlich zu entnehmen sein, dass nicht nur die Auslegungsmethodik, sondern auch das -ergebnis des Tatrichters nicht die Billigung des Revisionsgerichts gefunden hat, so dass auch künftig eine Aufhebung desselben Ergebnisses anzunehmen sein dürfte.

IX. Die Bindung der Berufungsgerichte

Bindende Ausführungen des BGH, die im Falle abgeschlossener Auslegungen durch das Revisionsgericht vorliegen, werden ersichtlich von den Berufungsgerichten übernommen. Zudem beachten die Berufungsgerichte ohne Weiteres die Rechtsauffassungen des BGH, wenn dieser auf solche hinweist, um die künftige Auslegung zu steuern[508]. Eine Bindungswirkung liegt zwar nur insofern vor, als nicht neue Tatsachen die Bindung hinfällig machen. Im Fall der Auslegung von Willenserklärungen bedeutet dies, dass eine Auslegung des BGH nur insoweit Bindungswirkung hat, als nicht das Berufungsgericht neue Einzelumstände feststellt. Denn mit diesen ändert sich die tatsächliche Entscheidungsgrundlage, so dass ein neuer Sachverhalt vorliegt, über den das Revisionsgericht noch nicht zu entscheiden im Stande war. Dennoch ist keine Entscheidung ersichtlich geworden, in der das Berufungsgericht eine bindende Auslegung des BGH durch eine Würdigung neuer Umstände in Frage gestellt hat. Ob dies nur mangels entsprechenden Parteivortrags der Fall war oder aber darauf beruhte, dass das Berufungsgericht die Auslegungsfrage aufgrund der Bindungswirkung der Entscheidung des BGH nicht mehr antastete, ist nicht ersichtlich.

Im Übrigen konnte einzelnen Entscheidungen entnommen werden, dass die vom BGH als erforderlich erachteten Feststellungen abermals die aufgehobene Entscheidung stützten. Tendenzen, sich im Wege der Beweiswürdigung über Ansichten, Rechtsauffassungen oder Bindungen des BGH hinwegzusetzen, sind dabei keineswegs erkennbar geworden. Vielmehr eröffnete die Zurückverweisung durch den BGH gerade die tatrichterliche Beweiswürdigung auch der neuen Tatsachen, so dass der entsprechenden Würdigung keinerlei Umgehungstendenzen entnommen werden können.

Soweit allerdings das Revisionsgericht obiter dicta zu künftigen Beweiswürdigungen in seine Entscheidung aufnimmt, muss vor dem Hintergrund der regelmäßigen Übernahme der revisionsgerichtlichen Ausführun-

[508] Vgl. bereits oben Seite 14 ff.

gen durch das Berufungsgericht bedacht werden, dass damit zwar womöglich ein Gewinn an Prozessökonomie einhergeht, weil dem Tatrichter insofern bereits eine künftige Auffassung des Revisionsgerichts vor Augen geführt wird. Da es dem Revisionsgericht jedoch insoweit an Befassungskompetenz mangeln würde, wenn diese Ausführungen bereits auf erst künftig festzustellende Umstände bezogen wären, können sie nur als allgemein gültige Ausführungen zur generellen Auslegungs- und Beweiswürdigungsmethodik verstanden werden. Diese können im Einzelfall den Blick trüben und eine unbefangene Würdigung und Auslegung der neu festzustellenden Tatsachen verhindern. Denn es besteht jedenfalls die abstrakte Gefahr, eine voreingenommene Sichtweise bei dem Berufungsgericht zu schaffen, das bestrebt ist, eine erneute Aufhebung zu verhindern.

4. Abschnitt: Die Bewertung der Entscheidungspraxis des BGH in der Literatur

Die Literatur hat sich schon früh mit der Frage der Revisibilität der Auslegung von Willenserklärungen befasst. Es sind umfangreiche Werke verfasst worden, die sich hauptsächlich mit der Unterscheidung von Tat- und Rechtsfrage beschäftigen, um daraus Folgen für die Rechtsanwendung und – als Ausschnitt davon – auch für die Auslegung von Willenserklärungen ableiten zu können[509]. Denn die Unterscheidung von Tat- und Rechtsfragen ist eine unausgesprochene Grundlage des gesamten juristischen Denkens, die sich aus der logischen Struktur des Rechtsanwendungsaktes ergibt[510]. Vor allem das förmliche Verfahrensrecht lässt an vielen Stellen ausdrücklich erkennen, dass der Prozess auf dem rechtlich normierten Umgang mit Tatsachen basiert[511]. Für die Revision ist die Abgrenzung von grundlegender Bedeutung[512], weil im Rahmen der Revision eine Überprüfung der Urteile des Berufungsgerichts gem. §§ 545 Abs. 1, 546 ZPO nur auf Rechtsfehler hin stattfindet[513]. Dies gilt nunmehr gem. § 513 Abs. 1 ZPO im Grundsatz auch für das Berufungsverfahren. Demgegenüber dürfen Tatsa-

509 Vgl. bereits Mangik, S. 94 ff. m. w. N.; auch Bürck, FS Krasney, S. 44 m. w. N.; ferner den Überblick bei Messer, FS Odersky, S. 606 ff.

510 Mitsopoulos, ZZP 81 (1968), 251 ff., 253.

511 Vgl. ausführlich Kuchinke, Nachprüfbarkeit, S. 60 ff.; Kuchinke, FS Beys, S. 875; auch May, Revision, S. 440, Rn. 320 f.

512 Vgl. auch Kuchinke, Nachprüfbarkeit, S. 25 f.

513 Vgl. zur Bedeutung des Trennungsproblems für das prozessuale, insbesondere das Revisionsrecht auch Scheuerle, AcP 157 (1958/1959), 1 ff., 4 f.

chen, die das Ausgangsgericht festgestellt hat, grundsätzlich nicht durch die revisionsgerichtliche Überprüfung in Frage gestellt werden; an ihre Feststellung ist das Revisionsgericht gem. § 559 Abs. 2 ZPO gebunden.

Eine umfassende, bis ins einzelne differenzierende Darlegung der verschiedenen zur Trennung von Tat- und Rechtsfrage entwickelten Gedanken würde an dieser Stelle zu weit führen, weil der dadurch erzielte Erkenntnisgewinn nicht den Kern der Untersuchung beträfe. Dennoch scheint es geboten, einige wesentliche Grundgedanken aufzuzeigen, um die Argumente und Folgerungen der Literatur für die Behandlung der Auslegungsrevision nachvollziehen und einordnen zu können.

I. Der Versuch der Trennung von Tat- und Rechtsfrage in der Literatur

Eine häufig verwendete Diktion scheidet die Begriffe dergestalt voneinander, dass die Tatfrage stets ein Seins-Urteil anstrebt, während die Beantwortung der Rechtsfrage ein Sollens-Urteil verlangt[514]. Ganz allgemein wird als Tatfrage die Frage danach verstanden, welcher Lebenssachverhalt von den Parteien in den Prozess eingeführt worden ist und nun der Entscheidung zu Grunde liegt[515]. Der demnach im Prozess zu entscheidende Sachverhalt setzt sich dabei ausschließlich aus Tatsachen zusammen. Als Tatsachen werden alle der äußeren Wahrnehmung zugänglichen Geschehnisse und Zustände verstanden, aus denen das objektive Recht Rechtswirkungen herleitet[516]. Dass die Umschreibung des Begriffs der Tatsachen mit zunehmender Eindringung in die Problematik der Tatfrage in der Literatur differenzierter betrachtet wird und zu unterschiedlichen Varianten führt[517], braucht hier nicht näher dargestellt zu werden.

---

[514] Vgl. nur Mitsopoulos, ZZP 81 (1986), 251 ff., 252; auch Lanzi, S. 13.

[515] Dass indes ein einheitlicher Tatsachenbegriff nicht existiert, sondern je nach dem Problemkreis, in dem er verwendet wird, unterschiedlich ausfällt, wird deutlich bei Henke, ZZP 81 (1986), 196 ff., 321 ff., 323; vgl. auch Gottwald, Revisionsinstanz, S. 20; ferner May, Revision, S. 440 Rn. 320.

[516] Zöller-Greger, § 286 Rn. 9; ähnlich auch die Zusammenfassung von Rechtsprechung und Literatur bei May, Revision, S. 443 Rn. 326; ganz allgemein Kuchinke, Nachprüfbarkeit, S. 64: „Gegenstand möglicher Rechtsanwendung".

[517] Vgl. z. B. den Begriffsvorschlag von Scheurle, AcP 157, 1 ff., 36; anders Mitsopoulos, ZZP 81 (1968), 251 ff., 267; Kuchinke, FS Beys, S. 891 f.; überblicksartig ferner Gottwald, Revisionsinstanz, S. 138 f.

Demgegenüber sucht die Rechtsfrage eine Antwort darauf, welche Rechtsnormen auf dem Weg zur Findung einer abschließenden Prozessentscheidung anzuwenden sind. Rechtsfrage ist ferner, welche Entscheidung aufgrund einer anzuwendenden Rechtsnorm zu treffen ist. Dies ist § 546 ZPO zu entnehmen, wonach als revisible Rechtsverletzung jede Nichtanwendung oder unrichtige Anwendung einer Rechtsnorm festgelegt ist.

Da jedoch der Rechtsanwendung mit solch abstrakter Begriffsdefinition gerade im problematischen Grenzfall wenig gedient ist, hat die Literatur Methoden entwickelt, um die Charakterisierung einzelner Fragen als Tat- oder Rechtsfrage zu ermöglichen. Da sich deren Begründungsmuster stets auch in den Stellungnahmen zur Revisibilität der Auslegung von Willenserklärungen wiederfinden, sollen diese kurz vorgestellt werden.

1. Die begriffliche oder logische Methode

Die sog. begriffliche oder logische Methode findet ihren Ausgangspunkt in der Überlegung, dass der gesamten Rechtsanwendung ein Umgang mit Sprachbegriffen zu Grunde liegt[518]. Während auf der einen Seite das Gesetz rechtliche Begriffe enthält, muss auf der anderen Seite auch der abzuurteilende Sachverhalt in sprachlichen Begriffen gefasst werden[519]. Als revisible Rechtsfrage sieht die begriffliche Theorie die Beurteilung sämtlicher rechtlicher Obersätze an. Der Tatfrage zugerechnet werden demgegenüber die natürlichen, außerrechtlichen Begriffe, welche den Untersatz bilden[520]. Bei genauer Betrachtung können auch diese Begriffe Obersätze darstellen, mit denen der tatsächliche Sachverhalt erst verglichen werden muss, um diesen sprachlich als Untersatz ausdrücken zu können[521]. Zum Teil wird hierbei der Obersatz auch als revisible „juristische Tatsache" bezeichnet, während der Untersatz[522] als Tatfrage irrevisibel ist[523].

---

[518] Vgl. nur die grundlegenden Überlegungen bei Scheuerle, AcP 157 (1958/1959), 1 ff., 25 ff.

[519] Einen umfassenden Überblick über diesen Komplex liefert Scheuerle, a. a. O., 9 ff.; vgl. zum Verhältnis von Rechtswissenschaft und Sprache auch Hegenbarth, S. 11 ff.; ferner Brüggemann, S. 19 ff.

[520] Vgl. Kuchinke, Nachprüfbarkeit, S. 68, 84.

[521] Vgl. Henke, ZZP 81 (1968), 196 ff., 321 ff., 217; ders., Tatfrage, S. 21; auch Manigk, Revisibilität, S. 126 ff.; ferner ausführlich Scheuerle, AcP 157 (1958/1959), 1 ff., 26 f.; Kuchinke, Nachprüfbarkeit, S. 79.

[522] Revisibel soll freilich wieder die Methodik des Syllogismus sein, die zur Bildung des Untersatzes erforderlich ist.

Die begriffliche Methode erfährt allerdings nachvollziehbare Kritik, weil ihren Abgrenzungsversuchen letztlich die Griffigkeit fehlt. Mögen diese auch in abstrakter Hinsicht einleuchten, so bieten sie doch für die Praxis gerade in den kritischen Problemfällen kein taugliches Abgrenzungsinstrumentarium. Denn die begriffliche Methode beruht auf dem Gedanken, dass zum Zwecke der Subsumtion die abstrakten, rechtlichen Begriffe des Obersatzes des Gesetzes so weit in ihre einzelnen Tatbestandsmerkmale zerlegt werden müssten, bis ein Vergleich mit den natürlichen Begriffen des Untersatzes möglich sei[524] und dadurch der Subsumtionsschluss vollzogen werde[525]. Spätestens am Endpunkt dieser Auffächerung der rechtlichen Begriffe, des übergangslosen Fortschreitens von den generellen Begriffen des Gesetzes zu den individuellen Begriffen des jeweils zu beurteilenden Sachverhalts[526], stehen sich jedoch zwei identische, sich deckende Begriffe in Form des rechtlichen und des natürlichen Begriffs gegenüber, die einen Unterschied nicht mehr erkennen lassen[527]. Denn die für eine Subsumtion erforderlichen Ober- und Untersätze können nicht getrennt, sondern nur in Wechselwirkung zueinander, durch ein Hin- und Herwandern des Blickes, konkretisiert werden[528]. Mit zunehmender Annäherung im Verlauf dieser vertikalen Abgrenzung[529] lässt sich schwerer ausmachen, ob der konkretisierte Begriff den abstrakten Inhalt der Rechtsnorm als Obersatz oder den konkreten Umstand des Tatsächlichen als Untersatz bezeichnen soll. Vor diesem Hintergrund ist es verständlich, dass die Ansicht vertreten wird, eine begrifflich-logische Abgrenzung sei letztlich nicht möglich[530], und dass selbst Verfechter der begrifflichen Methode auf weite-

---

[523] Vgl. dazu Manigk, Revisibilität, S. 130; auch Scheuerle, AcP 157 (1958/1959), 1 ff., 11 ff.

[524] Vgl. zusammenfassend Nierwetberg, JZ 1983, 237 ff., 238; zu diesen sog. Hilfssyllogismen auch Scheuerle, AcP 157 (1958/1959), 1 ff., 18; Kuchinke, Nachprüfbarkeit, S. 83.

[525] Vgl. Nierwetberg, JZ 1983, 237 ff., 240; Kuchinke, Nachprüfbarkeit, S. 79, 101.

[526] Henke, ZZP 81 (1968), 196 ff., 321 ff., 207.

[527] Vgl. Nierwetberg, JZ 1983, 237 ff., 239; ähnlich Kuchinke, FS Beys, S.886; ders., Nachprüfbarkeit, S. 69, 81; Scheuerle, AcP 157 (1958/1959), 1 ff., 43.

[528] Bürck, FS Krasney, S. 44 f.; vgl. auch bereits die abstrakten Ausführungen zur Bildung von Ober- und Untersätzen und dem Zustandekommen des Rechtssyllogismus bei Manigk, Revisibilität, S. 126 ff.; auch Schlüter, S. 105 ff.; ferner Henke, Tatfrage, S. 177 ff., zu den Schwierigkeiten gerade beim für die Auslegung bedeutsamen Problem der Feststellung einer Gesamtsituation.

[529] Kuchinke, Nachprüfbarkeit, S. 55.

[530] Nierwetberg, JZ 1983, 237 ff., 239; Bürck, FS Krasney, S. 49; Kuchinke, FS Beys, S. 901; MüKo(ZPO)-Wenzel, § 550 Rn. 3: „kaum möglich“.

re, ergänzende Hilfserwägungen zurückgreifen müssen[531]. Zudem sei eine Aufweichung des Rechtsnormbegriffs erfolgt, indem jeder Regel gleich der Charakter einer Rechtsnorm zugestanden werde; ein solcher Rechtsnormbegriff führe dazu, dass alles revisibel sei[532].

2. *Die Leistungsmethode*

Den Gedanken der Untrennbarkeit von Tat- und Rechtsfrage hinnehmend, vertritt die für das Strafprozessrecht entwickelte Leistungsmethode einen rein pragmatischen Ansatz. Sie erklärt all die Fragen zu Rechtsfragen, deren Überprüfung dem Revisionsgericht ohne eigene Beweisaufnahme möglich ist. Hingegen soll es sich bei solchen Fragen, die eine Beweisaufnahme erfordern würden, um Tatfragen handeln[533].

Kritisiert wird die Leistungsmethode deshalb, weil sie auf den Zivilprozess nicht übertragbar sei[534]. Sie beruhe auf dem Gedanken der Sachferne des Revisionsgerichts, dem im Strafprozess allein das Urteil sowie das Protokoll des Tatrichters als Erkenntnisquelle vorliege. Dagegen habe das Revisionsgericht in Zivilsachen aufgrund der üblichen Schriftlichkeit und Aktenlastigkeit des Zivilverfahrens zumeist die selben Einsichtsmöglichkeiten wie der Tatrichter, so dass eine Überprüfung selbst der Tatsachenfeststellungen regelmäßig auch dem Revisionsgericht ohne Beweisaufnahme möglich sei. Die Methode könne deshalb keinerlei Grundlage für eine Begrenzung der Revisibilität auf Rechtsfragen hin darstellen[535]. Dem Argument der Sachferne komme im Übrigen ohnehin allenfalls im Bereich der Beweiserhebung und Beweiswürdigung Bedeutung zu, nicht hingegen bei der rechtlichen Bewertung der festgestellten Tatsachen, so dass die Leistungsmethode jedenfalls für die Beurteilung der Revisibilität der Auslegung von Willenserklärungen keinerlei Revisionsbeschränkung rechtfertigen könne[536].

---

[531] Vgl. dazu unten Seite 243 ff.
[532] Kuchinke, Nachprüfbarkeit, S. 55.
[533] Vgl. nur Henke, ZZP 81 (1968), 196 ff., 321 ff., 215; ders., Tatfrage, S. 24.
[534] A. A. jedoch Gottwald, Revisionsinstanz, S. 181 ff.
[535] Vgl. Henke, ZZP 81 (1968), 196 ff., 321 ff., 216 f.; ders., Tatfrage, S. 24.
[536] May, NJW 1983, 980 f., 981.

3. *Die teleologische Methode*

Die teleologische Methode erklärt den Ausschluss bestimmter, als Tatfragen bezeichneter Fragen von der revisionsrechtlichen Überprüfung mit dem Zweck der Revision. Dieser bestehe in der Wahrung der Einheitlichkeit der Rechtsprechung und der Vereinheitlichung und Fortbildung des Rechts[537]. Vor diesem Hintergrund sei es Aufgabe des Revisionsgerichts, all die Fragen zu überprüfen, zu konkretisieren und fortzuentwickeln, denen grundsätzliche Bedeutung zukommen könne. Dies sei bei allen Fragen der Fall, aus denen Grundsätze für spätere Entscheidungen und damit für die Rechtsanwendung überhaupt entnommen werden können. Davon erfasst sei mithin auch die Feststellung von Tatsachen durch begriffliche Konkretisierung, wenn die dazu notwendigen Bewertungen generelle oder typisierende Bedeutung erlangen[538]. Hingegen bestehe an reinen atypischen Einzelfallentscheidungen keinerlei weiter gehendes Interesse, weil insoweit die Revision keinen Erkenntnisgewinn bringen könne. Irrevisibel sei deshalb die Feststellung von Tatsachen, die einzelfallbezogen oder sonst von individualisierender Natur sind[539]. Das dort allein tangierte Interesse der Einzelfallgerechtigkeit müsse hinter dem Interesse des Revisionsrechts zurücktreten[540]. Rechtsfragen seien demnach Richtlinienfragen, Tatfragen solche des Einzelfalls[541].

Kritik erfährt diese Methode, weil bereits ihre Grundlage eines die Einzelfallgerechtigkeit vernachlässigenden Revisionsrechts sich dem Gesetz nicht entnehmen lasse. Vielmehr stelle das Gesetz beide Ziele gleichwertig nebeneinander[542]. Denn das Revisionsgericht habe bei zulässiger Revision sämtliche Rechtsfehler, also nicht nur solche mit Leitbildfunktion, zu überprüfen[543]. Im Übrigen kann auch sie nicht in griffiger Weise eine Abgrenzung von Tat- und Rechtsfrage leisten, weil letztlich die Entscheidung eines jeden Einzelfalls Beispiels- und damit grundsätzliche Wirkung habe[544]. Dem entspricht die verbreitete Auffassung, dass erst die konkrete Nach-

---

537 Vgl. nur Gottwald, Revisionsinstanz, S. 82.
538 Bürck, FS Krasney, S. 49; vgl. auch Kuchinke, Nachprüfbarkeit, S. 128.
539 Bürck, a. a. O.; ähnlich Kuchinke, Nachprüfbarkeit, S. 160 ff.
540 Vgl. Henke, ZZP 81 (1968), 196 ff., 321 ff., 203, 332.
541 Henke, ZZP 81 (1968), 196 ff., 321 ff., 204; ders., Tatfrage, S. 27.
542 Vgl. Gottwald, Revisionsinstanz, S. 87; Kuchinke, Nachprüfbarkeit, S. 47 f.; vgl. auch Neufert, S. 75 f.
543 May, NJW 1983, 980 f., 981.
544 Vgl. Henke, Tatfrage, S. 38.

vollziehung von Subsumtion und Auslegung Rechtsfehler ersichtlich machen könne, die übersehen würden, wenn lediglich die – häufig als bloße Leerformeln vorangestellten – Grundsätze überprüft werden dürften[545]. Was deshalb als individualisierendes oder aber typisches Merkmal einer Streitfrage anzusehen ist, klärt die Methode gerade nicht, sondern überlässt diese Entscheidung allein dem Rechtsanwender und damit dem Revisionsgericht[546].

4. *Die Mischformen der Abgrenzungsmethoden*

Die Schwierigkeiten und Mängel der einzelnen Abgrenzungsmethoden sind offenkundig und werden auch in der Literatur nicht verkannt. Insbesondere finden sich in sämtlichen Werken der verschiedenen Methodenvertreter letztlich die selben, wenn auch in unterschiedlicher Weise formulierten Gedanken, welche das Problem der Fassbarkeit des Grenzpunkts zwischen Tat- und Rechtsfrage betreffen. Gerade auch deshalb bedienen sich die Methoden gegenseitig einzelner Aspekte, um eine sachgerechte Abgrenzung zu erreichen. Vorwiegend wird dabei zunächst auf begrifflich-logischem Weg eine Abgrenzung von Tat- und Rechtsfragen versucht. Dann, wenn diese Methode eine Scheidung in nicht mehr überzeugendem Maße zulässt, erfolgt ein ergänzender Griff auf teleologische Erwägungen, um die Grenzen der Revisibilität für den jeweiligen Einzelfall bestimmen zu können[547].

So entspricht der Gedanke der begrifflichen Methoden, die typisierenden Rechtsbegriffe zur Anwendung auf den atypischen Einzelfall so stark zu konkretisieren und aufzufächern, bis die entwickelten Begriffe mit der Ein-

---

[545] May, NJW 1983, 980 f., 981; vgl. auch Henke, ZZP 81 (1968), 196 ff., 321 ff., 238, 241; Staudinger-Singer, § 133 Rn. 80.; Gottwald, Revisionsinstanz, S. 87, 159; Neufert, S. 66 f.

[546] Zur Beliebigkeit, einer Frage Richtliniencharakter zuzubilligen, Gottwald, Revisionsinstanz, S. 160.

[547] Vgl. dazu Henke, ZZP 81 (1968), 196 ff., 321 ff., 202, 209, 321; Henke, Tatfrage, S. 22 f.; Gottwald, Revisionsinstanz, S. 20, 138 ff., 177 ff.; auch Henckel, AcP 159 (1960), 106 ff., 125 f., sieht die Frage der Revisibilität der Auslegung von Willenserklärungen „wohl weniger“ als Problem von Tat- und Rechtsfrage, sondern möchte vielmehr auf den Revisionszweck der Rechtseinheit abstellen, der es bedinge, das Individuelle, nur für den Einzelfall bedeutende auszuscheiden. Demgegenüber propagiert Gottwald, Revisionsinstanz, S. 184, zu Recht eine offene Anerkennung auch der Leistungsmethode im Rahmen der begrifflichen Methoden, was die anderen Theorien ohnehin, jedoch für sich systemwidrig täten.

zelfallbeschreibung identisch sind, nichts anderem als der Überlegung der teleologischen Methode, dass die Rechtsanwendung nur solange an der Überprüfung ihrer Ergebnisse ein Interesse habe, als die verwendeten Obersätze noch so generell beschaffen sind, dass sie über den zu subsumierenden Einzelfall hinaus Bedeutung erlangen können. Die der teleologischen Methode innewohnende Überlegung, die rechtsvereinheitlichende Aufgabe des Revisionsgerichts erfordere nur die Befassung mit typisierenden Umständen, kehrt im Rahmen der Leistungsmethode wieder, weil die Kontrolle genereller Fragen regelmäßig eine Beweisaufnahme, nämlich die Feststellung einzelner, konkreter Tatumstände, nicht erfordert. Gleiches gilt für das gern bemühte Argument der Sachferne, das einer Befassung des Revisionsgerichts gerade dort entgegenstehen muss, wo die tatrichterliche Erkenntnis aufgrund einer Beweisaufnahme erlangt worden ist[548]. So unterscheiden sich letztlich die einzelnen Methoden in der Sache insbesondere danach, welchen Schwerpunkt ihr Anwender im Einzelfall den einzelnen Überlegungen zubilligen will. Von einer detaillierten Ein- und Zuordnung der Autoren zu einzelnen Methoden wird deshalb – mangels dadurch zu erreichenden Erkenntnisgewinns – verzichtet[549]. Vielmehr zeigt sich, dass die Lösung allein mit sachgerechten Argumenten – unabhängig von deren theoretischer Zuordnung – zu erfolgen hat.

II. Die Revisibilität der Auslegung gem. §§ 133, 157 BGB nach Ansicht der Literatur

Trotz aller Erklärungs- und Abgrenzungsversuche ist der Literatur eine überzeugende Lösung des Problems von Tat- und Rechtsfrage bis heute nicht gelungen[550]. Die Lösungsfindung leidet dabei daran, dass die theoretischen Erwägungen, mit denen der Vorgang der richterlichen Erkenntnisfindung beschrieben und analysiert wird, auf derart abstrakter Ebene stattfinden (müssen), dass ihnen an sich noch kein praktischer Erkenntnisgewinn für den einzelnen, konkreten Grenzfall entnommen werden kann. Keine der

---

548 Vgl. auch Henke, ZZP 81 (1968), 196 ff., 321 ff., 321 ff., insbes. FN. 266, der – dies erkennend – eine Abgrenzung der von ihm vertretenen teleologische Methode von der Leistungsmethode dadurch erreichen will, dass die Orientierung an der Sachferne nur in Grenzfällen erfolge, während die Leistungsmethode sich an diesen Grenzfällen überhaupt orientiere.

549 Vgl. überblicksartig Bürck, FS Krasney, S. 44 ff.; Henke, ZZP 81 (1968), 196 ff., 321 ff., 196 ff.

550 Bürck, FS Krasney, S. 47; Kuchinke, FS Beys, S. 875.

Darlegungen verzichtet deshalb auf die umfassende Heranziehung von praktischen Fallbeispielen, auf welche die entwickelten Gedanken angewendet werden, um zu zeigen, an welcher Stelle dort eine Trennung von Tat- und Rechtsfrage erfolgen muss[551]. Lässt man noch außer Betracht, dass auch die Behandlungen der einzelnen Fallbeispiele kaum zwingend eindeutige Lösungen enthalten, kann jedenfalls diese Fallbeispielbildung ebenso wenig eine verlässliche Richtschnur für die praktische Handhabung von Grenzfällen darstellen, wie dies der von der Rechtsprechung entwickelten Kasuistik gelingt.

1. Die Charakterisierung des Auslegungsvorgangs

Die Literatur hat jedoch überwiegend Einigkeit erlangt, was die Einordnung der auszulegenden Umstände, ihrer Ermittlung und ihrer Behandlung im Rahmen der Auslegung gem. §§ 133, 157 BGB und im Rahmen der Revisionsüberprüfung anbelangt, mögen auch die Begründungen unterschiedlich formuliert worden sein. So ist der Wortlaut der auszulegenden Erklärung nach allgemeiner Literaturansicht irrevisible Tatfrage[552]. Ferner ist auch die Literatur der Auffassung, eine Überprüfung der Tatsachenfeststellung sei nur auf die Einhaltung der Erfahrungs- und Denkgesetze hin möglich[553]. Die Lebenserfahrung, Denkgesetze oder die Verkehrssitte werden dabei zum Teil als „außerrechtliche Normen" bezeichnet, die zwar an sich nicht Rechtsnormen sind, jedoch der Konkretisierung der rechtlichen Obersätze dienen, und deshalb der Prüfungskompetenz des Revisionsgerichts unterliegen[554]. Die Ermittlung des objektiven Sinns von Erklärungen sei hingegen ausnahmslos normativer Natur, mithin Rechtsanwendung[555], und

---

[551] Vgl. allen voran Manigk, Revisibilität, S. 94 ff. mit über 100 dargestellten Entscheidungen des Reichsgerichts; ferner Schlosser, Nachprüfung, S. 9 ff.; Henke, ZZP 81 (1968), S. 196 ff.; Bürck, FS Krasney, S. 39 ff.

[552] Nierwetberg, JZ 1983, 237 ff., 241; Messer, FS Odersky, S. 608; Gottwald, Revisionsinstanz, S. 234.

[553] Nierwetberg, JZ 1983, 237 ff., 240; Mitsopoulos, ZZP 81 (1968), 251 ff., 264.

[554] So aus teleologischen Gründen Henke, ZZP 81 (1968), 196 ff., 321 ff., 220 f., 321; vgl. auch Gottwald, Revisionsinstanz, S. 163; mit fortentwickelter begrifflicher Methode Nierwetberg, JZ 1983, 237 ff., 240; auch bereits Manigk, Revisibilität, S. 143 f., sah die Erfahrungssätze als von den Normen stillschweigend einbezogene und deshalb revisible Normenbestandteile an; ähnlich MüKo(ZPO)-Wenzel, § 550 Rn. 6.

[555] Vgl. Staudinger-Singer, § 133 Rn. 80; Manigk, Revisibilität, S. 163; Soergel-Wolf, § 133 Rn. 36; Stumpf, FS Nipperdey, S. 968 f.; Gottwald, Revisionsinstanz, S. 234.

vor diesem Hintergrund revisibel[556]. Insbesondere sei die ergänzende Auslegung als rein normative, von der einfachen Auslegung zu trennende Rechtsanwendung stets und vollumfänglich nachprüfbar[557].

2. *Die Einschränkung der Revisibilität*

Nur vereinzelt verbreitet ist die bei Einordnung der Auslegung als Rechtsanwendung konsequente Folgerung, das Revisionsgericht könne die einfache Auslegung des Tatrichters vollständig überprüfen[558]. Dies wird mit der Begründung vertreten, die Auslegung einer Willenserklärung sei keine Tatfrage, sondern Subsumtion, nämlich die Einordnung der festgestellten Tatsachen unter die Auslegungsregeln. Eine andere Auffassung betrachtet die Auslegung nicht als Subsumtion unter die §§ 133, 157 BGB, sondern unter die verschiedenen einschlägigen Normen des materiellen Rechts[559]. Jedenfalls aber sei sie mithin reine Rechtsfrage, die das Revisionsgericht frei, selbständig und unbeschränkt beurteilen dürfe[560]. Dies sei auch den Normen der §§ 563 Abs. 3, 561 ZPO zu entnehmen. Denn die darin dem Revisionsgericht auferlegte Durchentscheidung bei Entscheidungsreife sowie die Überprüfung, ob das Urteil sich nicht trotz des Auslegungsfehlers aus anderen Gründen als richtig erweise, zeige, dass der Gesetzgeber dem Revisionsgericht die eigenständige Bewertung von Tatsachen und damit auch die eigenständige Auslegung nicht vorenthalte, sondern es sogar dazu verpflichte[561].

Überwiegend jedoch gelangt die Literatur stattdessen mit der Rechtsprechung zu einer nur eingeschränkten Revisibilität, indem sie die aus dem

---

556 Bürck, FS Krasney, S. 51; Manigk, Revisibilität, S. 180; MüKo-Mayer-Maly/Busche, § 133 Rn. 66; Neufert, S. 35.

557 Henckel, AcP 159 (1960), 106 ff., 126.

558 So jedoch May, NJW 1959, 708 f., 709; ders., NJW 1983, 980 f., 980; auch Stumpf, FS Nipperdey, S. 970; Neufert, S. 81; undeutlich Manigk, Revisibilität, S. 180.

559 Henke, ZZP 81 (1968), 196 ff., 321 ff., 347 ff.; ähnlich auch Manigk, Revisibilität, S. 164, 180 f., der die Auslegung als Subsumtion unter die unausgesprochene Grundnorm des BGB ansieht, dass ein Rechtsgeschäft grundsätzlich die Wirkungen habe, auf die sich der Rechtsfolgewillen des Handelnden richte (vgl. S. 171, 186 ff.); eine Subsumierbarkeit will Kuchinke, Nachprüfbarkeit, S. 145 f., allenfalls dort annehmen, wo die Rechtsordnung bereits einen Geschäftstypus vorgesehen hat.

560 May, NJW 1959, 708 f., 709; ders., NJW 1983, 980 f., 980.

561 Vgl. May, NJW 1983, 980 f.; auch Gottwald, Revisionsinstanz, S. 117 f.; ähnlich Neufert, S. 69 ff.

Tat- und Rechtsfragenproblem abgeleiteten Erwägungen heranzieht[562]. So wird die nur grundsätzliche Überprüfbarkeit der Auslegung als Rechtsanwendung mit der Überlegung zugelassen, dass die betreffende Auslegungsfrage keine ausreichend große Bedeutung für andere Rechtsfälle habe[563]. Ein anderer Begründungsansatz stellt in den Vordergrund, dass die Auslegungsvorschriften keine Normen seien, die ein bestimmtes Auslegungsergebnis als Rechtsfolge vorschrieben, sondern nur die dazu anzuwendende Methode[564], weshalb auch nur die Einhaltung dieser Methode überprüft werden könne[565]. Nicht zuletzt findet sich ferner die Überlegung, gerade bei der Auslegung von Willenserklärungen seien die revisible Auslegung und die irrevisible Sachaufklärung vielfach kaum trennbar miteinander verwoben, sondern ein Konglomerat, das zugleich Tatsachenkonkretisierung und Rechtsanwendung sei[566]. Die Grenze der Revisibilität sei deshalb nach teleologischen Erwägungen zu ziehen, und zwar danach, ob der Auslegungsvorgang zu verallgemeinerungsfähigen Ergebnissen führe oder nicht[567].

Eine Klärung, wie weit genau die Irrevisibilität reichen soll, konnte bisher auch durch die Ausführungen der Literatur noch nicht erfolgen. Dies wird insbesondere aus Formulierungen deutlich, welche die Auslegungsergebnisse wegen ihrer geringen Übertragbarkeit auf andere Fälle als „wenig revisibel“[568] bezeichnen. An einer überzeugenden Abgrenzung der Revisionsbeschränkung fehlt es auch dann, wenn einerseits vertreten wird, wenigstens die Methodik müsse überprüfbar sein, um nicht Dilettantismus und

---

562 Nur eingeschränkt zustimmend allerdings Stein/Jonas-Grunsky, §§ 549, 550 Rn. 38, der dahin tendiert, dem Revisionsgericht bei nichttypischen Willenserklärungen überhaupt jede Überprüfungskompetenz zu verweigern, weil wegen der Atypizität der Einzelfälle eine Leitbildfunktion dabei ohnehin nicht ausgeübt werden könne.

563 Nierwetberg, JZ 1983, 237 ff., 241; ähnlich auch Larenz, AT, § 28 Rn. 131.

564 Ähnlich Manigk, Revisibilität, S. 145, der die Auslegungsregeln als nicht unmittelbar ordnende Rechtsnorm bezeichnet, sondern als Hilfsnormen, als Recht über Recht, nämlich über die Rechtsanwendung durch den Richter.

565 Mitsopoulos, ZZP 81 (1968), 251 ff., 264; Kuchinke, FS Beys, S. 904; ders., Nachprüfbarkeit, S. 148. So lässt sich auch Henke, ZZP 81 (1968), 196 ff., 321 ff., 218, verstehen, der meint, eine bis ins Einzelne gehende Nachprüfung der tatrichterlichen Beweiswürdigung würde zum wirklichen Fortschritt des Beweisrechts nicht beitragen.

566 Larenz, AT, § 28 Rn. 130, FN 154, deutet an, dass die daraus resultierende fehlende Nähe des Revisionsrichters zur Tatsachenbeurteilung eine Einschränkung des Prüfungsumfangs rechtfertige.

567 Bürck, FS Krasney, S. 52 f.; Henke, ZZP 81 (1968), 196 ff., 321 ff., 204.

568 Henke, a. a. O., 243, 245.

Willkür aufkommen zu lassen[569], andererseits jedoch zugestanden wird, dass diese Prüfung nicht ohne Einbeziehung des Auslegungsergebnisses erfolgen könne[570]. Insbesondere beim aufgelockerten Syllogismus, also der rechtlichen Beurteilung von Gesamtsituationen, werde der Rechtsfehler erst bei Betrachtung des Ergebnisses und dem Nachvollzug der Subsumtion sichtbar[571]. Teilweise wird sogar der – gängige – Fall, in dem die auslegungsrelevanten Umstände vom Tatrichter erst infolge eines Imponderabilien einschließenden Gesamteindrucks festgestellt werden konnten, von den Vertretern der begrifflich-teleologischen Methode als Fall genannt, in welchem die Scheidung von Tat- und Rechtsfrage ausnahmsweise aufhöre[572].

Die Literatur lässt an verschiedenen Stellen erkennen, dass auch eine scharf abgrenzende Theorie die Grenzen der Revisibilität nicht bestimmen kann. Wie stark die abstrakt formulierbaren aufgelockerten Untersätze überprüfbar seien, sei insbesondere eine Frage des Zeitgeists, wobei im Laufe der Entwicklung der höchstrichterlichen Rechtsprechung eine stärkere Tendenz zu vollständiger Überprüfung feststellbar sei[573]. Die Revisibilität sei außerdem auch, soweit man für die Einordnung von Tat- und Rechtsfrage darauf abstelle, ob die Entscheidungsbegründung auf einer typischen oder atypischen Betrachtung beruhe, von der Begründung des jeweiligen Richters bestimmt[574] und deshalb in gewisser Weise willkürlich. Denn inwiefern sich die unvollständige Würdigung eines relevanten Umstands als Fehler auswirke, hänge davon ab, ob die auslegungserheblichen Umstände in einem allgemeinen oder individuellen Zusammenhang betrachtet worden seien[575].

III. Die Ansicht der Literatur zur Rechtsprechungspraxis

Nach Ansicht der Literatur hat der BGH bislang weder eine theoretische Einordnung geliefert, wie er eine Abgrenzung von Tat- und Rechtsfrage

---

[569] Henke, a. a. O., 245.
[570] Henke, a. a. O., 246; Staudinger-Singer, § 133 Rn. 80.
[571] Henke, Tatfrage, S. 132; ders., ZZP 81 (1968), 196 ff., 321 ff., 238, 241.
[572] Henke, ZZP 81 (1968), 196 ff., 321 ff., 328; Gottwald, Revisionsinstanz, S. 140.
[573] Henke, a. a. O., 231 ff.; ähnlich auch Mitsopoulos, ZZP 81 (1968), 251 ff., 258; für die Rechtsprechung des Reichsgerichts bereits Manigk, Revisibilität, S. 146.
[574] Vgl. Henke, ZZP 81 (1968), 196 ff., 321 ff., 358 ff.
[575] Vgl. Henke Tatfrage, S. 135.

vornehmen möchte[576], noch sich mit der einschlägigen Literatur auseinandergesetzt[577]. Ebenso wenig habe er eine klare dogmatische Begründung des von ihm aufgestellten Grundsatzes der beschränkten Revisibilität der Auslegung individueller Willenserklärungen gegeben[578]. Es ist deshalb verständlich, dass eine detaillierte Auseinandersetzung der Literatur mit expliziten theoretischen Auffassungen der Rechtsprechung nicht stattfinden kann.

1. Übereinstimmung mit den theoretischen Rechtsprechungsvorgaben

Wie bereits dargelegt, herrscht in der Literatur grundsätzlich Übereinstimmung mit der eingeschränkten Revisibilität, wie sie auch von der Rechtsprechung vertreten wird – allerdings mit anderer Begründung. So vermag die Literatur das Ergebnis einer eingeschränkten Revisibilität nicht mit der Trennung von Tat- und Rechtsfrage in der von der Rechtsprechung angedeuteten Form zu rechtfertigen[579]. Denn die Literatur geht gerade nicht davon aus, dass die Auslegung Tatfrage sei; deshalb müsse sie auch nicht dem Tatrichter vorbehalten sein. Stattdessen nähert sich die Literatur der Lösung der Rechtsprechung überwiegend vom gegenteiligen Ausgangspunkt an, wenn sie die Auslegung ausschließlich als Rechtsfrage betrachtet, und erst dann die grundsätzlich gegebene Revisibilität – überwiegend mit den selben Überlegungen teleologischen Ursprungs wie die Rechtsprechung[580] – einschränkt. Auf diesem Weg erreicht sie regelmäßig ein mit der theoretischen Auffassung der Rechtsprechung übereinstimmendes Ergebnis[581]. Nur am Rande – weil nicht Gegenstand der Untersuchung – sei erwähnt, dass die Literatur die vom BGH vorgenommene Differenzierung zwischen der Revisibilität von atypischen und von typischen Willenserklärungen für nicht überzeugend hält[582], jedoch auch ihr im Ergebnis aus

[576] Vgl. Henke, ZZP 81 (1968), 196 ff., 321 ff., 200 f.
[577] Schlosser, Nachprüfung, S. 9 ff., 11.
[578] So auch Bürck, FS Krasney, S. 43; Staudinger-Singer, § 133 Rn. 80; dazu auch Messer, FS Odersky, S. 605 f.
[579] Vgl. Messer, FS Odersky, S. 608, 612; MüKo(ZPO)-Wenzel, § 550 Rn. 3; Gottwald, Revisionsinstanz, S. 234 f.
[580] Vgl. MüKo(ZPO)-Wenzel, § 550 Rn. 5; Soergel-Wolf, § 157 Rn. 134.
[581] Vgl. nur Messer, FS Odersky, S. 618 ff.
[582] Vgl. schon Manigk, Revisibilität, S. 160, 179 f.; auch Messer, FS Odersky, S. 612; Schneider, MDR 1981, 885 f., 885; Stumpf, FS Nipperdey, S. 969; MüKo-Mayer-Maly/Busche, § 133 Rn. 66.

Gründen der Rechtsvereinheitlichung zustimmt[583]. Ein Weniger an Prüfungskompetenz, als dies die Rechtsprechung aufgrund der von ihr entwickelten Grundsätze für sich in Anspruch nimmt, wird hingegen, soweit ersichtlich, nirgends gefordert.

Weitgehend vernachlässigt wurde bisher die Frage, inwieweit das Revisionsgericht nach Feststellung eines Auslegungsfehlers zur Zurückverweisung oder stattdessen zur Durchentscheidung einer Auslegungsfrage berechtigt und verpflichtet ist. So weist auch Gottwald auf die bislang noch ungeklärten Schwierigkeiten im Bereich der Tatsachenbewertung und -würdigung des Revisionsgerichts bei angenommener Entscheidungsreife hin und gelangt unter Heranziehung von praktikablen, prozessökonomischen und teleologischen Aspekten zur Auffassung, dass eine Eigenentscheidung dann zuzulassen sei, wenn die Zurückverweisung im jeweiligen Einzelfall eine sinnlose leere Formalität wäre[584]. Fehle es jedoch – unabhängig vom Ausgang der Auslegungsfrage – an der Entscheidungsreife, so solle sich das Revisionsgericht zur Vermeidung von Widersprüchen auch der Auslegung enthalten[585].

2. *Kritik an der praktischen Nichteinhaltung der theoretischen Vorgaben*

Die Revisionspraxis erfährt regelmäßig Kritik wegen ihrer Inkonsequenz[586], Uneinheitlichkeit[587] und Methodenunehrlichkeit. Schon früh findet sich die Kritik an der nicht sorgfältigen Ausdrucksweise in den richterlichen Entscheidungsgründen, um der in Wahrheit geübten Methode der

---

583 Vgl. Messer, FS Odersky, S. 615; Kuchinke, Nachprüfbarkeit, S. 173 f.

584 Gottwald, Revisionsinstanz, S. 127, 220 ff.; im Übrigen geht zwar May, NJW 1959, 708 f., 709, NJW 1983, 980 f., 980, grundsätzlich, jedoch ohne Auseinandersetzung mit den bei Gottwald zu Recht angesprochenen Schwierigkeiten von einer vollumfänglichen Auslegungsberechtigung des Revisionsgerichts aus; ähnlich auch Messer, FS Odersky, S. 620 f. Rimmelspacher, AP, Nr. 38 zu § 133 BGB, deutet in seinem Abschlusssatz allenfalls an, dass er aus teleologischen Gründen nur eine Berechtigung, nicht aber eine Verpflichtung des Revisionsgerichts als sachgerecht ansieht. Schließlich hält Neufert, S. 118 ff., eine uneingeschränkte Eigenauslegung zwar aus Gründen der Prozessökonomie für sinnvoll, stellt jedoch fest, dass dies im Widerspruch zu den eigenen Grundsätzen der Rechtsprechung stünde.

585 Gottwald, Revisionsinstanz, S. 237.

586 Vgl. Gottwald, Revisionsinstanz, S. 139; Neufert, S. 78.

587 Gottwald, Revisionsinstanz, S. 158.

Grenzziehung zwischen Tat- und Rechtsfrage zu entsprechen[588]. Soweit die Literatur jenseits von bloßer Einzelentscheidungskritik[589] eine generelle Beurteilung der Rechtsprechung vornimmt, findet sich vorwiegend die Auffassung, dass der BGH die sich selbst auferlegte Beschränkung seiner Prüfungskompetenz nicht durchgängig einhalte[590]. Es wird eine Tendenz zur vollständigen Einzelfallüberprüfung festgestellt, die nicht nur bei der Überprüfung von Tatsachenfeststellungen[591] und unbestimmten Rechtsbegriffen, sondern auch im Bereich der Auslegung von Willenserklärung vorliege[592]. Die vom BGH formulierten Grundsätze über die Einschränkung der Prüfungskompetenz stellten kein ernstes Hindernis und keine psychologische Hemmschwelle mehr dar, weil der BGH stets einen Rechtsfehler begründen könne, wenn ihm nur das Auslegungsergebnis des Berufungsgerichts nicht gefalle[593]. Denn es sei kein Rechtsfehler denkbar, der nicht zugleich als Verstoß gegen das Gebot vollständiger Berücksichtigung des Tatsachenstoffs oder einer nach beiden Seiten hin interessengerechten Auslegung qualifiziert werden könne[594]. Der BGH ersetze in der Praxis – entgegen seinem theoretischen Standpunkt – die Würdigung des Berufungsgerichts immer durch seine eigene, wenn er sie nicht für überzeugend halte[595]. Dabei dringe er auch in den Bereich der Sachverhaltsfeststellung ein[596].

---

[588] Vgl. Manigk, Revisibilität, S. 138 f.; auch Neufert, S. 90, weist auf die Gefahr hin, dass ohne ausreichende Konkretisierung des beanstandeten Auslegungsfehlers dieser nur als Vorwand benutzt werden könnte, um einen Gesetzesverstoß zu begründen.

[589] Vgl. schon FN. 551; die Ursachen der Kritik allgemein darlegend Gottwald, Revisionsinstanz, S. 20 f.

[590] Vgl. nur bereits May, NJW 1959, 708 f., 708; ders., NJW 1983, 980 f., 980; so auch Schlosser, Nachprüfung, S. 9 ff, 10 ff.; Neufert, S. 92, 111 ff.

[591] Vgl. Gottwald, Revisionsinstanz, S. 138.

[592] Vgl. Henke, ZZP 81 (1968), 196 ff., 321 ff., 236 f.; ähnlich schon Manigk, Revisibilität, S. 184; deutlich auch Schlosser, Nachprüfung, S. 9 ff., 11, 17; ferner Schneider, MDR 1981, 885 f., 885, der den tatrichterlichen Freiraum bei der Auslegung als weitgehend aufgehoben ansieht; Kuchinke, Nachprüfbarkeit, S. 169; Greger, FS Link, S. 891.

[593] Staudinger-Singer, § 133 Rn. 80; so auch Schlosser, Nachprüfung, S. 9 ff., 20 f.; ähnlich Neufert, S. 92, 96 f., 103, 125.

[594] Staudinger-Singer, § 133 Rn. 80; Soergel-Wolf, § 157 Rn. 134: „praktisch unbegrenzte revisionsrechtliche Überprüfungsmöglichkeit"; vgl. auch Kuchinke, Nachprüfbarkeit, S. 169, wegen Verletzung des Gebots eines gerechten Auslegungsergebnisses; auch Greger, FS Link, S. 891, FN 21.

[595] Schlosser, Nachprüfung, S. 9 ff., 23; Neufert, S. 111 ff.; vgl. auch Schumann, AP, Nr. 34 zu § 133 BGB.

[596] Greger, FS Link, S. 891.

Einen erheblichen Einbruch in die Tatsachenbeurteilung des Berufungsgerichts sieht Schlosser schließlich in der Revisionspraxis, die sich selten auf die schlichte Zurückverweisung beschränke, sondern dem Berufungsgericht oft seitenlange, ausdrückliche Hinweise gebe, wie die Sache weiter zu behandeln sei. Zwar seien diese theoretisch nicht bindend, würden aber praktisch so gut wie immer befolgt[597].

5. Abschnitt: Eigene Stellungnahme

I. Die bisherige Rechtsprechungspraxis des BGH

Zu Recht bemängelt die Literatur bislang das Fehlen einer in sich stimmigen Erklärung zur Einordnung des tatrichterlichen Auslegungsvorgangs durch den BGH. Die unklare Charakterisierung der Auslegung durch den BGH steht einer überzeugenden Begründung der Revisionspraxis – insbesondere in Anbetracht der vom BGH angedeuteten grundsätzlichen Zuordnung der Vertragsauslegung zur Tatfrage – entgegen.

Dies führt in vielen Fällen zu einer zweifelhaften Grenzziehung, weil der BGH tatrichterliche Ausführungen zur Vertragsauslegung nicht ohne Weiteres dem Bereich der irrevisiblen Tatsachenfeststellungen zuordnet. Damit geht eine Missachtung der Bindung an die tatrichterlichen Feststellungen jedenfalls in den Fällen einher, in denen die Auslegung seitens des Tatgerichts oder des Revisionsgerichts nicht ausschließlich auf unmittelbar fixierte Umstände gestützt wird. Dies gilt gerade dann, wenn eine Gesamtsituation, also eine von Imponderabilien geprägte Vielzahl von Einzelumständen, oder andere unwägbare Umstände – etwa solche des Grades und des Maßes – Grundlage der Auslegung sind (vgl. Seite 37 ff.; Seite 178 ff.).

Der vom BGH aufgestellte Grundsatz einer eingeschränkten Revisionskontrolle der Auslegung von Willenserklärungen, die vor der Überprüfung der inhaltlichen Billigkeit der Auslegungsentscheidung Halt machen soll, erweist sich dabei als in der Praxis unhaltbar (vgl. Seite 96 ff.). Der BGH prüft stattdessen durchgehend die Auslegung des Tatrichters selbständig nach. Eine Aufhebung wegen fehlerhafter Auslegung erfolgt dabei in großer Anzahl, ohne dass ein zwingender Methodikverstoß des Tatrichters dar-

[597] Schlosser, Nachprüfung, S. 24.

gelegt würde oder ersichtlich wäre (vgl. Seite 109 ff.). Auf Grundlage dieser Revisionspraxis kann jede dem BGH als unbillig erscheinende Auslegung aufgehoben werden (vgl. Seite 109 ff.). Dass dieses Mittel teilweise auch bewusst eingesetzt wird, um bestimmte Auslegungsergebnisse zu erreichen, liegt anhand der untersuchten Entscheidungen nahe (vgl. Seite 195 ff. bis Seite 205 ff.). Zu diesem Zweck beschränkt sich der BGH regelmäßig nicht auf die Feststellung des Rechtsfehlers, sondern nimmt regelmäßig – sofern ihm nicht neue Tatsachenfeststellungen als notwendig erscheinen – für sich die Berechtigung an, die Auslegung selbst nachzuholen oder zu vervollständigen (vgl. Seite 50 ff. und Seite 138 ff.). Eine Darlegung, worauf die Annahme gestützt wird, dass neue Feststellungen nicht mehr möglich oder nötig seien, erfolgt dabei regelmäßig nicht (vgl. Seite 138 ff.). Ein überzeugendes System ist demnach insoweit nicht ersichtlich. Gleiches gilt für die Entscheidung, wann und wie weit der BGH seine Zurückverweisung mit obiter dicta zur neuen Auslegung versieht.

Es kann nicht erkannt werden, dass die Berufungsgerichte nach der Zurückverweisung versuchen würden, von den Ausführungen des BGH abzuweichen (vgl. Seite 159 ff.). Die Bindung an die Rechtsausführungen des BGH wird stets beachtet. Anhand von Einzelfällen ist allerdings ersichtlich, dass zum Teil eine sogar weiter gehende Bindung angenommen wird, als diese tatsächlich bestünde. Daraus sollte eine zurückhaltende Verwendung von obiter dicta gefolgert werden.

Die Praxis des BGH führt in nicht überzeugender Weise zu einer Vielzahl von Auslegungsgrundsätzen mit fragwürdiger Notwendigkeit, weil diese Grundsätze sich regelmäßig als lediglich generell gehaltene Ausformulierung einer Einzelfallauslegung darstellen. Ihr Charakter als Richtlinie ist deshalb ebenso fraglich wie ihr Nutzen für die Rechtsvereinheitlichung (vgl. Seite 220 ff.). Die Rechtsprechungspraxis begibt sich dabei in die Gefahr, durch nicht ausreichende Beachtung der tatrichterlichen Einzelfallfeststellungen eine gesetzgeberähnliche Funktion auszuüben, indem vermeintlich unbillige Ergebnisse korrigiert werden ohne zu prüfen, ob nicht nach vorrangigen Aspekten das tatrichterlich gefundene Ergebnis sowohl mit den individuellen Parteiinteressen als auch mit dem dispositiven und positiven Recht in Einklang steht (vgl. Seite 229 ff.).

Vor diesem Hintergrund sollte zunächst [II.] nach Möglichkeit eine deutlichere Auseinandersetzung mit dem Vorgang der Auslegung unter dem Blickwinkel des Revisionsrechts erfolgen. Erst dann kann verstanden werden, [III.] worauf sich die Revisibilität der Auslegung beziehen darf. Schließlich [IV.] muss sich die Revisionsmethodik mit dem Konflikt befassen, der entsteht, weil das Revisionsrecht insbesondere bei der Auslegungskontrolle je nachdem, auf welche der mit der Revision zu wahrenden Interessen der Schwerpunkt gelegt wird, gegenläufige Lösungen anzustreben scheint. [V.] Die Lösungen, die sich daraus unter Berücksichtigung der aus der Untersuchung gewonnenen Ergebnisse folgern lassen, sind im Anschluss zusammengefasst.

II. Die Analyse des Auslegungsvorgangs

1. Die Feststellung der Auslegungsumstände

Mit der Revision feststellbare Rechtsfehler können nur dort entstehen, wo das Recht die Entscheidungsfindung des Tatrichters regelt. Der gerichtlichen formalen Entscheidung, regelmäßig als Urteil im Sinne der §§ 300 ff. ZPO, gehen viele einzelne Entscheidungen des Tatrichters voraus, die durch materielle und prozessuale Rechtsnormen gesteuert werden. Denn das gerichtliche Urteil entsteht im Wege eines Prozesses, dessen Ergebnis nicht aufgrund eines einzigen Gedankenschlusses gefunden werden kann, sondern erst herausgebildet und entwickelt werden muss. Dabei kann es sich um prozessuale Entscheidungen, etwa über die Durchführung oder die Entbehrlichkeit einer Beweisaufnahme, um materielle Entscheidungen, etwa über die Wirkung eines Vertragsschlusses, aber auch um jegliche sonstigen Erkenntnisse als Abschluss eines kognitiven Vorgangs im Kopf des Richters handeln. Als ein solcher stellt sich auch die Erkenntnis über das Sein oder So-Sein eines dem Urteil zu Grunde zu legenden Sachverhalts dar. Allein diese Erkenntnis ist mit der Tatsachenfeststellung gemeint. Auch sie ist durch gesetzliche Normen geregelt, deren Beachtung als Rechtsfrage revisibel ist.

Allerdings bestimmt die hierzu einschlägige Grundsatznorm des § 286 Abs. 1 Satz 1 ZPO, dass die Überzeugungsbildung frei zu erfolgen hat. Dabei ist anerkannt, dass die Überzeugungsbildung dennoch gewissen Regeln – insbesondere den Denkgesetzen – gehorchen muss, weil andernfalls ein Sachverhalt in willkürlicher Weise erschlossen würde. Im Übrigen ist die Tatsachenfeststellung jedoch, wie allgemein anerkannt, der Revisionsprüfung entzogen. Da sich die für die Tatsachenfeststellung vorhandenen

Rechtsnormen in der Vorgabe des Erkenntnisverfahrens erschöpfen, ist die Feststellung auch nur auf die Einhaltung dieser Methodik hin überprüfbar[598]. Vor diesem Hintergrund erscheint die gängige Formulierung missverständlich, dass die Tatsachenfeststellung nur eingeschränkt revisibel sei. Denn sie ist nicht minder revisibel als jede sonstige Rechtsanwendung: Wie stets ist auch die Tatsachenfeststellung in vollem Umfange auf die Einhaltung der Rechtsnormen hin überprüfbar; dass dort, wo solche Normen fehlen, ihre Verletzung nicht vorliegen kann, versteht sich von selbst.

Auch der Auslegung von Willenserklärungen gem. §§ 133, 157 BGB geht die Feststellung des Prozessstoffs gem. § 286 ZPO voraus. Dass dazu der Wortlaut der Willenserklärungen und die sonstigen im Rahmen des Auslegungsvorgangs zu berücksichtigenden Tatumstände gehören, ist in Literatur und Rechtsprechung ebenso anerkannt, wie die sich daraus ergebende Konsequenz, dass diese tatrichterlich festgestellten Umstände das Revisionsgericht binden und deshalb von ihm hingenommen und seiner Entscheidung zu Grunde gelegt werden müssen. Dies gilt insbesondere für die Feststellung von Indizien, die auf einen bestimmten Willen des Erklärenden hindeuten, oder für die Feststellung, es habe ein bestimmter Wille vorgelegen. Gleiches gilt für den Umstand, welcher Zweck mit einem Vertrag verfolgt werden sollte. Auch insoweit handelt es sich noch nicht um Auslegung im Sinne der §§ 133, 157 BGB, sondern um Tatsachenfeststellung, die im soeben dargelegten Umfange revisibel ist.

2. *Die Auslegung gem. §§ 133, 157 BGB*

Die Ermittlung der rechtsgeschäftlichen Bedeutung, die den festgestellten Umständen, insbesondere dem Erklärungswortlaut in der festgestellten Situation zukommt, ist in Abgrenzung zu den vorstehenden Ausführungen keine Frage der Tatsachenfeststellung. Denn die rechtliche Wirkung einer tatsächlich festgestellten Erklärung muss vom Richter aufgrund eines Entscheidungsvorgangs erkannt werden, der nicht im Wege freier Beweiswürdigung gem. § 286 Abs. 1 Satz 1 ZPO stattfindet, sondern stattdessen durch

---

[598] Schon Kuchinke, Nachprüfbarkeit, S. 50, weist darauf hin, dass eine fehlerhafte Sachverhaltsermittlung des Tatrichters nicht den auf den Sachverhalt angewendeten Rechtssatz verletze, sondern nur die Norm, welche ihm die Feststellung der Wirklichkeit gebiete.

die Rechtsnormen der §§ 133, 157 BGB geregelt wird[599]. Dass diese Normen in gleicher Weise wie § 286 ZPO kein bestimmtes Entscheidungsergebnis anordnen, sondern nur die zur Entscheidungsfindung heranzuziehende Methodik, ändert daran nichts. Die durch die §§ 133, 157 BGB aufgestellten Rechtsgrundsätze können auf ihre Verletzung hin durch das Revisionsgericht überprüft werden. Auch insoweit ist keine Abweichung vom Grundsatz vollumfänglicher Revisibilität der Rechtsanwendung ersichtlich, so dass der Begriff der eingeschränkten Revisibilität eher Verwirrung stiftet als hilft[600].

Die Abgrenzungs- und Zuordnungsschwierigkeiten der tatsächlichen und rechtlichen Elemente der Auslegung erklären sich aus der Komplexität des konkreten Auslegungsvorgangs. Denn die tatsächlich festgestellten Auslegungsumstände müssen bei der Auslegung zur Findung eines Ergebnisses nach einer Methode bewertet werden, die zwar in den §§ 133, 157 BGB und den von der Rechtsprechung aufgestellten Auslegungsgrundsätzen dargelegt ist, jedoch ein bestimmtes Auslegungsergebnis nicht vorgibt, sondern regelmäßig verschiedene Ergebnisse als methodisch korrekt anerkennt. Die Bewertung der Einzelumstände hängt dabei insbesondere von der Vorstellung ihres So-Seins, also ihres Umfangs und ihrer tatsächlichen Bedeutung, ab. Auch die Bewertung, welches Gewicht ein Umstand im Rahmen der Auslegung unter Beachtung der objektiven Interessen der Erklärungsparteien haben soll, hängt in untrennbarer Weise davon ab, welche Vorstellungen der Tatrichter von den Interessen der Parteien gewonnen hat. Diese können durch Tatsachenfeststellung gem. § 286 ZPO erkannt worden sein; ebenso möglich ist aber der Schluss auf ein bestimmtes Interesse anhand von Erfahrungssätzen, die ein entsprechendes Interesse im Falle einer bestimmten Erklärungssituation als annehmbar erscheinen lassen. Jeder feststellbare Umstand kann dabei – je nach seiner Intensität und nach seiner Bewertung, die wiederum durch normative Elemente wie Treu und Glauben (§ 157 BGB) beeinflusst werden kann – den Ausschlag für das ein oder das andere Auslegungsergebnis geben.

599 Auch Kuchinke, Nachprüfbarkeit, S. 91, sieht als letzten Trennungsgrund für die Rechts- von der Tatfrage die (bewusste) Gebundenheit an eine Wertentscheidung. Vgl. auch Neufert, S. 51.

600 Zu Recht weist insoweit auch Gottwald, Revisionsinstanz, S. 160, darauf hin, dass eine vertretene Einschränkung des Revisionsprüfungsumfangs jedenfalls dort nicht überzeugen kann, wo es um erkennbare Fehler geht.

3. Der Umgang mit den praktischen Abgrenzungsschwierigkeiten

Dies ändert freilich noch nichts an der theoretischen Möglichkeit, jeden einzelnen Punkt der Entscheidungsfindung herauszulösen und zu analysieren, ob sein Gedankenschluss sich als Vorstellung über das So-Sein des Umstands gem. § 286 ZPO oder als Bewertung seiner Bedeutung im Gesamtgefüge der Auslegungsumstände gem. §§ 133, 157 BGB darstellt[601]. Allerdings ist eine Nachvollziehung der einzelnen Entscheidungsprozesse in der Praxis ab einem gewissen Punkt nicht mehr möglich[602], weil sie an der Darstellbarkeit der Entscheidungen im tatrichterlichen Urteil scheitert. Insbesondere dann, wenn der Auslegung eine Gesamtsituation zu Grunde liegt, fällt die Feststellung und Bewertung einer Vielzahl von Umständen vermeintlich zusammen, weil sowohl die Sprache überhaupt als auch die gerichtliche Praxis hierbei an ihre Grenzen stößt[603].

Eine weiter gehende Differenzierung innerhalb dieses Grenzbereichs kann in der Praxis auch nicht verlangt werden. Es ist dem Tatrichter nicht möglich, den Entscheidungsvorgang in einer solchen Weise zu Papier zu bringen, dass das Revisionsgericht die Erkenntnis und Bewertung jedes Einzelelements einer Gesamtsituation ersehen und nachvollziehen könnte[604]. Die Analyse der tatrichterlichen Entscheidung muss an dieser Stelle die Norm des Faktischen akzeptieren. Jeder Versuch, das tatrichterliche Urteil dennoch weiter aufzuspalten, müsste seine Grundlage in der Spekulation finden. Eine Aussage darüber, ob die Auslegung auf nicht angreifbarer Feststellung des So-Seins eines bestimmten Gesamtumstands beruht, oder aber ob ein festgestellter Gesamtumstand übermäßig stark im Rahmen der Methodik der §§ 133, 157 BGB bewertet worden ist, ließe sich nicht mehr treffen. Das Revisionsgericht kann dennoch nicht schon vorsorglich die Entscheidung aufheben, weil die Aufhebung einen erkennbaren Rechtsfehler verlangt, der hier gerade nicht vorliegt[605].

---

601 Vgl. auch Gottwald, Revisionsinstanz, S. 140; ähnlich wohl auch Frohn, S. 130; ferner Neufert, S. 60.
602 Vgl. Gottwald, Revisionsinstanz, S. 140; Larenz, Methodenlehre, S. 309.
603 Vgl. bereits oben Seite 184 ff.
604 Vgl. dazu Henke, Tatfrage, S. 172 ff.
605 Vgl. Kuchinke, Nachprüfbarkeit, S. 137, der anerkennt, dass die Aufhebung insoweit nur wegen der Möglichkeit von Fehlern in der tatrichterlichen Begriffsbildung erfolgt.

Dies ist freilich längst erkannt worden und hat seinen Niederschlag in der missverständlichen Formel gefunden, die tatrichterliche Auslegung sei Tat- und Rechtsfrage zugleich, jedoch überwiegend dem Tatrichter vorbehalten. Klarer müsste formuliert werden, dass die Auslegung stets Rechtsfrage ist, jedoch die einzelne Auslegungsüberlegung mangels sprachlicher Darstellbarkeit für den Tatrichter sowie spiegelbildlich mangels Einsichtsmöglichkeit des Revisionsrichters nicht durch das Revisionsgericht von der ihr zu Grunde liegenden Tatsachenfeststellung geschieden werden kann[606]. Aus diesem Grunde kann ein Auslegungsrechtsfehler in diesem Grenzbereich nicht festgestellt werden.

Unergiebig ist in diesem Zusammenhang ferner die gängige Aussage, die Auslegung werde vor dem vorgenannten Hintergrund nur in eingeschränkter Weise, nämlich auf die Einhaltung der Auslegungsgrundsätze hin, überprüft. Diese stellen ohnehin den einzigen rechtlichen Rahmen der Auslegung dar, so dass eine Rechtskontrolle allein sie zum Gegenstand haben kann. Soweit ein Einblick in den Entscheidungsvorgang nicht möglich ist, kann allerdings selbst eine Verletzung des Auslegungsgrundsatzes nicht erkannt werden. Die beschränkte Revisibilität beruht deshalb nicht auf einer beschränkenden Vorgabe des Revisionsrechts, sondern allein auf der faktischen Grenze, die der Revision bei ihrem Bestreben gesetzt ist, stets und ohne Einschränkung sämtliche Rechtsfehler zu erfassen[607].

Der BGH will dennoch in zahlreichen Fällen fehlender Einblicksmöglichkeit in den Auslegungsvorgang Methodik- und damit Auslegungsfehler erkennen. Allerdings unterbleibt dabei regelmäßig eine Darlegung des konkreten Methodikfehlers. Tatsächlich handelt es sich in diesen Fällen um eine Aufhebung, die aus anderen Gründen als der Methodikkontrolle geschieht[608], nämlich zur Erreichung eines vermeintlich sachgerechteren Ergebnisses. Der zustimmenden Auffassung der Literatur, regelmäßig könne eben die Methodik allein durch Einbeziehung des Ergebnisses überprüft werden, ist dabei zu widersprechen. Denn da die Methodik gerade kein bestimmtes Ergebnis vorschreibt, sondern in nur vager Weise eine Bewertung vorgibt, mag zwar die Überprüfung des Ergebnisses einen Schluss darauf zulassen, mit welcher Intensität der Tatrichter gewisse Umstände berücksichtigt und bewertet hat, lässt aber einen Methodikfehler des Tatrichters

606 Vgl. auch Henke, Tatfrage, S. 188 f.

607 Vgl. ähnlich zur inhaltlichen Überprüfbarkeit von Verkehrssitten und Handelsbräuchen Neufert, S. 37 f.

608 Vgl. ähnlich Larenz, Methodenlehre, S. 310 f.

nicht feststellen[609]. Schließlich normiert die Methodik gerade nicht, welches Gewicht genau den Umständen zukommen muss und in welchem Verhältnis die Bedeutung der Umstände gegeneinander zu ordnen ist. Stattdessen muss eine konsequente Sichtweise es hinnehmen, dass jede methodisch richtige Auslegung auch dann rechtsfehlerfrei und folglich bindend ist, wenn sie zu einem vermeintlich unbilligen Ergebnis führt.

Diese Auffassung zieht auch der BGH regelmäßig heran[610]. Tatsächlich jedoch sind bereits Auslegungsgrundsätze geschaffen worden, die gerade in der Erreichung eines vermeintlich unbilligen Ergebnisses einen Auslegungsfehler begründen würden: Ein nach Ansicht des BGH unbilliges Ergebnis könnte wohl kaum seiner Überprüfung unter dem Gebot der interessengerechten Auslegung Rechnung tragen. Allein dies zeigt, dass die Revision längst eine vollumfängliche Auslegungskontrolle durchführen muss, will sie das von ihr aufgestellte Gebot der interessengerechten Auslegung überprüfen[611]. Häufig geht der BGH bei seiner Auslegungskontrolle sogar über die individuellen Auslegungsumstände hinweg und begründet sein Auslegungsergebnis mit rein abstrakt-normativen Gesichtspunkten. Eine Darlegung methodischer Fehler bei der Bewertung individueller Umstände unterbleibt dabei, sodass die Aufhebungstätigkeit des BGH nahezu gesetzgeberähnliche Züge annimmt[612].

Mit der Auffassung einer nur auf die Einhaltung der Methodik der §§ 133, 157 BGB beschränkten Überprüfung ließe sich dies nur dann in Einklang bringen, wenn die Auslegungsregeln so behandelt würden, als

---

[609] Vgl. bereits oben Seite 184 ff.

[610] Vgl. nur BGH vom 25.04.2001 – X ZR 50/99 (Urteil 74): „Würdigung rechtlich möglich"; ferner beispielsweise BGH vom 22.10.1999 – V ZR 398/98, wo der BGH klarstellt, dass die Revision gegen die berufungsgerichtliche Auslegung mangels Rechtsfehlers nicht durchgreifen könne, weil die Revision lediglich ihr Verständnis der Klausel dem des Berufungsgerichts entgegensetzen wolle. Ähnlich auch BGH vom 08.12.1999 – VIII ZR 340/98: Die Revision versuche dort lediglich in unzulässiger Weise ihre eigene Interpretation anstelle derjenigen des Tatrichters zu setzen. – Mit dieser ständigen Rechtsprechung des BGH unvereinbar ist die Auffassung von Neufert, S. 66 ff., der meint, dass es nicht mehrere mögliche, sondern nur ein einziges richtiges Auslegungsergebnis gebe.

[611] Vgl. auch Kuchinke, Nachprüfbarkeit, S. 169, der ebenfalls trotz der Einschränkung des Prüfungsumfangs eine Aufhebung durch den BGH stets für möglich hält, wenn nur das Auslegungsergebnis nicht mit der Gerechtigkeit in Einklang steht.

[612] So auch Schack, NJW 1983, 2860 ff., 2807, der deshalb in der Behauptung des BGH, er sei nur zur Überprüfung auf Rechtsfehler hin befugt, ein bloßes „Lippenbekenntnis" sieht.

schrieben sie bereits methodisch in solch klarer Weise den Vorgang der Bewertung vor, dass er stets zu einem bestimmten Ergebnis führen muss. Ein solches Verständnis der §§ 133, 157 BGB wäre zwar per se mit dem materiellen Recht vereinbar, entspricht jedoch nicht der Wirklichkeit[613]. Da also die verwendeten Grundsätze eine bestimmte Auslegung gerade nicht vorgeben, führen sie zu einer generellen Aufhebbarkeit jeder Auslegungsentscheidung. Der Widerspruch zu den regelmäßigen Obersätzen des BGH, der stets auf seine nur eingeschränkte Prüfungskompetenz hinweist, wird dadurch deutlich. Ein solcher ließe sich allenfalls dann vermeiden, wenn man mit May und Stumpf[614] die insoweit konsequente Auffassung verträte, das Revisionsgericht könne in jedem Fall die Auslegung anstelle des Tatrichters prüfen und korrigieren. Dieser Auffassung schließt sich der BGH jedoch gerade – zu Recht – nicht an.

Denn eine vollständige Auslegungskompetenz des Revisionsgerichts ginge untrennbar mit einer Aushöhlung des tatrichterlichen Feststellungsprivilegs einher[615, 616], was auch May und Stumpf nicht berücksichtigen. Dieses stellt sich als insbesondere zivilverfahrensrechtlich verankertes Institut dar, dem auch das Revisionsrecht Rechnung tragen muss. Eine derart weitgehende Kontrolle des Revisionsgerichts ist deshalb nicht zulässig. Die Rechtsprechungspraxis des BGH hat nach alldem bislang nicht vermocht, diese Widersprüchlichkeiten aufzulösen.

III. Folgerungen für die revisionsrechtliche Kontrolle der Auslegung

Das Revisionsgericht hat bei der Überprüfung einer Entscheidung genau zu analysieren, welche einzelnen Entscheidungsvorgänge der Findung des

[613] Dagegen geht Neufert, S. 66 ff., davon aus, dass die Auslegungsmethode nicht ohne den Vergleich mit dem sachlich richtigen Auslegungsergebnis überprüft werden könne. Seiner Auffassung nach führen die Auslegungsregeln deshalb in jedem Einzelfall nur zu einem richtigen Ergebnis.

[614] Vgl. Fußnote 558.

[615] Vgl. bereits oben Seite 180.

[616] Dies erkennt auch Neufert, S. 92, will aber ausnahmsweise eine solche eigene Beweiswürdigung des Revisionsgerichts nicht an den formalen Schranken der §§ 549, 550, 561 ZPO [a. F.] scheitern lassen, weil eine solche Auslegungskontrolle den individuellen Parteiinteressen diene.

tatrichterlichen Urteils vorausgegangen sind[617]. Dabei ist das Augenmerk insbesondere nicht nur dort auf eine Auslegung gem. §§ 133, 157 BGB zu richten, wo eine solche durch den Revisionskläger gerügt oder durch den Tatrichter ausdrücklich als vorgenommen dargestellt worden ist. Vielmehr ist zu berücksichtigen, dass Auslegung bereits überall dort stattgefunden hat, wo rechtsgeschäftliche Folgen von Willenserklärungen Grundlage für die Anwendung weiterer Rechtsnormen werden. So hängen beispielsweise die Rechtsfragen, ob und inwieweit eine vertragliche Nebenpflicht besteht und verletzt worden sein kann, ob ein bestimmter Umstand die Rechtsfolgen eines Vertrages gem. § 242 BGB treuwidrig sein oder die Rechtsgrundlage des Vertrages entfallen lässt, oder ob der mit dem Vertrag verfolgte Zweck einen Rechtsgrund im Sinne des § 812 BGB darstellt, untrennbar mit der tatrichterlichen Auslegung des Vertrages zusammen, die das Revisionsgericht auch hier zu berücksichtigen hat[618]. Stets muss das Revisionsgericht dann die Entscheidungsvorgänge des Tatrichters daraufhin nachvollziehen, ob sie eine Feststellung über das So-Sein eines Umstands enthalten, oder aber bereits normativen Charakters sind, also eine von den §§ 133, 157 BGB gesteuerte Bewertung solch festgestellter Umstände darstellen. Ersterenfalls kann eine Überprüfung nur dann erfolgen, wenn eine Prozessrüge gegen das Feststellungsverfahren erhoben worden ist; ist dies nicht der Fall, oder erweist sich die Rüge als unbegründet, sind die Umstände bindend festgestellt.

Ist hingegen nicht eindeutig feststellbar, dass es sich um eine Tatsachenfeststellung gem. § 286 ZPO handelt, weil ersichtlich ist oder jedenfalls nicht ausgeschlossen werden kann, dass die Behandlung der tatsächlichen Umstände im Urteilstext bereits von Wertungen beeinflusst worden sind, die ihre Grundlage in durch die §§ 133, 157 BGB umgrenzten Bewertungsanleitungen haben können[619], so stellt sich die getroffene Entscheidung nicht als irrevisible Tatfrage dar. Das Revisionsgericht hat vielmehr nun genau zu prüfen, inwieweit es weiteren Einblick in den Entscheidungsvor-

---

617 Auch Kuchinke, Nachprüfbarkeit, S. 78, sieht als Problemfrage die der Sonderung der einzelnen Denkvorgänge an.

618 Vgl. nur oben Seite 205 ff.

619 Zu Recht führt auch Frohn, S. 130, aus, dass zwar eine Trennung von Tat- und Rechtsfrage aufgrund der Unterschiede des syntaktischen Aussehens möglich ist, weil Sachverhaltsaussagen beschreibenden, hingegen Rechtsnormaussagen vorschreibenden Charakter haben. Gleichwohl verliert auch er nicht aus dem Blick, dass eine Zuordnung durch den be- oder vorschreibenden Sprecher, also den Richter, in Einzelfällen durchaus manipulierbar ist.

gang zu gewinnen vermag. Erst danach lässt sich eine Aussage treffen, ob überhaupt und wenn, wegen welcher Vorgänge die Feststellung eines Rechtsfehlers in Betracht kommen kann.

Das Revisionsgericht muss dann dabei beachten, dass das Auslegungsergebnis des Tatrichters für sich regelmäßig gerade nicht auf eine fehlerhafte Anwendung der Auslegungsmethodik schließen lässt. Nur dort, wo das Ergebnis sich in keiner denkbaren Weise mit den Mitteln der Auslegung erreichen lässt, kann ein Auslegungsfehler festgestellt werden. Vor diesem Hintergrund darf die Prüfung des Revisionsgerichts nicht darauf gerichtet werden, die Auslegung selbst nachzuvollziehen und das gewonnene Ergebnis mit dem des Tatrichters zu vergleichen. Stattdessen muss geprüft werden, ob das Auslegungsergebnis des Tatrichters sich mit den anerkannten Auslegungsgrundsätzen erreichen lässt, ohne dass es als willkürlich gewonnen erscheint. Nur wenn dies nicht möglich ist, kann ein Methodikfehler konstatiert werden.

Erscheint das Auslegungsergebnis nicht als willkürlich, kann aus dem Ergebnis selbst nicht erkannt werden, dass die Auslegungsmethodik nicht eingehalten worden ist. In diesem Fall lassen sich Methodikfehler allein dann feststellen, wenn das Tatsachengericht durch die Darlegung seiner Methodik selbst ein falsches Methodenverständnis erkennen lässt. Dabei ist auch zu berücksichtigen, dass das Gesetz es dem Tatrichter nicht ermöglicht, auf die Darlegung seiner Methodik ganz zu verzichten, um eine Kontrolle auszuschließen. An die Darlegung der Methodik dürfen jedoch keine überspannten Anforderungen gestellt werden, da ansonsten die Begründungsnorm des § 313 Abs. 3 ZPO überdehnt würde. Zu beachten ist hier vor allem, inwieweit die sprachliche Darstellung eines Auslegungs- und Bewertungsvorgangs möglich ist. Als Richtlinie kann dabei die Rechtsprechung des BGH selbst dienen, die in Einzelfällen die durchgeführte Auslegungsbewertung durchaus knapp darstellt und spätestens dort Halt macht, wo der Entscheidungsprozess einzig noch von einer persönlichen Bewertung abhängt.

Soweit nun ein Einblick in den Auslegungsvorgang des Tatrichters nicht mehr möglich ist, ist es freilich nicht ausgeschlossen, dass dem Tatrichter eine Verkennung der Auslegungsmethodik unterlaufen ist. Allerdings lässt sich dies vom Revisionsgericht nicht mehr ohne Weiteres erkennen. Dieses Faktum darf aber nicht dadurch umgangen werden, dass die Revisionsgerichte zu einer Kontrolle der Auslegung im Wege der Eigenersetzung übergehen. Eine solche – derzeit vorliegende Rechtsprechung – verstieße gegen das Zivilprozessrecht, welches eine Bindung an die tatrichterlich festgestellten Tatsachen bestimmt. Denn in keinem dieser Fälle ist auszuschließen, dass das Auslegungsergebnis auf Grundlage der tatsächlichen Feststellungen methodengerecht zustande gekommen ist. Eine Aufhebung wegen des bloßen Verdachts eines Rechtsfehlers sieht das Prozessrecht nicht vor[620]. Zwar wird vertreten, auch dann, wenn der Weg zur richterlichen Entscheidung nicht nachvollziehbar geschildert wird, liege ein revisibler Fehler vor[621]. Dies kann jedoch auf die hier relevanten Fälle nicht übertragen werden, weil der Tatrichter nicht gehalten sein kann, ein Mehr an Begründung zu liefern, als tatsächlich möglich ist und vom Prozessrecht gem. § 313 Abs. 3 ZPO als notwendig erachtet wird.

Das Revisionsgericht ist deshalb in dem wie vorgenannt eingegrenzten Auslegungsbereich aus faktischen Gründen auf eine bloße Willkürkontrolle beschränkt. Es darf demnach mangels genaueren Einblicks in den Abwägungsvorgang des Tatrichters nur dann von einem Methodikfehler ausgehen, wenn dessen Auslegungsergebnis unter keinem denkbaren Gesichtspunkt vertretbar erscheint und damit willkürlich ist. Dabei ist zuzugeben, dass auch das Urteil, eine Entscheidung sei willkürlich, eine Wertung erfordert und deshalb keiner zwingend logischen Methode folgt. An der Berechtigung und Notwendigkeit einer solchen Kontrollvorgabe ändert dies jedoch nichts, da das Recht eine solche aus Gründen der Rechtsstaatlichkeit verlangt[622]. Im Folgenden wird gezeigt, dass diese Vorgabe trotz ihrer die bisherige Rechtsprechungspraxis einschränkenden Wirkung dem Revisionsgericht den notwendigen Raum zur Wahrung seiner Aufgabe der Rechtsvereinheitlichung und -fortentwicklung belässt.

IV. Der Interessenkonflikt einzelner Revisionszwecke und anderer gesetzlicher Vorgaben

Das Revisionsgericht hat verschiedene dem Prozessrecht innewohnende Grundsätze zu beachten, die Auswirkung auf die Bestimmung seiner Befugnis zur Auslegungskontrolle und Selbstauslegung haben können. Dies ist insbesondere im Rahmen der teleologischen Methode anerkannt. Aber

[620] Vgl. auch Gottwald, Revisionsinstanz, S. 142.
[621] Mitsopoulos, ZZP 81 (1968), 251 ff., 260 f.
[622] Vgl. bereits oben Fußnote 365; auch Kuchinke, Nachprüfbarkeit, S. 168.

auch die sonstigen Methoden und die Rechtsprechung des BGH selbst gehen ersichtlich davon aus, dass allein der Versuch, zwischen Tat- und Rechtsfrage abzugrenzen, zu keiner dem Sinn der Revision gerecht werdenden Revisionskompetenz führen kann. Die hier beachtlich werdenden Grundsätze müssen deshalb kurz dargestellt werden, um ihr Verhältnis zueinander und ihre Auswirkung auf die gebotene Willkürkontrolle im Bereich der Auslegung beurteilen zu können. Dabei werden sie auch jeweils im Hinblick darauf überprüft, ob sie eine weiter gehende als auf die Einhaltung des Willkürverbots beschränkte Auslegungskontrolle verlangen

1. Für eine weite Auslegungskontrolle sprechende Grundsätze

Das Revisionsrecht wird von verschiedenen Prinzipien geleitet, die für sich betrachtet eine Auslegung von Willenserklärungen auch durch das Revisionsgericht zu fordern scheinen, allerdings mit gegenläufigen Interessen des Verfahrensrechts in Einklang gebracht werden müssen.

a) Einheitliche Rechtsanwendung, Rechtsvereinheitlichung und -fortbildung

Aufgabe des Revisionsrechts ist es zunächst, für die einheitliche Anwendung des Rechts und für die Rechtsvereinheitlichung zu sorgen. Dies setzt eine Kontrollmöglichkeit an sich voraus. Soweit es an Regeln für eine richterliche Entscheidung fehlt, fehlt jeglicher Kontrollmaßstab und damit die Möglichkeit der Kontrolle. Insoweit ist die richterliche Entscheidung irrevisibel.

Die einheitliche Rechtsanwendung erfordert deshalb die Überprüfung von Einzelfallentscheidungen der Gerichte, sofern die darin vorgenommene Rechtsanwendung mit den bereits höchstrichterlich entschiedenen Rechtsfragen vergleichbar ist[623]. Dies ist für die Auslegung von Willenserklärungen nur hinsichtlich der Auslegungsmethoden und -grundsätze der Fall. Denn normierte Rechtsanwendung beschränkt sich im Bereich der Auslegung allein auf diese Methodik und Grundsätze. Da vom Ergebnis regelmäßig nicht auf die Einhaltung der Methoden geschlossen werden kann, rechtfertigt das Prinzip der einheitlichen Rechtsanwendung keine weiter

[623] Vgl. zum Inhalt des Prinzips der Sicherung einer einheitlichen Rechtsprechung Kuchinke, Nachprüfbarkeit, S. 45.

gehende, von der oben dargestellten Vorgehensweise abweichende Auslegungskontrolle

Die Vereinheitlichung des Rechts hingegen dient dem legitimen Ziel, Entscheidungsspielräume des Richters zu begrenzen, um im Interesse der Rechtssicherheit dort klarere Richtlinien zur Entscheidungsfindung zu geben, wo das Gesetz dem Richter gerade keinen Entscheidungsfreiraum geben will. Dass ein solcher Freiraum aus Gründen des Rechtsstaatsprinzips nicht grundsätzlich und deshalb auch nicht im Rahmen der §§ 133, 157 BGB vorliegen soll, ist evident. Denn der Richter soll gerade nicht nach seiner eigenen Vorstellung ein Ergebnis finden, sondern genau nach den rechtlichen, objektivierten Vorgaben der Rechtsordnung. Sind diese, wie bei §§ 133, 157 BGB, nicht hinreichend deutlich, rechtfertigt dies noch keinen Entscheidungsspielraum, sondern zeigt vielmehr gerade die Notwendigkeit einer Konkretisierung auf. Tatrichterliche Freiheit herrscht deshalb nur bei der Tatsachenerkenntnis gem. § 286 ZPO. Die Konkretisierung bestimmter der Auslegung zu Grunde liegender Fallkonstellationen ist demnach ein legitimes Ziel, das im Interesse der Rechtsordnung liegt.

Allerdings ist eine solche Auslegungsfallgruppenbildung nur in Grenzen möglich. Zu berücksichtigen ist stets, dass die Auslegung Einzelfallfrage bleibt und mit jedem einzelnen Umstand vom typischen, den Auslegungsgrundsatz bildenden Fall abweichen kann. Dennoch ist es dem Revisionsgericht möglich darzulegen, wie typische Fälle auszulegen sind. Vor diesem Hintergrund ist auch bei jeder Revisionsentscheidung die notwendige Möglichkeit gegeben, Auslegungsgrundsätze zu konkretisieren und aufzustellen. Ob allerdings das einzelne Auslegungsergebnis tatsächlich einen Verstoß gegen einen solchen Grundsatz darstellt, kann damit noch nicht ohne Weiteres beantwortet werden. Ein solcher Verstoß ist vielmehr nur dann möglich, wenn erkennbar die Methodik des Tatrichters im Widerspruch zu diesem Grundsatz steht, er also von einer falschen Methodik ausgegangen ist. Es bleibt deshalb soweit festzuhalten, dass auch das Bedürfnis nach Vereinheitlichung des Rechts keine weiterreichende Auslegungskontrolle verlangt als eine solche, welche sich auf die Überprüfung der Einhaltung abstrakter Auslegungsgrundsätze und des Willkürverbots beschränkt.

b) *Einzelfallgerechtigkeit*

Dem Revisionsgericht unterliegt nicht nur die Überprüfung rein abstrakter Rechtsfragen. Vielmehr steht auch stets ein Einzelfall zur Beurteilung an. Allein anhand dessen ist ihm die Beurteilung der für den Einzelfall relevanten Rechtsfragen überhaupt möglich. Darin zeigt sich, dass der Zweck der Revision auch in der Zuführung des Einzelfalls zum für ihn richtigen Ergebnis liegt. So erklärt es sich, dass auch die Frage, ob das Einzelfallergebnis sachgerecht und billig ist, besonderes Augenmerk des Revisionsgerichts finden kann. Dies gilt insbesondere dort, wo ausfüllungsbedürftige, wertende Rechtsbegriffe Teil der Rechtsanwendung sind. Demnach ist es auch dem Revisionsgericht möglich, objektivierte Wertgrundsätze im Rahmen der §§ 133, 157 BGB zu konkretisieren.

Ob diese jedoch durch die Einzelfallauslegung des Tatrichters verletzt worden sind, oder nicht eine Abweichung von diesen in methodenrichtiger Weise gerechtfertigt werden konnte, kann nicht durch einen bloßen Ergebnisvergleich erkannt werden. Vielmehr ist auch hierbei zu prüfen, ob die anerkannten Methoden die Erreichung des tatrichterlichen Ergebnisses trotz des aufgestellten Grundsatzes denkbar rechtfertigen konnten. Ist dies der Fall und das Auslegungsergebnis im Übrigen nicht willkürlich, so kann ein Verstoß gegen das Gebot einer gerechten Einzelfallentscheidung schwerlich angenommen werden.

c) *Prozessökonomie*

Anerkanntermaßen ist auch die Revision in prozessökonomischer Weise auszugestalten. Insbesondere besteht ein Bedürfnis der Parteien, nach Möglichkeit eine abschließende Entscheidung durch das befasste Gericht zu erlangen[624]. Ferner ist zu beachten, dass der Entscheidung des Revisionsgerichts als oberstem Gericht eine größere Befriedungskompetenz zukommt als dem Berufungsgericht, insbesondere auch deshalb, weil die zurückverweisende Entscheidung des BGH stets mit der Feststellung einhergeht, das Berufungsgericht habe bereits einmal falsch entschieden. Dies lässt sich auch den untersuchten Verfahren entnehmen, in denen die Parteien häufig die Entscheidung des BGH suchen, solange diese noch möglich ist[625].

---

[624] Gottwald, Revisionsinstanz, S. 128.
[625] Vgl. auch Seite 17.

Der mit einer Zurückverweisung verbundene Zeit- und Ressourcenverlust bedarf deshalb besonderer Rechtfertigung. Diesen liefert das Zivilprozessrecht durch seine unterschiedliche Aufgabenzuweisung und das grundsätzliche Verbot, vor dem Revisionsgericht neue Tatsachen einzuführen. Eine Durchentscheidung und damit Selbstauslegung durch den BGH ist deshalb nur dann zulässig, wenn auszuschließen ist, dass weiterer Sachvortrag zur Auslegung notwendig ist. Dies bedarf einer exakten Begründung, die der BGH bislang regelmäßig nicht gibt. Zudem sind dabei die prozessualen Rechte der Parteien zu beachten, die einer Selbstauslegung des BGH im Wege stehen können[626]. Diese zu beachtenden Interessen können nicht durch das bloße Berufen auf einen schnelleren Abschluss des Verfahrens überwunden werden. Es ist deshalb auch vor ihrem Hintergrund gerechtfertigt, die Auslegungskontrolle nach den oben dargelegten Grundsätzen einzuschränken.

2. *Gegen eine weite Auslegungskompetenz sprechende Grundsätze*

Das Interesse des Revisionsgerichts an einer eigenen Auslegung von Willenserklärungen wird ferner durch bestimmte Verfahrensgrundsätze beschränkt.

a) Bindungswirkung der Tatsachenfeststellung

Die Bindung des Revisionsgerichts an die Tatsachenfeststellungen des Tatrichters gem. § 559 Abs. 2 ZPO mahnt in besonders starker Weise, eine Eigenauslegung zu unterlassen, um einen Auslegungsfehler zu ermitteln. Es ist schließlich nicht auszuschließen, dass die tatrichterliche, tatsächliche Bewertung der Auslegungsumstände von einer eigenen Bewertung des Revisionsgerichts berührt würde. Dies gilt in zunehmendem Maße dort, wo dem Revisionsgericht ein ähnlicher Einblick in die Tatsachengrundlage, wie sie der Tatrichter hatte, nicht möglich ist. Ungeachtet des stets vorliegenden Unterschieds in der Tatsachenauffassung ist dieser noch verhältnismäßig gering, wenn dem Revisionsgericht die Auslegungsumstände in unmittelbar schriftlich fixierter Form vorliegen. Hingegen nimmt mit zunehmender Bedeutung weiterer nicht fixierter Auslegungsumstände auch die Abweichung von der tatrichterlichen Feststellung zu und gipfelt

---

[626] Vgl. dazu sogleich unten Seite 268.

schließlich in den Fällen der Feststellung von Gesamtsituationen oder der Bewertung einer Beweisaufnahme[627]. Dem muss die Revisionspraxis Rechnung tragen.

b) *Besondere Verfahrensrechte der tatrichterlichen Erörterung*

Das Prozessrecht sieht in den §§ 139, 279 Abs. 3 ZPO die besondere Erörterung der tatrichterlichen Auffassung von der Feststellung und Bewertung der Auslegungsumstände vor. Insbesondere hat der Tatrichter darzulegen, welche Umstände er als relevant ansieht und in welchem Maße er sie bewertet. Eine solche Erörterung ist sowohl vor als auch nach einer Beweisaufnahme durchzuführen, um den Parteien Gelegenheit zu geben, ihren Vortrag entsprechend zu ergänzen. Erwägt das Gericht eine Auslegung, an die die Parteien bisher nicht gedacht haben, hat es darauf hinzuweisen[628]. Auch dann, wenn das Gericht von der Vertragsauslegung der Vorinstanz abweichen will, hat ein Hinweis darauf zu erfolgen[629]. Denn die Gewährung rechtlichen Gehörs gem. Art. 103 Abs. 1 GG verlangt, dass der Verfahrensbeteiligte zu erkennen vermag, auf welchen Tatsachenvortrag es für die Entscheidung ankommt. Erachtet das Revisionsgericht den bisherigen Sachvortrag entgegen der Auffassung des Berufungsgerichts als unzureichend, muss es auch durch einen Hinweis weiteren erfolgversprechenden Sachvortrag ermöglichen. Es darf hingegen nicht ohne Hinweis durchentscheiden, da im Revisionsverfahren die Beteiligten für den Fall einer vom Gericht als unzureichend erachteten Tatsachenfeststellung in aller Regel auf eine Aufhebung und Zurückverweisung vertrauen können[630].

Dies muss bei der Selbstauslegung berücksichtigt werden. Das Revisionsgericht darf deshalb nicht eine Neubewertung der Tatsachen vornehmen, ohne sein dadurch entstandenes neues Ergebnis den Parteien mitzuteilen. Den Parteien ist dann Gelegenheit zu geben, durch neuen Vortrag und Rechtsausführungen hierauf zu reagieren. Dies ist nur dann nicht nötig, wenn sich unter Berücksichtigung des Einzelfalles aus den bereits vorhandenen Behauptungen ersehen lässt, dass neuer Vortrag ausgeschlossen

---

627 Vgl. den aus § 398 Abs. 1 ZPO abgeleiteten Grundsatz, dass von der Bewertung des Ergebnisses einer Beweisaufnahme nicht abgewichen werden darf, ohne die Beweisaufnahme selbst erneut durchgeführt zu haben.

628 BVerfG vom 25.03.1993 – 1 BvR 6/88, NJW-RR 1994, 188 ff.; BGH vom 23.09.1992 – I ZR 248/90, 667 f.

629 So noch Zöller-Greger, 22. Auflage 2001, § 139 Rn. 10.

630 BVerfG vom 25.03.1993 – 1 BvR 6/88, a. a. O., 189.

ist[631]. In allen anderen Fällen schließt sich deshalb zwingend die Folgefrage an, ob ein solcher Vortrag vor dem Revisionsgericht möglich ist. Im Anschluss daran ist zu entscheiden, ob eine Neubefassung des Tatrichters nötig ist. Eine Beschneidung dieses Verfahrensrechts der Parteien kann auch nicht mit dem Argument der Prozessbeschleunigung erfolgen, weil diese der Findung eines korrekten Ergebnisses, wozu die Verfahrensrechte der §§ 139, 279 Abs. 3 ZPO dienen, nachsteht[632].

V. Möglicher Ausgleich der Interessen durch Differenzierung und Selbstbeschränkung (Zwischenergebnis)

Nach alldem ist das Revisionsgericht auf die Überprüfung der Auslegungsmethodik des Tatrichters beschränkt. Diese Überprüfung hat sich nach den Einsichtsmöglichkeiten in den tatrichterlichen Auslegungsvorgang auszurichten. Die aus Rechtsstaatlichkeitsaspekten zu beachtende Grenze des Willkürverbots gebietet allerdings eine Kontrolle der Auslegung auch dort, wo Einsichtsmöglichkeiten aus faktischen Gründen fehlen. Zur Ermittlung der Willkür können im jeweiligen Einzelfall mit Zurückhaltung auch die festgestellten Auslegungsumstände als Indizien dienen.

1. Die Auslegungskontrolle durch das Revisionsgericht

Das Revisionsgericht darf bei seiner Überprüfung der Auslegungsmethodik in keinem Fall eine eigene Auslegung durchführen und aus dem Vergleich des von ihm gefundenen Ergebnisses mit dem Ergebnis des Tatrichters auf eine Verletzung der Methodik schließen. Stattdessen hat es zu untersuchen, ob mittels der anerkannten Methoden das Ergebnis des Tatrichters erreicht werden kann, ohne dass die auf diesem Weg gefundene Methodenanwendung als willkürlich erscheint. Vor diesem Hintergrund kann ein Methodenfehler nur dann festgestellt werden, wenn das Tatsachengericht selbst eine falsche Methodik darlegt oder das gefundene Auslegungsergebnis in denklogischem Widerspruch zur dargelegten Methodik steht. Willkürlich ist die Auslegung erst dann, wenn ihr Ergebnis unter keinem denkbaren Gesichtspunkt vertretbar erscheint. Sind solche Fehler nicht erkennbar, verbleibt für eine Eigenvornahme der Auslegung zum Zwecke der Kontrolle selbst dann kein Raum, wenn dem Revisionsgericht sämtli-

---

[631] Vgl. Gottwald, Revisionsinstanz, S. 126.
[632] So noch Zöller-Greger, ZPO, 18. Auflage 1993, § 278 Rn. 5.

che Auslegungsumstände in unmittelbar fixierter Form in den Akten vorliegen. Denn auch in diesem Fall ist nicht auszuschließen, dass die Bewertung der Umstände seitens des Tatrichters methodisch korrekt vorgenommen worden ist.

Das Revisionsgericht kann dabei Auslegungsgrundsätze konkretisieren und fortbilden und somit seiner revisionsrechtlichen Aufgabe gerecht werden. Ein Verstoß gegen diese Grundsätze ist jedoch nur dann anzunehmen, wenn ausgeschlossen ist, dass die dargelegte Methodik des Tatrichters oder das tatrichterlich gefundene Ergebnis mit diesen in Einklang gebracht werden kann.

Bei der Bildung der Auslegungsgrundsätze ist jedoch Zurückhaltung geboten[633]. Diese dürfen nicht zum Zwecke der Darlegung eines vermeintlichen Methodikfehlers als Generalisierung des Einzelfalls herausgebildet werden, wenn sich der Einzelfall nicht als typische Konstellation erweist. Eine solche darf erst angenommen werden, wenn die Konstellation in gleicher Weise auch künftig auftreten wird und dies eine allgemein gültige Regelung erfordert, weil die hergebrachte Auslegungsmethodik der §§ 133, 157 BGB regelmäßig zu unbilligen Ergebnissen führen würde[634].

2. *Die Selbstauslegung des Revisionsgerichts*

Eine Selbstauslegung durch das Revisionsgericht kann erst in Erwägung gezogen werden, wenn nach den dargestellten Grundsätzen ein Auslegungsfehler feststeht. Das Revisionsgericht hat dann zu prüfen, ob sämtliche auslegungsrelevanten, festgestellten Umstände in unmittelbar fixierter Form vorliegen. In diesem Fall sind keine Parteiinteressen ersichtlich, die gegen eine Eigenauslegung sprechen sollten[635].

Ist dies nicht der Fall, scheidet eine Eigenauslegung aus. Dann kann nämlich – insbesondere bei Gesamtsituationen – nicht ausgeschlossen werden, dass eine Tatsachenwürdigung nötig ist, die ohne unmittelbaren persönlichen Eindruck nicht möglich ist oder auf nicht näher mitteilbaren Unwägbarkeiten beruht. Eine Würdigung würde hier zu einer unzulässigen

---

633 So auch Henke, Tatfrage, S. 40.

634 Vgl. mit ähnlicher Rechtfertigung der Obersatzbildung des Revisionsgerichts bei atypischen Sachverhalten Kuchinke, Nachprüfbarkeit, S. 141 f.

635 Gottwald, Revisionsinstanz, S. 128 f., 236.

Sachverhaltsabänderung durch das Revisionsgericht führen[636]. Der Rechtsstreit ist deshalb in diesem Fall – sofern nicht aus anderen, von der Auslegungsfrage unberührten Gründen Entscheidungsreife vorliegt – zur weiteren Verhandlung und Behandlung der Auslegungsfrage an das Berufungsgericht zurückzuverweisen.

Liegen die Umstände unmittelbar fixiert vor, so ist das Revisionsgericht zur Auslegung nur berechtigt, wenn auszuschließen ist, dass die Parteien weitere, die Auslegungsumstände konkretisierende Tatsachen vortragen können. Zu diesem Zwecke hat das Revisionsgericht gem. § 139 ZPO mit den Parteien seine Auffassung von der von ihm favorisierten Auslegung zu erörtern und dort auf die Möglichkeit weiteren formlosen[637] Vortrags hinzuweisen, wo dieser für die Auslegung von Bedeutung sein kann. Erfolgt hierzu kein neuer Vortrag, oder betrifft der Vortrag nur Alttatsachen, aus denen das Revisionsgericht ersehen kann, dass weder eine andere Auslegung möglich noch weiterer Vortrag zu Neutatsachen nötig ist, so ist das Revisionsgericht entscheidungsbefugt[638]. Findet indes neuer Vortrag statt, hat das Revisionsgericht die Sache zurückzuverweisen, damit das Tatsachengericht die Feststellungen und tatrichterlichen Würdigungen vornehmen kann. Mag auch die Feststellung von unstreitigem Vortrag in anderen Fällen zu billigen sein[639], so scheidet dies hier aus, weil die Einbeziehung neben fixierten Tatsachen das Gesamtbild ändern kann[640] und sich deshalb das neu gefundene Auslegungsergebnis nicht als bloße Schlussfolgerung aus dem unstreitigen Parteivorbringen[641], sondern aus einer neuen, eigenen Tatsachengesamtwürdigung darstellt. Zuvor sollte die Möglichkeit der vergleichsweisen Beilegung des Rechtsstreits erörtert werden.

3. Obiter dicta

Die Zurückverweisung sollte ohne weitere Ausführungen zur Behandlung der neu festzustellenden Tatsachen erfolgen. Das Revisionsurteil hat sich dabei auf die Darlegung der entscheidungserheblichen Punkte zu beschränken. Diese liegen in der Feststellung des Methodikfehlers sowie in

[636] Gottwald, Revisionsinstanz, S. 222.
[637] Vgl. Gottwald, Revisionsinstanz, S. 127, 342.
[638] Vgl. Gottwald, Revisionsinstanz, S. 127.
[639] Vgl. Gottwald, Revisionsinstanz, S. 132.
[640] Vgl. nur Gottwald, Revisionsinstanz, S. 184.
[641] Mit dieser Rechtfertigung nämlich Gottwald, Revisionsinstanz, S. 132.

der Darlegung der fehlenden Selbstauslegungskompetenz und Entscheidungsreife aufgrund weiteren auslegungsrelevanten Parteivortrags.

Das Berufungsgericht hat – allein aufgrund des einzelnen, festgestellten Methodikfehlers – keinen Anhalt zur Annahme gegeben, es werde eine neue Auslegung fehlerhaft durchführen. Eine besondere Darlegung der Auslegungsmethodik ist deshalb jenseits der Fehlerfeststellung nicht erforderlich. Insbesondere ist nicht ersichtlich, dass diese im weiteren Verfahren von Bedeutung sein würde, da die Auslegung im konkreten Fall erst dann beurteilt werden kann, wenn die notwendigen Feststellungen erfolgt sind. Dies ist erst nach und nicht bereits vor der Zurückverweisung möglich. Die Entbehrlichkeit der deshalb nicht bindenden obiter dicta wird dabei noch dadurch unterstrichen, dass die obiter dicta erfahrungsgemäß trotz ihrer Nichtbindung von den Tatsachengerichten befolgt werden. Damit geht die Gefahr einer Auslegungsentscheidung einher, welche nicht mehr auf einer unbefangenen Bewertung der weiteren Auslegungsumstände beruhen würde. Diese Zurückhaltung muss auch der Intention des Revisionsgerichts entsprechen, weil dieses als Rechtsprüfungsgericht kein Interesse an einem bestimmten Auslegungsergebnis, sondern nur an der methodengerechten Findung irgendeines Auslegungsergebnisses haben kann.

Kapitel 3: Die Auslegungskontrolle nach der ZPO-Reform 2002

Das 3. und letzte Kapitel der Untersuchung trägt dem Umstand Rechnung, dass zum Jahre 2002 eine umfassende Reform des zivilprozessualen Rechtsmittelrechts in Kraft getreten ist. Es soll deshalb dargelegt werden, inwieweit die in den ersten beiden Kapiteln gewonnenen Erkenntnisse über die revisionsgerichtliche Auslegungskontrolle auf die aktuelle Prozessrechtslage für das Berufungs- und Revisionsverfahren übertragen werden können und müssen. Dabei werden im 1. Abschnitt die reformbedingten Änderungen der ZPO vorgestellt, soweit sie für die Auslegung von Willenserklärungen durch das Rechtsmittelgericht von Bedeutung sind. Der 2. Abschnitt befasst sich mit der nach der ZPO-Reform ergangenen Rechtsprechung und den durch sie aufgestellten Vorgaben zum neuen Rechtsmittelrecht. Die neuere Literatur wird anschließend im 3. Abschnitt besprochen. Daraufhin erfolgt im 4. Abschnitt eine eigene Stellungnahme, aus der sich ergibt, wie die Auslegungskontrolle des Berufungs- und des Revisionsgerichts nach neuem Recht beschaffen sein sollte. Die Folgerungen werden im 5. Abschnitt als thesenartiges Endergebnis zusammengefasst.

1. Abschnitt: Die reformbedingten Änderungen der ZPO

Im folgenden Abschnitt werden [I.] die gesetzgeberischen Intentionen dargelegt, die der ZPO-Reform 2002 zu Grunde gelegen haben. Zudem werden [II.] die Änderungen der ZPO hinsichtlich des allgemeinen Verfahrensrechts sowie hinsichtlich des Berufungs- und Revisionsrechts vorgestellt.

I. Die gesetzgeberischen Intentionen der ZPO-Reform 2002

Die zum 01.01.2002 in Kraft getretene ZPO-Reform[642] beruht auf der Auffassung des Gesetzgebers, der Zivilprozess habe einer grundlegenden

[642] Gesetz zur Reform des Zivilprozesses (Zivilprozessreformgesetz – ZPO-RG) vom 27.07.2001, BGBl. I, S. 1887 ff.

Strukturreform bedurft, um bürgernäher, effizienter und transparenter zu werden[643].

Maßgebliche Ziele waren dabei zum einen, durch Institutionalisierung des Schlichtungsgedankens in Form einer Güteverhandlung in erster Instanz[644] möglichst frühzeitig[645] eine gütliche Einigung der Parteien zu erreichen, weil eine solche dem Rechtsfrieden nachhaltiger diene als eine Streitentscheidung durch Urteil[646]. Zum anderen sollte die Befriedungsfunktion einer Streitentscheidung durch Urteil erhöht werden, indem das Gericht erster Instanz alle Chancen nutzt, um eine umfassende Prüfung des vorgetragenen Sachverhalts vorzunehmen[647]. Zu diesem Zweck sollte das Gericht durch offene und rechtzeitige Information in einem möglichst frühen Prozessstadium auf die Rekonstruktion des entscheidungserheblichen Sachverhalts hinwirken und mit seiner Sicht nicht unnötig bis zu einem möglicherweise die Parteien überraschenden Urteil hinter dem Berg halten[648].

Einen weiteren wesentlichen Aspekt stellte die Umgestaltung des Berufungsrechts dar. Ausgangspunkt hierzu war die Auffassung, die bisherige Ausgestaltung der Berufung als volle zweite Tatsacheninstanz, als ob es eine erste Instanz nicht gegeben hätte[649], sei unökonomisch und rechtsstaatlich nicht geboten[650]. Vielmehr müsse – vor allem im Lichte der zugleich vorgenommen Stärkung der ersten Instanz – dasjenige, was das Ausgangsgericht überzeugend und vollständig festgestellt hat, grundsätzlich auch für das Berufungsgericht maßgeblich sein[651]. Sei hingegen trotz der verstärkten Funktion des Ausgangsgerichts, auf den Vortrag der entscheidungserheblichen Umstände hinzuwirken, entsprechender Vortrag in erster Instanz

---

643 Vgl. Gesetzentwurf der Bundesregierung zur Reform des Zivilprozesses vom 24.11.2000 (ZPO-E), BT-Drs. 14/4722, S. 1.

644 Eine Güteverhandlung in der Berufungsinstanz ist, wie § 525 Satz 2 ZPO zeigt, lediglich nicht notwendig, was somit gleichwohl nicht ausschließt, dass das Gericht auch in der Berufungsinstanz auf eine gütliche Streitbeilegung hinwirken kann, vgl. auch Gehrlein, MDR 2003, 421 ff., 421.

645 Dies beruht auf der zu Grunde gelegten Funktion des Zivilprozesses, Rechtsfrieden und Rechtssicherheit „zügig" herzustellen, vgl. ZPO-E, BT-Drs. 14/4722, S. 58.

646 Vgl. ZPO-E, BT-Drs. 14/4722, S. 62.

647 Vgl. ZPO-E, BT-Drs. 14/4722, S. 58.

648 Vgl. ZPO-E, BT-Drs. 14/4722, S. 62.

649 Vgl. ZPO-E, BT-Drs. 14/4722, S. 59.

650 Vgl. ZPO-E, BT-Drs. 14/4722, S. 64.

651 Vgl. ZPO-E, BT-Drs. 14/4722, S. 64.

durch Nachlässigkeit der Parteien unterblieben, dürfte dies nicht durch eine bisher mögliche „Flucht in die Berufung“ umgangen werden. Stattdessen sollte neuer Vortrag in der Berufung nunmehr präkludiert sein[652]. Die Straffung[653] sowie die Einschränkung des Prüfungsumfangs der Berufung sollte zudem die Möglichkeit beseitigen, die Berufung zu missbrauchen, um in aussichtslosen Fällen das Verfahren zulasten des Gegners in die Länge zu ziehen, um Zeit zu gewinnen[654]. Funktion der Berufung sollte es deshalb künftig sein, das erstinstanzliche Urteil auf die korrekte Anwendung des materiellen Rechts sowie auf die Richtigkeit und Vollständigkeit der getroffenen Feststellungen hin zu überprüfen und etwaige Fehler zu beseitigen[655].

Das bisherige Revisionsrecht wurde insbesondere aus zwei Gründen für reformbedürftig erachtet. Zum einen hielt der Gesetzgeber das System der Streitwertrevision für nicht sachgerecht, weil die pauschal gezogene Streitwertgrenze, deren Zweck ersichtlich allein darin bestand, eine Überlastung des Revisionsgerichts zu verhindern, ein für die rechtliche Beurteilung des Falles wenig aussagekräftiges Kriterium sei[656]. Zum anderen führe der mit der Streitwertgrenze einhergehende Ausschluss bestimmter Fallgestaltungen, die typischerweise die bisherige Streitwertgrenze nicht überschreiten, nicht nur zu Unverständnis bei den von solchen Fallgestaltungen betroffenen Parteien, denen selbst bei offensichtlicher Unrichtigkeit des angefochtenen Urteils eine Revisionsüberprüfung verwehrt sei. Vielmehr entfalle dadurch für weite Bereiche der Rechtsprechung und damit für ganze Rechtsgebiete, denen die typischen Fallgestaltungen unterfallen, gänzlich die Möglichkeit höchstrichterlicher Rechtskontrolle und -fortbildung[657]. Das mit der Reform eingeführte, die Streitwertgrenze ersetzende Kriterium der Zulassungsrevision sollte nunmehr dem Revisionsgericht Raum für die ihm in erster Linie zukommende Aufgabe schaffen, die Wahrung der Rechtseinheit sowie die Rechtsfortbildung zu sichern. Deshalb sollte der Zugang zur Revision nunmehr vom Merkmal der Grundsätz-

---

[652] Vgl. ZPO-E, BT-Drs. 14/4722, S. 60.
[653] So bietet nunmehr § 522 Abs. 2 Satz 1 ZPO die Möglichkeit, die Berufung ohne mündliche Verhandlung durch Beschluss zurückzuweisen, wenn sie insbesondere keine Aussicht auf Erfolg hat.
[654] Vgl. ZPO-E, BT-Drs. 14/4722, S. 60.
[655] ZPO-E, BT-Drs. 14/4722, S. 64.
[656] Vgl. ZPO-E, BT-Drs. 14/4722, S. 59, 66.
[657] Vgl. ZPO-E, BT-Drs. 14/4722, S. 59, 66.

lichkeit der Bedeutung der Rechtssache, also ihrer Bedeutung über den Rahmen des Einzelfalles hinaus, abhängig gemacht werden[658].

II. Die Änderungen der für die Untersuchung relevanten Vorschriften

1. Das allgemeine Verfahrensrecht

a) Die materielle Prozessleitung gem. § 139 ZPO

§ 139 Abs. 1 bis 3 ZPO regelt im Wesentlichen inhaltsgleich die nach früherem Recht in § 139 Abs. 1 und 2 ZPO a. F. sowie in § 278 Abs. 3 ZPO a. F. kodifizierte Pflicht zur Prozessleitung des Gerichts[659]. Danach hat das Gericht insbesondere den Rechtsstreit nach der tatsächlichen und rechtlichen Seite zu erörtern und darauf hinzuwirken, dass die Parteien sich zu den erheblichen Tatsachen vollständig erklären (§ 139 Abs. 1 ZPO). Zur Vermeidung von Überraschungsentscheidungen hat das Gericht ferner auf rechtliche Gesichtspunkte hinzuweisen, wenn diese von einer Partei erkennbar übersehen oder für unerheblich gehalten worden sind oder wenn das Gericht den Gesichtspunkt anders beurteilt als beide Parteien (§ 139 Abs. 2 ZPO). Im Hinblick auf die Auslegung von Willenserklärungen bedeutet dies, dass das Gericht die Parteien darauf hinweisen muss, wenn nach seiner Auffassung die vorgetragenen Umstände nicht ausreichen, um das von den Parteien erstrebte Auslegungsergebnis zu gewinnen[660]. Ferner muss das Gericht schließlich auch darauf hinweisen, wenn eine Rechtsfrage nach seiner Auffassung Auslegungsfrage ist, zu deren Beantwortung die Parteien noch nicht ausreichend auslegungsrelevante Umstände vorgetragen haben. Dabei müssen die Parteien Gelegenheit zur Äußerung und zu ergänzendem Sachvortrag erhalten[661], was sich aus dem Anspruch auf rechtliches Gehör ergibt[662].

---

[658] Vgl. ZPO-E, BT-Drs. 14/4722, S. 66.

[659] Zu den Konkretisierungen der Hinweispflicht durch die Rechtsprechung des BGH bereits nach altem Recht vgl. ausführlich Schaefer, NJW 2002, 849 ff. m. w. N.; ferner Piekenbrock, NJW 1999, 1360 ff.

[660] Vgl. bereits oben Seite 266.

[661] Nach § 139 Abs. 5 ZPO besteht hierzu für den Fall, dass der Hinweis nicht so rechtzeitig erteilt wird, dass die Partei sich bis zur mündlichen Verhandlung erklären kann, insbesondere die Möglichkeit, eine Frist zur Einreichung eines nachgelassenen Schriftsatzes entsprechend § 283 ZPO zu gewähren. Davon sollte jedoch zurückhaltend

Um der Hinweispflicht des Gerichts auch zu ihrer praktischen Umsetzung zu verhelfen, enthält § 139 Abs. 4 ZPO nun allerdings die Pflicht des Gerichts, die gem. § 139 ZPO erforderlichen und erteilten Hinweise aktenkundig zu machen. Ist die Dokumentation des Hinweises unterblieben, so muss wegen § 139 Abs. 4 Satz 2 ZPO von seiner Nichterteilung ausgegangen werden[663]. Die Dokumentationspflicht dient damit der Beweisbarkeit des Verfahrensfehlers, der in der Nichterteilung liegt und zur Aufhebung des Urteils in der Rechtsmittelinstanz führen kann[664]. Denn Beweiserhebungen über die Frage der Erteilung werden dadurch im Rechtsmittelzug entbehrlich[665]. Insoweit ist § 139 ZPO Ausdruck der Stärkung erstinstanzlicher Verhandlungsleitung[666]. Dies soll insbesondere eine bessere und umfassendere Ermittlung der entscheidungserheblichen Tatsachen als nach bisherigen Recht herbeiführen.

b) Die Anordnung der Urkundenvorlegung und des Augenscheins gem. §§ 142, 144 ZPO

Eine weitere Stärkung mit dem Ziel der vollständigen Feststellung des Prozessstoffs erfuhr die Prozessleitung des Gerichts durch die Veränderung der schon nach bisherigem Recht gem. § 142 ZPO möglichen richterlichen Anordnung, die Urkunden vorzulegen, auf die sich eine Partei bezogen hat. Gem. § 142 Abs. 2 ZPO ist dies nunmehr sogar dann möglich, wenn sich die Urkunde im Besitz Dritter befindet. Entsprechendes gilt gem. § 144 Abs. 2 ZPO nun auch hinsichtlich Augenscheinsobjekten.

Die Vorschriften ermöglichen es dem Gericht nunmehr noch mehr, im Rahmen substantiierten Vortrags der Parteien von Amts wegen, also auch ohne Beweisantritt, sich Einblick in den Tatsachenstoff zu verschaffen und daraus zum Zwecke der Gewinnung von Beweisergebnissen[667] Schlüsse zu ziehen. Dies kann insbesondere bei der Auslegung von schriftlichen Wil-

---

Gebrauch gemacht werden, da der Anspruch auf rechtliches Gehör es häufig gebieten wird, dass auf den Erklärungsschriftsatz erwidert werden kann, so dass unter Umständen vertagt oder die Verhandlung gem. § 156 Abs. 2 Nr. 1 ZPO wiedereröffnet werden muss, vgl. Zöller-Greger, § 139 Rn. 14.

[662] Zöller-Greger, § 139 Rn. 14; ZPO-E, BT-Drs. 14/4722, S. 78.

[663] Zöller-Greger, § 139 Rn. 20.

[664] Vgl. ZPO-E, BT-Drs. 14/4722, S. 77 f.

[665] ZPO-E, BT-Drs. 14/4722, S. 78.

[666] So auch Gottschalk, NJW 2004, 2939 ff., 2940 m. w. N.

[667] Vgl. nur Zöller-Greger, § 142 Rn. 1, 4.

lenserklärungen bedeutsam werden, weil deren Wortlaut urkundlich fixiert ist. Aber auch sonstige auslegungsrelevante Umstände, vor allem in Form von vor- oder nachgehendem Schriftverkehr, werden sich häufig aus Urkunden ergeben.

c) Die Erörterung des Beweisergebnisses gem. § 279 Abs. 3 ZPO

Die Regelung des § 279 Abs. 3 ZPO, wonach das Gericht im Anschluss an die Beweisaufnahme erneut den Sach- und Streitstand und, soweit möglich, das Ergebnis der Beweisaufnahme mit den Parteien erörtern muss, ist nahezu inhaltsgleich § 278 Abs. 2 Satz 2 ZPO a. F. entnommen worden. Die Regelung stellt sich als Ausprägung der richterlichen Hinweis- und Erörterungspflicht gem. § 139 ZPO dar, welche die dort enthaltenen allgemeinen Grundsätze nochmals für die förmliche Beweisaufnahme übernimmt und konkretisiert.

d) Die Gehörsrüge gem. § 321a ZPO

Auch die mit § 321a ZPO neu eingeführte Gehörsrüge verdeutlicht nochmals[668] die Aufwertung der in § 139 ZPO konkretisierten richterlichen Hinweispflichten. Mit ihr ist ein Rechtsbehelf zur Geltendmachung von Gehörsverletzungen gegenüber dem Ausgangsgericht[669] geschaffen worden, der gem. § 321a Abs. 1 Satz 1 ZPO dann zum Einsatz kommen kann,

---

[668] Vgl. bereits Seite 276.

[669] Damit sollte eine Entlastung des andernfalls letztlich anzurufenden BVerfG erreicht werden, vgl. ZPO-E, BT-Drs. 14/4722, S. 63. Dass damit gleichwohl eine bedenkliche Schwächung des Grundrechts auf rechtliches Gehör einhergehen mag, weil die nunmehrige Eigenkontrolle des Gerichts dazu führt, dass eine den Prinzipien des Rechtsmittelrechts Rechnung tragenden Kontrolle durch ein höheres Gericht nicht mehr stattfindet, macht Nassall, ZRP 2004, 164 ff., 167 f. deutlich. Vgl. auch Scheuch/Lindner, ZIP 2004, 973 ff., 980, die überzeugende Bedenken äußern, ob § 321a ZPO den Vorgaben des BVerfG (siehe unten Seite 283) zur Gewährung effektiven Rechtsschutzes genügt, weil jedenfalls bei Gehörsverletzungen, die nicht auf einem Versehen, sondern auf einer begründeten Rechtsauffassung des Gerichts beruhen, eine Abänderung durch den iudex a quo kaum zu erwarten sein dürfte. Vgl. auch Huber, DJT-Gutachten, S. A 22; ferner Büttner, DJT-Gutachten, S. A 96, allerdings mit dem Hinweis auf überraschend hohe Zulassungszahlen der Berufungsgerichte.

wenn die Ausgangsentscheidung[670] nicht rechtsmittelfähig ist, jedoch auf einer Verletzung des rechtlichen Gehörs beruht.

2. *Das Berufungsverfahren*

a) *Die Statthaftigkeit der Berufung gem. § 511 ZPO*

Das Bestreben des Gesetzgebers, die Funktion der Rechtsmittelgerichte zu unterstreichen, die vorwiegend in der Überprüfung der Einhaltung des Rechts und in seiner Vereinheitlichung und Fortbildung liegen soll, findet in § 511 Abs. 2 Nr. 2, Abs. 4 ZPO Ausdruck. Danach ist selbst dann, wenn die Beschwer die Berufungssumme nicht erreicht, die Berufung zuzulassen, sofern die Rechtssache grundsätzliche Bedeutung hat oder die Fortbildung des Rechts oder Vereinheitlichung der Rechtsprechung eine Berufungsentscheidung erfordern. Auf diesem Weg sollte auch mittelbar der Zugang zur Revisionsinstanz eröffnet werden[671].

b) *Die Berufungsgründe gem. §§ 513, 529 ff. ZPO*

Wie § 513 Abs. 2 ZPO zeigt, ist nunmehr die Berufung – in Parallele zum bislang geltenden Revisionsrecht – regelmäßig nur dann begründet, wenn die erstinstanzliche Entscheidung auf einer Rechtsverletzung beruht. An die vom Ausgangsgericht festgestellten Tatsachen ist das Berufungsgericht gem. § 529 Abs. 1 ZPO grundsätzlich gebunden. Damit ist das Berufungsgericht entsprechend dem mit der Reform verfolgten Zweck der Funktion des Revisionsgerichts angenähert und von der der ersten Instanz zugewiesenen Funktion der Tatsachenfeststellung entfernt worden; eine vollumfängliche zweite Tatsacheninstanz im Sinne des § 525 ZPO a. F. gibt es damit nicht mehr. Anders als im Revisionsverfahren soll jedoch gem. §§ 529 ff. ZPO die Tatsachenbindung auch dann entfallen können, wenn sie nicht auf einem Rechtsfehler beruht. Dies ist gem. § 529 Abs. 1 Nr. 1 ZPO der Fall, wenn konkrete Anhaltspunkte Zweifel an der Richtig-

---

670 Während die zum 01.01.2002 in Kraft getretene Fassung den Rechtsbehelf nur gegen erstinstanzliche Urteile gewährte, ist die Rüge seit dem 01.01.2005 – in Umsetzung der Entscheidung des BVerfG vom 30.04.2003 – 1 PBvU 1/02, NJW 2003, 1924 ff. durch das Anhörungsrügengesetz vom 09.12.2004, BGBl. I, S. 3220 – gegen sämtliche nicht rechtsmittelfähigen Entscheidungen statthaft.
671 Vgl. ZPO-E, BT-Drs. 14/4722, S. 93.

keit oder Vollständigkeit der Tatsachenfeststellung begründen, die eine erneute Feststellung gebieten. Ferner ermöglichen die §§ 529 Abs. 1 Nr. 2, 531 Abs. 2 Satz 1 ZPO die Berücksichtigung neuer Tatsachen, Angriffs- und Verteidigungsmittel, wenn deren Nichtvorbringen in erster Instanz der Partei nicht vorzuwerfen ist, weil die Nichteinführung nicht auf Nachlässigkeit beruht oder dem Ausgangsgericht Verfahrensfehler unterlaufen sind, die für das Nichtvorbringen ursächlich sein können[672, 673].

c) *Die Entscheidung über die Zurückverweisung gem. § 538 ZPO*

Gem. § 538 ZPO hat das Berufungsgericht nunmehr regelmäßig alle notwendigen Beweise zu erheben und in der Sache selbst zu entscheiden. Die Reform hat daher im Interesse der Verfahrensbeschleunigung[674] dem Berufungsgericht verstärkt Elemente einer zweiten Tatsacheninstanz zugewiesen, die an anderer Stelle, insbesondere durch § 529 ZPO, zurückgedrängt werden[675]. Während gem. §§ 538 ff. ZPO a. F. eine eigene Entscheidung des Berufungsgerichts regelmäßig nur dann zwingend war, wenn dem Ausgangsgericht keine wesentlichen Verfahrensfehler unterlaufen waren (§ 539 ZPO a. F.) und es sich bereits mit dem Streitstoff umfassend auf dem Weg zur einer streitigen Sachentscheidung auseinandergesetzt hat (vgl. dazu § 538 Abs. 1 ZPO), ist nunmehr eine Zurückverweisung nur noch in Ausnahmefällen zulässig. Dies sollte dadurch erreicht werden, dass die Zurückweisung nunmehr gem. § 538 Abs. 2 Satz 1 a. E. ZPO vom Antrag einer Partei abhängig ist[676, 677]. Ferner gereicht nunmehr ein wesentlicher Verfahrensmangel, der regelmäßig mit einer mangelhaften Tatsachenfeststellung einhergeht[678], nicht mehr allein zur Aufhebung. Weitere Vor-

---

[672] Zu den einzelnen Fallgruppen des § 531 Abs. 2 Nr. 1 bis 3 ZPO vgl. nur die Kommentierung bei Zöller-Gummer/Heßler, § 531 Rn. 27 ff.

[673] Dass die im Übrigen durch § 531 Abs. 2 ZPO erreichte Beschränkung neuen Tatsachenvortrags, also die Präklusion solcher Tatsachen, an deren rechtzeitigem Vorbringen in erster Instanz die Partei nicht ohne eigenes Verschulden gehindert gewesen war, verfassungsrechtlich unbedenklich ist, hat das BVerfG mit Beschluss vom 24.01.2005 – 1 BvR 2653/03, NJW 2005, 1768 f. bestätigt.

[674] Vgl. ZPO-E, BT-Drs. 14/4722, S. 102.

[675] Vgl. Zöller-Gummer/Heßler, § 538 Rn. 1.

[676] Vgl. ZPO-E, BT-Drs. 14/4722, S. 102 f.

[677] Eine Ausnahme ergibt sich gem. § 538 Abs. 2 Satz 3 ZPO nur für § 538 Abs. 2 Satz 1 Nr. 7 ZPO.

[678] Vgl. Zöller-Gummer/Heßler, § 538 Rn. 25.

aussetzung gem. § 538 Abs. 2 Nr. 1 ZPO ist vielmehr, dass dadurch eine umfangreiche und aufwändige Beweisaufnahme notwendig wird.

d) Der Inhalt des Berufungsurteils gem. § 540 ZPO

Die dem Berufungsgericht zugewiesene grundsätzliche Bindung an die erstinstanzlichen Feststellungen schlugen sich auch in § 540 ZPO nieder. Entgegen der früheren Rechtslage ist das Berufungsurteil nunmehr nicht mehr in Tatbestand und Entscheidungsgründe aufgeteilt. Anstelle eines eigenen Tatbestands ist jetzt gem. § 540 Abs. 1 Nr. 1 ZPO nur noch auf die Feststellungen im erstinstanzlichen Urteil Bezug zu nehmen und sind die Änderungen oder Ergänzungen hierzu darzustellen. Die Entscheidungsgründe sollen nun gem. § 540 Abs. 1 Nr. 2 ZPO durch eine kurze Begründung der Entscheidung ersetzt werden. Damit sind die Anforderungen an den Umfang der Darlegungen gesenkt worden[679]. Gleichwohl findet die gebotene Knappheit der Darstellungen ihre Grenze dort, wo die Parteien oder das Revisionsgericht einer deutlichen Erläuterung der Entscheidungsfindung bedürfen, um die Entscheidung nachvollziehen und rechtlich überprüfen zu können[680].

3. Das Revisionsverfahren

a) Die Zulassungsrevision gem. § 543 ZPO

Unabhängig von Streitwert und Beschwer ist die Revision nach neuem Recht nur dann statthaft, wenn sie gem. § 543 Abs. 2 ZPO zugelassen worden ist, weil die Rechtssache grundsätzliche Bedeutung hat oder die Fortbildung des Rechts oder die Sicherung einer einheitlichen Rechtsprechung eine Entscheidung des Revisionsgerichts erfordert. Die Entscheidung über die Zulassung hat bereits im Berufungsurteil zu erfolgen. Lässt das Berufungsgericht die Revision nicht zu, entscheidet auf die Nichtzulassungsbeschwerde gem. § 544 ZPO hin das Revisionsgericht über die Zulassung

---

[679] So jedenfalls für die Begründung der Entscheidung Zöller-Gummer/Heßler, § 540 Rn. 13.

[680] Vgl. Zöller-Gummer/Heßler, § 540 Rn. 1; zur Begründung, warum nicht ausreichende Tatbestandsdarstellungen zur Zulassung der Revision führen müssen, vgl. Lindner, NJW 2003, 3320 ff.

nach den Kriterien des § 543 Abs. 2 ZPO[681]. Die Entscheidung ergeht gem. § 544 Abs. 4 Satz 1 ZPO durch Beschluss. Gibt dieser der Nichtzulassungsbeschwerde statt, wird gem. § 544 Abs. 6 ZPO das Beschwerdeverfahren als Revisionsverfahren fortgesetzt.

Für die Beschreibung der Zulassungsgründe gem. § 543 Abs. 2 ZPO hat der Gesetzgeber bewusst unscharfe Formulierungen verwendet[682]. Zwar verweist die Begründung des Gesetzentwurfs auf herkömmliche Definitionen sowie auf anerkannte Fallgruppen und Grundsätze[683]. Jedoch sind diese ihrerseits unscharf, so dass für den Einzelfall wenig gewonnen ist. Dementsprechend ist die Rechtsprechung und Literatur hierzu im Fluss. Zur Frage, ob Fehler bei der Auslegung individueller Willenserklärungen grundsätzliche Bedeutung haben können oder wann solche Fehler eine Entscheidung des Revisionsgerichts zur Rechtsfortbildung oder Vereinheitlichung des Rechts erfordern, äußern sich die Gesetzgebungsmaterialien nicht.

b) Die Verletzung von Art. 103 Abs. 1 GG als Zulassungsgrund

Einer der Unklarheiten des neuen Revisionsrechts, nämlich der Frage, ob die Verletzung des Rechts auf rechtliches Gehör gem. Art. 103 Abs. 1 GG einen Zulassungsgrund im Sinne des § 543 Abs. 2 ZPO darstellt, hat der Gesetzgeber mittlerweile durch Ergänzung des § 544 ZPO um Abs. 7[684] die Grundlage entzogen[685]. Danach braucht das Revisionsgericht nach Feststellung einer Gehörsverletzung im Nichtzulassungsverfahren nicht erst das Revisionsverfahren zu eröffnen, sondern kann sofort im Rahmen des Zulassungsbeschlusses das Berufungsurteil aufheben und zur Behebung des Verfahrensfehlers zurückverweisen. Diese Regelung liefe leer, wenn nicht die Gehörsverletzung Zulassungsgrund im Sinne des § 543 Abs. 2 ZPO sein könnte.

---

[681] Wie das BVerfG durch Beschlüsse vom 08.01.2004 – 1 BvR 864/03, NJW 2004, 1371 ff. sowie vom 09.03.2004 – 1 BvR 2262/03, NJW 2004, 1729 f. entschieden hat, begegnet die Verwehrung des Zugangs zur Revisionsinstanz mittels des Nichtzulassungsverfahrens ebenso wenig verfassungsrechtlichen Bedenken wie die Beschränkung des Zugangs zur Revision überhaupt mittels der Kriterien des § 543 Abs. 2 ZPO.
[682] Zöller-Gummer/Heßler, § 543 Rn. 10.
[683] Vgl. ZPO-E, BT-Drs. 14/4722, S. 104 f.
[684] Die Regelung wurde mit Wirkung zum 01.01.2005 durch das Anhörungsrügengesetz vom 09.12.2004, BGBl. I, S. 3220 eingefügt.
[685] Vgl. Nassall, ZRP 2004, 164 ff., 165.

2. Abschnitt: Die neuere Rechtsprechung

Seit der ZPO-Reform sind zahlreiche höchstgerichtliche Entscheidungen ergangen, welche die geänderten Vorschriften des allgemeinen Verfahrens sowie des Berufungs- und Revisionsverfahrens konkretisieren. Von Bedeutung sind hierbei [I.] ein Plenumsbeschluss des BVerfG vom 30.04.2003 sowie zahlreiche weitere ober- und höchstgerichtliche Entscheidungen, welche [II.] das Berufungsverfahren und [III.] das Revisionsverfahren betreffen.

I. Die Vorgaben des BVerfG zum Anspruch auf rechtliches Gehör und dessen gerichtlicher Kontrolle

In einem Plenumsbeschluss vom 30.04.2003[686] hat das BVerfG Inhalt und Bedeutung des Anspruchs der Prozessparteien auf rechtliches Gehör innerhalb des prozessualen Instanzenzuges ausführlich dargelegt. Danach sei das rechtliche Gehör „prozessuales Urrecht" des Menschen und ein objektivrechtliches Verfahrensprinzip, das für ein rechtsstaatliches Verfahren schlechthin konstitutiv sei. Es sichere den Parteien ein Recht auf Information, Äußerung und Berücksichtigung mit der Folge, dass sie ihr Verhalten im Prozess eigenbestimmt und situationsspezifisch gestalten können[687]. Damit enthalte es auch einen Schutz vor einer Überraschungsentscheidung[688].

Die Bedeutsamkeit der Korrektur einer Verletzung des Anspruchs auf rechtliches Gehör ergebe sich daraus, dass erst die Beseitigung der fehlerhaften Gehörsverweigerung das Gehörtwerden und damit nicht nur formal den Weg zum Gericht eröffne[689]. Insbesondere daraus sowie aus dem Justizgewährungsanspruch als Ausprägung des Rechtsstaatsprinzips i. V. m. den Grundrechten, welcher den Zugang zu den Gerichten, die Prüfung des Streitbegehrens in einem förmlichen Verfahren sowie die verbindliche gerichtliche Entscheidung umfasse[690], sei deshalb abzuleiten, dass die Einhal-

---

686 BVerfG vom 30.04.2003 – 1 PBvU 1/02, NJW 2003, 1924 ff.
687 BVerfG, a. a. O., 1926.
688 BVerfG, a. a. O., 1927.
689 BVerfG, a. a. O., 1926.
690 BVerfG, a. a. O., 1924.

tung des rechtsstaatlichen Mindeststandards des in Art. 103 Abs. 1 GG normierten Verfahrensgrundrechts zumindest einer einmaligen richterlichen Kontrolle zugeführt werden können muss.

Begehe das Rechtsbehelfsgericht bei seiner Überprüfung einen Fehler, verlange das Verfassungsrecht allerdings nicht die erneute Eröffnung des Rechtsweges[691]. Denn die Rechtsschutzgarantie garantiere keinen Instanzenzug[692]. Vielmehr obliege die Ausgestaltung des Rechtsbehelfssystems dem Gesetzgeber[693]. Ebenso wenig müsse der Rechtsschutz gegen Akte eines Richters zwingend zur Befassung einer höheren Instanz führen[694]. Aus dem Grundgesetz folge lediglich, dass der Rechtsschutz in erster Linie in der Fachgerichtsbarkeit zu gewähren sei[695]. Damit komme auch ein – in § 321a ZPO normierter – Rechtsbehelf zum iudex a quo in Betracht, sofern auf diese Weise der Mangel effektiv beseitigt werden könne[696].

In Abgrenzung zu den Zugangsvoraussetzungen der Verfassungsgerichtsbarkeit stellte das BVerfG schließlich heraus, dass die fachgerichtliche Kontrolle des Anspruchs auf rechtliches Gehör nicht auf besonders gewichtige Fehler beschränkt sei. Vielmehr beziehe die mit der Verfahrensgarantie des Art. 103 Abs. 1 GG verbundene Erwartung an die Bürger, dem staatlichen Rechtsschutzsystem zu vertrauen, auch objektiv wenig gewichtige Streitigkeiten ohne grundsätzliche oder existenzielle Bedeutung ein, die aus Sicht des betroffenen einzelnen Bürgers gerade sehr bedeutsam sein könnten[697]. Dies sei bei der Ausgestaltung des reformierten Rechtsmittelsystems der ZPO zu beachten.

II. Die neuere Rechtsprechung zur Berufungsinstanz

Die Rechtsprechung zum neuen Berufungsrecht befasst sich überwiegend mit der Frage nach dem Umfang der Bindung des Berufungsgerichts an die tatsächlichen Feststellungen des Gerichts erster Instanz gem. §§ 529 ff. ZPO.

---

[691] BVerfG, a. a. O., 1927.
[692] BVerfG, a. a. O., 1924.
[693] BVerfG, a. a. O., 1927.
[694] BVerfG, a. a. O., 1926.
[695] BVerfG, a. a. O., 1927.
[696] BVerfG, a. a. O.
[697] BVerfG, a. a. O., 1928.

1. Die Tatsachenbindung gem. § 529 Abs. 1 Nr. 1 ZPO

a) Bindende Tatsachen und Zweifel an ihrer Richtigkeit oder Vollständigkeit

Der BGH hat klargestellt, dass als festgestellte Tatsachen im Sinne des § 529 Abs. 1 Nr. 1 ZPO nicht nur solche Tatsachen anzusehen sind, die im Wege der freien Beweiswürdigung gem. § 286 ZPO oder gar nur im Wege der Beweisaufnahme[698] gewonnen worden sind. Das Berufungsgericht habe vielmehr seiner Entscheidung auch solche Tatsachen zu Grunde zu legen, die auch das erstinstanzliche Gericht seiner Entscheidung ohne Prüfung der Wahrheit zu Grunde gelegt hat, weil sie offenkundig oder gerichtsbekannt, ausdrücklich zugestanden oder unstreitig waren, oder weil sie sich aus gesetzlichen Auslegungsregeln ergeben haben[699].

Zweifel an der Richtigkeit oder Vollständigkeit der erstinstanzlichen Feststellungen im Sinne des § 529 Abs. 1 Nr. 1 ZPO, welche die Bindungswirkung entfallen lassen, liegen nach der Rechtsprechung des BGH dann vor, wenn aus Sicht des Berufungsgerichts eine gewisse – nicht notwendig überwiegende – Wahrscheinlichkeit dafür besteht, dass im Fall der Beweiserhebung die erstinstanzliche Feststellung keinen Bestand haben wird, sich also deren Unrichtigkeit herausstellt[700]. Dabei genügt es, wenn das Berufungsgericht auf Grund konkreter Anhaltspunkte in einer rational nachvollziehbaren Weise zu „vernünftigen" Zweifeln kommt, d. h. zu Bedenken, die so gewichtig sind, dass sie nicht ohne Weiteres von der Hand zu weisen sind[701]. Konkreter Anhaltspunkt in diesem Sinn ist – in Abgrenzung zu bloß subjektiven Zweifeln oder lediglich abstrakten Erwägungen oder Vermutungen der Unrichtigkeit – jeder objektivierbare rechtliche oder tatsächliche Einwand gegen die erstinstanzlichen Feststellungen[702]. Diese können sich aus gerichtsbekannten Tatsachen, aus dem Vortrag der Parteien oder aus dem angefochtenen Urteil selbst ergeben[703]. Ein solcher Anhaltspunkt liegt ferner insbesondere dann vor, wenn dem Eingangsgericht bei der Sachverhaltsfeststellung Verfahrensfehler, beispielsweise in Form

---

698 Zur gegenteiligen Auffassung insoweit vgl. nur OLG Saarbrücken vom 19.02.2003 – 1 U 653/02 – 155, NJW-RR 2003, 573 ff., 575.
699 BGH vom 19.03.2004 – V ZR 104/03, NJW 2004, 2152 ff., 2153.
700 BGH vom 15.07.2003 – VI ZR 361/02, NJW 2003, 3480 f., 3481.
701 BGH vom 08.06.2004 – VI ZR 230/03, NJW 2004, 2828 ff., 2829 f.
702 BGH, a. a. O., 2829.
703 BGH, a. a. O.

der Verletzung der Beweiswürdigungs- oder Tatsachenfeststellungsgrundsätze des § 286 ZPO, unterlaufen sind[704]. Dies setzt allerdings trotz § 529 Abs. 2 ZPO nicht voraus, dass der Verfahrensmangel selbst vom Berufungskläger gerügt worden ist. Denn § 529 Abs. 1 ZPO mit seiner Aufgabenzuweisung, konkreten Anhaltspunkten ungeachtet einer Berufungsrüge nachzugehen, stehe selbständig neben der in § 529 Abs. 2 ZPO geregelten Rechtsfehlerkontrolle[705].

Gleichwohl entfällt die Bindung an die erstinstanzlichen Feststellungen nicht erst dann, wenn ein Verfahrensfehler vorliegt. Für die Abweichung ausreichende Zweifel an der Richtigkeit und Vollständigkeit der Feststellungen können sich bereits aus der Möglichkeit unterschiedlicher Wertung ergeben. Ist das Berufungsgericht nach seiner Wertung nicht von der erstinstanzlichen Würdigung der Beweisaufnahme durch das Eingangsgericht überzeugt, dann ist es zur erneuten Tatsachenfeststellung verpflichtet[706].

Allerdings darf das Berufungsgericht nicht ohne Weiteres von der Beweiswürdigung des Eingangsgerichts abweichen, sondern muss den Parteien zuvor einen richterlichen Hinweis darüber erteilen[707]. Von der Würdigung der Aussage eines erstinstanzlich vernommenen Zeugen darf das Berufungsgericht ferner nur dann abweichen, wenn es den Zeugen nochmals vernommen hat[708].

b) Die Bedeutung der Tatsachenbindung für die Auslegungskontrolle

Hinsichtlich der Auslegung von Willenserklärungen und Individualvereinbarungen hat der BGH entschieden, dass auch nach der ZPO-Reform das Berufungsgericht nicht gehindert sei, selbst dann eine eigene Auslegung durchzuführen, die von der Auslegung des Eingangsgerichts abweicht, wenn dem Eingangsgericht keine Rechtsfehler bei der Auslegung unterlaufen seien[709]. Die Reform habe insoweit nicht dazu geführt, dass der

---

[704] BGH vom 12.03.2004 – V ZR 257/03, NJW 2004, 1876 ff., 1876; BGH vom 19.03.2004 – V ZR 104/03, NJW 2004, 2152 ff., 2153.

[705] BGH vom 12.03.2004 – V ZR 257/03, NJW 2004, 1876 ff., 1878 f.

[706] BGH vom 09.03.2005 – VIII ZR 266/03, NJW 2005, 1583 ff., 1584.

[707] BVerfG vom 12.06.2003 – 1 BvR 2285/02, NJW 2003, 2524.

[708] BGH vom 12.03.2004 – V ZR 257/03, NJW 2004, 1876 ff.; bestätigt durch BVerfG vom 22.11.2004 – 1 BvR 1935/03, NJW 2005, 1487.

[709] BGH vom 14.07.2001 – VIII ZR 164/03, NJW 2004, 2751 ff., 2751 f.

schon bisher für die Prüfungskompetenz des Revisionsgerichts geltende Maßstab nunmehr auch für das Berufungsgericht gelten müsse. Stattdessen lasse sich der dem Berufungsgericht durch § 529 Abs. 1 Nr. 1 ZPO hinsichtlich der Tatsachenfeststellung zugewiesenen Prüfungskompetenz entnehmen, dass das Berufungsgericht die erstinstanzliche Auslegung einer Individualvereinbarung – auf der Grundlage der nach § 529 ZPO maßgeblichen Tatsachen – in vollem Umfang darauf zu überprüfen habe, ob die Auslegung überzeuge. Halte das Berufungsgericht die erstinstanzliche Auslegung lediglich für eine zwar vertretbare, letztlich aber – bei Abwägung aller Gesichtspunkte – nicht für eine sachlich überzeugende Auslegung, so habe es selbst die Auslegung vorzunehmen, die es als Grundlage einer sachgerechten Entscheidung des Einzelfalls für geboten halte[710].

Der BGH führt dabei aus, dass bei der Ermittlung des Inhalts von Individualvereinbarungen Tat- und Rechtsfragen eng zusammenhängen, weil es sich hierbei um einen komplexen Akt des Verstehens handle, der tatsächliche und materiell-rechtliche Elemente (§§ 133, 157 BGB) einschließe. Der für den Inhalt der Vereinbarung maßgebliche „wirkliche" Wille der Vertragsparteien (§ 133 BGB) sei sowohl empirisch zu erforschen als auch normativ zu bestimmen (§ 157 BGB). Die Übergänge zwischen empirischer Tatsachenfeststellung und rechtlicher Tatsachenwürdigung seien dabei fließend. Es hänge deshalb von den Umständen des Einzelfalls ab, ob die Überprüfung des Inhalts der Individualvereinbarung ihren Schwerpunkt im tatsächlichen (§ 529 ZPO) oder im normativen Bereich (§ 546 ZPO) habe[711].

Jedenfalls dürfe die Auslegungskontrolle des Berufungsgerichts in rechtlicher Hinsicht nicht stärker beschränkt sein als in tatsächlicher, weil andernfalls eine vom Reformgesetzgeber nicht beabsichtigte Systemwidrigkeit im Gefüge des Instanzenzuges bestünde. Denn die Berufungsinstanz als zweite – wenn auch beschränkte – Tatsacheninstanz könne ihre Funktion, die Einzelfallgerechtigkeit zu gewährleisten, nur dann erfüllen, wenn die rechtliche Tatsachenwürdigung der Vorinstanz zumindest im selben Umfang zu überprüfen sei, in dem auch die zu Grunde liegenden Tatsachenfeststellungen überprüft werden dürfen[712]. Soweit sich deshalb der Inhalt einer Individualvereinbarung ohne Weiteres aus einem vom erstin-

[710] BGH, a. a. O., 2752.
[711] BGH, a. a. O.
[712] BGH, a. a. O., 2752 f.

richt nicht auf die Überprüfung der zur Zulassung führenden Rechtsverstöße beschränkt[720].

1. Die grundsätzliche Bedeutung der Rechtssache gem. § 543 Abs. 2 Satz 1 Nr. 1 ZPO

Nach der Rechtsprechung des BGH hat eine Rechtssache dann grundsätzliche Bedeutung im Sinne des § 543 Abs. 2 Satz 1 Nr. 1 ZPO, wenn sie eine entscheidungserhebliche[721], klärungsbedürftige[722] und klärungsfähige Rechtsfrage aufwirft, die über den Einzelfall hinaus Bedeutung für die Allgemeinheit hat[723]. Dies ist zum einen dann der Fall, wenn die Rechtsfrage in einer unbestimmten Vielzahl von Fällen auftreten kann, was insbesondere bei der Auslegung von typischen Vertragsbestimmungen denkbar ist[724]. In diesen Fällen bestehe ein abstraktes Interesse der Allgemeinheit an der einheitlichen Entwicklung und Handhabung des Rechts[725]. Zum anderen kann eine Rechtsfrage selbst dann, wenn nicht eine Vielzahl von Fällen ihre Klärung erfordert, grundsätzliche Bedeutung haben, weil andere Auswirkungen des Rechtsstreits die Interessen der Allgemeinheit in besonderem Maße berühren, so etwa in Anbetracht des tatsächlichen oder wirtschaftlichen Gewichts der Sache für den Rechtsverkehr[726].

Als dritten, die grundsätzliche Bedeutung der Sache begründenden Aspekt sah es der XI. Zivilsenat des BGH früher an, wenn sich die angefochtene Entscheidung als objektiv willkürlich darstellt oder Verfahrensgrundrechte der Beteiligten verletzt und jeweils nicht zweifelhaft erscheint, dass

---

[720] BGH vom 18.07.2003 – V ZR 187/02, NJW 2003, 3205 ff., 3206 f.

[721] Vgl. hierzu BGH vom 07.01.2003 – X ZR 82/02, NJW 2003, 1125 f., 1126, wonach allein ein Interesse an der Klärung abstrakter, für den Rechtsstreit entscheidungsunerheblicher Rechtsfragen nicht ausreicht. Vgl. zur Entscheidungserheblichkeit ferner BGH vom 12.02.2004 – V ZR 247/03, NJW 2004, 1167 ff.

[722] Vgl. dazu BGH vom 08.04.2003 – XI ZR 193/02, NJW 2003, 2319 f., 2319.

[723] BGH vom 01.10.2002 – XI ZR 71/02, NJW 2003, 65 ff., 67; BGH vom 19.12.2002 – VII ZR 101/02, NJW 2003, 831 f., 831.

[724] BGH vom 01.10.2002 – XI ZR 71/02, NJW 2003, 65 ff., 68.

[725] BGH vom 27.03.2003 – V ZR 291/02, NJW 2003, 1943 ff., 1944; BGH vom 04.07.2002 – V ZR 75/02, NJW 2002, 2957.

[726] BGH vom 01.10.2002 – XI ZR 71/02, NJW 2003, 65 ff., 68; BGH vom 19.12.2002 – VII ZR 101/02, NJW 2003, 831 f., 831; BGH vom 27.03.2003 – V ZR 291/02, NJW 2003, 1943 ff., 1944 f.

das BVerfG sie auf eine Verfassungsbeschwerde hin aufheben würde[727]. Dies sei erst bei offenkundigen Fehlern, also dort der Fall, wo sich die Grundrechtsverletzung geradezu aufdränge und dies mit wenigen Sätzen zweifelsfrei aufgezeigt werden könne[728]. Diese Auffassung ist allerdings mittlerweile aufgegeben worden. Stellt sich die angefochtene Entscheidung als objektiv willkürlich dar oder verletzt sie Verfahrensgrundrechte einer Partei, so bejaht nunmehr auch der XI. Zivilsenat des BGH das Erfordernis der Sicherung einer einheitlichen Rechtsprechung[729]. Darauf, ob der Verstoß offenkundig ist, kommt es nach seiner geänderten Auffassung nicht mehr an[730].

2. *Die Sicherung der Einheitlichkeit der Rechtsprechung gem. § 543 Abs. 2 Satz 1 Nr. 2 Alt. 2 ZPO*

Eine Revisionsentscheidung ist zur Sicherung der Einheitlichkeit der Rechtsprechung erforderlich, wenn nur so zu vermeiden ist, dass schwer erträgliche Unterschiede in der Rechtsprechung entstehen oder fortbestehen[731]. Dies komme zum einen im Fall der Divergenz in Betracht, wenn also in der angefochtenen Entscheidung ein abstrakter Rechtsgrundsatz aufgestellt wird, der von einem in anderen Entscheidungen eines Gerichts aufgestellten abstrakten Rechtssatz abweicht[732]. Zum anderen sei die Revisionszulassung gem. § 543 Abs. 2 Satz 1 Nr. 2 Alt. 2 ZPO dann geboten, wenn der im angefochtenen Urteil unterlaufene Fehler seine Wiederholung durch dasselbe Gericht oder die Nachahmung durch andere Gerichte erwarten lässt und dadurch so schwer erträgliche Unterschiede in der Rechtsprechung zu entstehen oder fortzubestehen drohen, dass eine höchstrichterliche Leitentscheidung notwendig ist[733]. Ein solcher Rechtsfehler mit „sym-

---

727 BGH vom 01.10.2002 – XI ZR 71/02, NJW 2003, 65 ff., 68; ähnlich, allerdings dies nicht als Frage grundsätzlicher Bedeutung, sondern als Frage der Sicherung einheitlicher Rechtsprechung einordnend BGH vom 19.12.2002 – VII ZR 101/02, NJW 2003, 831 f., 832.
728 BGH vom 01.10.2002 – XI ZR 71/02, NJW 2003, 65 ff., 68.
729 BGH vom 11.05.2004 – XI ZB 39/03, NJW 2004, 2222 ff., 2223.
730 BGH, a. a. O., 2223 f.; vgl. dazu auch BGH vom 27.03.2003 – V ZR 291/02, NJW 2003, 1943 ff., 1945; anders allerdings noch BGH vom 04.07.2002 – V ZB 16/02, NJW 2002, 3029 ff., 3030 zu § 574 Abs. 2 ZPO a. F.; BGH vom 25.07.2002 – V ZR 118/02, NJW 2002, 3180 f., 3181: Offenkundigkeit regelmäßig Voraussetzung.
731 BGH vom 01.10.2002 – XI ZR 71/02, NJW 2003, 65 ff., 66.
732 BGH, a. a. O.; BGH vom 27.03.2003 – V ZR 291/02, NJW 2003, 1943 ff., 1945.
733 BGH vom 01.10.2002 – XI ZR 71/02, NJW 2003, 65 ff., 66; BGH vom 11.05.2004 – XI ZB 39/03, NJW 2004, 2222 ff., 2223; vgl. ferner BGH vom 31.10.2002 – V ZR

ptomatischer Bedeutung“ liege insbesondere dann vor, wenn das Berufungsgericht in entsprechender Weise eine höchstrichterliche Rechtsprechung in vorwerfbarer Weise[734] nicht berücksichtige[735].

Eine Nachahmung sei dann zu befürchten, wenn sich die Begründung des Berufungsgerichts verallgemeinern und auf eine nicht unerhebliche Zahl künftiger Sachverhalte übertragen lasse[736]. Selbst dann also, wenn es an der Formulierung eines Rechtssatzes in einem Berufungsurteil fehle, sei das Allgemeininteresse gleichwohl berührt, wenn der Argumentation des Berufungsgerichts erkennbar ein unrichtiger Obersatz zu Grunde liege[737]. In gleicher Weise wie das Zugrundelegen eines unrichtigen Obersatzes sei dabei auch ein grundlegendes Missverständnis eines rechtlichen Ansatzpunktes der höchstrichterlichen Rechtsprechung zu beurteilen[738]. Hingegen reiche allein das Vorhandensein von Rechtsfehlern im Einzelfall, mögen sie auch gewichtig oder evident sein, nicht aus, um die Notwendigkeit der Befassung des Revisionsgerichts zu begründen[739]. Erfüllt indes ein Fehler die genannten Voraussetzungen, so steht es der Annahme der Nachahmungsgefahr nicht entgegen, wenn der Fehler weder evident noch gewichtig ist, weil diese Umstände eher gegen als für die Gefahr der Wiederholung sprächen[740].

Schließlich bestehe ein die Revision rechtfertigendes Allgemeininteresse im Sinne des § 543 Abs. 2 Satz 1 Nr. 2 Alt. 2 ZPO an einer korrigierenden Revisionsentscheidung auch dann, wenn das Berufungsurteil auf einem Rechtsfehler beruhe, der aufgrund der Publizitätswirkung[741] geeignet sei, das Vertrauen in die Rechtsprechung zu erschüttern oder zu beschädigen[742].

100/02, NJW 2003, 754 f., 755; BGH vom 08.04.2003 – XI ZR 193/02, NJW 2003, 2319 f., 2320.

[734] BGH vom 08.04.2003 – XI ZR 193/02, NJW 2003, 2319 f., 2320.

[735] BGH vom 01.10.2002 – XI ZR 71/02, NJW 2003, 65 ff., 66.

[736] BGH vom 18.03.2004 – V ZR 222/03, NJW 2004, 1960 f., 1961; BGH vom 11.05.2004 – XI ZB 39/03, NJW 2004, 2222 ff., 2223; vgl. auch schon BGH vom 31.10.2002 – V ZR 100/02, NJW 2003, 754 f., 755.

[737] BGH vom 18.03.2004 – V ZR 222/03, NJW 2004, 1960 f., 1961.

[738] BGH vom 08.09.2004 – V ZR 260/03, NJW 2005, 154 ff., 155.

[739] BGH vom 01.10.2002 – XI ZR 71/02, NJW 2003, 65 ff., 67; BGH vom 31.10.2002 – V ZR 100/02, NJW 2003, 754 f., 755; BGH vom 19.12.2002 – VII ZR 101/02, NJW 2003, 831 f., 831.

[740] BGH vom 27.03.2003 – V ZR 291/02, NJW 2003, 1943 ff., 1945.

[741] BGH vom 04.07.2002 – V ZR 75/02, NJW 2002, 2957 zu § 574 Abs. 2 ZPO a. F.

[742] BGH vom 07.10.2004 – V ZR 328/03, NJW 2005, 153 f., 153; BGH vom 27.03.2003 – V ZR 291/02, NJW 2003, 1943 ff., 1945.

Auch insoweit komme es nicht darauf an, ob der Fehler des Berufungsgerichts offensichtlich oder von Gewicht sei[743]. Maßgebend sei stattdessen, ob die Rechtsanwendung des Berufungsgerichts gegen grundlegende, verfassungsrechtlich abgesicherte Gerechtigkeitsanforderungen verstoßen hat, so dass die Entscheidung von Verfassungs wegen einer Korrektur bedürfe[744].

Ein solcher Fall liege vor, wenn die Entscheidung auf einer Verletzung des allgemeinen Gleichheitssatzes in seiner Ausprägung als Willkürverbot (Art. 3 Abs. 1 GG) beruhe. Dies sei bei einer fehlerhaften Rechtsanwendung der Fall, die sachlich schlechthin unhaltbar sei, weil sie unter keinem denkbaren Aspekt rechtlich vertretbar erscheine und sich deshalb der Schluss aufdränge, dass sie auf sachfremden Erwägungen beruhe[745]. Die Rechtslage müsse dabei nicht nur überhaupt, sondern in krasser Weise verkannt worden sein[746]. Die Feststellung der Willkür enthalte dabei keinen subjektiven Schuldvorwurf, sondern sei dabei vielmehr im objektiven Sinne zu verstehen als Maßnahme, die im Verhältnis zu der Situation, der sie Herr werden will, tatsächlich und eindeutig unangemessen ist[747].

Die Verletzung des Anspruchs auf rechtliches Gehör gem. Art. 103 Abs. 1 GG stellt, wie bereits dargelegt[748], ebenfalls einen Zulassungsgrund dar, dessen Rechtfertigung der BGH im Erfordernis der Sicherung einer einheitlichen Rechtsprechung erblickt[749]. Auf diesem Weg können insbesondere Verletzungen bei der Anwendung der Präklusionsnorm des § 531 Abs. 2 ZPO der Kontrolle des Revisionsgerichts zugeführt werden[750].

---

743 BGH vom 07.10.2004 – V ZR 328/03, NJW 2005, 153 f., 153; BGH vom 27.03.2003 – V ZR 291/02, NJW 2003, 1943 ff., 1945.

744 BGH vom 07.10.2004 – V ZR 328/03, NJW 2005, 153 f., 153; BGH vom 27.03.2003 – V ZR 291/02, NJW 2003, 1943 ff., 1946.

745 BGH vom 07.10.2004 – V ZR 328/03, NJW 2005, 153 f., 153; BGH vom 27.03.2003 – V ZR 291/02, NJW 2003, 1943 ff., 1947; BGH vom 04.07.2002 – V ZB 16/02, NJW 2002, 3029 ff., 3031.

746 BGH vom 27.03.2003 – V ZR 291/02, NJW 2003, 1943 ff., 1947.

747 BGH vom 07.10.2004 – V ZR 328/03, NJW 2005, 153 f., 153.

748 Vgl. bereits Seite 282.

749 Vgl. BGH vom 01.06.2005 – XII ZR 275/02, NJW 2005, 2710 ff., 2711.

750 Vgl. nur BGH vom 09.06.2005 – V ZR 271/04, NJW 2005, 2624 f.

3. Die Gebotenheit zur Fortbildung des Rechts gem. § 543 Abs. 2 Satz 1 Nr. 2 Alt. 1 ZPO

Eine Zulassung zur Fortbildung des Rechts gem. § 543 Abs. 2 Satz 1 Nr. 2 Alt. 1 ZPO sei dann geboten, wenn der Einzelfall Veranlassung gibt, Leitsätze für die Auslegung von Gesetzesbestimmungen des materiellen oder formellen Rechts aufzustellen oder Gesetzeslücken auszufüllen. Ein solcher Anlass bestehe nur dann, wenn es für die rechtliche Beurteilung typischer oder verallgemeinerungsfähiger Lebenssachverhalte an einer richtungsweisenden Orientierungshilfe ganz oder teilweise fehle[751].

4. Der Zulassungsgrund bei fehlerhafter Auslegung von Willenserklärungen

Auch nach der ZPO-Reform hat der BGH seine Berechtigung zur Kontrolle der Auslegung von individuellen Willenserklärungen begründet. Als Zulassungsgründe zog er dabei zum einen die Erforderlichkeit der Sicherung einer einheitlichen Rechtsprechung im Falle einer willkürlichen Berufungsentscheidung heran, zum anderen stützte er sich auf die Verletzung des Grundrechts auf rechtliches Gehör.

a) Der Beschluss des BGH vom 07.10.2004 – V ZR 328/03, NJW 2005, 153 f.

Das Berufungsgericht hatte einen Immobilienkaufvertrag dahin ausgelegt, dass der Vertrag die Zusicherung enthalte, in der veräußerten Wohnanlage nur Wohnungseigentum zu begründen. Wenn auch der BGH auf die Passagen im Vertragstext Bezug nahm, die wohl der Auslegung des Berufungsgerichts zu Grunde lagen, stellte er fest, dass eine ausdrückliche Begründung des Auslegungsergebnisses im Berufungsurteil fehlte[752]. Er selbst wollte den Passagen hingegen eine Zusicherung nicht entnehmen.

Der BGH war der Auffassung, die fehlende Begründung lasse nur den Schluss zu, dass das Berufungsgericht die vertraglichen Vereinbarungen für eindeutig und damit für nicht auslegungsbedürftig gehalten habe. Ohne eine Begründung sei allerdings die Annahme einer Eigenschaftszusicherung

---

751 BGH vom 27.03.2003 – V ZR 291/02, NJW 2003, 1943 ff., 1945; BGH vom 04.07.2002 – V ZB 16/02, NJW 2002, 3029 ff., 3030.
752 BGH vom 07.10.2004 – V ZR 328/03, NJW 2005, 153 f., 154.

gem. § 459 Abs. 2 BGB a. F. unter keinem denkbaren Aspekt rechtlich vertretbar. Der Fehler des Berufungsgerichts mache dessen Entscheidung derart unverständlich, dass sie sich als sachlich schlechthin unhaltbar und damit objektiv willkürlich darstelle. Das Außerachtlassen anerkannter Auslegungsgrundsätze in besonderem Maße könne nach der Rechtsprechung des BVerfG gegen das Willkürverbot verstoßen; für den Fall einer sich als notwendig aufdrängenden, jedoch unterbliebenen Vertragsauslegung könne nichts anderes gelten[753]. Damit bejahte der BGH einen Zulassungsgrund im Sinne des § 543 Abs. 2 Satz 1 Nr. 2 Alt. 2 ZPO.

b) Der Beschluss des BGH vom 05.04.2005 – VIII ZR 160/04, NJW 2005, 1950 ff.

Das Berufungsgericht hatte eine Kaufpreisklausel eines Kaufvertrages nach ihrem Wortlaut unter Stützung auf die Vertragspräambel sowie auf eine im Vertrag in Bezug genommene Gesetzesnorm ausgelegt. Von der angebotenen Beweisaufnahme durch Vernehmung eines Zeugen, der einen abweichenden, in den Vertrag nicht hinreichend deutlich aufgenommenen Vertragswillen der Parteien bekunden sollte, hatte das Berufungsgericht abgesehen und war zum gegensätzlichen Auslegungsergebnis als das zur Auslegung ausführliche Erörterungen aufweisende erstinstanzliche Urteil gelangt. Auf das Beweisangebot war es in seiner Begründung nicht eingegangen.

Der BGH sah hierin eine Verletzung des Grundrechts auf rechtliches Gehör gem. Art. 103 Abs. 1 GG. Dieses gebiete es, dass das Gericht sich mit allen wesentlichen Punkten des Parteivortrags auseinandersetze. Dass dies geschehen sei, müsse sich deshalb zumindest aus dem Gesamtzusammenhang der Gründe ersehen lassen, was allerdings im angefochtenen Urteil nicht der Fall sei. Diese Nichtberücksichtigung des Beweisantrages stelle sich als Verstoß gegen den anerkannten Auslegungsgrundsatz dar, dass der übereinstimmende Parteiwille dem Wortlaut und jeder anderen Interpretation vorgehe[754].

---

[753] BGH, a. a. O.
[754] BGH vom 05.04.2005 – VIII ZR 160/04, NJW 2005, 1950 ff.

3. Abschnitt: Die Auffassung der Literatur zu den die Untersuchung betreffenden Änderungen der ZPO und zur Rechtsprechung

Die Literatur hat sich bereits während des Reformgesetzgebungsverfahrens zu den reformbedingten Änderungen der ZPO geäußert und begleitet die neuere Rechtsprechung seit dem Inkrafttreten der Reform. Im Folgenden werden die dazu geäußerten Auffassungen der Literatur betrachtet, soweit sie für die Auslegung von individuellen Willenserklärungen in der Rechtsmittelinstanz von Bedeutung sind. Dies betrifft [I.] die in § 139 ZPO neu geregelte richterliche Hinweispflicht sowie das neue [II.] Berufungs- und [III.] Revisionsrecht.

I. Die Auffassung zur „neuen“ Hinweispflicht

Die Literatur scheint sich darüber einig, dass die Neunormierung des § 139 ZPO keine inhaltlichen Änderungen der Hinweispflichten des erstinstanzlichen Gerichts[755] und trotz der eingeführten Notwendigkeit, diese aktenkundig zu machen, keine Änderungen der Praxis mit sich gebracht hat. Richterliche Hinweise würden im selben uneinheitlichen Umfange wie vor der Reform teilweise erteilt und teilweise nicht[756]. Eine Stärkung der ersten Instanz habe deshalb bislang allenfalls auf dem Papier stattgefunden[757]. Gleiches gilt für die Pflicht zur Erörterung des Beweisergebnisses[758].

Gleichwohl erfährt die beabsichtigte Stärkung der erstinstanzlichen Prozessleitung durchgängig Zustimmung. Die Absicherung der Hinweispflicht durch das Aktenkundigkeitserfordernis trage zu Recht dem Umstand Rechnung, dass bereits nach altem Recht das Gericht zur rechtzeitigen, umfassenden Vorbereitung des mündlichen Verhandlungstermins verpflichtet war und zu diesem Zwecke die erforderlichen Hinweise rechtzeitig erteilen

---

[755] Selbherr, DJT-Gutachten, S. A 33.
[756] Vgl. Greger, JZ 2004, 805 ff., 809; Huber, DJT-Gutachten, S. A 13 ff.
[757] Heiderhoff, JZ 2003, 490 ff., 496; Schneider, ZPO-Praxis, S. 335 Rn. 842, hält es für gerade widersinnig, zur Stärkung der Wahrheitsfindung in erster Instanz diese der Kontrolle durch das Berufungsgericht zu entziehen; Bamberger, ZRP 2005, 137 ff., 138, hingegen will eine stärkere Beachtung der materiellen Prozessleitung erkannt haben.
[758] Vgl. nur Greger, JZ 2004, 805 ff., 810.

musste, und führe somit womöglich zu einer Besinnung der Gerichte auf diese ihre seit jeher bestehenden Pflichten[759].

II. Die Auffassungen zum neuen Berufungsrecht

Die Auffassungen zum neuen Novenrecht im Berufungsverfahren sind geteilt. Die Literatur setzt sich hierzu überwiegend mit der Konkretisierung der §§ 529 Abs. 1, 531 Abs. 2 ZPO im Hinblick auf Einzelfragen auseinander. Die Entscheidung des Gesetzgebers zur Umgestaltung und Reduzierung der Funktion der Berufung als nur noch unvollständige zweite Tatsacheninstanz wird dabei regelmäßig hingenommen und nicht gesondert bewertet.

Vielmehr zog die Literatur aus dieser Beschränkung überwiegend die Konsequenz, dass das Berufungsgericht nach neuem Recht in gleicher Weise wie schon bisher das Revisionsgericht bei der Kontrolle der Auslegung von Willenserklärungen durch die Vorinstanz nur zu einer eingeschränkten Prüfung auf Rechtsfehler hin befugt sei[760]. Die mittlerweile ergangene Entscheidung des BGH[761], die das Berufungsgericht nach wie vor auch ohne Vorliegen eines Rechtsfehlers zur Ersetzung der erstinstanzlichen Auslegung durch eine vollumfängliche, eigene Auslegung berechtigt ansieht, hat insbesondere bei Lechner[762] Kritik erfahren[763]. Die Begründung des BGH, die sich auf die vom Gesetzgeber weiterhin gewollte Funktionsunterscheidung von Berufung und Revision stützt, hält er für nicht überzeugend, weil für ihn die Intention des Gesetzgebers im Vordergrund stehe, eine Abweichung von der erstinstanzlichen Entscheidung nur dann zuzu-

---

[759] Vgl. Greger, a. a. O., 809; Gottwald, DJT-Gutachten, S. A 109.

[760] So wohl Gehrlein, MDR 2003, 421 ff., 426 mit Verweis auf OLG Celle vom 01.08.2002 – 2 U 57/02, OLGReport Celle 2002, 238; Bamberger, ZRP 2004, 137 ff., 139; Schneider, ZPO-Praxis, S. 341 Rn. 864; vgl. ferner Hirtz, DJT-Gutachten, S. A 60 m. w. N., der diese Auffassung jedoch für künstlich und lebensfremd hielt und eine gegenteilige Handhabung empfahl; unentschieden damals noch Gaier, NJW 2004, 2041 ff., 2041 f.; gegen eine Auslegungsbindung hingegen bereits Zöller-Gummer/Heßler, § 529 Rn. 10.

[761] BGH vom 07.10.2004 – V ZR 328/03, NJW 2005, 153 f., vgl. dazu bereits oben Seite 294.

[762] Lechner, NJW 2004, 3593 ff., 3596.

[763] Ablehnend ferner Burgermeister, BGH-Report 2004, 1370 f. – Zustimmend, sowohl hinsichtlich Dogmatik als auch Begründung, dagegen Mallmann, EWiR 2004, 1159 f., 1160; ferner Weigel, LMK 2004, 168.

lassen, wenn Zweifel gegen deren Richtigkeit bestünden. Eine lediglich das Berufungsgericht nicht überzeugende, aber vertretbare Auslegung begründe solche Zweifel gerade nicht, weil jede vertretbare Auslegung richtig sei. Für gewichtiger hält Lechner zudem seine Überlegung, die in § 520 Abs. 3 ZPO abschließend genannten Berufungsgründe zeigten, dass eine zulässige Berufung nur dann möglich sei, wenn sie auf Rechtsfehler gestützt werden könne[764].

Allerdings räumt Lechner selbst ein, dass die Frage angesichts des Umfangs der vom BGH in Anspruch genommenen Rechtsfehlerkontrolle wohl geringe praktische Bedeutung hätte. Dem liegt die zutreffende Einschätzung zu Grunde, dass das Berufungsgericht auch nach den anerkannten Grundsätzen, die eine Auslegungskontrolle auf die Überprüfung von Rechtsfehlern beschränkt, – wie schon der BGH bisher – an die Auslegung des Erstgerichts ohne Weiteres „herankommen können“ werde, wenn es dies im Interesse einer gerechten Entscheidung für geboten halte[765].

Auch im Allgemeinen werden in der Literatur unterschiedliche Einschätzungen über die Bedeutung des Begriffs des Zweifels gem. § 529 Abs. 1 Nr. 1 ZPO vertreten. Damit einher gehen unterschiedliche Vorstellungen über die Voraussetzungen der Bindung des Berufungsgerichts an die erstinstanzlichen Feststellungen und damit zur Frage, wann das Berufungsgericht selbst Tatsacheninstanz werden darf.

Dabei erfolgt insbesondere eine Auseinandersetzung mit der weiten Auslegung des Zweifelsbegriffs, die der BGH[766] im Anschluss an eine Entscheidung des BVerfG[767] übernommen hat[768] und die bereits dann Anhaltspunkte für Zweifel als gegeben ansieht, wenn das Berufungsgericht die Beweise anders werten möchte als das Eingangsgericht. Eine Bindung des Berufungsgerichts an die Feststellungen des Eingangsgerichts ist damit

---

[764] Lechner, NJW 2004, 3593 ff., 3596.
[765] Lechner, a. a. O., 3597.
[766] BGH vom 09.03.2005 – VIII ZR 266/03, NJW 2005, 1583 ff., 1584, vgl. dazu bereits oben Seite 285.
[767] BVerfG vom 12.06.2003 – 1 BvR 2285/02, NJW 2003, 2524.
[768] Die Vermutung von Greger, NJW 2003, 2882 f., 2882, der Beschluss des BVerfG könnte – trotz der Möglichkeit, dass sich das Gericht darin nur beiläufig und unreflektiert zu einer zivilprozessualen Frage geäußert habe, die wegen ihrer zentralen Bedeutung für die reformierte ZPO nicht als entschieden angesehen werden könne – als Vorzeichen für eine entsprechende künftige Auslegung des § 529 Abs. 1 Nr. 1 ZPO zu werten sein, hat sich damit bestätigt.

freilich obsolet, weil die Möglichkeit unterschiedlicher Beweiswürdigung so gut wie immer besteht[769]. Gleichwohl wird gesehen, dass auch die Gegenauffassung, die Zweifel nur dann zulassen möchte, wenn Verfahrensfehler konkrete Anhaltspunkte dafür liefern, letztlich im Ergebnis wohl nichts an der Möglichkeit des Berufungsgerichts ändern würde, nach Belieben von den festgestellten Tatsachen abzuweichen. Denn wie schon die bisherige Revisionsrechtsprechung zur Kontrolle der tatrichterlichen Feststellungen zeigt, ließe sich, wenn das Gericht die festgestellten Tatsachen für falsch hält, ein Verfahrensfehler notfalls „herbeikonstruieren“[770].

Festgehalten wird dennoch, dass diese Art der Auslegung des § 529 Abs. 1 Nr. 1 ZPO von der Intention des Reformgesetzgebers, eine grundsätzliche Bindung des Berufungsgerichts an die erstinstanzlichen Feststellungen zu erreichen, nichts übrig lässt[771]. Allerdings findet die darin zum Ausdruck kommende Tendenz der Rechtsprechung, sich dem Reformbestreben insoweit zu widersetzen[772], auch Zustimmung, indem das Schwergewicht der Betrachtung nicht auf der durch die Reform eingeführten Beschränkung, sondern stattdessen auf der mit ihr beibehaltenen Einrichtung des Berufungsgerichts als Tatsacheninstanz gelegt wird[773]. So wird die eigenständige Überprüfung der Beweiswürdigung der ersten Instanz durch das Berufungsgericht, und zwar ohne dass dies eines Verfahrensfehlers oder einer nur einer speziellen Rüge gem. § 520 Abs. 3 Satz 2 Nr. 3 ZPO bedürfte, durchaus für richtig gehalten[774]. Allerdings weist Rixecker darauf hin, dass dennoch das Verhältnis von Verfahrensrüge zur materiellen Rüge zu beachten sei. Wie nämlich die §§ 529 Abs. 2, 520 Abs. 3 Nr. 3 ZPO zeigten, dürfe das Berufungsgericht Zweifeln an der

[769] Vgl. auch Greger, a. a. O., 2883.
[770] So und mit gleicher Formulierung Heiderhoff, JZ 2003, 490 ff., 493 f.
[771] Vgl. nochmals Greger, NJW 2003, 2882 f., 2883; ders., JZ 2004, 805 ff., 811; ferner Bamberger, ZRP 2004, 137 ff., 139 f.
[772] Vgl. Lechner, NJW 2004, 3593 ff., 3599; Zöller-Gummer/Heßler, § 529 Rn. 2; ferner Greger, JZ 2004, 805 ff., 812, der feststellt, dass sowohl Tatsachenbindung als auch Novenverbot in der Rechtspraxis als zu starke Einschränkung empfunden werden.
[773] Vgl. Roth, JZ 2005, 174 ff., 178. Hingegen fordert Lechner, NJW 2004, 3593 ff., 3598, man müsse sich von der überkommenen Vorstellung lösen, dass die Berufungsgerichte weiterhin vollwertige Tatsacheninstanz seien.
[774] So Roth, a. a. O., 175, 177, der insbesondere darauf hinweist, dass eine womöglich entgegengesetzte Gesetzesbegründung nicht bindend ist; auch Hirtz, DJT-Gutachten, S. 62. A. A. hingegen Lechner, NJW 2004, 3593 ff., 3595 f., der gerade auf Grundlage der Gesetzesbegründung zum gegenteiligen Ergebnis gelangt; ferner Jaeger, NZV 2005, 22 ff., 25.

Richtigkeit oder Vollständigkeit der erstinstanzlichen Feststellungen nur dann nachgehen, wenn diese ausdrücklich, fristgemäß und bestimmt gerügt worden seien[775].

Auch die Präklusionsvorschriften der §§ 529 Abs. 1 Nr. 2, 531 Abs. 2 Satz 1 ZPO erfahren nicht uneingeschränkte Zustimmung. So wird zum einen auch hier bemängelt, dass die Tendenz des BGH, auch in der Berufungsinstanz nach Möglichkeit neuen Vortrag zuzulassen, um eine materiell richtige Entscheidung gewähren zu können, sich über den Wortlaut und Willen des Gesetzes hinwegsetze[776]. Dies werde vor allem in der uneingeschränkten Zulassung neuen unstreitigen Vortrags und der Zulassung von Klageänderungen deutlich[777]. Allerdings wird dies überwiegend hingenommen oder gar positiv bewertet[778], weil das geänderte Novenrecht nicht auf Zustimmung stößt. Es habe zu einer Verkomplizierung des Verfahrens und zu einer Verlagerung der juristisch hoch qualifizierten Arbeitskraft geführt, weil das Berufungsgericht nunmehr mehr Zeit und Arbeit aufwenden müsse, um auf rein formaler Ebene zu prüfen, ob das Vorbringen berücksichtigt werden dürfe, als dies für eine sachliche Erledigung des Rechtsstreits erforderlich wäre[779]. Die auf diesem Wege vorwiegend formalistische Rechtfertigung einer Berufungsentscheidung auf Grundlage eines unrichtigen Sachverhalts habe verheerende Folgen für die Akzeptanz beim rechtsuchenden Bürger[780]. Dass dies dem Verständnis erfahrener und gestandener Richter widerspricht, die sich auch nicht durch Präklusionsvorschriften daran gehindert sehen, ein aus ihrer Sicht materiell gerechtes Urteil zu sprechen, wird nicht ohne erkennbare Zustimmung hervorgehoben[781].

Die Einführung der grundsätzlichen Tatsachenbindung des Berufungsgerichts an sich hat allerdings keine Änderung der Berufungspraxis mit sich gebracht. Schon nach früherem Recht konnte zwar das Berufungsgericht uneingeschränkt vom in erster Instanz festgestellten Sachverhalt abweichen

---

775 Rixecker, NJW 2004, 705 ff., 709.
776 Vgl. auch hierzu Lechner, NJW 2004, 3593 ff., 3598
777 Vgl. Greger, JZ 2004, 805 ff., 812.
778 So Gottwald, DJT-Gutachten, S. A 116, jedenfalls für die Zulassung neuen unstreitigen Vorbringens.
779 Debusmann, DJT-Gutachten, S. A 46, A 51 f.
780 Debusmann, DJT-Gutachten, S. A 43 f.; ähnlich auch Hirtz, DJT-Gutachten, S. A 59 f.
781 So Debusmann, DJT-Gutachten, S. A 44.

und die Tatsachen selbst neu ermitteln, was es jedoch freilich nach pflichtgemäßem Ermessen nur dann tat, wenn es Fehler in der Tatsachenfeststellung vermutete[782]. Weil im Übrigen auch nach bisheriger Rechtsprechung ein Abweichen vom Ergebnis der erstrichterlichen Beweisaufnahme nur nach erneuter Durchführung der Beweisaufnahme vor dem Berufungsgericht möglich war, wurden bereits vor der Reform die Feststellungen des Eingangsgerichts regelmäßig übernommen[783].

Letztlich habe die Reform eine gewisse Verfahrenskonzentration bewirkt, der es jedoch bislang noch an ausreichend Rechtssicherheit mangle[784].

III. Die Auffassungen zum neuen Revisionsrecht

Der Literatur kann durchgehend ein Tenor entnommen werden, der sich gegen eine zu restriktive Zulassungspraxis des BGH wendet und sich für eine erweiternde Auslegung der Zulassungstatbestände des § 543 Abs. 2 Satz 1 ZPO ausspricht. Bereits sehr früh wurde darauf hingewiesen, dass die Zulassungstatbestände kaum eingrenzbare Auslegungsmöglichkeiten aufweisen. Ihr Verständnis hänge deshalb in besonderer Weise vom Zweck, den die Revision nach der ZPO-Reform habe, sowie von verfassungsrechtlich gebotenen Zulassungsgründen ab. In diesem Lichte seien sie auszulegen.

So könne eine die Sicherung einer einheitlichen Rechtsprechung erfordernde Gefahr divergierender Entscheidungen bei weitem Verständnis be-

---

[782] Vgl. Heiderhoff, JZ 2003, 490 ff., 492; Gehrlein, MDR 2003, 421 ff., 427; Gottwald, DJT-Gutachten, S. A 116; Wieczorek/Schütze-Gerken, § 529 Rn. 17.

[783] Vgl. Gehrlein, MDR 2003, 421 ff., 427. – Selbst die Bejahung der Frage, ob das Berufungsgericht nach dem Beschluss des BVerfG vom 12.06.2003 – 1 BvR 2285/02, NJW 2003, 2524 tatsächlich zu einer neuen Beweisaufnahme verpflichtet ist, sobald es nur Zweifel an den erstinstanzlichen Feststellungen hat (dagegen Greger, NJW 2003, 2882 f., 2883; Roth, JZ 2005, 174 ff., 177 f.), führte deshalb wohl nicht zu einer häufigeren Tatsachenfeststellung und damit höheren Belastung des Berufungsgericht als vor der Reform. Beruhen die Zweifel auf präsenten Anhaltspunkten wie insbesondere Urkunden, die sich in der Akte befinden, wird eine neue Tatsachenfeststellung ebenso wenig ein förmliches Beweisaufnahmeverfahren erfordern wie ihre erstinstanzliche Feststellung. Die Abweichung von im Wege förmlicher Beweisaufnahme erlangter Feststellungen hingegen war auch vor der Reform schon nicht ohne Wiederholung der Beweisaufnahme möglich.

[784] Greger, JZ 2004, 805 ff., 813; Debusmann, DJT-Gutachten, S. A 45.

reits dann angenommen werden, sobald nur das Revisionsgericht den konkreten Fall anders entscheiden würde als das Berufungsgericht. Hingegen ließe sich eine Zulassung wegen des Vereinheitlichungserfordernisses auch von einer Wiederholungsgefahr abhängig machen, sofern die Zulassung nach neuem Recht nur im Interesse des Gemeinwohls geboten sein solle[785]. Dieses von der Rechtsprechung eingeführte Kriterium der Wiederholungsgefahr wird allerdings als kein geeignetes Kriterium angesehen. Zum einen begründe bereits jede einzelne rechtsfehlerhafte Entscheidung die tatsächliche Vermutung für ihre künftige Wiederholung. Zum anderen ließen sich kaum mit der rechtsstaatlich erforderlichen Klarheit Anforderungen für die Darlegung einer Wiederholungsgefahr benennen, die schließlich dem Nichtzulassungsbeschwerdeführer obliege[786].

Die Literatur verweist auf das verfassungsrechtliche Gebot der Rechtsmittelklarheit, welches es erfordere, mit ausreichender Gewissheit bereits bei Einlegung eines Rechtsmittels die Frage nach seiner Zulässigkeit beantworten zu können, und fordert deshalb eine Ausweitung der Zulassungstatbestände. Das prinzipiell manipulierbare Kriterium der Wiederholungs- und Nachahmungsgefahr genüge diesem Gebot ebenso wenig[787] wie eine Differenzierung nach der Schwere oder Offenkundigkeit eines Rechtsfehlers[788]. Im Zweifel sei deshalb die Revision zuzulassen[789]. Um dennoch ein taugliches Kriterium zur Ausschließung von Einzelfallrechtsfehlern ohne Allgemeininteresse zu erhalten, schlägt Schultz vor, darauf abzustellen, ob der Fehler des Berufungsgerichts – egal ob in verfahrens- oder in materiell-

---

[785] Vgl. Piekenbrock/Schulze, JZ 2002, 911 ff., 912; ferner Schultz, MDR 2003, 1392 ff., 1392 f.; Büttner, MDR 2001, 1201 ff., 1203; Baukelmann, FS Erdmann, S. 770.

[786] Vgl. Scheuch/Lindner, NJW 2003, 728 ff., 729; Schultz, MDR 2003, 1392 ff., 1397 ff.; mit verfassungsrechtlichen Bedenken gegen die „Flucht des Gesetzgebers in die Generalklauseln“ bei der Zulassung von Rechtsmitteln auch Nassall, ZRP 2004, 164 ff., 169; kritisch ferner Zöller-Gummer, § 543 Rn. 14; das Kriterium für zu eng haltend auch Baukelmann, FS Erdmann, S. 778.

[787] Schultz, MDR 2003, 1392 ff., 1398; auch Ball, DJT-Gutachten, S. A 81 weist darauf hin, dass sich selbst für im Zivilrecht ohnehin seltene Standardfälle nur spekulieren lasse, ob eine fehlerhafte Urteilsbegründung zur Nachahmung einlade; ders., FS Musielak, S. 43 ff.

[788] Piekenbrock/Schulze, JZ 2002, 911 ff., 919; Büttner, MDR 2001, 1201 ff., 1204; noch schärfer formulierend ders., S. A 101: „Rechtsmittelklarheit völlig auf der Strecke geblieben“, „höchst unbestimmte Rechtsbegriffe“; Nassall, NJW 2003, 1345 ff., 1347 spricht von einer „Flucht in die Begrifflichkeit“.

[789] So schließlich Piekenbrock/Schulze, JZ 2002, 911 ff., 919; wohl auch Nassall, ZRP 2004, 164 ff., 169.

rechtlicher Sicht – auf der Bildung unrichtiger Obersätze beruht oder nur bei der Subsumtion, also der Bildung des Untersatzes entstanden ist[790].

Zudem wurden schon früh einzelne Rechtsfehler benannt, die an sich dem Wortlaut der Zulassungstatbestände nicht unterfielen, deren Ausschluss von einer revisionsrechtlichen Kontrolle jedoch nicht hinnehmbar sei, so dass auch insoweit eine verfassungskonforme Auslegung geboten sei. Insbesondere forderte die Literatur schon früh unter Bezugnahme auf die verfassungsgerichtliche Rechtsprechung, die Revision müsse jedenfalls auch wegen Verstößen des Berufungsgerichts gegen das Verbot objektiver Willkür sowie gegen Verfahrensgrundrechte, namentlich gegen das Recht auf rechtliches Gehör[791], auf den gesetzlichen Richter, effektiven Rechtsschutzes, eines fairen Verfahrens, der Waffengleichheit und des gleichen Zugangs zum Rechtsmittel[792], zugelassen werden[793]. Aber auch für Verfahrensfehler ohne verfassungsrechtliche Bedeutung wird Revisibilität gefordert[794].

Die weitgehende Ausblendung des Aspekts der Einzelfallgerechtigkeit auf der Ebene der revisionsrechtlichen Zugangskontrolle begegnet im Übrigen teilweise auch genereller Kritik, weil diese an Grundfragen des Selbstverständnisses von Funktion und Aufgabe des Rechtsmittelrichters rühre[795]. Die hierzu ergangene extrem restriktive Zulassungsrechtsprechung des BGH setze sich weithin über berechtigte Interessen der Rechtssuchenden hinweg und werde auch dem Interesse der Allgemeinheit an der Tätigkeit des Revisionsgerichts nicht gerecht[796]. Die prohibitive Handhabung der Zulassungspraxis des BGH werde tiefgreifende Veränderungen unserer

[790] Schultz, MDR 2003, 1392 ff., 1400.

[791] War ein solcher Verstoß auch bereits vor dem Eingangsgericht passiert, ändert dies regelmäßig nichts daran, dass auch die Nichtbehebung des Verstoßes durch das Berufungsgericht einen eigenen, zur Zulassung führenden Fehler darstellt, Scheuch/Lindner, ZIP 2004, 973 ff., 977.

[792] Insoweit stellt Lindner, NJW 2003, 3320 ff., 3322, klar, dass auch der Tatbestandsmangel, also die vollständig oder teilweise fehlende Urteilsbegründung, aus verfassungsrechtlichen Gründen den Zugang zur Revision eröffnen muss, weil das Berufungsgericht nicht durch das Vorenthalten einer Begründung den Parteien die Möglichkeit nehmen darf, die für die Revision notwendigen Zulassungsgründe darzulegen.

[793] Vgl. Scheuch/Lindner, NJW 2003, 728 ff., 728 f.; dies., ZIP 2004, 973 ff., 976; Schultz, MDR 2003, 1392 ff., 1394, 1400; Piekenbrock/Schulze, JZ 2002, 911 ff., 922; Baukelmann, FS Erdmann, S. 781.

[794] Vgl. Ball, DJT-Gutachten, S. A 83.

[795] Ball, a. a. O., S. A 71; ders., FS Musielak, S. 39 f.

[796] Ball, DJT-Gutachten, S. A 81.

Rechtsprechungskultur zur Folge haben[797]. Zudem sei die Ausklammerung des Aspekts der Einzelfallgerechtigkeit im Rahmen eines Parteirechtsmittels aus rechtsstaatlichen Gesichtspunkten in hohem Maße bedenklich[798]. Auch könne der BGH seine fachgerichtliche Funktion der individuellen Fehler- und Verfahrenskontrolle nicht mehr erfüllen, die für die Gewährung der Rechtseinheit unentbehrlich sei[799]. Stattdessen verabschiede sich der BGH teilweise aus der Rechtspraxis, begebe sich selbst von vornherein seiner Möglichkeit, im Einzelfall eine Fehlentscheidung eines Instanzgerichts zu korrigieren und signalisiere den Vorinstanzen in bedenklicher Weise, dass sie außerhalb des Kreises bestimmter Fallgruppen keine höchstrichterliche Korrektur einer fehlerhaften Entscheidung zu befürchten haben[800]. Demgegenüber halten andere die Neuregelung der Zulassungsrevision jedoch für grundsätzlich sachgerecht und für vernünftig handhabbar, wenn auch die bisherige Zulassungspraxis noch neuralgische Punkte aufweise[801].

Vor diesem Hintergrund findet die tatsächliche Tendenz des BGH[802], die Zulassungstatbestände auszuweiten oder Ausnahmen von ihnen zuzulassen und dadurch verstärkt dem Interesse an einer materiell richtigen Entscheidung nachzukommen, Zustimmung[803].

Die Literatur weist im Übrigen darauf hin, dass die Komplexität der im Rahmen des Zulassungsverfahrens zu beantwortenden Fragestellung, die vor allem aus dem Kriterium der Entscheidungserheblichkeit resultiert, regelmäßig bereits die Vorwegnahme der Revisionsbegründung sowie die Prüfung eines Großteils des Revisionsstreitstoffs erfordert[804].

---

797 Büttner, DJT-Gutachten, S. A 99; kritisch auch Zöller-Gummer, § 543 Rn. 8.

798 Büttner, a. a. O., S. A 100. Auch Rimmelspacher, NJW 2002, 1897 ff., 1897, weist auf den Grundsatz hin, dass Rechtsbehelfe keine Mittel zur Kritik der richterlichen Amtsführung seien, sondern dazu dienten, einer Partei zu ihrem ihr vom Untergericht vorenthaltenen Recht zu verhelfen.

799 Büttner, a. a. O., S. A 105 f.

800 So Nassall, NJW 2003, 1345 ff., 1347 ff.; ähnlich auch Bamberger, ZRP 2004, 137 ff., 141.

801 Vgl. Gottwald, DJT-Gutachten, S. A 119 ff. m. w. N.; auch Greger, FS Link, S. 893, 895, hält die Revisionszugangsnormen für ausreichend klar und hielte deren Ausweitung dahin, dass das Revisionsgericht in jedem Fall die Richtigkeit des angefochtenen Urteils nachprüfen muss, für einen Irrweg.

802 Vgl. nur von Gierke/Seiler, NJW 2004, 1497 ff., 1501.

803 Vgl. Scheuch/Lindner, NJW 2005, 112 ff., 112, 114; Jaeger, NZV 2005, 22 ff., 27.

804 Scheuch/Lindner, a. a. O., 113; Büttner, MDR 2001, 1201 ff., 1205; Lindner, NJW 2003, 1097 ff., 1098; kritisch und mit der Forderung an die Rechtsprechung, sich im

4. Abschnitt: Eigene Stellungnahme

Im Folgenden wird abschließend im Wege einer eigenen Stellungnahme dargelegt, [I.] welche Auswirkungen die Reform der Berufungsrechts auf die Auslegungsbefugnis des Berufungsgerichts hat. Daran schließt sich [II.] eine Betrachtung der Auslegungskontrolle des Revisionsgerichts nach neuem Verfahrensrecht an.

I. Die Auswirkung der Reform des Berufungsrechts auf die Auslegungsbefugnis

Ob das neue Berufungsrecht Einschränkungen der Kompetenz des Berufungsgerichts mit sich gebracht hat, erstinstanzliche Auslegungen von individuellen Willenserklärungen zu überprüfen und selbst vorzunehmen, wird nachfolgend erläutert. [1.] Dabei wird geprüft, ob das Berufungsgericht nach wie vor nicht an die Auslegung des Eingangsgerichts gebunden ist, obgleich nach reformiertem Recht eine grundsätzliche Bindung des Berufungsgerichts an die erstinstanzlichen Tatsachenfeststellungen besteht. Insbesondere [2.] wird untersucht, ob das Berufungsgericht selbst weitere Tatsachenumstände feststellen kann, die nach seiner Auffassung für die Auslegung von Bedeutung sind. Dabei ist zu beachten, inwiefern diese Frage durch die Regelungen [3.] des § 520 Abs. 3 Satz 2 ZPO oder [4.] des § 529 Abs. 2 Satz 1 ZPO beeinflusst wird. [5.] Schließlich wird die Frage behandelt, ob eine vollumfängliche Selbstauslegungskompetenz des Berufungsgerichts mit der gesetzgeberischen Intention vereinbar ist.

1. Die Möglichkeit abweichender Sachverhaltswürdigung aufgrund eigener Auslegung gem. §§ 133, 157 BGB

Wie bereits dargelegt worden ist, stellt der Vorgang der Findung eines Auslegungsergebnisses kein untrennbares Konglomerat aus Tatsachenfeststellung und Rechtsanwendung dar. Mangels Bindung an die Rechtsauffassung der Vorinstanz ist das Berufungsgericht in der Anwendung der Rechtsnormen der §§ 133, 157 BGB auf den festgestellten Sachverhalt völlig frei. Allerdings kann in bestimmten Fällen, nämlich dann, wenn eine

---

Nichtzulassungsbeschwerdeverfahren unter strikter Abgrenzung vom Revisionsverfahren auf die Prüfung der Nichtzulassungsgründe zu beschränken insbesondere Zöller-Gummer, § 543 Rn. 6.

Gesamtsituation oder nicht unmittelbar schriftlich fixierte Erklärungen Tatsachengrundlagen der Auslegung sind, nicht ausgeschlossen werden, dass dem selbst auslegenden Berufungsgericht kein absolut identisches Bild der Tatsachengrundlage des Eingangsgerichts vor Augen schwebt[805]. Dies führt dazu, dass eine Bindung an die erstinstanzlichen Tatsachenfeststellungen nicht garantiert werden kann. Eine eigene Auslegung und damit eine denkbare Abweichung von den erstinstanzlichen Feststellungen wäre aber dennoch möglich, wenn dies das Novenrecht der §§ 529 ff. ZPO gestattete. Dies ist der Fall.

Wie die eigenständige Existenz des § 529 Abs. 1 Satz 1 ZPO gegenüber den Normen der §§ 513 Abs. 1 Alt. 1, 546 ZPO zeigt, ist das Berufungsgericht zu einer Abweichung von den tatsächlichen Feststellungen des Eingangsgerichts auch dann befugt, wenn Zweifel an deren Richtigkeit oder Vollständigkeit begründet sind, obwohl die Tatsachenfeststellung rechtsfehlerfrei war[806]. Konkrete Anhaltspunkte für solche Zweifel können sich schon dann ergeben, wenn das Gericht das Auslegungsergebnis des Eingangsgerichts nicht durch eine selbständige Auslegung der ersichtlich festgestellten Umstände zu erreichen vermag. In diesem Fall nämlich besteht – wenngleich mangels Einblick in die Tatsachennuancen der festgestellten Gesamtsituation nicht mit Sicherheit gesagt werden kann, dass bestimmte Umstände vom Eingangsgericht nicht festgestellt oder bei der Feststellung gewürdigt worden sind – eine ausreichende gewisse Wahrscheinlichkeit, dass einzelne Umstände der Gesamtsituation nicht richtig oder nicht ausreichend festgestellt worden sind. Der dadurch gerechtfertigte Zweifel an der Richtigkeit oder Vollständigkeit kann gem. § 529 Abs. 1 Nr. 1 ZPO eine Neufeststellung gebieten. Beruht die Tatsachenfeststellung des Eingangsgerichts auf einer förmlichen Beweisaufnahme, so hat das Berufungsgericht diese sodann erneut durchzuführen[807]. Soweit der Auslegung schriftsätzliches Vorbringen oder Bezugnahmen auf beigefügte Anlagen zu Grunde lag, erfolgt die Neufeststellung durch das Berufungsgericht bereits durch deren Einsicht und Kenntnisnahme[808].

[805] Vgl. bereits oben Seite 37 ff.
[806] Vgl. Heiderhoff, JZ 2003, 490 ff., 493; auch Zöller-Gummer/Heßler, § 529 Rn. 4.
[807] Vgl. nur BVerfG vom 12.06.2003 – 1 BvR 2285/02, NJW 2003, 2524; ferner BGH vom 12.03.2004 – V ZR 257/03, NJW 2004, 1876 ff.
[808] Dies entspricht auch den Anforderungen des BVerfG. Dessen Entscheidung vom 12.06.2003, a. a. O., kann lediglich entnommen werden, dass ein Abweichen des Berufungsgerichts von der Tatsachenfeststellung des Eingangsgerichts nur dann möglich ist, wenn das Berufungsgericht die abweichende Tatsachengrundlage nicht in einem quali-

2. *Die Feststellung weiterer Auslegungsumstände durch das Berufungsgericht*

Erfordert das vom Berufungsgericht zu findende Auslegungsergebnis weiteren Sachvortrag, den das Eingangsgericht auf Grundlage seiner Auslegung für nicht notwendig erachtet hatte, so ist neuer Sachvortrag hierzu jedenfalls gem. §§ 529 Abs. 1 Nr. 2, 531 Abs. 2 Nr. 1 Alt. 2 ZPO zulässig, weil die weiteren erforderlichen Auslegungsumstände einen Gesichtspunkt darstellen, der vom Eingangsgericht für unerheblich gehalten worden ist. Hingegen wird regelmäßig eine Zulassung gem. § 531 Abs. 2 Nr. 2 ZPO nicht in Betracht kommen, weil ein verfahrensrechtlicher Verstoß gegen die Hinweispflicht gem. § 139 ZPO dann nicht vorliegt, wenn aus der materiell-rechtlichen Sicht des Eingangsgerichts – und zwar sogar dann, wenn sie fehlerhaft gewesen sein sollte – kein Anlass für einen Hinweis bestanden hat[809].

3. *Das Darlegungserfordernis des § 520 Abs. 3 Satz 2 ZPO*

Der freien Auslegungsbefugnis des Berufungsgerichts steht auch nicht entgegen, dass die Zulässigkeit einer Berufung ausreichende Darlegungen im Sinne des § 520 Abs. 3 Satz 2 ZPO erfordert[810]. Legt nämlich der Berufungskläger in der Berufungsbegründung dar, dass die Berufungsentscheidung auf einer anderen Auslegung als der vom Eingangsgericht vorgenommenen beruhen müsse, ist nicht ersichtlich, dass dies nicht dem Darlegungserfordernis des § 520 Abs. 3 Satz 2 Nr. 3 ZPO genügen sollte. Zudem

---

tativ geringeren Feststellungsverfahren als das Eingangsgericht festgestellt hat. Hat allerdings das Berufungsgericht – sei es aufgrund einer Rüge oder aufgrund eigener Urteilsdurchsicht – Anhaltspunkte entdeckt, die Zweifel an der Richtigkeit der Tatsachenfeststellung wecken, darf es diese nicht unbeachtet lassen und nicht trotz der Zweifel darauf hoffen, diese würden sich nicht bestätigen. Dies gebietet das Rechtstaatsprinzip. Ob hierdurch eine Überlastung der Berufungsgerichte durch zwingend durchzuführende Beweisaufnahmen eintreten wird, obgleich die ZPO-Reform die Berufungsgerichte gerade von aufwändigen Beweisaufnahmen entlasten wollte (vgl. Greger, NJW 2003, 2882 f., 2882.), bleibt abzuwarten. Dies dürfte allerdings wohl nicht zu erwarten sein, weil gerade in den Fällen förmlicher Beweisaufnahmen kaum Anhaltspunkte für Zweifel an deren Richtigkeit bestehen dürften, sofern nicht Verfahrensfehler geschehen oder überzeugende Rügen der Parteien vorliegen, welche auch nach dem klaren Willen des Gesetzgebers die Tatsachenbindung beseitigen.

809 Vgl. bereits BGH vom 30.10.1990 – XI ZR 173/89, NJW 1991, 704; Zöller-Greger, § 139 Rn. 20.

810 So aber Lechner, NJW 2004, 3593 ff., 3596.

kann § 520 Abs. 3 ZPO nicht entnommen werden, dass das Berufungsgericht nur dann zur Infragestellung der Tatsachengrundlage gem. § 529 Abs. 1 Nr. 1 ZPO berechtigt wäre, wenn die Zweifel in der Berufungsbegründung dargelegt worden sind. Vielmehr hat das Berufungsgericht gem. § 529 Abs. 2 Satz 2 ZPO von sich aus den gesamten Berufungsstreitstoff innerhalb des durch das Novenrecht gespannten Rahmens zu überprüfen, sobald nur eine zulässige Berufung – ganz gleich, ob auf eine Rüge gem. § 520 Abs. 3 Satz 2 Nr. 3 ZPO oder auf andere ausreichende Darlegungen im Sinne von § 520 Abs. 3 Satz 2 Nr. 1 oder 2 ZPO gestützt – vorliegt[811]. Die Präklusionsvorschrift des § 530 ZPO bleibt selbstverständlich zu beachten.

4. *Die Verfahrensrüge gem. § 529 Abs. 2 Satz 1 ZPO*

Eine Einschränkung dieses Prüfungsumfangs ergibt sich auch nicht aus § 529 Abs. 2 Satz 1 ZPO. Danach bleibt dem Berufungsgericht die Überprüfung von nicht ausdrücklich gerügten Verfahrensfehlern verwehrt, solange es sich bei diesen nicht um von Amts wegen zu beachtende Verfahrensfehler handelt. Letzteres sind all die Verstöße gegen Verfahrensnormen im Sinne des § 295 Abs. 2 ZPO, die den äußeren Prozessablauf betreffen und auf die die Parteien nicht wirksam verzichten können, weil ihre Beachtung für das Funktionieren des Rechtsschutzes unerlässlich ist[812]. Solche Fehler liegen bei Verstößen gegen Prozessvorschriften wie dem Recht auf rechtliches Gehör oder den Hinweis- und Erörterungspflichten der §§ 139, 279 Abs. 3 ZPO vor[813]. Hingegen stellt eine lediglich methodisch fehlerhafte Tatsachenfeststellung einen Verstoß gegen die Norm des § 286 ZPO dar, welche nicht den im öffentlichen Interesse unverzichtbaren Verfahrensvorschriften im Sinne des § 295 Abs. 2 ZPO zuzuordnen ist. Dies ergibt sich schon daraus, dass § 286 ZPO nicht den äußeren Verfahrensablauf, sondern allein die verfahrensinterne Tatsachenfeststellung regelt.

Wie bereits dargelegt worden ist[814], kann allerdings im Übrigen nicht schon deshalb, weil die Auslegung des Eingangsgerichts gem. §§ 133, 157 BGB fehlerhaft ist, ein Verfahrensfehler gem. § 286 ZPO angenommen werden. Hat das Eingangsgericht womöglich zum Teil Umstände nicht

---

811 Vgl. auch Zöller-Gummer/Heßler, § 529 Rn. 12.
812 Vgl. Zöller-Gummer/Heßler, § 529 Rn. 13.
813 Zöller-Gummer/Heßler, § 295 Rn. 4 f.
814 Vgl. bereits oben Seite 38 ff.

festgestellt, weil es eine gesonderte Feststellung oder Darlegung ihrer tatsächlichen Würdigung für das von ihm gefundene Auslegungsergebnis nicht für erforderlich gehalten hat, stellt dies keinen Verstoß gegen die Regeln der Feststellungsmethodik, sondern allenfalls gegen die materiellrechtlichen Methodikregeln der §§ 133, 157 BGB dar. Stützt deshalb der Berufungskläger seine Berufung auf eine neue Auslegung, die von der des Eingangsgerichts abweicht, so ist hierzu die Verfahrensrüge gem. §§ 529 Abs. 2 Satz 1, 520 Abs. 3 Satz 2 Nr. 2 ZPO nicht erforderlich. Dies zeigt sich nicht zuletzt dadurch, dass § 520 Abs. 3 Satz 2 ZPO die Darlegung der Rechtsfehler (Nr. 2), mithin die Verfahrensrüge, nicht mit der Darlegung der Anhaltspunkte für die Zweifel an der Richtigkeit oder Vollständigkeit der Tatsachenfeststellung (Nr. 3) gleichsetzt. Daraus lässt sich folgern, dass es nur dann einer Verfahrensrüge gem. § 286 ZPO bedarf, um die Korrektur der Tatsachengrundlage und somit in der Folge des Auslegungsergebnisses zu erreichen, wenn die Auslegungsumstände vom Erstgericht unter Verstoß gegen die Methodik des § 286 ZPO festgestellt worden sind, hingegen die Auslegung auf Grundlage dieser – wenn auch zu Unrecht zu Grunde gelegten – Umstände auch nach Auffassung des Berufungsgerichts richtig war.

Dies führte nun auf den ersten Blick zu dem vermeintlich widersprüchlichen Ergebnis, dass eine Tatsachenüberprüfung durch das Berufungsgericht ohne entsprechende Rüge solange möglich ist, als die Tatsachenfeststellung des Eingangsgerichts verfahrensfehlerfrei ist; ist sie hingegen verfahrensfehlerhaft zustande gekommen, so dass sich in größtem Maße Zweifel an ihrer Richtigkeit ergeben, soll eine Überprüfung nur auf Rüge hin erfolgen dürfen. Dieser Widerspruch besteht indes bei richtiger Einordnung der Bedeutung des § 529 Abs. 2 Satz 1 ZPO nicht. Denn die in § 529 Abs. 2 Satz 1 ZPO in Bezug genommenen Verfahrensfehler im Sinne des § 295 ZPO erfassen, wie sich dem Wortlaut des § 295 Abs. 1 ZPO entnehmen lässt, nur solche Fehler des äußeren Verfahrens, deren Nichtbefolgung durch eine Partei in der mündlichen Verhandlung gerügt werden kann. Fehler der Tatsachenfeststellung durch unzulässige Denkschlüsse im Kopf des Richters, wie sie vorliegen, wenn die Beweiswürdigung gegen die Denkgesetze oder anerkannte Beweisregeln verstößt, unterfallen dem nicht, weil sie regelmäßig nicht durch die Beobachtung der Einhaltung der förmlichen Verfahrensregeln erkannt werden können. Ihre Nichtrüge in der Verfahrensinstanz könnte deshalb auch nicht als Verzicht verstanden werden[815].

[815] Vgl. auch Pantle, NJW 1991, 1279 ff., 1280.

Dem entspricht auch die bisherige Rechtsprechung des BGH, der die Notwendigkeit einer Verfahrensrüge im Falle der Nichtbeachtung der Grundsätze des § 286 ZPO nicht nur aus der revisionsrechtlichen Parallelvorschrift zu § 529 Abs. 2 Satz 1 ZPO des § 557 Abs. 3 Satz 2 ZPO abgeleitet hat, sondern das Erfordernis der Rüge gegen die fehlerhafte Tatsachenwürdigung im Kopf des Tatrichters insbesondere § 559 Abs. 2 ZPO[816] entnommen hat[817]. Eine dem § 559 Abs. 2 ZPO entsprechende Vorschrift enthält das Berufungsrecht jedoch gerade nicht, weil das Berufungsgericht nach wie vor Tatsachengericht geblieben ist. Dementsprechend hat auch der BGH seit jeher gerade im Bereich der Auslegung von Willenserklärungen zu Recht eine Verfahrensrüge dann für entbehrlich gehalten, wenn das Rechtsmittelgericht aufgrund der Anwendung der §§ 133, 157 BGB eine nicht ausreichende Berücksichtigung des Prozessstoffs erkannt haben will, obgleich er dabei zugleich auch einen Verstoß gegen § 286 ZPO andeutete[818].

Dies entspricht auch einer den Wortlaut des § 529 Abs. 2 Satz 1 ZPO beachtenden Auslegung. Denn sofern das Gericht aufgrund einer eigenen Auslegung gem. §§ 133, 157 BGB Zweifel an der Richtigkeit der Tatsachen, die der Auslegung zu Grunde liegen, gewonnen hat, liegt keine Überprüfung auf einen Verfahrensmangel hin vor, wie dies § 529 Abs. 2 Satz 1 ZPO verlangt[819]. Stattdessen sind dem Gericht lediglich bei Gelegenheit der Überprüfung, ob die materiellrechtlichen Auslegungsregeln beachtet worden sind, Zweifel an der Richtigkeit der Tatsachenfeststellungen erwachsen, ohne dass diese zugleich die Vermutung eines Verfahrensmangels begründen müssen. Nicht zu letzt wäre bei gegenteiligem Verständnis des § 529 Abs. 2 Satz 1 ZPO die zentrale Norm des § 529 Abs. 1 Nr. 1 ZPO gegenstandslos, was ersichtlich nicht das Ziel des Reformgesetzgebers gewesen sein dürfte[820]. Eine die Befugnis des Berufungsgerichts einschränkende Funktion kann deshalb der Norm des § 529 Abs. 2 Satz 1 ZPO im Bereich der Auslegung von Willenserklärungen nicht zukommen.

---

[816] § 561 Abs. 2 ZPO a. F.

[817] Vgl. nur BGH vom 08.12.1989 – V ZR 53/88, NJW-RR 1990, 455 f., 455.

[818] Vgl. dazu oben Seite 37 ff.

[819] Vgl. auch Wieczorek/Schütze-Gerken, § 529 Rn. 19, 37, der im Verstoß gegen die Beweiswürdigungsregeln des § 286 ZPO einen gegenüber der Rüge des § 520 Abs. 3 Satz 2 Nr. 3 ZPO eigenständigen Anhaltspunkt für Zweifel im Sinne des § 529 Abs. 1 Nr. 1 ZPO sieht.

[820] Für eine eigenständige Bedeutung des § 529 Abs. 1 Nr. 1 ZPO deshalb zu Recht auch BGH vom 12.03.2004 – V ZR 257/03, NJW 2004, 1876 ff., 1878 f.

5. *Der Vergleich mit der gesetzgeberischen Intention*

Dieses Ergebnis steht auch mit den Intentionen des Reformgesetzgebers im Einklang. Denn auch nach dem neuen Berufungsrecht sollte das Berufungsgericht eine – wenn auch beschränkte – Tatsacheninstanz bleiben, um die Einzelfallgerechtigkeit gewährleisten zu können. Zu diesem Zweck sollte es nur in gewissen Grenzen von eigenen Tatsachenfeststellungen entlastet werden, jedoch keineswegs von der Überprüfung der Tatsachengrundlage ausgeschlossen werden[821]. Dies sollte gerade insoweit gelten, als Zweifel an der Richtigkeit der Tatsachenfeststellungen bestehen. Vor diesem Hintergrund hebt der BGH zu Recht hervor, dass die Lösung der Literaturauffassung, die aus der Schwierigkeit der Trennung von normativer und empirischer Sinnermittlung in bestimmten Bereichen der Auslegung von Willenserklärungen eine generelle Beschränkung der Auslegungsbefugnis des Berufungsgerichts folgern will, zu einer Systemwidrigkeit des Rechtsmittelrechts führen würde[822].

Der Gedankengang, der zu dem Ergebnis der Literaturauffassung führt, greift zu kurz. Denn die Befürworter einer eingeschränkten Auslegungsbefugnis müssen zunächst selbst von der Befugnis des Berufungsgerichts zur Rechtsanwendung ausgehen, wenn sie in einem ersten Schritt Anhaltspunkte für Zweifel an der richtigen Tatsachengrundlage deshalb verneinen, weil das vom Berufungsgericht favorisierte Auslegungsergebnis auf lediglich anderer Rechtsanwendung im Sinne der §§ 133, 157 BGB beruhe. Indes stellen sie in einem zweiten Schritt die soeben anerkannte Rechtsanwendungsbefugnis des Berufungsgerichts in Abrede, wenn sie sich darauf stützen, dass diese Rechtsanwendung gem. §§ 133, 157 BGB kaum trennbar mit der Tatsachenfeststellung verknüpft sei und dass deshalb allein mittels einer Beschränkung der Auslegungsbefugnis verhindert werden könne, dass die Tatsachengrundlage verändert werde, obwohl keine Zweifel gegen ihre Richtigkeit vorlägen.

---

821 Vgl. insoweit nochmals BGH vom 14.07.2001 – VIII ZR 164/03, NJW 2004, 2751 ff., 2752 f.

822 BGH vom 14.07.2001 – VIII ZR 164/03, NJW 2004, 2751 ff., 2752 f.; vgl. auch Mallmann, EWiR 2004, 1159 f., 1160, der den nach wie vor bestehenden funktionellen Unterschied von Berufungs- und Revisionsinstanz hervorhebt, was einer Übertragung der Revisionsrechtsprechung zur Auslegungskontrolle, wie von der Gegenansicht der Literatur vorgenommen, entgegenstehe.

Diese Sichtweise verkennt, dass bereits die zu einem anderen Ergebnis gelangende Auslegung des Berufungsgerichts Zweifel an der Richtigkeit oder Vollständigkeit der Tatsachenfeststellung begründen kann. Sie führte zur systemwidrigen Folge, dass das Berufungsgericht im Bereich der Auslegung von Willenserklärungen ausnahmsweise in seiner Befugnis als Tatsacheninstanz, das materielle Recht vollständig anzuwenden und nicht nur über seine fehlerfreie Anwendung durch die Vorinstanz zu wachen, beschränkt würde. Dass nämlich im Übrigen die Reform der ZPO in der Rechtspraxis zu keiner Verstärkung der Tatsachenbindung des Berufungsgerichts geführt hat, weil der Reformgesetzgeber dem Berufungsgericht gerade bewusst die Möglichkeit zur umfassenden Tatsachenkontrolle belassen hat, entspricht, wie dargelegt worden ist, allgemeiner Auffassung. Eine Rechtfertigung, warum dies ausnahmsweise anders sein sollte, wenn die Tatsachen Grundlage für die Auslegung von Willenserklärungen sind, ist deshalb nicht ersichtlich[823].

II. Die Auswirkung der Reform des Revisionsrechts auf die Auslegungskontrolle

Vor die bereits ausführlich besprochene Rechtskontrolle der Auslegung von Willenserklärungen durch das Revisionsgericht[824] hat der Reformgesetzgeber nunmehr die Zulassungsschranke des § 543 Abs. 2 ZPO gesetzt. Eine revisionsgerichtliche Auslegungskontrolle ist deshalb – sofern nicht andere Rechtsfehler ohnehin zur Zulassung führen müssen – erst dann möglich, wenn der Rechtssache aufgrund des Auslegungsfehlers [1.] grundsätzliche Bedeutung zukommt, [2.] die berufungsgerichtliche Auslegung das Erfordernis der Rechtsfortbildung erkennen lässt oder [3.] der Auslegungsfehler die Gefahr uneinheitlicher Rechtsprechung birgt. Neben diesen in § 543 Abs. 2 ZPO ausdrücklich genannten Zulassungsgründen gebieten jedoch auch [4.] das Gebot der Rechtsmittelklarheit sowie [5.] Verstöße gegen Verfahrensgrundrechte die Zulassung der Revision.

---

823 Vgl. auch Mallmann, EWiR 2004, 1159 f., 1160, der die eingeschränkte Überprüfbarkeit der Auslegung als nur durch die Besonderheiten der Revisionsinstanz begründbar ansieht.

824 Vgl. dazu nochmals oben Seite 269 ff.

1. Grundsätzliche Bedeutung eines Auslegungsfehlers

Wie bereits dargelegt worden ist, kann in vielen Fällen, in denen der BGH eine tatrichterliche Auslegung korrigiert hat, nicht festgestellt werden, dass das Berufungsgericht die für die Auslegung maßgeblichen allgemeinen Rechtsgrundsätze verkannt hat, weil sich das Auslegungsergebnis gerade mit den herkömmlichen Auslegungsgrundsätzen erreichen lässt. Aber selbst dort, wo der BGH spezielle Grundsätze formuliert, mit denen die tatrichterliche Auslegung unvereinbar sein soll, stellt sich – unabhängig von der gleichwohl bestehenden Kritikwürdigkeit solcher Spezialgrundsätze – die Frage, ob der Verstoß gegen einen solchen Auslegungsgrundsatz einen Zulassungsgrund darstellen kann. Denn die Revision ist nunmehr nicht mehr wegen jedes Rechtsfehlers zulässig, sondern nur noch dann, wenn dem Rechtsfehler nach den Kriterien des § 543 Abs. 2 ZPO über den Einzelfall hinaus Bedeutung zukommt.

Schon der Gesetzesbegründung ist zu entnehmen, dass der Frage der Auslegung von Willenserklärungen insbesondere dann grundsätzliche Bedeutung zukommt, wenn es sich um typische Willenserklärungen handelt. Gerade dann nämlich kann erwartet werden, dass die Auslegungsfrage noch in einer Vielzahl weiterer Fälle auftauchen wird. Im Gegensatz dazu wird deshalb der Auslegung individueller Willenserklärungen regelmäßig keine grundsätzliche Bedeutung zukommen können. Denn neben der Klärung von Musterkonstellationen umfasst der Begriff der grundsätzlichen Bedeutung nach Auffassung des BGH im Übrigen allenfalls noch Fälle, in denen die Frage besonderes tatsächliches oder rechtliches Gewicht hat. Denkbar wäre insoweit lediglich die Klärung von Auslegungsgrundsätzen, die einen bestimmten Sachbereich in bedeutender Weise betreffen, so dass ihr wiederholtes Auftreten anzunehmen ist. Andererseits wird gerade das Erfordernis der allgemeinen Relevanz allzu spezielle Auslegungsgrundsätze ausschließen.

Eine Überprüfung der allgemeinen Auslegungsmethodik aus Gründen grundsätzlicher Bedeutung wird jedoch regelmäßig schon deshalb nicht möglich sein, weil es an Klärungsbedürftigkeit fehlt. Denn die allgemeine Auslegungsmethodik ist bereits auf der Grundlage jahrzehntelanger Rechtsprechung durch zahllose Entscheidungen höchstrichterlich gesichert. Dies steht dem Interesse an einer revisionsrechtlichen Überprüfung entgegen, wie der BGH gerade auch für solche Normen ausdrücklich dargelegt hat, die im Einzelfall dem Tatrichter die Aufgabe zuweisen, die einzelnen Tatumstände zu würdigen[825]. Dass freilich auch einzelne Auslegungsfehler bei individuellen Willenserklärungen einer revisionsrechtlichen Kontrolle bedürfen können, um Fehlsteuerungen der Instanzrechtsprechung auch insoweit entgegenwirken zu können, steht außer Frage. Diese Notwendigkeiten sollen jedoch mit der h. M. in Literatur und Rechtsprechung ihre Einordnung bei § 543 Abs. 2 Nr. 2 ZPO finden.

2. *Das Erfordernis der Rechtsfortbildung der Auslegungsmethodik*

Gem. § 543 Abs. 2 Nr. 2 Alt. 1 ZPO müssen Auslegungsfragen dann den Weg zum Revisionsgericht finden, wenn eine Notwendigkeit zur Rechtsfortbildung besteht. Wie bereits dargelegt, ist bei der Fortbildung der Auslegungsmethodik indes Zurückhaltung geboten. Denn regelmäßig entspringt die Schaffung neuer Auslegungsgrundsätze keinem Erfordernis, allgemeingültige Konkretisierungen der allgemeinen Auslegungsmethodik zu erhalten, sondern beruht stattdessen auf der Begründung eines Auslegungsergebnisses im Einzelfall, der deshalb gerade kein Allgemeininteresse zukommt. Die Bejahung des Zulassungsgrundes der Rechtsfortbildung erfordert deshalb eine sorgfältige umfassende Prüfung und Feststellung, ob die allgemeinen Auslegungsgrundsätze sowie das dispositive Recht Lücken aufweisen, wegen derer die Auslegung nach den hergebrachten Grundsätzen zu einem Ergebnis führt, das untragbar ist und die Parteien nicht gewollt haben können.

3. *Auslegungsfehler als Gefährdung einheitlicher Rechtsprechung*

Die Notwendigkeit der Sicherung einer einheitlichen Rechtsprechung gem. § 543 Abs. 2 Nr. 2 Alt. 2 ZPO setzt nach der Rechtsprechung des BGH voraus, dass der unterlaufene Auslegungsfehler über den Einzelfall hinaus symptomatische Bedeutung hat und damit die Gefahr seiner Wiederholung besteht. Das Kriterium macht – ungeachtet seiner freilich wenig griffigen Grenzen – gerade im Bereich der individuellen Willenserklärung deutlich, dass das sich allein am jeweiligen Einzelfall orientierende Auslegungsergebnis selbst eine Revisionszulassung nicht begründen können wird. Denn die auslegungsrelevante Gesamtsituation wird kaum denkbar

---

825 Vgl. BGH vom 04.07.2002 – V ZR 75/02, NJW 2002, 2957.

noch ein weiteres Mal in identischer Weise auftreten, so dass eine Wiederholungsgefahr kraft des zu entscheidenden Sachverhalts nicht bestehen wird. Eine Wiederholungsgefahr kann deshalb allein dann vorliegen, wenn die Auslegung auf einer unrichtigen Auslegungsmethodik beruht. Vor diesem Hintergrund besteht nur dann Grund zur Revisionszulassung, wenn das Berufungsgericht Rechtsfehler erkennen lässt, die in der Obersatzbildung der Auslegungsmethodik begründet sind[826]. Aus der Subsumtion, also dem Auslegungsergebnis selbst, kann auf solche Fehler indes regelmäßig nicht geschlossen werden[827]. Wie bereits dargelegt, ist nach alldem Zurückhaltung bei der Feststellung fehlerhafter Obersatzbildung geboten. Kann aufgrund der Eigenart der Auslegungsbegründung nicht ausgeschlossen werden, dass das Auslegungsergebnis auf einer dem Tatrichter vorliegenden Tatsachengrundlage ohne Verletzung der Auslegungsmethodik gewonnen worden ist, so ist im Zweifel ein Rechtsfehler und damit auch ein Zulassungsgrund abzulehnen. Andernfalls bestünde die Gefahr, trotz der Vermutung richtiger Tatsachenfeststellung die Tatsachengrundlage anzutasten, was dem Revisionsgericht – anders als dem Berufungsgericht – ausnahmslos verwehrt ist.

4. *Das Erfordernis verstärkter Zulassung aufgrund des Gebots der Rechtsmittelklarheit*

Diese Möglichkeiten, die Überprüfung tatrichterlicher Auslegung von Willenserklärungen im Lichte der einzelnen Zulassungsvoraussetzungen zu betrachten, ändern indes nichts an der berechtigterweise durch die Literatur erhobenen Kritik, wonach die Zulassungskriterien nicht ausreichend definierbar und abgrenzbar seien, um dem rechtsstaatlichen Erfordernis der Rechtsmittelklarheit zu genügen. Der Rechtsprechung des BGH ist es bislang – in Parallele zur Abgrenzung von Tat- und Rechtsfrage – nicht gelungen, mit ausreichender Deutlichkeit zu klären, wann eine Rechtsfrage Allgemeininteresse aufweist und wann sie nur Bedeutung für den entschiedenen Einzelfall haben soll. Insbesondere lassen sich auch hier die Argumente des BGH gegeneinander ausspielen, weil sie in sich widersprüchlich sind. So soll beispielsweise die Evidenz eines Rechtsfehlers noch kein ausreichendes Allgemeininteresse an seiner Korrektur begründen, demgegen-

---

[826] Vgl. hierzu auch zutreffend der Ansatz von Schultz, MDR 2003, 1392 ff., 1400, der gleichfalls auf eine Abgrenzung zwischen Fehlern bei der Ober- und der Untersatzbildung abstellen möchte.

[827] Vgl. bereits oben Seite 257 ff.

über jedoch wird gleichzeitig das Allgemeininteresse an der Korrektur eines Fehlers mit dem erschütterten Vertrauen in die Rechtsprechung begründet, welches auf der Publizitätswirkung beruht[828]. Auch die Begründung der Wiederholungsgefahr, die daraus resultiere, dass die Überlegungen des Berufungsgerichts zwar auf den konkreten Fall bezogen seien, jedoch ohne Weiteres von diesem gelöst werden und verallgemeinert werden können[829], lässt nicht erkennen, warum dennoch die Fehlentscheidung des einzelnen Falles an sich noch nicht die Zulassung rechtfertigen soll. Diese Ungewissheit könnte deshalb eine extensive Auslegung der Zulassungstatbestände rechtfertigen.

5. *Das Erfordernis der Zulassung bei Verstößen gegen Verfahrensgrundrechte*

Gleichfalls verfassungsrechtlich erforderlich ist eine Zulassung der Revision dann, wenn Verfahrensgrundrechte verletzt worden sind[830]. Zu Recht hat deshalb der BGH zunehmend die Revision zugelassen, insbesondere dann, wenn das Berufungsurteil auf einer Verletzung des rechtlichen Gehörs beruhte. Auch die Anerkennung eines Verstoßes gegen das Willkürverbot als Ausprägung des Rechtsstaatsprinzips gem. Art. 3 Abs. 1 GG i. V. m. Art. 20 Abs. 3 GG ist verfassungsrechtlich geboten und begrüßenswert.

a) *Der Willkürverstoß bei der Auslegung von Willenserklärungen*

Freilich stellt sich nicht jede falsche Gerichtsentscheidung als Willkürverstoß dar. Vielmehr erfasst der Willkürverstoß nur gravierende Fälle, in denen eine offensichtlich einschlägige Norm nicht berücksichtigt oder der Inhalt einer Norm in krasser Weise missdeutet wird[831]. Eine Verletzung des Rechtsstaatsprinzips liegt deshalb auch erst dann vor, wenn sich ein Rich-

---

828 Vgl. BGH vom 31.10.2002 – V ZR 100/02, NJW 2003, 754 f., 755; Ball, FS Musielak, S. 42, zweifelt ohnehin daran, dass ein einzelnes Fehlurteil, selbst wenn die Öffentlichkeit von ihm Kenntnis nimmt, das Vertrauen in die Rechtsprechung als Ganzes erschüttern könne.

829 Vgl. BGH vom 31.10.2002 – V ZR 100/02, NJW 2003, 754 f., 755.

830 Auch Ball, FS Musielak, S. 41, äußert Bedenken, Verfahrensfehler oder falsche Einzelurteile bei den geschriebenen Zulassungsgründen des § 543 Abs. 2 ZPO zu verorten und vermag die Zulassung in diesen Fällen allein verfassungsrechtlich zu rechtfertigen.

831 Vgl. BVerfG vom 03.11.1992 – 1 BvR 1243/88, NJW 1993, 996 f., 997.

terspruch über die aus Art. 20 Abs. 3 GG folgende Gesetzesbindung hinwegsetzt. Dies ist dann der Fall, wenn die vom Gericht zur Begründung seiner Entscheidung angestellten Erwägungen eindeutig erkennen lassen, dass es sich aus der Rolle des Normanwenders in die einer normsetzenden Instanz begeben hat, also objektiv nicht bereit war, sich Recht und Gesetz zu unterwerfen[832]. Hingegen liegt Willkür noch nicht vor, wenn sich das Gericht mit der Rechtslage eingehend auseinandergesetzt hat und seine Auffassung nicht jeden sachlichen Grundes entbehrt[833].

Dem trägt die jüngste Rechtsprechung des BGH allerdings nicht ausreichend Rechnung[834]. Vielmehr führt sie in der Konsequenz dazu, jede Auslegungsentscheidung zur Revision zuzulassen – und letztlich auch aufzuheben –, sofern ihre Begründung nach Auffassung des Revisionsgerichts nicht überzeugend oder ausreichend ist. Eine solche Zulassungspraxis führte zu einem überspannten Grundrechtsverständnis, weil sie das verfassungsrechtliche Willkürverbot weiter gehend versteht als das BVerfG. Denn wenn auch dessen Rechtsprechung klar zu entnehmen ist, dass beim Fehlen einer Begründung eine Entscheidung willkürlich sein kann, verlangt es hierfür doch zudem, dass die Entscheidung mangels der erforderlichen Begründung nicht nachvollziehbar ist[835]. Erst dann nämlich, wenn das Ergebnis der Rechtsanwendung unter keinem denkbaren Gesichtspunkt rechtlich vertretbar ist, drängt sich der Schluss auf, dass die Entscheidung auf sachfremden Erwägungen beruht[836]. Davon kann keineswegs schon deshalb ausgegangen werden, weil eine Entscheidung des Berufungsgerichts sich zu einzelnen Auslegungsfragen in knapperer Weise, als dies das Revisionsgericht erwarten würde, oder zu bestimmten Umständen gar nicht äußert, sofern nur das Auslegungsergebnis unter den bekannten Auslegungsgrundsätzen denkbar und rechtlich vertretbar ist. Hat das Berufungsgericht insbesondere sogar in richtiger Weise allgemeingültige höchstrichterliche Obersätze vorangestellt, steht auch dies der Annahme entgegen, diese seien

---

[832] BVerfG, a. a. O.

[833] BVerfG, a. a. O.; BVerfG vom 19.01.1996 – 1 BvR 662/93, NJW 1996, 1336.

[834] Auch Gross, AnwBl. 2005, 221 f., 221, hält die Einordnung eines Auslegungsfehlers als richterlichen Willkürakt, wie vom BGH in dem Beschluss vom 07.10.2004 – V ZR 328/03, NJW 2005, 153 f. (siehe oben S. 294), vorgenommen, für zu weit gehend; vgl. auch Baumbach-Hartmann, § 313 Rn. 45, der die „neuen Versuche mancher höheren Instanz, eine nicht erschöpfende Erörterung in die Nähe von Willkür zu rücken, solange die vorinstanzliche Beurteilung immerhin verständigerweise vertretbar bleibt“, als „wirklich abwegig“ bezeichnet.

[835] Vgl. BVerfG vom 19.01.1996 – 1 BvR 662/93, NJW 1996, 1336.

[836] Vgl. nur BGH vom 25.11.1999 – IX ZB 95/99, NJW 2000, 590.

gleichwohl missverstanden worden oder nur als inhaltsleere Floskeln anzusehen[837].

Für den Bereich der Auslegung von Willenserklärungen – und womöglich auch im Übrigen – wäre beim derzeitigen Verständnis des BGH von den Verfahrensgrundrechten der Zulassungsfilter des § 543 Abs. 2 ZPO bedeutungslos geworden. Entgegen der klaren im Gesetz zum Ausdruck kommenden Intention des Reformgesetzgebers wäre eine Kontrolle der Auslegung von Willenserklärungen nicht mehr auf Grundsatzfragen beschränkt, sondern in jedem Falle möglich.

Der Begriff der Willkür ist deshalb entsprechend seiner verfassungsrechtlichen Bedeutung dahin auszulegen, dass er nur die Fälle einer Überprüfung durch das Revisionsgericht zuführen kann, die unter keinem denkbaren Gesichtspunkt rechtlich vertretbar sind. Die nach Auffassung des Revisionsgerichts zu knappe Erläuterung einer Auslegungsentscheidung durch das Berufungsgericht darf deshalb erst dann als willkürlich erachtet werden, wenn sie unter keinem denkbaren Gesichtspunkt bei Anwendung der allgemeinen Auslegungsmethodik vertretbar ist. Willkür aufgrund eines Verstoßes gegen spezielle Auslegungsgrundsätze kommt nur dann in Betracht, wenn die dem Tatrichter vorliegende Auslegungssituation unter jedem denkbaren Aspekt dem Regelungsbereich des speziellen Auslegungsgrundsatzes unterfallen musste. Nur dann nämlich kann ausgeschlossen werden, dass dessen Berücksichtigung erfolgen musste, weil die Auslegungssituation auch aus Sicht des Tatrichters dem Fall entsprach, den der spezielle Grundsatz regeln will.

Fehlt es allerdings sämtlich an Ausführungen zur Auslegung des Berufungsgerichts, und ist auch anhand der sonstigen Umstände nicht anzunehmen, dass der Tatrichter eine Auslegung vorgenommen hat – dies wird dann nicht der Fall sein, wenn die Frage der Auslegung auf der Hand lag[838] oder sich aus anderen Stellen der Entscheidung ergibt, dass der Tatrichter eine der Auslegungsmethodik entsprechende Würdigung des Sachverhalts

---

[837] Vgl. BVerfG vom 03.11.1992 – 1 BvR 1243/88, NJW 1993, 996 f., 997; vgl. ferner BGH vom 04.07.2002 – V ZR 75/02, NJW 2002, 2957, wonach auch die fehlende Auseinandersetzung mit der höchstrichterlichen Rechtsprechung nicht den Schluss darauf zulasse, das Berufungsgericht habe diese Rechtsprechung nicht beachtet und sich von sachfremden Erwägungen leiten lassen.

[838] Vgl. nur die typische Fallgruppe der Ermittlung von zugesicherten Eigenschaften, dazu oben Seite 206 ff.

vorgenommen hat[839] –, so muss dies die Zulassung und auf diesem Weg die revisionsrichterliche Überprüfung rechtfertigen.

Stellt das Revisionsgericht nach diesen Grundsätzen im Nichtzulassungsbeschwerdeverfahren das Vorliegen eines Auslegungsfehlers fest, der zugleich die Zulassung rechtfertigt, ist regelmäßig das Revisionsverfahren zu eröffnen. In diesem ist nach den bereits oben dargelegten[840] Grundsätzen zu prüfen, ob der Auslegungsfehler auch nach dem Streitstoff der Revision besteht und inwiefern seine Behebung vor dem Revisionsgericht in Betracht kommt.

b) Der Verstoß gegen das Recht auf rechtliches Gehör durch fehlerhafte Auslegung

Auch das bisherige Verständnis des BGH vom Anspruch auf rechtliches Gehör führt im Bereich der Auslegung von Willenserklärungen faktisch dazu, dass jede Auslegung des Berufungsgerichts, die nicht den Vorstellungen des BGH entsprach, als Verstoß gegen das Verfahrensgrundrecht des Art. 103 Abs. 1 GG gewertet werden konnte. Denn der BGH will bereits dann eine teilweise Nichtberücksichtigung von Parteienvortrag erkennen, wenn nur einzelne Auslegungsumstände nicht mit nach seiner Auffassung ausreichender Bedeutsamkeit in den Auslegungsvorgang eingestellt worden sind. Auch dieses Verständnis verleiht jedoch dem Grundrecht auf rechtliches Gehör einen zu weiten Schutzbereich. So entspricht es zwar verfassungsgerichtlicher Rechtsprechung, dass ein Verstoß gegen das Recht auf rechtliches Gehör vorliegt, wenn die Ausführungen der Prozessbeteiligten nicht zur Kenntnis genommen, in Erwägung gezogen und erhebliche Beweisanträge übergangen werden[841]. Allerdings sind die Gerichte nicht verpflichtet, jedes Vorbringen der Beteiligten in den Entscheidungsgründen ausdrücklich zu bescheiden[842], so dass allein aus der Nichterwähnung in den Entscheidungsgründen nicht auf eine Nichtberücksichtigung geschlossen werden darf. Die Frage der Nichtberücksichtigung könne allein

---

839 Vgl. nur die genannte Fallgruppe der positiven Forderungsverletzung oben bei Seite 217 ff., wo auch ohne ausdrückliche Erwägung der §§ 133, 157 BGB ersichtlich ist, dass der Tatrichter aufgrund der Umstände die vertraglichen Nebenpflichten ermittelt hat.

840 Vgl. oben Seite 269 ff.

841 Vgl. nur BVerfG vom 20.04.1982 – 1 BvR 1242/81, BVerfGE 60, 247 ff.,249.

842 Vgl. BVerfG vom 22.12.1994 – 2 BvR 168/94, NJW 1995, 1096 f., 1097.

aufgrund der besonderen Umstände des Einzelfalles beantwortet werden[843]. Zu solchen besonderen Umständen ist auch die besondere Methodik zu rechnen, die der Auslegung von Willenserklärungen zu Grunde liegt. Gerade deshalb, weil hier und noch verstärkt bei der Auslegung von Gesamtsituationen eine schriftliche und lückenlose Befassung mit sämtlichen denkbaren Einzelumständen dem Auslegenden nicht möglich ist, muss in besonderer Weise davon ausgegangen werden, dass das Gericht im Regelfall den Prozessstoff vollständig zur Kenntnis genommen und abgewogen hat[844].

Da auch das Übergehen eines Beweisangebots nur dann fehlerhaft ist, wenn das Angebot erheblich gewesen ist, muss auch insoweit sorgfältig geprüft werden, ob die durch den Beweis gestützte Tatsache einen für die Auslegung relevanten Umstand darstellen kann. Dies ist stets der Fall, wenn der Beweis nach den Grundsätzen der „falsa demonstratio" einen vom Wortlaut abweichenden Willen der Parteien belegen soll. Sollen hingegen andere äußere oder innere Tatsachen bewiesen werden, die in die Auslegung miteinbezogen werden sollen, ist unter Berücksichtigung des Einzelfalls zu entscheiden, ob die Tatsache nach Ansicht des auslegenden Tatrichters auslegungserheblich sein kann. Eine generelle Antwort kann hier nicht gegeben werden. Jedenfalls hat der Tatrichter in diesem Fall in den Entscheidungsgründen darzulegen, warum die Tatsache nicht auslegungserheblich sein konnte. Fehlt eine solche Begründung oder stellt sie sich als objektiv willkürlich, weil unter keinem Aspekt rechtlich vertretbar dar, so liegt eine Nichtberücksichtigung des Beweisangebots vor, die nicht aus Gründen des materiellen oder formellen Rechts gerechtfertigt ist. Dies stellt einen Verstoß gegen Art. 103 Abs. 1 GG dar[845].

Nur ausnahmsweise wird sich deshalb die Möglichkeit des § 544 Abs. 7 ZPO anbieten. Denn die Verletzung des Rechts auf rechtliches Gehör liegt noch keineswegs in einer fehlerhaften Auslegung, mag auch das Revisionsgericht der Auffassung sein, die Auslegung des Berufungsgerichts lasse teilweise Prozessstoff außer Betracht. Erst dann, wenn dem Urteil klar entnommen werden kann, dass eine Berücksichtigung nicht stattgefunden hat und ausgeschlossen ist, dass der Vortrag durchaus, wenn auch nicht mit dem vom Berufungskläger gewünschten Ergebnis gewürdigt worden ist,

---

[843] BVerfG, a. a. O.

[844] Vgl. nur allgemein zu einer solchen Vermutung BVerfG, a. a. O..

[845] Vgl. nur BVerfG vom 30.01.1985 – 1 BvR 876/84, NJW 1985, 1150 f., 1150.

liegt ein solcher Verstoß vor, der die Aufhebung rechtfertigt, ohne dass zuvor mündlich verhandelt worden wäre. Gleiches gilt freilich auch für den Fall gänzlich unterlassener Entscheidungsbegründung. In diesen Fällen ist eine Neuverhandlung und -begründung durch das Berufungsgericht sachgerecht, weil so die Möglichkeit besteht, eine womöglich allein auf Verfahrensmängeln beruhende Entscheidung zu heilen, und damit auch kein Instanzverlust einhergeht.

6. Ergebniskontrolle

Das hier vorgeschlagene Verständnis des Willkürbegriffs würde freilich bei der Auslegung von Willenserklärungen zu einer restriktiven Zulassungspraxis führen. Dies ist allerdings unter Beachtung der seit der ZPO-Reform in das Revisionsrecht aufgenommenen Beschränkung gerechtfertigt. Andernfalls würde das Revisionsgericht in nicht minderer Weise als nach alter Rechtslage eine Auslegungskontrolle durchführen. Denn zum einen bliebe die Prüfungsintensität unverändert, zum anderen fände auch eine Zugangsbeschränkung nicht statt. Auch das Willkürargument darf im Übrigen nicht dazu führen, dass das Revisionsgericht unbeachtet lässt, dass eine Auslegungskontrolle vor Eingriffen in die tatrichterliche Tatsachenfeststellung Halt machen muss. Wie insbesondere § 544 Abs. 7 ZPO zeigt, ist ein Gleichlauf der Prüfungsmaßstäbe erforderlich. Denn weil es das Gesetz demnach zulässt, schon im Nichtzulassungsbeschwerdeverfahren den Auslegungsverfahrensfehler festzustellen, muss dort in gleicher Intensität und mit gleicher Vorsicht die Auslegungsmethodik des Berufungsgerichts überprüft werden, wie dies im Revisionsverfahren selbst der Fall wäre.

Auf diesem Weg gelangt der Wille des Gesetzes zur Umsetzung, der nach der ZPO-Reform noch deutlicher als zuvor eine vollumfängliche Überprüfung der Auslegung von Willenserklärungen ablehnt. Bereits nach altem sowie nach neuem Recht soll sich eine Kontrolle insoweit allein auf die Einhaltung der Methodik beschränken. Ein Interesse des Revisionsgerichts an einer billigen Entscheidung der einzelnen Auslegung, solang diese methodisch richtig ist, ist nicht anerkannt. Zusätzlich hat die ZPO-Reform nunmehr eine Zulassungsbeschränkung eingeführt, die Auslegungsfehler unmittelbar überhaupt nur noch dann der revisionsgerichtlichen Überprüfung zuführt, wenn ein besonderes Allgemeininteresse an der Überprüfung besteht. Eine Entschärfung dieser Schranke durch eine extensive Auslegung der Zulassungsvoraussetzungen für die Auslegung von Willenserklärungen ist auch weder zulässig noch geboten, um zu verhindern, dass das Revisionsgericht nicht ausreichende Auslegungsfälle zur Überprüfung erhält, um seiner rechtsbildenden und -vereinheitlichenden Funktion nachkommen zu können. Denn aufgrund der Bedeutsamkeit der Auslegungsfragen[846] wird das Revisionsgericht in ausreichendem Umfang Gelegenheit erhalten, im Rahmen anderer zugelassener Verfahren die sich auch dort stellenden Auslegungsfragen zu klären.

5. Abschnitt: Folgerungen für die Auslegung in Berufung und Revision (Endergebnis)

I. Die Auslegung in der Berufungsinstanz

1. Die ZPO-Reform hat keine wesentliche Änderung hinsichtlich der Auslegung von Willenserklärungen durch das Berufungsgericht mit sich gebracht.

2. Das Berufungsgericht ist ohne Einschränkung zu eigener Auslegung der Willenserklärungen gem. §§ 133, 157 BGB befugt, und zwar auch dann, wenn es dabei vom Auslegungsergebnis des Eingangsgerichts abweicht.

3. Einer eigenständigen Auslegung steht auch nicht die grundsätzliche Tatsachenbindung des Berufungsgerichts entgegen, weil die von § 529 Abs. 1 ZPO vorgesehenen Ausnahmen eine Abweichung dann zulassen, wenn das Berufungsgericht die Auslegung des Eingangsgerichts nicht nachvollzieht. Dann nämlich liegt jedenfalls ein Fall des § 529 Abs. 1 Nr. 1 ZPO vor.

4. Das Berufungsgericht ist bei Zweifeln an der Richtigkeit der Feststellungen zu einer eigenen Tatsachenfeststellung regelmäßig auch dann befugt, wenn die Tatsachenfeststellung unter Verstoß gem. § 286 ZPO zustande gekommen ist, auch wenn eine Rüge gem. § 529 Abs. 2 Satz 1 ZPO nicht erhoben worden ist. Denn die Überprüfung der Auslegung gem. §§ 133, 157 BGB stellt keine Überprüfung des angefochtenen Urteils auf Verfahrensfehler hin im Sinne des § 529 Abs. 2 Satz 1 ZPO dar.

---

846 Vgl. nur Seite 9.

5. Beruht das Auslegungsergebnis des Eingangsgerichts auch auf einer förmlichen Beweisaufnahme, so muss das Berufungsgericht, wenn es vom Auslegungsergebnis des Eingangsgerichts abweichen will, die Beweisaufnahme wiederholen.

6. Zur Feststellung weiterer, vom Eingangsgericht nicht festgestellter Umstände ist das Berufungsgericht gem. §§ 529 Abs. 1 Nr. 2, 531 Abs. 2 Satz 1 ZPO berechtigt.

II. Die Auslegungskontrolle in der Revisionsinstanz

1. Eine auf Fehler bei der Auslegung von Willenserklärungen gestützte Revision ist gem. § 543 Abs. 2 ZPO nur dann zuzulassen, wenn angesichts des Auslegungsfehlers ein Allgemeininteresse an der Befassung des Revisionsgerichts besteht.

2. Der Revisionsgrund der grundsätzlichen Bedeutung kommt dabei regelmäßig nicht in Betracht, weil die Auslegungsmethodik in ausreichendem Maße höchstrichterlich geklärt ist.

3. Der Revisionsgrund der Rechtsfortbildung kommt nur nach besonderer Darlegung des Bedürfnisses der Rechtsfortbildung in Frage, weil eine Fortbildung der allgemeinen Auslegungsmethodik für einzelne spezielle Fallgruppen in der Regel wegen der beschränkten Übertragbarkeit auf weitere Fälle nicht erforderlich ist.

4. Der Revisionsgrund der einheitlichen Rechtsprechung kommt regelmäßig nicht in Betracht, weil ein Verstoß gegen die höchstrichterliche, allgemeine Auslegungsmethodik regelmäßig nicht feststellbar ist. Ein solcher Verstoß kann nämlich nur dann vorliegen, wenn das Berufungsgericht seiner Entscheidung ersichtlich falsche Obersätze der Auslegungsmethodik zu Grunde gelegt hat. Dies wird regelmäßig nur dann der Fall sein, wenn das Berufungsgericht falsche Obersätze nennt oder das Auslegungsergebnis in denklogischem Widerspruch zur anerkannten Auslegungsmethodik steht.

5. Die Revision ist allerdings aufgrund von verfassungsrechtlichen Erfordernissen in den Fällen zuzulassen, in denen Verfahrensgrundrechte, insbesondere das Recht auf rechtliches Gehör sowie das Willkürverbot, verletzt sind.

6. Bei der Überprüfung der Einhaltung der Verfahrensgrundrechte sowie der sonstigen Zulassungskriterien ist von der Vermutung auszugehen, dass der Tatrichter die auslegungsrelevanten Tatsachen richtig und vollständig festgestellt hat, ferner dass er den Prozessstoff und den Parteienvortrag vollständig zur Kenntnis genommen und gewürdigt hat.

7. Ein Verstoß gegen das Willkürverbot ist deshalb nur dann anzunehmen, wenn die Auslegungsentscheidung des Tatrichters aus keinem denkbaren Gesichtspunkt vertretbar erscheint. Dies ist noch nicht der Fall, wenn die Begründung der Auslegung in ihrem Umfang oder ihrem Ergebnis von den Erwartungen des Revisionsgerichts abweicht, sofern sie rechtlich vertretbar ist. Auch das gänzliche Fehlen einer Auslegungsbegründung lässt die Entscheidung nur dann als willkürlich erscheinen, wenn nicht aufgrund der Besonderheit des Falles davon ausgegangen werden kann, das Berufungsgericht habe gleichwohl eine Auslegung durchgeführt, die in rechtlich vertretbarer Weise zum Entscheidungsergebnis geführt hat.

8. Das Recht auf rechtliches Gehör ist nur dann verletzt, wenn aufgrund der Besonderheiten der Entscheidung davon ausgegangen werden kann, dass das Berufungsgericht sich nicht mit erheblichem Vorbringen und Prozessstoff befasst hat. Dies wird regelmäßig nur dann anzunehmen sein, wenn ein Beweisangebot übergangen worden ist, mit dem ein vom Wortlaut der Vereinbarung abweichender Parteiwille bewiesen werden sollte. Bei sonstigen Beweisübergehungen ist im Einzelfall anhand der Begründung des Berufungsgerichts zu überprüfen, ob die Einordnung der zu beweisenden Tatsache als unerheblich auf Grundlage der tatsächlichen Vorstellungen des Berufungsgerichts willkürlich, also unvertretbar erscheint.

9. Liegt danach ein Zulassungsgrund vor, so ist der Rechtsstreit aus Gründen der Prozessökonomie nur dann gem. § 544 Abs. 7 ZPO ohne mündliche Verhandlung zurückzuverweisen, wenn ein Gehörsverstoß vorliegt, der im Revisionsverfahren seine Beachtlichkeit nicht verlieren kann, weil er unter keinem denkbaren Gesichtspunkt unerheblich werden kann und auch nicht im Rahmen der mündlichen Verhandlung vor dem Revisionsgericht ausgeräumt werden kann.

10. Andernfalls ist in das Revisionsverfahren einzutreten. Dort ist eine abschließende Entscheidung zu treffen, wenn der Rechtsstreit entscheidungsreif ist. Dies wird regelmäßig nicht der Fall sein, wenn die Ausle-

gungsfrage erheblich ist und nicht ausschließlich auf unmittelbar schriftlich fixierten Erklärungen beruht.

11. Beruht die Auslegung ausschließlich auf unmittelbar schriftlich fixierten Erklärungen, ist das Revisionsgericht nur dann zu abschließender Auslegung befugt, wenn es nach richterlicher Erörterung der beabsichtigten Auslegung des Revisionsgerichts in mündlicher Verhandlung den Parteien die Möglichkeit gegeben hat, hierzu Stellung zu nehmen und dennoch ausgeschlossen werden kann, dass andere Tatsachenumstände als die unmittelbar schriftlich fixierten Grundlage der Auslegung sein können.

12. Beruht die Auslegung jedoch auch auf anderen Umständen als unmittelbar schriftlich fixierten und ergibt sich in der mündlichen Verhandlung nicht, dass diese Umstände unbeachtlich sein müssen, so ist der Rechtsstreit zurückzuverweisen. Auf Hinweise zum weiteren Verfahrensablauf, insbesondere auf Auslegungsmethoden, ist dabei zu verzichten.

Anhang

Die der Untersuchung zu Grunde liegenden Urteile des BGH

1. BGH vom 12.01.2001 – V ZR 468/99 („Wohn- und Büroräume"), NJW 2001, 1272 ff.
2. BGH vom 26.01.2001 – V ZR 462/99 („Parallelbebauung"), BGH-Report 2001, 450 f.
3. BGH vom 30.03.2001 – V ZR 461/99 („Kellerwohnung"), NJW 2001, 2551 ff.
4. BGH vom 18.01.2001 – VII ZR 457/98 („Bauleiter"), WM 2001, 822 f.
5. BGH vom 06.12.2001 – VII ZR 452/00 („Schlussrechnung")
6. BGH vom 21.06.2001 – VII ZR 435/99 („Prüffähigkeit"), WM 2001, 1770 f.
7. BGH vom 08.02.2001 – VII ZR 427/98 („Vertragsstrafe"), NJW 2001, 1346
8. BGH vom 10.09.2001 – II ZR 381/99 („Schweizer Treuhänder I")
9. BGH vom 10.09.2001 – II ZR 380/99 („Schweizer Treuhänder II")
10. BGH vom 17.09.2001 – II ZR 378/99 („Amtsniederlegung"), WM 2001, 2385 ff.
11. BGH vom 03.12.2001 - II ZR 372/99 („Sparkassenvorstand"), WM 2002, 332 ff.
12. BGH vom 10.05.2001 – VII ZR 356/00 („Forderungsverzicht"), NJW 2001, 2325 f.
13. BGH vom 12.12.2001 – XII ZR 351/99 („Schriftform")
14. BGH vom 12.10.2001 – V ZR 338/00 („Kaufpreisbelegung"), NJW 2002, 59 f.

15. BGH vom 27.06.2001 – VIII ZR 329/99 („Käuferaustausch“), NJW 2002, 142 ff.

16. BGH vom 27.09.2001 – III ZR 318/00 („Spielhallenprovision“), WM 2002, 232 ff.

17. BGH vom 26.04.2001 – IX ZR 317/98 („Werkbestätigung“), NJW 2001, 1208 ff.

18. BGH vom 13.12.2001 – IX ZR 306/00 („Zusatzsicherheit“), NJW 2002, 1500 ff.

19. BGH vom 25.04.2001 – IV ZR 305/00 („Lebensversicherungsbezugsrecht“), WM 2001, 1513 ff.

20. BGH vom 26.09.2001 – VIII ZR 303/00 („Kartonagen“)

21. BGH vom 26.09.2001 – IV ZR 298/98 („Pflichtteil“), WM 2001, 2448 f.

22. BGH vom 06.12.2001 – III ZR 296/00 („Provision“), NJW 2002, 817 f.

23. BGH vom 05.10.2001 – V ZR 295/00 („Mietzusicherung“), NJW-RR 2002, 522

24. BGH vom 13.06.2001 – VIII ZR 294/99 („Aufrechnung“), WM 2001, 2023 f.

25. BGH vom 14.02.2001 – VIII ZR 292/98 („Brandschutzversicherung“), VersR 2001, 856 f.

26. BGH vom 17.12.2001 – II ZR 288/99 („Sachsenmilch IV“), WM 2002, 216 f.

27. BGH vom 11.10.2001 – III ZR 288/00 („Fondstreuhänder“), NJW 2002, 888 ff.

28. BGH vom 13.12.2001 – III ZR 284/00 („Mindesthonorar“)

29. BGH vom 17.01.2001 – IV ZR 282/99 („Transportschaden“), NJW-RR 2001, 593 f.

30. BGH vom 23.11.2001 – V ZR 282/00 („Teilungsmarkierung"), WM 2002, 202 f.

31. BGH vom 19.12.2001 – XII ZR 281/99 („Planungskosten"), NJW 2002, 1260 ff.

32. BGH vom 05.10.2001 – V ZR 275/00 („Grundstücksauktion"), NJW 2002, 208 ff.

33. BGH vom 15.03.2001 – IX ZR 273/98 („Gremienvorbehaltsbürgschaft"), NJW 2001, 950 ff.

34. BGH vom 12.10.2001 – V ZR 268/00 („Gaststättenteilung"), NJW 2002, 54 f.

35. BGH vom 20.12.2001 – V ZR 260/00 („Erbbbauzins"), NJW 2002, 766 ff.

36. BGH vom 18.06.2001 – II ZR 248/99 („Patronatserklärung"), WM 2001, 1565 f.

37. BGH vom 06.12.2001 – VII ZR 241/00 („Architektenvollmacht"), NJW-RR 2002, 661 ff.

38. BGH vom 27.06.2001 – VIII ZR 235/00 („Prüferaustausch")

39. BGH vom 09.07.2001 – II ZR 228/99 („Brauereibürgschaft"), NJW 2002, 747 f.

40. BGH vom 27.06.2001 – VIII ZR 227/00 („Schachtpumpwerk"), NJW 2001, 2630 ff.

41. BGH vom 26.04.2001 – VII ZR 222/99 („Spielplatzumbau"), NJW 2001, 3184 ff.

42. BGH vom 12.10.2001 – V ZR 220/00 („Notarabwälzung"), NJW 2002, 967 f.

43. BGH vom 07.11.2001 – VIII ZR 213/00 („CDs"), NJW 2002, 506 f.

44. BGH vom 26.07.2001 – X ZR 211/99 („Baumschule"), NJW-RR 2001, 1709 f.

45. BGH vom 09.07.2001 – II ZR 205/99 („stiller Gesellschafter"), NJW 2001, 3777 ff.

46. BGH vom 18.07.2001 – XII ZR 196/98 („Klinikpacht")

47. BGH vom 17.01.2001 – VIII ZR 186/99 („Konkurrenzverbot"), WM 2001, 1031 ff.

48. BGH vom 29.06.2001 – V ZR 186/00 („Schuldbeitritt I"), ZIP 2001, 2006 ff.

49. BGH vom 29.06.2001 – V ZR 185/00 („Schuldbeitritt II")

50. BGH vom 14.11.2001 – IV ZR 181/00 („Versicherungstarif"), NJW-RR 2002, 380 f.

51. BGH vom 20.03.2001 – X ZR 180/98 („Trennschleifmaschine"), NJW 2001, 2024 ff.

52. BGH vom 18.01.2001 – I ZR 175/98 („buendgens"), GRUR 2001, 1164 ff.

53. BGH vom 28.11.2001 – XII ZR 173/99 („ehebedingte Zuwendung"), FamRZ 2003, 230 f.

54. BGH vom 26.07.2001 – X ZR 162/99 („EDV-System"), NZBau 2001, 621 ff.

55. BGH vom 13.12.2001 – III ZR 155/00 („Freistellung")

56. BGH vom 08.02.2001 – VII ZR 152/00 („Höhenniveau"), WM 2001, 910

57. BGH vom 23.05.2001 – XII ZR 148/99 („Ausbildungsunterhalt"), NJW-RR 2002, 1 ff.

58. BGH vom 07.06.2001 – IX ZR 134/00 („Bauvergütungsabtretung"), WM 2001, 1473 ff.

59. BGH vom 09.10.2001 – X ZR 132/99 („Sattelschlepper"), BGH-Report 2002, 223

60. BGH vom 22.06.2001 – V ZR 128/00 („Zweckbestimmung I“), NJW 2001, 3118 f.

61. BGH vom 12.12.2001 – IV ZR 124/00 („Versicherungsbezug“), WM 2002, 335 ff.

62. BGH vom 22.06.2001 – V ZR 123/00 („Zweckbestimmung II“)

63. BGH vom 05.04.2001 – VII ZR 119/99 („Baubeginn“), NJW 2001, 1932 ff.

64. BGH vom 11.07.2001 – VIII ZR 119/00 („Kugel“)

65. BGH vom 13.09.2001 – VII ZR 113/00 („Trinkwasserleitung“), WM 2001, 2073 ff.

66. BGH vom 08.03.2001 – III ZR 110/00 („Mehrwertsteuer“)

67. BGH vom 10.10.2001 – XII ZR 93/99 („Citroen-Vertragshändler“), NJW-RR 2002, 8 f.

68. BGH vom 18.10.2001 – I ZR 91/99 („Die Bibel“), NJW 2002, 669 f.

69. BGH vom 06.07.2001 – V ZR 82/00 („Mehrerlösabführung“), WM 2001, 1914 ff.

70. BGH vom 07.12.2001 – V ZR 65/01 („Teilflächenkauf“), NJW 2002, 1038 ff.

71. BGH vom 10.05.2001 – XII ZR 60/99 („Vergleichsscheck“), NJW 2001, 2324 f.

72. BGH vom 04.12.2001 – XI ZR 56/01 („Mitdarlehensnehmer“), NJW 2002, 744 f.

73. BGH vom 23.05.2001 – VIII ZR 51/00 („DDR-Grundstück“), WM 2001, 1350 ff.

74. BGH vom 25.04.2001 – X ZR 50/99 („Patent“)

75. BGH vom 07.06.2001 – I ZR 49/99 („Prozeßstandschaft“), WM 2002, 85 ff.

76. BGH vom 12.12.2001 – IV ZR 47/01 („Sicherungsabtretungen"), NJW 2002, 755 ff.

77. BGH vom 28.11.2001 – VIII ZR 38/01 („Tankstelle"), NJW 2002, 449 ff.

78. BGH vom 28.11.2001 – VIII ZR 37/01 („Getränkehandelverkauf"), NJW 2002, 1042 ff.

79. BGH vom 17.12.2001 – II ZR 31/00 („Testament"), WM 2002, 293 ff.

80. BGH vom 13.12.2001 – III ZR 29/01 („Ölbekämpfung"), WM 2002, 300 ff.

81. BGH vom 13.12.2001 – VII ZR 28/00 („Aufstockung"), NJW 2002, 1492 f.

82. BGH vom 06.12.2001 – VII ZR 19/00 („Türen"), NJW 2002, 748 f.

83. BGH vom 21.09.2001 – V ZR 14/01 („Hoferbe"), WM 2002, 598 ff.

84. BGH vom 03.07.2001 – KZR 10/00 („Konzessionsvertrag"), WM 2001, 1970 ff.

Indexverzeichnis der untersuchten Urteile

Fragebogen an die Berufungsgerichte

OLG München, 19. Zivilsenat

Lehrstuhl für Bürgerliches Recht, Zivilprozeß-
recht und Freiwillige Gerichtsbarkeit
Prof. Dr. Reinhard Greger
z.Hd. Herrn Rüdiger Haspl
Schillerstraße 1
91054 Erlangen

Rücksendebogen

hinsichtlich der Entscheidung nach Zurückverweisung des **Urteils des OLG München, 19. Zivilsenat vom 28.10.1999, Az. 19 U 1528/98** durch das **Urteil des BGH** vom **08.05.2002, Az. I ZR 28/00.**

Bitte ankreuzen:

1. Wie wurde das Verfahren nach Zurückverweisung an Ihren Senat beendet?

Urteil ☐ Vergleich ☐ Klagerücknahme ☐
Berufungsrücknahme ☐ Erledigterklärung ☐ Sonstiges ☐

2.a) Für den Fall, daß ein neues Urteil ergangen ist: Wurde erneut ein Rechtsmittel eingelegt?

Ja ☐ Nein ☐

2.b) Wenn ja: Ist über dieses neue Rechtsmittel schon entschieden?

Ja ☐ Nein ☐

2.c) Wenn ja: bitte Aktenzeichen angeben. ______________________________

Bitte senden Sie uns nach Möglichkeit einen kostenfreien Abdruck des Urteils zu. Wenn dies nicht möglich oder kein Urteil ergangen ist, wären wir Ihnen für die Beantwortung folgender Fragen dankbar.

3. Waren bei neuer Verhandlung nach der Zurückverweisung tatsächliche Umstände über die auszulegende(n) Willenserklärung(en) zwischen den Parteien streitig?

Ja ☐ Nein ☐

4. Wurde in eine (neue) Beweisaufnahme eingetreten?

Ja ☐ Nein ☐

5. Wenn ja: Betraf die Beweisaufnahme die tatsächlichen Umstände der auszulegenden Willenserklärung(en)?

Ja ☐ Nein ☐

6. Wenn nein: Was war der Grund dafür?

a) Die Tatsachen, die der BGH als noch zu ermittelnde erachtete, waren dem Gericht bereits bekannt. ☐

b) Die Tatsachen, die der BGH als noch zu ermittelnde erachtete, waren zur Entscheidung des Rechtsstreits nicht mehr notwendig.

aa) Denn es erging kein Urteil mehr. ☐

bb) Denn für das neue Urteil waren andere Tatsachen entscheidungserheblich. ☐

cc) anderer Grund: ______________________________

____

____

7. Wich das Auslegungsergebnis im Verfahren nach Zurückverweisung von dem Ergebnis der Auslegung der Willenserklärung(en) im ersten Berufungsurteil ab?

Ja ☐ Nein ☐

8. Für den Fall, daß ein neues Urteil ergangen ist: Weicht der neue Entscheidungstenor in der Hauptentscheidung vom Tenor des ersten Berufungsurteils ab?

Ja ☐ Nein ☐

Anmerkungen: ______________________________

____

____

____

Vielen Dank für Ihre Mitarbeit!

Literaturverzeichnis

Alternativkommentar	Kommentar zum Bürgerlichen Gesetzbuch in 6 Bänden, Reihe Alternativkommentare, Band 1, Allgemeiner Teil, Neuwied 1987 zitiert als: AK-Bearbeiter
Ball, Wolfgang	„Die Reform der ZPO – eine Wirkungskontrolle. Das neue Revisionsrecht“, in: Verhandlungen des 65. Deutschen Juristentages, Band I, Gutachten, Seiten A 69 ff. zitiert als: Ball, DJT-Gutachten
derselbe	„Die Zulassung der Revision wegen offensichtlicher Unrichtigkeit des Berufungsurteils und wegen Verletzung von Verfahrensgrundrechten“, in: Festschrift für Hans-Joachim Musielak zum 70. Geburtstag, München 2004, Seiten 27 ff. zitiert als: Ball, FS Musielak
Bamberger, Heinz Georg	„Die Reform der Zivilprozessordnung – Eine Wirkungskontrolle“, ZRP 2004, 137 ff.
Bartels, Klaus	„Eingriffe in die Vertragsbeteiligung durch Auslegung, Typenlehre und Umgehungsverbot – Zugleich eine Besprechung von BGH, Urt. v. 14.11.2000 = BGHZ 146, 37 = WM 2001, 402 sowie BGH, Urt. v. 4.12.2001 = WM 2002, 223 –“, WM 2002, 1905 ff.

Baukelmann, Peter	„Sicherung einer einheitlichen Rechtsprechung (§ 543 Abs. 2 Nr. 2 Fall 2 ZPO) und Verfahrensmangel“, in: Festschrift für Willi Erdmann zum 65. Geburtstag, Köln 2002, Seiten 767 ff. zitiert als: Baukelmann, FS Erdmann
Baumbach, Adolf; Lauterbach, Wolfgang; Albers, Jan; Hartmann, Peter	Zivilprozessordnung, München, 63. Auflage 2005 zitiert als: Baumbach-Bearbeiter
Brecher, Fritz	„Scheinbegründungen und Methodenehrlichkeit im Zivilrecht“, in: Festschrift für Arthur Nikisch, Tübingen 1958, Seiten 227 ff. zitiert als: Brecher, FS Nikisch
Brüggemann, Jürgen	Die richterliche Begründungspflicht. Verfassungsrechtliche Mindestanforderungen an die Begründung gerichtlicher Entscheidungen, Berlin 1971
Büdenbender, Ulrich	Kurzkommentar zum Urteil des BGH vom 03.07.2001 – KZR 10/00, EWiR 2001, 1009 f.
Bürck, Harald	„Zur revisionsgerichtlichen Überprüfung der Auslegung von Erklärungen durch die Instanzgerichte“, in: Festschrift für Otto Ernst Krasney zum 65. Geburtstag, München 1997, Seiten 39 ff. zitiert als: Bürck, FS Krasney

Büttner, Hermann — „Die Reform der ZPO – eine Wirkungskontrolle. Das neue Revisionsrecht“, in: Verhandlungen des 65. Deutschen Juristentages, Band I, Gutachten, Seiten A 89 ff.
zitiert als: Büttner, DJT-Gutachten

derselbe — „Revisionsverfahren – Änderungen durch das Zivilprozessreformgesetz“, MDR 2001, 1201 ff.

Burgermeister, Udo — „Das Urteil des Berufungsgerichts nach der Zivilprozeßreform“, ZZP 116 (2003), 165 ff.

derselbe — Anmerkung zum Urteil des BGH vom 14.07.2004 – VIII ZR 164/03, BGH-Report 2004, 1370 f.

Bydlinski, Peter — Anmerkung zum Urteil des BGH vom 15.03.2001 – IX ZR 237/98, WuB I E 5. – 8.01, Seite 774

Debusmann, Gero — „Die Reform der ZPO – eine Wirkungskontrolle. Das neue Berufungsrecht“, in: Verhandlungen des 65. Deutschen Juristentages, Band I, Gutachten, Seiten A 43 ff.
zitiert als: Debusmann, DJT-Gutachten

de Vries, Kolja — Anmerkung zum Urteil des BGH vom 17.12.2001 – II ZR 31/00, WuB II J. § 738 BGB 2.02, Seiten 457 f.

Ehlers, Benjamin — Kommentar zum Urteil des BGH vom 17.01.2001 – VIII ZR 186/99, NJ 2001, 590 f.

Ehmann, Horst	Anmerkung zum Urteil des BGH vom 19.12.2001 – XII ZR 281/99, WuB IV A. § 157 BGB 2.02, Seiten 877 f.
Eikenberg, Henning	Richterpersönlichkeit und Urteilsfindung, Zur empirischen Erforschung richterlicher Entscheidungsgrundlagen unter besonderer Berücksichtigung amerikanischer Untersuchungen, Diss., Saarbrücken 1971
Esser, Josef	Grundsatz und Norm in der richterlichen Fortbildung des Privatrechts, Rechtsvergleichende Beiträge zur Rechtsquellen und Interpretationslehre, Tübingen, 4. Auflage 1990
Fehl, Norbert	Anmerkung zum Urteil des BGH vom 10.05.2001 – XII ZR 60/99, DZWIR 2001, 505 f.
Flume, Werner	Allgemeiner Teil des Bürgerlichen Rechts, Zweiter Band, Das Rechtsgeschäft, Berlin, 3. Auflage 1979
Foerste, Ulrich	Anmerkung zum Urteil des BGH vom 04.12.2001 – XI ZR 56/01, JZ 2002, 562 ff.
Frings, Michael	Kurzkommentar zum Urteil des BGH vom 09.07.2001 – II ZR 228/99, EWiR 2001, 849 f.
derselbe	Kommentar zum Urteil des BGH vom 10.05.2001 – XII ZR 60/99, BB 2001, 1763 f.

Frohn, Hansgeorg	Rechtliches Gehör und richterliche Entscheidung: Studie zur Verfassungsdimension des gerichtlichen Erkenntnisverfahrens zugleich ein Beitrag zur verfassungsrechtlichen Problematik des Postulats effektiven Rechtsschutzes, Berlin 1989
Gaier, Reinhard	„Der Prozessstoff des Berufungsverfahrens", NJW 2004, 110 ff.
derselbe	„Das neue Berufungsverfahren in der Rechtsprechung des BGH", NJW 2004, 2041 ff.
Gehrlein, Markus	„Erste Erfahrungen mit der reformierten ZPO – Erstinstanzliches Verfahren und Berufung", MDR 2003, 421 ff.
Gottschalk, Eckart	„Der Zeuge N. N.", NJW 2004, 2939 ff.
Gottwald, Peter	Die Revisionsinstanz als Tatsacheninstanz, Berlin 1975 zitiert als: Gottwald, Revisionsinstanz
derselbe	„Richterliche Entscheidung und rationale Argumentation", ZZP 98 (1985), 113 ff.
derselbe	„Die Reform der ZPO aus Sicht der Wissenschaft", in: Verhandlungen des 65. Deutschen Juristentages, Band I, Gutachten, Seiten A 107 ff. zitiert als: Gottwald, DJT-Gutachten

Grabau, Fritz-René | Über die Normen zur Gesetzes- und Vertragsinterpretation, Berlin 1993

Greger, Reinhard | „Die ZPO-Reform – 1000 Tage danach“, JZ 2004, 805 ff.

derselbe | „Tatsachenfeststellung durch das Berufungsgericht – ein Menetekel aus Karlsruhe“, NJW 2003, 2882 ff.

derselbe | „Erst deformiert, dann reformiert. Die Revision in Zivilsachen im verfassungsgerichtlich verordneten Wechselbad“, in: Festschrift für Christoph Link zum siebzigsten Geburtstag, Tübingen 2003, Seiten 885 ff.
zitiert als: Greger, FS Link

Gross, Norbert | „Falsche Urteile, Fehlurteile und Willkürurteile auf dem Weg in die Revisionsinstanz“, AnwBl. 2005, 221 f.

Haertlein, Lutz | Anmerkung zum Urteil des BGH vom 09.07.2001 – II ZR 228/99, WuB I F 1a. – 15.01, Seiten 1158 ff.

derselbe | Kurzkommentar zum Urteil des BGH vom 10.05.2001 – XII ZR 60/99, EWiR 2001, 745 f.

Hegenbarth, Rainer | Juristische Hermeneutik und linguistische Pragmatik, dargestellt am Beispiel der Lehre vom Wortlaut als Grenze der Auslegung, Königstein/Taunus 1982

Heiderhoff, Bettina — „Die Tatsachenbindung des Berufungsgerichts nach der ZPO-Reform“, JZ 2003, 490 ff.

Henckel, Wolfram — „Die ergänzende Vertragsauslegung“, AcP 159 (1960), 106 ff.

Henke, Horst-Eberhard — Die Tatfrage. Der unbestimmte Begriff im Zivilrecht und seine Revisibilität, Berlin 1966
zitiert als: Henke, Tatfrage

derselbe — „Rechtsfrage oder Tatfrage – eine Frage ohne Antwort? Betrachtungen zum Revisionsrecht des deutschen Zivilprozesses“, ZZP 81 (1968), 196 ff., 321 ff.

Hiller, Tobias — Kurzkommentar zum Urteil des BGH vom 27.09.2001 – III ZR 318/00, EWiR 2002, 241 f.

Hirtz, Bernd — „Die Reform der ZPO – eine Wirkungskontrolle. Das neue Berufungsrecht“, in: Verhandlungen des 65. Deutschen Juristentages, Band I, Gutachten, Seiten A 53 ff.
zitiert als: Hirtz, DJT-Gutachten

Horak, Franz — „Zur rechtstheoretischen Problematik der juristischen Begründung von Entscheidungen“, in: Sprung, Rainer/König, Bernhard (Hrsg.), Die Entscheidungsbegründung in europäischen Verfahrensrechten und im Verfahren vor internationalen Gerichten, Wien 1974, Seiten 1 ff.
zitiert als: Horak, Entscheidungsbegründung

Huber, Michael — „Die Reform der ZPO – eine Wirkungskontrolle. Verfahrensneuerungen in der ersten Instanz“, in: Verhandlungen des 65. Deutschen Juristentages, Band I, Gutachten, Seiten A 5 ff.
zitiert als: Huber, DJT-Gutachten

Ipsen, Jörn — Richterrecht und Verfassung, Berlin 1975

Jaeger, Lothar — „Neues Rechtsmittelrecht im Zivilprozess – Erfahrungen – Änderungsbedarf –“, NZV 2005, 22 ff.

Kanzleiter, Rainer — Anmerkung zum Urteil des BGH vom 05.04.2001 – VII ZR 119/99, DNotZ 2001, 799 f.

Kleinschmidt, Jens — „Annahme eines Erlassangebots durch Einlösung eines mit dem Angebot übersandten Verrechnungsschecks?“, NJW 2002, 346 ff.

Kornexl, Thomas — Anmerkung zu BGH vom 21.09.2001 – V ZR 14/01, ZEV 2002, 117 f.

Krauß, Hans-Frieder — Anmerkung zu BGH vom 21.09.2001 – V ZR 14/01, DNotZ 2002, 705 ff.

Kriele, Martin — Theorie der Rechtsgewinnung, entwickelt am Problem der Verfassungsinterpretation, Berlin, 2. Auflage 1976

Kuchinke, Kurt	Grenzen der Nachprüfbarkeit tatrichterlicher Würdigung und Feststellungen in der Revisionsinstanz. Ein Beitrag zum Problem von Rechts- und Tatfrage, Bielefeld 1964 zitiert als: Kuchinke, Nachprüfbarkeit
derselbe	„Zur Theorie der Trennung von Rechtsfrage und Tatfrage" in: Nakamura, Hideo/Fasching, Hans W./Gaul, Hans-Friedrich/Georgiades, Apostolos (Hrsg.), Festschrift für Kostas E. Beys. Dem Rechtsdenker in attischer Dialektik zum 70. Geburtstag am 25. November 2003, Erster Band, Athen 2003, Seiten 873 ff. zitiert als: Kuchinke, FS Beys
Lange, Knut Werner	Anmerkung zum Urteil des BGH vom 10.05.2001 – V II ZR 356/00, WuB IV A. § 151 BGB 2.01, Seiten 935 f.
Lanzi, Marco Giovanni Francesco	Die Verkehrssitte und ihre zivilprozessuale Behandlung, Diss. Zürich, 1982
Larenz, Karl	Methodenlehre der Rechtswissenschaft, 6. Auflage 1991 zitiert als: Larenz, Methodenlehre
Larenz, Karl; Wolf, Manfred	Allgemeiner Teil des bürgerlichen Rechts, München, 9. Auflage 2004 zitiert als: Larenz, AT

Lechner, Herbert „Die Rechtsprechung des BGH zum neuen Berufungsrecht im Lichte der Intentionen des Gesetzgebers", NJW 2004, 3593 ff.

Lindner, Richard „Fehlen des Tatbestands im Berufungsurteil – Zulassungsgrund für die Revision?", NJW 2003, 3320 ff.

derselbe „Die Entscheidungserheblichkeit der Grundsatzfrage beim Zulassungsgrund der grundsätzlichen Bedeutung der Rechtssache", NJW 2003, 1097 ff.

Littbarski, Sigurd Kurzkommentar zum Urteil des BGH vom 07.06.2001 – I ZR 49/99, EWiR 2002, 324 f.

Mätzing, Thorsten Anmerkung zum Urteil des BGH vom 17.09.2001 – II ZR 378/99, JR 2002, 377 f.

Mallmann, Robert A. Kurzkommentar zum Urteil des BGH vom 14.07.2004 - VIII ZR 164/03, EWiR 2004, 1159 f.

Manigk, Alfred „Die Revisibilität der Auslegung von Willenserklärungen", in: Schreiber, Otto (Hrsg.), Die Reichsgerichtspraxis im deutschen Rechtsleben, Festgabe der juristischen Fakultäten zum 50jährigen Bestehen des Reichsgerichts, Band VI, Zivilprozeßrecht, Berlin 1929, Seiten 94 ff. zitiert als: Manigk, Revisibilität

Mankowski, Peter — Kurzkommentar zum Urteil des BGH vom 07.11.2001 – VIII ZR 213/00, EWiR 2002, 91 f.

May, Artur — Die Revision in den zivil- und verwaltungsrechtlichen Verfahren (ZPO, ArbGG, VwGO, SGG, FGO), Eine systematische Darstellung unter besonderer Berücksichtigung der höchstrichterlichen Rechtsprechung, Köln, 2. Auflage 1997
zitiert als: May, Revision

derselbe — „Die Auslegung rechtsgeschäftlicher Willenserklärungen im Revisionsverfahren“, NJW 1959, 708 f.

derselbe — „Auslegung individueller Willenserklärungen durch das Revisionsgericht?“, NJW 1983, 980 f.

Messer, Herbert — „Die revisionsrichterliche Nachprüfung der Vertragsauslegung“, in: Festschrift für Walter Odersky zum 65. Geburtstag, Berlin 1996, Seiten 605 ff.
zitiert als: Messer, FS Odersky

Müller, Werner; Heydn, Truiken — „Der sinnlose Schlagabtausch zwischen den Instanzen auf dem Prüfstand: Für eine Abschaffung der Tatbestandsberichtigung“, NJW 2005, 1750 ff.

Münchener Kommentar zum Bürgerlichen Gesetzbuch — Band 1, Allgemeiner Teil, §§ 1 – 240, AGB-Gesetz, München, 4. Auflage 2001
zitiert als: MüKo-Bearbeiter

Münchener Kommentar zur Zivilprozeßordnung	Band 2, §§ 355 – 802, München, 2. Auflage 2000 zitiert als: MüKo(ZPO)-Bearbeiter
Mitsopoulos, Georg	„Die Unterscheidung zwischen Tatfrage und Rechtsfrage im Kassationsverfahren“, ZZP 81 (1986), 251 ff.
Nassall, Wendt	„Anhörungsrügengesetz – Nach der Reform ist vor der Reform“, ZRP 2004, 164 ff.
derselbe	„Irrwege. Wege. – Die Rechtsmittelzulassung durch den BGH“, NJW 2003, 1345 ff.
Neufert, Gerald	Die Revisibilität der Auslegung individueller Vertragserklärungen, Frankfurt/Main 1988
Nierwetberg, Rüdiger	„Die Unterscheidung von Tatfrage und Rechtsfrage“, JZ 1983, 237 ff.
Palandt	Bürgerliches Gesetzbuch, Kommentar, München, 66. Auflage 2007 zitiert als: Palandt-Bearbeiter
Pantle, Norbert	„Revisionsrechtliche Risiken der Einzelrichterbeweisaufnahme gem. § 524 II 2 ZPO“, NJW 1991, 1279 ff.
Piekenbrock, Andreas	„Umfang und Bedeutung der richterlichen Hinweispflicht“, NJW 1999, 1360 ff.
Piekenbrock, Andreas; Schulze, Götz	„Die Zulassung der Revision nach dem ZPO-Reformgesetz“, JZ 2002, 911 ff.

Raisch, Peter — Vom Nutzen der überkommenen Auslegungskanones für die praktische Rechtsanwendung, Heidelberg 1988

Reimann, Wolfgang — Anmerkung zum Urteil des BGH vom 17.12.2001 – II ZR 31/00, ZEV 2002, 113 f.

Rimmelspacher, Bruno — „Die Berufungsgründe im reformierten Zivilprozess", NJW 2002, 1897 ff.

derselbe — Anmerkung zu BAG vom 06.02.1974 – 3 AZR 232/73, AP, Nr. 38 zu § 133 BGB

Rixecker, Roland — „Fehlerquellen am Weg der Fehlerkontrolle. Rechtsprobleme des reformierten Berufungsrechts in Verkehrs- und Versicherungssachen", NJW 2004, 705 ff.

Röthel, Anne — Normkonkretisierung im Privatrecht, Tübingen 2004

Rosenberg, Leo — Die Beweislast auf der Grundlage des bürgerlichen Gesetzbuchs und der Zivilprozessordnung, München, 3. Auflage 1953

Roth, Herbert — „Neues Rechtsmittelrecht im Zivilprozeß – Berufungsinstanz und Einzelfallgerechtigkeit", JZ 2005, 174 ff.

Schack, Haimo — „Stillschweigende Gewährleistungsfreistellung aufgrund typischer Interessenlage?", NJW 1983, 2806 ff.

Schaefer, Thomas	„Was ist neu an der neuen Hinweispflicht?“, NJW 2002, 849 ff.
Schaub, Renate	Besprechung des Urteils des BGH vom 18.06.2001 – II ZR 248/99, JA 2002, 92 ff.
Scheuch, Silke; Lindner, Richard	„Zur Auslegung der Zulassungstatbestände des § 543 II ZPO“, NJW 2003, 728 ff.
dieselben	„Trendwende in der Zulassungspraxis des BGH?“, NJW 2005, 112 ff.
dieselben	„Rechtsbehelfe bei der Verletzung von Verfahrensgrundrechten. Die Folgen der Plenarentscheidung des Bundesverfassungsgerichts v. 30.4.2003 (ZIP 2003, 1102 ff.) für den Zivilprozess“, ZIP 2004, 973 ff.
Scheuerle, Wilhelm A.	„Beiträge zum Problem der Trennung von Tat- und Rechtsfrage“, AcP 157 (1958/1959), 1 ff.
Schlosser, Peter	„Die Nachprüfung von Tatsachenfeststellungen durch die Revisionsinstanz in Zivilsachen“, in: Ernst von Caemmerer, Hans-Heinrich Jeschek (Hrsg.), Arbeiten zur Rechtsvergleichung, Tatsachenfeststellung in der Revisionsinstanz, Frankfurt/Main 1982, Seiten 9 ff. zitiert als: Schlosser, Nachprüfung

Schlüter, Wilfried	Das obiter dictum. Die Grenzen höchstrichterlicher Entscheidungsbegründung dargestellt an Beispielen aus der Rechtsprechung des Bundesarbeitsgerichts, München 1973
Schneider, Egon	„Inhaltsanforderungen an die Urteilsbegründung“, MDR 1981, 462
derselbe	„Die Befugnis des Rechtsbeschwerdegerichts zur Selbstauslegung“, MDR 1981, 885 f.
derselbe	Praxis der neuen ZPO. Taktik – Praxis – Muster, Recklinghausen, 2. Auflage 2003 zitiert als: Schneider, ZPO-Praxis
Schultz, Michael	„Revisionsverfahren – Verfahrensgrundrechte und Wiederholungsgefahr“, MDR 2003, 1392 ff.
Schumann, Ekkehard	Anmerkung zu BAG vom 14.09.1972 – 5 AZR 212/72, AP, Nr. 34 zu § 133 BGB
Selbherr, Paul	„Die Reform der ZPO – eine Wirkungskontrolle. Verfahrensneuerungen in der ersten Instanz“, in: Verhandlungen des 65. Deutschen Juristentages, Band I, Gutachten, Seiten A 27 ff. zitiert als: Selbherr, DJT-Gutachten
Soergel	Bürgerliches Gesetzbuch Band 2. Allgemeiner Teil. – 2. (§§ 104 – 240), Stuttgart, 13. Auflage 1999 zitiert als: Soergel-Bearbeiter

Stackmann, Nikolaus — „Anwaltliche Rügepflicht und berufungsgerichtliche Prüfungspflicht", NJW 2004, 1838 ff.

Stein, Friedrich — Kommentar zur Zivilprozessordnung,
Band 4, Teilband 1, §§ 300 – 347, Tübingen, 21. Auflage 1998
Band 5, Teilband 1, §§ 511 – 591, Tübingen, 21. Auflage 1994
zitiert als: Stein/Jonas-Bearbeiter

Stumpf, Hermann — „Zur Revisibilität der Auslegung von privaten Willenserklärungen", in: Festschrift für Hans Carl Nipperdey, 1965, Seiten 957 ff.
zitiert als: Stumpf, FS Nipperdey

Tiedtke, Klaus — Kurzkommentar zum Urteil des BGH vom 27.06.2001 – VIII ZR 227/00, EWiR 2001, 1039 f.

derselbe — Kurzkommentar zum Urteil des BGH vom 04.12.2001 – XI ZR 56/01, EWiR 2002, 417 f.

van Bühren, Hubert W. — Kurzkommentar zum Urteil des BGH vom 12.12.2001 – IV ZR 124/00, EWiR 2002, 731 f.

Vollmer, Dietrich — Auslegung und „Auslegungsregeln", Berlin 1990

von Gierke, Cornelie; Seiler, Frank — „Revisionszulassung und Rechtsbeschwerdezulässigkeit – Tendenzen in der neuen Rechtsprechung des BGH", NJW 2004, 1497 ff.

von Staudinger — Kommentar zum Bürgerlichen Gesetzbuch mit Einführungsgesetz und Nebengesetzen
Buch 1, Allgemeiner Teil, §§ 1 – 14; VerschG (Einleitung zum BGB und Allgemeiner Teil 1), Berlin 2004
Buch 1, Allgemeiner Teil, §§ 90 – 133; §§ 1 – 54, 63 BeurkG (Allgemeiner Teil 3 und Beurkundungsverfahren), Berlin 2004
Buch 1, Allgemeiner Teil, §§ 134 – 163 (Allgemeiner Teil 4), Berlin 2003
zitiert als: Staudinger-Bearbeiter

Weigel, Michael — Anmerkung zum Urteil des BGH vom 14.07.2004 – VIII ZR 164/03, LMK 2004, 168

Wenner, Christian — Kurzkommentar zum Urteil des BGH vom 06.12.2001 – VII ZR 241/00, EWiR 2002, 465 f.

Wieczorek, Bernhard; Schütze, Rolf A. — Zivilprozessordnung und Nebengesetze, Großkommentar, Berlin 2004
Zweiter Band, 4. Teilband, §§ 511 – 541
zitiert als: Wieczorek/Schütze-Bearbeiter

Wilhelm, Jan — Anmerkung zum Urteil des BGH vom 07.12.2001 – V ZR 65/01, WuB IV A. § 133 BGB 1.02, Seiten 599 f.

Zerres, Thomas — Kurzkommentar zum Urteil des BGH vom 06.12.2001 – III ZR 296/00, EWiR 2002, 369 f.

Zöller Richard Zivilprozessordnung, Kommentar, Köln, 26. Auflage 2007
zitiert als: Zöller-Bearbeiter

Abkürzungsverzeichnis

a. A.	anderer Ansicht
a. a. O.	am angegebenen Ort
a. F.	alte Fassung
Abs.	Absatz
AcP	Archiv für die civilistische Praxis
AnwBl.	Anwaltsblatt
AP	Hueck-Nipperdey-Dietz, Nachschlagewerk des Bundesarbeitsgerichts, Arbeitsrechtliche Praxis
Art.	Artikel
BAG	Bundesarbeitsgericht
BB	Betriebsberater
BGB	Bürgerliches Gesetzbuch
BGBl.	Bundesgesetzblatt
BGH	Bundesgerichtshof
BGHZ	Entscheidungen des Bundesgerichtshofs in Zivilsachen
BT-Drs.	Bundestagsdrucksache
BVerfG	Bundesverfassungsgericht
BVerfGE	Entscheidungen des Bundesverfassungsgerichts
bzw.	beziehungsweise
ders.	derselbe
d. h.	das heißt
dies.	dieselben

DNotZ	Deutsche Notar-Zeitschrift
DZWIR	Deutsche Zeitschrift für Wirtschaftsrecht
EWiR	Entscheidungen zum Wirtschaftsrecht
f.	folgende
ff.	fortfolgende
FN	Fußnote (in zitiertem Werk)
GG	Grundgesetz
GmbH	Gesellschaft mit beschränkter Haftung
h. M.	herrschende Meinung
JA	Juristische Ausbildung
JZ	Juristenzeitung
JR	Juristische Rundschau
KG	Kommanditgesellschaft
LG	Landgericht
LM	Lindenmaier-Möhring
LMK	Kommentierte BGH-Rechtsprechung, Lindenmaier-Möhring
MDR	Monatsschrift für deutsches Recht
m. w. N.	mit weiteren Nachweisen
n. F.	neue Fassung
NJ	Neue Justiz
NJW	Neue Juristische Wochenschrift
NZV	Neue Zeitschrift für Verkehrsecht

OLG	Oberlandesgericht
p. V. V.	positive Vertragsverletzung
Rn.	Randnummer
sog.	sogenannt
u. a.	unter anderem/n
vgl.	vergleiche
VOB/B	Vergabe- und Vertragsordnung für Bauleistungen, Teil B
WuB	Entscheidungssammlung zum Wirtschafts- und Bankrecht
z. B.	zum Beispiel
ZEV	Zeitschrift für Erbrecht und Vermögensnachfolge
ZIP	Zeitschrift für Wirtschaftsrecht
ZPO	Zivilprozessordnung
ZRP	Zeitschrift für Rechtspolitik
ZZP	Zeitschrift für Zivilprozess

FSC
www.fsc.org
MIX
Papier | Fördert gute Waldnutzung
FSC® C083411

Kolibri 360 GmbH
Ferdinand-Jühlke-Straße 7
99095 Erfurt, Deutschland
produktsicherheit@kolibri360.de

Druck:
CPI Druckdienstleistungen GmbH
im Auftrag der
Kolibri 360 GmbH
Ferdinand-Jühlke-Str. 7
99095 Erfurt